本书得到"现代农业产业技术体系建设专项（CARS
"中国农业科学院创新工程（10-IAED-01-2024）"资助，特此感谢！

中国肉鸡产业经济

ZHONGGUO ROUJI CHANYE JINGJI

2023

辛翔飞　王旭贞　王济民 等　著

中国农业出版社

北　京

图书在版编目（CIP）数据

中国肉鸡产业经济. 2023 / 辛翔飞等著. —北京：
中国农业出版社，2024.5
ISBN 978-7-109-31965-3

Ⅰ.①中…　Ⅱ.①辛…　Ⅲ.①肉鸡—养鸡业—产业经
济—研究—中国—2023　Ⅳ.①F326.3

中国国家版本馆 CIP 数据核字（2024）第 096545 号

中国农业出版社出版

地址：北京市朝阳区麦子店街 18 号楼
邮编：100125
责任编辑：赵　刚
版式设计：王　晨　　责任校对：吴丽婷
印刷：北京中兴印刷有限公司
版次：2024 年 5 月第 1 版
印次：2024 年 5 月北京第 1 次印刷
发行：新华书店北京发行所
开本：720mm×960mm　1/16
印张：30.75
字数：553 千字
定价：158.00 元

前　言

改革开放以来，我国肉鸡产业大致经历了家庭副业（1978 年以前）、快速发展（1978—1996 年）、转型发展（1997—2012 年）及提质增效（2013 年以来）四个较为明显的发展阶段，已经成为乡村振兴中强农富民的重要支撑产业，在拓展农村劳动力就业渠道、促进农民增收、推动农业产业化进程等方面发挥着不可替代的重要作用。未来，在资源环境约束日益趋紧、居民对营养健康食物需求日益增加的背景下，肉鸡等家禽产业凭借饲料报酬率高、养殖周期短、产品价格低、碳排放低、营养价值高等显著优势，具有翻番增长、成为第一大肉类的发展前景，必将为引领畜牧业高质量发展、改善城乡居民膳食结构、助推乡村振兴作出巨大贡献。

《中国肉鸡产业经济 2023》是国家肉鸡产业技术体系产业经济岗位在 2022 年和 2023 年围绕我国肉鸡产业发展的一些重大、热点问题和基础性专题进行研究的阶段性成果。内容涉及我国畜牧业发展宏观环境，以及我国肉鸡产业态势、国际形势、粪污资源化利用和兽药减量的经济学分析等多个方面。部分研究成果已经在相关期刊、报纸上发表。研究成果针对产业发展新阶段面临的新需求和新问题，在紧密结合实地调研的基础上深入思考，探究原因，判断形势，并提出相应的对策建议，一方面为客观呈现我国肉鸡产业发展状况提供一个平台，另一方面为我国肉鸡产业政策的制定及肉鸡产业高质量发展提供决策支撑。此外，自"十二五"以来，国家肉鸡产业技术体系产业经济岗位每年在京召集举办两次研讨会，每年年中 7 月举办一次"中国肉鸡产业经济分析研讨会"，侧重于肉鸡产业经济学术方面的研讨；每年年末 12 月举办一次"中国肉鸡产业形势分析研讨会"，侧重于对当年肉鸡产业发展形势方面的研讨。相关研讨会的召开，在交流肉鸡产业经济学术研究成果、实地调研情况，在探讨我国肉鸡产业发展形势、问题及对策等方面均取得了有益的成果。本书包括了 2022—2023 年国家肉鸡产业技术体系产业经济岗位召集举办的四次肉鸡产业经济相关研讨会的会议综述。其中，2022 年 7 月研讨会创新形式，肉鸡、生猪两大食粮型畜禽品种以及玉米、大豆两大饲料粮品种共四个国家农业产业技术体系产业经济岗位专家联合举办；2023 年 7 月研讨会创新形式，通过视频直播在山东设置分会场与国家肉鸡产业技术体系济南综合试验站联合举办。由衷感谢长期以来与会领导、专家和企业家们，一直秉持产业情怀，倾力贡献专业智慧。本书收录的四份会议综述较为全面地记录了会议相关研讨成果，也较为翔实地记载了 2022—2023 年我国肉鸡产业发展历程和重大事件的来龙去脉，在此与大家分享，也希望更多对我国肉鸡产业经济研究感兴趣的专家学者和企业家们参与我们后续的研讨会。

《中国肉鸡产业经济 2023》的相关研究工作得到了国家肉鸡产业技术体系首席科学家、各岗位科学家、各综合试验站站长，以及中国畜牧业协会、白羽肉鸡联盟、相关肉鸡企业和养殖场户的大力支持和帮助，在此深表感谢！由于本书汇集的是国家肉鸡产业技术体系产业经济岗位团队成员在不同阶段针对不同主题的研究报告，涉及对历史资料和产业现状的描述方面难免会存在小部分的重复，但为了保持各研究报告的完整性，本书在统稿过程中没有将部分重复内容删除。由于目前国家统计局尚未发布关于我国肉鸡生产等方面的权威统计数据，部分报告根据研究的需要分别采用了联合国粮农组织（FAO）和美国农业部（USDA）等机构发布的相关统计数据，不同渠道的数据因统计方法和统计口径不同会存在差异。当然，由于各研究报告分析的角度和研究的重点不完全相同，得到的结论和提出的对策建议也各有侧重。随着我国肉鸡产业的不断发展，国家肉鸡产业技术体系产业经济岗位对肉鸡产业经济的研究还将进一步深入。书中不足之处，敬请读者批评指正！

作　者

2024 年 3 月

目　　录

2023 年我国肉鸡产业形势分析、未来展望及对策建议

辛翔飞[1]　郑麦青[2]　文　杰[2]　王济民[1,3]

（1. 中国农业科学院农业经济与发展研究所；
2. 中国农业科学院北京畜牧兽医研究所；
3. 农业农村部食物与营养发展研究所）

2023 年，我国肉鸡消费水平显著提升，产量大幅增长，但由于供给明显大于需求，市场行情持续低迷，产业链利润水平整体偏低。2024 年，在供给端产能支撑以及需求端消费拉动共同作用下，肉鸡产量仍将实现较大增长。本报告总结了 2023 年国内外肉鸡产业发展特点，剖析了我国肉鸡产业发展存在的问题，并就肉鸡产业未来发展趋势做出判断，提出促进我国肉鸡产业发展的政策建议。

一、2023 年国际肉鸡产业发展形势

（一）全球肉鸡生产延续增长态势，增速进一步放缓

一方面，受全球性通胀、利率高企、地缘政治动荡加剧等因素影响，世界经济持续低迷，肉类消费更多向具有显著低价格优势的鸡肉倾斜，对拉动肉鸡产业进一步扩大生产发挥显著促进作用；另一方面，全球经济政治复杂性、严峻性、不确定性上升，以及高致病性禽流感多地暴发，对肉鸡生产增长产生较大阻碍。2023 年全球肉鸡生产虽然保持了持续增长趋势，但增速进一步下降。根据 USDA（美国农业部）分析数据，2023 年全球肉鸡产量 10 238.9 万吨，增长率仅为 0.54%。2019 年全球肉鸡生产实现了 4.98% 的高增长率之后，

2020—2024 年连续四年增速持续收窄，2022—2023 年连续两年增速降至 1％以下。

2023 年四大肉鸡主产国（地区）仍为美国、巴西、中国和欧盟，产量分别为 2 100.5 万吨、1 430.0 万吨、1 425.0 万吨和 1 092.0 万吨[①]，合计占全球肉鸡总产量的比重为 60.00％。根据 USDA 分析数据，由于巴西和欧盟在 2023 年分别实现了 3.01％和 2.58％的相对较高增速，使得四大肉鸡主产国（地区）肉鸡总产量增速高于全球平均水平。从全球前十大肉鸡生产国（地区）来看，2023 年肉鸡生产增长较快的国家还有泰国、墨西哥和俄罗斯，产量分别为 233.0 万吨、385.5 万吨和 487.5 万吨，增长率分别为 4.55％、2.44％和 1.56％。

（二）全球肉鸡产品贸易量基本保持稳定，巴西、泰国和中国出口显著增长

高致病性禽流感在全球多地暴发，阻碍了肉鸡生产增长的同时，也对肉鸡产品贸易形成较大限制。2023 年全球肉鸡产品进口量为 1 112.8 万吨，增长 0.34％；出口量为 1 355.9 万吨，下降 0.11％。长期来看，国际贸易量占全球肉鸡产量比重逐步增长，2000 年进口贸易量占全球肉鸡产量的比重为 8.90％，2023 年增长至 13.46％；2000 年出口贸易量占全球肉鸡产量的比重为 7.68％，2023 年增长至 11.00％。

进口市场集中度低、出口市场集中度高是全球肉鸡贸易的典型特征。前十大肉鸡产品进口国（地区）进口量占全球进口总量比重在过去二十余年间呈现逐步增长趋势，2000 年为 52.45％，2023 年增长至 61.06％。日本长期位居全球第一大肉鸡进口国，2023 年肉鸡产品进口量超过 100 万吨的国家仅有日本一国；排名前 10 位的国家（地区）肉鸡产品进口量分布在 35.0 万～105.5 万吨区间，其中进口量增长幅度较为明显的是中国（78 万吨，23.22％）、伊拉克（53.5 万吨，10.31％）、墨西哥（98.5 万吨，7.65％）、欧盟（74.5 万吨，5.82％）和英国（94.5 万吨，4.65％）。2000 年以来前十大出口国（地区）出

---

① USDA 统计数据中，肉鸡生产、消费和贸易的统计为即食量（Ready to Cook Equivalent），且不包括鸡爪，而我国关于畜禽的统计为胴体重（Carcass Weight Equivalent）。此外，根据业内专家观点，USDA 关于我国肉鸡的统计中未将白羽、黄羽和小型白羽肉鸡所有类型全部包含。因此 USDA 发布的数据与中国海关总署发布的数据、中国畜牧业协会发布的数据及我国农业农村部监测的数据存在差异。USDA 会定期对已经发布的历史数据进行修正，本研究采用的是 2024 年 1 月 USDA 最新发布的统计数据。全书同。

口量占全球出口总量的比重虽有小幅下降，但近年来仍大致维持在 95％ 水平，2023 年为 95.21％。2022 年四大出口国（地区）巴西、美国、欧盟、泰国出口量分别为 477.0 万吨、330.0 万吨、171.5 万吨和 113.5 万吨；中国排名第 5 位，出口量为 54.5 万吨。四大出口国（地区）占全球出口总量的比重达到 80.32％，其中，美国和欧盟出口量基本维持在 2022 年水平，巴西和泰国实现较大出口增幅，分别为 7.26％ 和 8.23％。

二、2023 年我国肉鸡产业发展特点

（一）国内自主品种产业化应用持续推进，种鸡产能供给水平居历史高位

白羽种鸡产能扩张，祖代、父母代种鸡更新数量双增长。根据中国畜牧业协会监测数据，2023 年我国白羽祖代种鸡更新数量为 127.99 万套，较 2022 年增加 32.85％，从 2022 年 96.34 万套的历史相对低位翻转至历史相对高位（图 1）。其中，国外引种祖代数量 40.96 万套，国外品种科宝曾祖代在国内自繁祖代数量以及 3 个自主培育白羽肉鸡新品种提供祖代数量 87.03 万套。2023 年祖代种鸡平均月度总存栏量为 174.65 万套，仍处于历史高位，其中后备祖代种鸡数量及所占比重明显上升；在产、后备祖代种鸡平均月度存栏量分别为 114.41 万套和 60.24 万套，分别较 2022 年减少 5.87％ 和增加 7.20％。2023 年 12 月，祖代种鸡总存栏量 180.27 万套，较 2022 年同比增加 4.66％；在产、后备祖代种鸡存栏量分别为 109.97 万和 70.30 万套，分别较 2022 年同比减少 13.26％ 和增加 54.66％。2023 年父母代种鸡年度更新 6 640.75 万套，较 2022 年增加 2.13％，平均月度存栏量 8 160.51 万套，较 2022 年增加 17.57％；在产、后备父母代种鸡平均月度存栏量分别为 3 853.1 万套和 3 088.1 万套，分别较 2022 年增加 16.26％ 和 19.20％。12 月，父母代种鸡总存栏量 8 204.04 万套，较 2022 年同比增加 17.57％；在产、后备父母代种鸡存栏量分别为 4 401.77 万和 3 802.27 万套，分别较 2022 年同比增加 0.81％ 和 15.26％。

黄羽肉种鸡持续产能去化，父母代平均存栏量连续三年下降。2019 年黄羽祖代肉种鸡存栏量居历史最高位，2020—2021 年连续两年小幅下降，2023 年微幅回调，祖代种鸡存栏量持续居历史高位；2020—2023 年父母代种鸡连续三年呈现较大幅度下降，但由于行业经营主体普遍看好未来两年黄羽肉鸡行情，2022 年年内父母代种鸡存栏量呈现持续增长态势，且年末后备存栏数量

较 2022 年同比有所增加。2023 年黄羽祖代种鸡平均月度存栏量 216.43 万套，较 2022 年微幅增加 0.42%；其中，在产、后备祖代种鸡平均月度存栏量分别为 151.53 万套和 65.08 万套，均较 2022 年增加 0.42%。12 月，祖代种鸡总存栏量 209.47 万套，较 2022 年同比下降 1.04%；在产、后备祖代种鸡存栏量分别为 146.48 万和 62.99 万套，均较 2022 年同比减少 1.04%。2023 年父母代种鸡平均月度存栏量 6 441.98 万套，较 2022 年下降 3.95%；其中，在产、后备父母代平均月度存栏量分别为 3 704.20 万套和 2 737.98 万套，分别较 2022 年下降 5.02% 和 1.59%。12 月，父母代种鸡总存栏量 6 388.51 万套，较 2022 年同比下降 2.43%；在产、后备父母代种鸡存栏量分别为 3 536.87 万和 2 851.64 万套，分别较 2022 年同比减少 7.82% 和增加 5.21%。

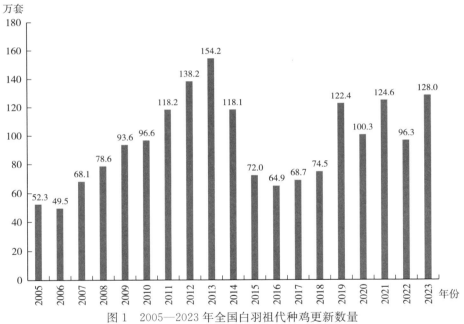

图 1　2005—2023 年全国白羽祖代种鸡更新数量

数据来源：中国畜牧业协会《中国禽业发展报告》。

（二）饲料价格整体高位运行，肉鸡养殖成本持续上涨

　　饲料价格经历"降—增—降"变化趋势，全年整体高位运行且居近十年最高位（图 2 和图 3）。肉鸡作为食粮型畜禽品种，玉米和豆粕是肉鸡配合饲料的主要构成。2022 年玉米和豆粕价格上涨，尤其是豆粕价格超高幅上涨，推

动肉鸡配合饲料价格升至历史高位;2023 年肉鸡饲料价格从 2022 年末的历史高位波动下降,6—7 月份降至年内低点,之后进入上升阶段,并在 9 月份升至第二个年内高点,随后受原料价格整体高位下滑影响,肉鸡饲料价格跟随走低,年末降至年度最低点,年末较年初明显下降,但仍处于历史相对高位。2023 年玉米平均价格为 2.97 元/千克,与 2022 年的 2.98 元基本持平;年末玉米价格为 2.79 元/千克,较 2022 年同比下降 8.53%。2023 年豆粕平均价格为 4.61 元/千克,较 2022 年下降 1.41%;年末豆粕价格为 4.28 元/千克,较2022 年同比下降 15.58%。2023 年肉鸡配合饲料平均价格为 3.89 元/千克,较 2022 年增长 2.47%;年末肉鸡配合饲料价格为 3.90 元/千克,较 2022 年同比下降 4.65%(图 2)。

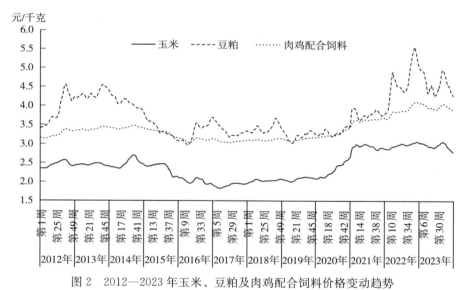

图 2　2012—2023 年玉米、豆粕及肉鸡配合饲料价格变动趋势

数据来源:农业农村部监测数据(www.moa.gov.cn)。

肉鸡养殖成本在 2022 年历史相对高位的基础上持续上涨,白羽、黄羽肉鸡养殖成本分别上涨 2.29% 和 2.36%。根据农业农村部对 60 个生产大县(市、区)的 300 个行政村 1 099 户肉鸡养殖户月度定点跟踪监测数据分析,2023 年白羽、黄羽肉鸡养殖成本均有明显上涨。白羽肉鸡养殖成本近三年连续上涨,2020—2023 年增幅高达 12.09%;2023 年,受雏鸡、饲料、防疫、人工等成本上涨,白羽肉鸡平均养殖成本上涨 2.29%,为 8.59 元/千克,其中雏鸡成本上涨是最主要因素,全年雏鸡价格平均 2.92 元/只,较 2022 年上涨高达 27.46％。黄羽肉鸡养殖成本近两年连续上涨，2023 年较 2021 年增幅高达 9.14％；2023 年，虽然雏鸡价格略有下降，但受饲料成本等上涨因素影响，黄羽肉鸡养殖成本上涨 2.36％，为 13.97 元/千克。

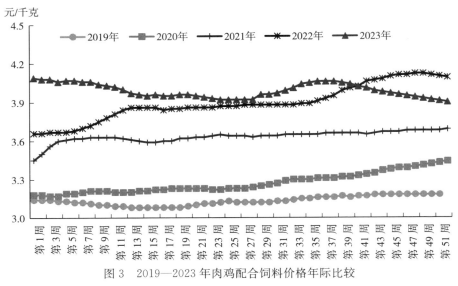

图 3　2019—2023 年肉鸡配合饲料价格年际比较

数据来源：农业农村部监测数据（www.moa.gov.cn）。

（三）肉鸡价格整体全年波动下降，产业链利润白羽肉鸡小幅升、黄羽肉鸡大幅降

综合鸡肉价格全年波动下降，价格降幅在畜产品中相对较小；白羽和黄羽商品代肉鸡出栏全年波动明显，白羽肉鸡年末价格较 2022 年同比降幅显著，黄羽肉鸡年末价格较 2022 年略有微幅上升。根据农业农村部对农贸市场监测数据（图 4），2023 年综合鸡肉价格全年平均为 24.13 元/千克，较 2022 年增长 10.6％；年末鸡肉综合价格为 23.87 元/千克，明显低于 2022 年同期，降幅 4.23％；全年最低谷价格为 7 月份第二周的 23.50 元/千克，较全年最高峰价格 1 月份第四周的 25.14 元/千克下降 1.64 元/千克，降幅 6.52％。从养殖户商品代肉鸡出栏价格看，根据农业农村部对肉鸡养殖户月度定点跟踪监测数据，白羽肉鸡出栏价格全年平均为 8.91 元/千克，较 2022 年略降 1.13％；全年价格最低点在 12 月份，为 7.66 元/千克，全年价格最高点在 3 月份，为 10.56 元/千克，价格波动较大；8—12 月，价格持续下降，12 月份较 2022 年

同比下降 10.97％。黄羽肉鸡出栏价格全年平均为 16.08 元/千克，较 2022 年下降 7.81％；全年价格最低点在 1 月份，为 14.96 元/千克，全年价格最高点在 9 月份，为 17.25 元/千克，最高点较最低点价格增幅 15.31％；12 月份，价格为 16.24 元/千克，较 2022 年同比下降 0.51％。整体来看，2023 年黄羽肉鸡出栏价格在下半年有所反弹，但高点价格水平及持续时间均远不及 2022年。黄羽肉鸡中快、中、慢速型价格存在较为明显的差异，但全年变动趋势总体一致。

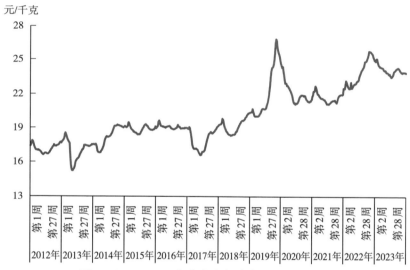

图 4　2012—2023 年集贸市场鸡肉价格变动趋势

数据来源：农业农村部监测数据（www.moa.gov.cn）。

全产业链平均收益白羽肉鸡小幅上升，黄羽肉鸡大幅下降。根据农业农村部对肉鸡养殖户月度定点跟踪监测数据分析（图 5），白羽肉鸡，全产业链年度平均收益为 0.97 元/只，较 2022 年小幅增加 0.35 元/只，盈亏月数比为7∶5，其中屠宰环节出现亏损，其他环节都实现盈利；屠宰环节的亏损主要在上半年，全年平均亏损 0.25 元/只，较 2022 年 0.67 元/只的亏损程度有所下降；商品肉鸡养殖环节全年平均盈利 0.86 元/只，较 2022 年下降 46.62％，9—12 月连续四个月出现亏损。12 月份，全产业链平均收益为 −1.56 元/只，较 2022 年同比亏损进一步增加 0.84 元/只；其中，商品肉鸡养殖环节亏损最为明显，亏损 1.14 元/只。黄羽肉鸡，全产业链平均收益年内呈现先增后降趋势，年初仅为 0.83 元/只，年末较年初实现较大增幅，盈亏月数比为 12∶0，种鸡、商品鸡养殖环节均实现盈利，但盈利水平较 2022 年均有所下降，全产业链年度平均收益为 4.36 元/只，较 2022 年大幅下降 3.38 元/只；商品肉鸡养殖环节盈利 4.93 元/只，较 2022 年下降 1.69 元/只。12 月份，全产业链平均收益为 4.98 元/只，较 2022 年同比盈利增加 0.93 元/只，其中商品肉鸡养殖环节收益为 4.93 元/只。黄羽肉鸡中快、中、慢速型盈利水平差异较大，总体来看，慢速型最好，快速型最弱。

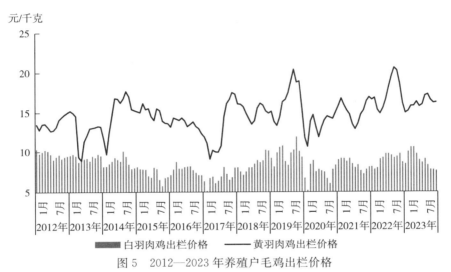

图 5　2012—2023 年养殖户毛鸡出栏价格

数据来源：农业农村部月度定点跟踪监测数据。

（四）肉鸡总产量大幅上涨，黄羽肉鸡占比再创新低

消费市场逐步回暖，全年肉鸡总产量大幅上涨。2022 年，受新冠疫情大范围多次反复影响经济复苏和消费市场景气度，而且猪肉供给呈恢复性增长，猪肉价格从高位回落，导致鸡肉消费市场低迷，产量降幅显著；2022 年底，随着我国新冠疫情防控政策调整，持续三年的疫情影响逐渐减弱，经济社会运行逐步向常态化回归。根据国家统计局数据，2023 年 GDP 增速从 2022 年的 3.0% 上升到 5.2%，餐饮收入从 2022 年的下降 6.3% 变化为增长 20.4%，供给端在自身乐观预期以及需求端消费拉动的作用下，生产规模扩张迅速。根据农业农村部对肉鸡养殖户月度定点跟踪监测数据及中国畜牧业协会监测数据分析，2023 年肉鸡（包括白羽、黄羽和小型白羽肉鸡）总出栏数量 130.22 亿只，较 2022 年增加 11.65 亿只，增幅 9.83%；肉鸡总产量为 2 152.36 万吨，

较 2022 年增加 240.69 万吨，增幅 12.59%。

产业结构持续调整，黄羽肉鸡产量不断下降。2023 年白羽和黄羽肉鸡生产呈现明显的反向变动趋势，白羽肉鸡大幅增长，黄羽肉鸡持续萎缩。此外，受小型白羽肉鸡对快速型黄羽肉鸡替代性作用的持续增强影响，小型白羽肉鸡生产延续扩张步伐。2023 年白羽和黄羽肉鸡累计出栏量分别为 71.95 亿只和 35.95 亿只，分别较 2022 年增加 18.14% 和下降 3.52%；白羽、黄羽肉鸡产量分别为 1 429.37 万吨和 467.31 万吨，分别较 2022 年增加 20.01% 和下降 0.85%。2022 年小型白羽肉鸡出栏量为 22.32 亿只，较 2022 年增长 9.36%；产量为 255.68 万吨，较 2022 年增长 6.18%。此外，受小型白羽肉鸡对快速型黄羽肉鸡替代性作用持续增强影响，叠加"活禽管制"对黄羽肉鸡销售产生的明显抑制作用影响，黄羽肉鸡出栏量和产量均持续下降，2023 年黄羽肉鸡产量在肉鸡总产量中的占比再创新低，从 20 世纪 90 年代中期的"半壁江山"萎缩至仅约占四分之一份额；从黄羽肉鸡内部的结构变动来看，快速型占比下降，中速型相对稳定，慢速型占比增加。

三、我国肉鸡产业发展面临的主要问题和挑战

（一）种业科技创新仍存短板，与产业发展需求仍有差距

2022—2023 年，连续两年我国白羽祖代种鸡引种严重受阻，其中，2022 年是由于新冠疫情导致国际航班不畅以及欧美高致病性禽流感导致相关贸易受限，2023 年是由于国际禽流感持续蔓延仍旧导致相关贸易受限。在连续两年引种受阻的背景下，2021 年 12 月通过国家审定的我国自主培育的三个白羽肉鸡品种"圣泽 901""广明 2 号""沃德 188"发挥出重要战略支撑作用，为国内肉鸡产业稳定发展提供坚实安全保障，我国白羽肉鸡产业发展由之前的国外一方支撑，进入国外、国内两方支撑的新阶段。面对国际禽流感持续蔓延态势，国外引种仍面临极大不确定性，加快推进我国肉鸡种业科技自立自强尤为迫切。过去两年，三个国产品种产业化应用进程持续快速推进，2022 年三个国产品种自主化市场占有率达到 15%，2023 年进一步达到 25.1%，但必须正视的是我国白羽肉鸡育种在育种素材、育种技术和疫病净化等方面仍有较大提升空间。同时，在国内育种进程中，片面追求饲料转化率等单一指标数据的问题较为普遍，对产业链综合效益的考虑相对缺乏。此外，黄羽肉鸡品种方面，针对集中屠宰、冰鲜上市的必然趋势，开展屠宰加工型黄羽肉鸡选育的需求尤为迫切。

（二）国际禽流感蔓延势头不减，国内疫病防控存在巨大压力

2020 年以来高致病性禽流感疫情相继在全球多地暴发。根据 OIE（世界动物卫生组织）疫情发布信息，2023 年国际禽流感疫情持续蔓延，第一、二、四季度疫情态势较 2022 年同期明显加重，涉及区域范围扩大，欧洲、亚洲、南美洲、北美洲、非洲家禽产业均受到疫情冲击。其中，美国最为严重，高致病性禽流感共发生 182 起，死亡及扑杀家禽数量近 2 000 万只；我国周边国家日本、韩国的高致病性禽流感报告病例数量明显增加。根据我国农业农村部疫情发布信息，2023 年我国共报告 3 起野禽高致病性禽流感病例，分别是 7 月 22 日在青海、7 月 28 日在西藏、12 月 11 日在福建。动物疫病疫情会直接冲击肉鸡产业的生产与贸易秩序，是产业发展面临的主要风险之一。尤其随着国内笼养模式的持续推广，集约化程度进一步提升，疫病风险防控责任更加重大。此外，动物疫病疫情还可能给人类健康带来潜在威胁。2023 年 7 月，FAO（联合国粮食及农业组织）、WHO（世界卫生组织）和 OIE 三家国际机构联合发布公报，虽然正在全球多地暴发的高致病性禽流感主要影响家禽、野鸟和一些哺乳动物，但仍对人类构成持续风险。根据 WHO 通报，2023 年 11 月柬埔寨出现两例人感染高致病性 H5N1 型禽流感确诊病例；2003—2023 年，全球有 23 个国家共报告了 882 例人感染 H5N1 型禽流感病例，其中包括 461 例死亡病例。

（三）肉鸡生产官方统计数据缺失，产业预警机制亟待构建

虽然鸡肉是我国第二大肉类，但长期以来一直缺失国家层面关于肉鸡生产的权威统计数据，更是缺乏对白羽和黄羽肉鸡等亚类的分项统计，仅有关于禽肉总量的生产和消费统计。权威统计数据缺失与肉鸡产业的重要地位极度不相称。目前关于我国肉鸡生产的统计数据来源主要有四个：FAO、USDA、中国畜牧业协会、国家肉鸡产业技术体系。但不同来源的数据存在差异，甚至在部分年份差异显著。数据统计口径的不同是造成各来源数据存在差异的原因之一，例如，FAO 与 USDA 统计口径为即食重而不是胴体重，且 USDA 统计数据不包括鸡爪；再例如，我国肉鸡品种包括白羽肉鸡、黄羽肉鸡和小型白羽肉鸡，黄羽肉鸡中又分为快速、中速和慢速型，是全球肉鸡品种最多的国家，FAO 与 USDA 的统计口径是否全面涵盖了上述所有肉鸡类别还有待验证。官方权威统计数据的缺失，使得产业科学规划和有序发展缺乏重要依据。同时，产业目前还缺乏有效的市场运行景气度预警机制。2023 年肉鸡供给明显过剩，

市场行情持续低迷，一方面反映了针对市场的有效预警机制缺失，另一方面也反映了产业规划对权威数据的迫切需求。

（四）鸡肉营养健康属性科普宣传不足，产品和产业品牌建设水平较低

我国肉鸡产业已经形成了较为完备的全产业链发展体系，但国内肉鸡企业普遍在品牌战略经营上存在短板，更多是将有限的投入优先用于扩大企业规模，缺乏品牌投入和品牌经营等品牌建设工作。此外，肉鸡产业消费端的科普宣传明显不足、管理和研究相对缺乏。一是消费者传统认知与肉鸡养殖水平快速发展实际不相匹配的矛盾存在已久，"速生鸡""激素鸡"等非科学概念在消费者中广为流传，消费者认知存在明显偏差；二是消费者对肉鸡养殖企业不信任的态度较难转变，公众媒体上能够常见到有不负责任的媒体通过夸大甚至不切实际的宣传来赚取流量，给产业造成极大负面影响；三是消费管理链条上有效管理缺失的问题长期存在，消费研究、消费教育和消费权益保护等各个环节归属不同的管理部门，实施分散性管理，导致重生产管理、轻消费管理成为当前畜牧业发展管理层面的典型特征。

（五）自然灾害风险造成局部损失巨大，极端天气应对及保障仍面临较大挑战

在全球气候变化的背景下，自然灾害风险显著增加，对农业生产安全形成重大威胁。为了最大限度地减少各类自然灾害对产业的影响，按照农业农村部部署，2023 年国家现代产业技术体系对原有 50 个农业品种生产防灾减灾技术手册做了进一步修订，从技术层面对产业对各类自然风险和疫病风险防控和应对提供支撑。总体来看，我国农业防灾减灾体系虽然已经取得长足进步，但仍然面临较大挑战。尤其畜牧业抗击自然风险能力较弱，洪水、干旱、暴风雨和极端气温等天气事件往往会在短时间内对养殖场造成巨大损害，导致畜禽死亡、饲料短缺和疾病蔓延，历年都有养殖场因自然灾害而遭受巨大经济损失的情况发生。2023 年 7 月 31 日，受冷暖空气和台风"杜苏芮"共同影响，河北涿州遭遇了罕见的暴雨灾害，畜禽养殖场受到重创。根据涿州发布信息，该次灾情造成禽类损失 95 万羽，灾后一周转运处理死亡畜禽 350 余吨，灾后养殖场普遍面临人手不足、无害化处理困难的局面。此外，2023 年湖北、湖南、河南、江西、河北、北京、福建、山东、海南、江西、江苏、新疆等多个省份有高温、暴雨、台风、干旱等灾害发生，对肉鸡养殖产生极大不利影响，甚至造成养殖场严重损毁。

四、2024 年肉鸡产业发展趋势

（一）全球肉鸡生产利好与利空因素各半，肉鸡产量微幅增长

联合国发布的《2024 年世界经济形势与展望》报告预计，2024 年全球经济增长将从 2023 年的 2.7％进一步放缓至 2.4％，低于新冠疫情之前 3％的增长率。在全球经济增长连续三年放缓、通胀继续高企的背景下，消费者对低价格的动物蛋白的需求将格外强劲。同时，据 USDA 发布的《全球农产品 2023/2024 年度供需预测》报告预计，2023/2024 年度全球玉米、大豆产量增幅超过 6％。供给增加预期下饲料价格的下降会给肉鸡生产带来更大盈利空间。上述需求端和供给端两方面利好因素会刺激肉鸡生产进一步扩大。但地缘政治风险继续上升、国际贸易疲软、利率维持高位等因素，仍旧在很大程度上抑制了肉鸡生产增长步伐。根据 USDA 估计数据（USDA，2024），2024 年全球肉鸡产量可能达到 10 326.0 万吨，较 2023 年增长 0.85％。受墨西哥、中国、欧盟和沙特阿拉伯等需求增长拉动，巴西和泰国等肉鸡产品出口仍将有较明显的增长；全球总体来看，预计 2024 年肉鸡贸易量将有小幅增长，肉鸡进口量将达到 1 135.8 万吨，增幅 2.52％，出口量达到 1 390.1 万吨，增幅 2.52％。

（二）我国肉鸡产量将持续增长，净进口量小幅下降

长期来看，突出的实惠性、营养性、便捷性，以及更广的被接纳性等多方优势，将拉动鸡肉消费总量进一步扩大。一是鸡肉价格明显低于猪肉，更是明显低于牛羊肉；二是鸡肉具有低脂肪、低热量、低胆固醇和高蛋白"三低一高"特性，比猪肉、牛肉、羊肉等红肉更健康；三是鸡肉作为预制菜的重要原料之一，具有更为成熟的技术和产品，在预制菜的快步发展中走在前列；四是鸡肉没有宗教禁忌，拥有最广泛的消费群体。2024 年，随着经济社会运行环境的进一步优化，消费端需求增长仍将是拉动肉鸡生产增长的重要因素。虽然在 2023 年末，受当年供大于求影响，短期内商品代肉鸡出栏量呈现减少趋势，但白羽和黄羽后备父母代种鸡存栏充裕。在供给端产能支持以及需求端消费增长拉动双方面因素作用下，预计 2024 年肉鸡产量将有约 6％的增幅。国际贸易方面，2019 年受非洲猪瘟疫情冲击导致国内肉类供给不足，当年肉鸡产品进口创历史新高，之后的 2020—2023 年肉鸡产品进口虽然仍居历史相对高位，但呈缓慢回调趋势，预计 2024 年我国肉鸡产品进口有小幅下降；受全球鸡肉消费需求增长影响，我国肉鸡出口将在 2024 年有小幅增长；净进口量预计较

2023 年小幅下降。

五、肉鸡产业发展对策建议

（一）加强产业发展顶层设计和政策供给，推动肉鸡产业加快发展

肉鸡产业持续上升是国际畜牧业发展的共性趋势，大力发展肉鸡产业，既符合国际畜牧业发展规律，也符合我国国情。鸡肉具有"三低一高"的显著营养健康优势，具有饲料转化率高的显著高效节粮优势，具有生产粪污排放量低的显著绿色低碳优势，具有价格便宜、消费群体广泛的显著市场拓展优势。大力发展肉鸡产业，对于保障国家粮食安全、推动健康中国建设、促进畜牧业绿色低碳发展具有重要意义。建议国家层面把肉鸡产业放在与生猪产业、草食畜牧业同等位置上，加强对肉鸡产业发展规划的顶层设计，指导肉鸡产业有序健康发展，并通过强化畜牧业结构调整，在稳定生猪的基础上，加大肉鸡产业政策支持力度，尽快实现禽肉翻番，让禽肉成为我国第一大肉类，通过提升禽肉消费数量和结构占比充分满足未来我国居民人均肉类消费增长需求。

（二）强化科技支持体系建设，推动肉鸡产业率先实现现代化

肉鸡产业现代化建设长期走在畜牧业的前列，高水平科技支持体系是肉鸡产业实现现代化的关键支撑。一是加大肉鸡育种研发投入和政策支持，加强肉鸡种业科技创新和自主品种推广。统筹兼顾技术效率和经济效益，强化基于全产业链综合效益的平衡育种理念，重视种源疾病净化，加快 3 个国产白羽肉鸡新品种迭代升级，加强对匹配集中屠宰、冰鲜上市需求的黄羽肉鸡品种的改良和选育。二是加大现代养殖场建设政策扶持力度，加快肉鸡养殖转型升级。加大设施肉鸡养殖的政策支持力度，大力提高肉鸡养殖标准化、智能化水平，提高资源利用率、劳动生产率和土地产出率，加快养殖端转型升级，实现产业稳产保供水平、科技装备水平、质量效益水平、绿色发展水平的共同提升。三是推进饲料产业核心技术研发，助力肉鸡养殖节本增效。继续优化饲料配方结构，大力推广低蛋白日粮，推动降低饲料成本、提升生产性能和提高产品质量等多维度目标的共同实现。

（三）打通供需通道卡点，统筹推进优化供给和扩大需求

产品是产业发展之本，面对行业产能过剩、市场需求仍有进一步挖掘的产业现状，坚持深化供给侧结构性改革和着力扩大有效需求协同发力，是促进肉

鸡产业发展的有效路径。一是科学制定发展目标。经营主体既要看到产业发展远期前景，又要立足近期供需实际，确定自身长期发展战略和分阶段发展目标，把握好发展节奏，避免进退失时，提升生存能力和发展水平。二是严格保障产品质量安全。加大肉鸡药残监控计划实施力度，推行肉鸡产品质量可追溯制度，强化药残第三方检验和社会监督制度，构建更加严密的监管体系和更加严格的问责制度，让消费者吃上"放心肉"。三是加强消费研究和管理。开展关于消费者肉类消费认知、偏好等重要议题的研究，同时政府、行业协会、科研院所和龙头企业等行业主体合力加大对鸡肉产品健康营养、低碳环保等显著优良特性的科普宣传，树好肉鸡产品和产业品牌。

（四）完善监测预警，提升市场、疫病、自然三大风险应对能力

"家财万贯，带毛的不算"，同其他畜禽产业一样，肉鸡产业是高风险的弱势产业，面临市场、疫病、自然三大风险，及时有效的风险管理是保障产业安全发展的必要举措。市场风险应对方面，建议国家层面将肉鸡产业列入专项数据统计范畴，对肉鸡生产和消费进行专项统计，并对白羽和黄羽肉鸡等亚类做分项统计，同时建立健全国际国内鸡肉供需监测预警系统，对鸡肉供需状况及价格走势做出科学研判、合理预测和及时预警。疫病风险应对方面，深刻认识国际禽流感持续蔓延态势下生物安全建设对保障养殖安全的重要性，强化肉鸡养殖生物安全体系建设，尤其要防止市场行情长期低迷期出现养殖场生物安全建设放松的情况，通过良好的生物安全体系和合理的疫苗免疫合力构筑疫病防控坚实屏障。自然风险应对方面，管理部门和技术服务部门加强自然灾害监测预警，明确防范重点，做好技术指导；养殖场户做好灾前鸡舍加固修缮和饲料合理储备，加强灾害发生过程中的生产管理，加强灾后疫病防控和生产恢复。

（五）探索"走出去"发展新路径，拓展产业发展空间

我国肉鸡产业在总体养殖规模、生产经营效率、供应链配套能力、产业链供给韧性、科技和装备集约应用水准、生产组织模式创新等领域已经走在了全球前列，且拥有 3 个具有自主知识产权的国有白羽肉鸡品种，也拥有多个小型白羽肉鸡品种，以及特色鲜明的黄羽肉鸡品种，我国肉鸡产业已经具备"走出去"发展的充足优势。同时，与共建"一带一路"国家具有明显互补优势，我国肉鸡产业依托产业链优势组团出海的时机已经到来，并且北京市华都峪口禽业有限责任公司等一批企业已积累了一定的"走出去"发展经验。建议国内肉鸡产业龙头企业等有实力的经营主体，大胆谋划我国肉鸡产业发展的全球布

局，积极探索"走出去"发展的新路径，创新开展内外两个循环体系联动发展的新实践，不断丰富"走出去"模式创新的新形态，持续拓展我国肉鸡产业全球发展的新空间。

参考文献

［1］ USDA. Livestock and poultry：market and trade ［R/OL］. （2024－01－12）［2024－01－13］. https：//apps. fas. usda. gov/psdonline/app/index. html♯/app/downloads.

［2］ 辛翔飞，郑麦青，文杰，等 . 2021 年我国肉鸡产业形势分析、未来展望与对策建议［J］. 中国畜牧杂志，2022，58（3）：222－226.

［3］ 文杰 . 肉鸡种业的昨天、今天和明天［J］. 中国畜牧业，2021（17）：27－30.

［4］ 张怡，肖彬杉，王昆，等 . 2021 年全球肉鸡生产、贸易及产业经济发展研究［J］. 中国畜牧杂志，2022，58（3）：216－222.

［5］ 张怡，毕思恺，许少成，等 . 2022 年全球肉鸡生产、贸易及产业经济发展研究［J］. 中国畜牧杂志，2023，59（3）：280－287.

［6］ 辛翔飞，王潇，王济民 . 肉鸡产业高质量发展：问题挑战、趋势研判及政策建议［J］. 中国家禽，2024，46（1）：1－10.

［7］ 辛翔飞，郑麦青，文杰，等 . 2022 年我国肉鸡产业形势分析、未来展望与对策建议［J］. 中国畜牧杂志，2023，59（3）：288－293.

2023 年肉鸡产业发展监测报告

郑麦青[1] 赵桂苹[1] 高海军[2] 腰文颖[2] 文 杰[1] 宫桂芬[2]

(1. 中国农业科学院北京畜牧兽医研究所；
2. 中国畜牧业协会禽业分会)

2023 年，我国肉鸡生产水平大幅增长，种鸡利用率和商品鸡生产效率整体提升，全年肉鸡出栏、鸡肉产量明显增加，达到近十年最高水平，进口量小幅下降，禽肉自给率比上年提高 0.3 个百分点，达到 97.6％。鸡肉消费需求增长，养殖成本持续高位，产业总体收益偏低。根据肉鸡生产监测数据测算①，2023 年全国肉鸡出栏 130.2 亿只，同比增加 9.8％；鸡肉产量 2 309.4 万吨，同比增加 11.6％；进口鸡肉及杂碎 130.2 万吨，同比减少 0.1％。预计 2024 年鸡肉产量将继续增长，国内肉鸡种业持续发展，鸡肉消费结构优化向好，供应增加，鸡肉产品价格将低位波动。

一、2023 年肉鸡生产形势

（一）肉鸡生产大幅增长

根据肉鸡生产监测数据测算，2023 年全国肉鸡出栏 130.2 亿只，同比增加 9.8％；鸡肉产量 2 309.4 万吨，同比增长 11.6％（图 1）。其中，白羽肉鸡鸡肉产量 1 429.4 万吨，同比增长 20.0％；黄羽肉鸡鸡肉产量 467.3 万吨，同比下降 0.8％；小型白羽肉鸡鸡肉产量 255.7 万吨②，同比增长 2.5％（表 1）。

---

① 本报告中关于中国肉鸡生产数据分析判断主要基于 85 家种鸡企业种鸡生产监测数据，以及 60 个生产大县（市、区）的 300 个行政村 1 099 户肉鸡养殖户生产监测数据。

② 本年度起小型白羽肉鸡产肉量估算开始采用肉鸡生产监测的出栏体重，并依此对 2019—2022 年度数据予以修正。

表 1　2023 年鸡肉生产量测算

单位：亿只，万吨

项　　目		2019 年	2020 年	2021 年	2022 年	2023 年	2023 年同比增长量	2023 年同比增长率
白羽肉鸡	出栏量	54.2	60.2	66.0	60.9	71.9	11.04	18.1%
	鸡肉产量	1 019.4	1 195.2	1 301.6	1 191.0	1 429.4	238.30	20.0%
黄羽肉鸡	出栏量	45.2	44.2	40.4	37.3	35.9	−1.31	−3.5%
	鸡肉产量	573.0	538.4	512.9	471.1	467.3	−3.82	−0.8%
小型白羽肉鸡	出栏量	15.4	16.7	19.1	20.4	22.3	1.91	9.4%
	鸡肉产量	177.0	193.0	199.0	249.5	255.7	6.18	2.5%
淘汰蛋鸡	出栏量	10.3	12.4	10.8	10.5	11.2	0.76	7.3%
	鸡肉产量	111.9	135.0	110.9	156.9	157.1	0.19	0.1%

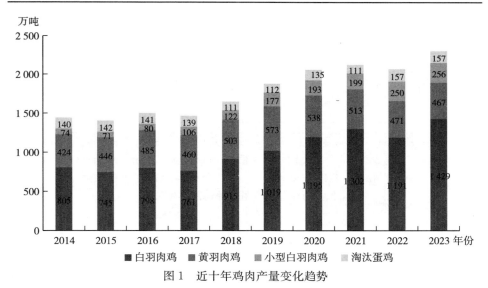

图 1　近十年鸡肉产量变化趋势

（二）种鸡存栏量上升，商品雏鸡产销量增加

1. 白羽肉鸡产能持续增加

2023 年，白羽祖代种鸡平均存栏量 174.6 万套，同比下降 2.1%；年末祖代种鸡存栏 180.3 万套，其中在产存栏 110.0 万套；父母代雏鸡供应量同比增长 2.1%（图 2 至图 5）。全年祖代种鸡更新 128.0 万套，同比增加 35.7%，其

中国内繁育更新 87.0 万套，占 68.0%，增加 3.6 个百分点。父母代种鸡平均存栏量 8 160.5 万套，同比上升 17.6%；全年商品代雏鸡销售量 75.0 亿只，同比增加 19.7%（图 6）。年末父母代种鸡存栏 8 204.0 万套，其中在产存栏 4 401.8 万套。全年父母代种鸡更新 6 640.8 万套，同比增长 2.1%。

2. 黄羽肉鸡产能降幅继续收窄

2023 年，黄羽祖代种鸡平均存栏量 216.4 万套，同比上升 0.4%；平均在产存栏 151.3 万套，父母代雏鸡供应量增加 0.2%（图 2 至图 5）。年末祖代种鸡存栏 209.5 万套，其中在产存栏 146.5 万套。祖代鸡全年更新约 225.0 万套，较 2022 年减少 7.24 万套。父母代种鸡平均存栏量 6 442.0 万套，同比下降 3.6%；平均在产存栏 3 704.2 万套，商品代雏鸡供应量 36.7 亿只，同比下降 6.8%（图 6）。年末父母代种鸡存栏 6 388.5 万套，其中在产存栏 3 536.9 万套。父母代种鸡全年更新 6 524.7 万套，同比增加 0.2%。

图 2 近十年在产祖代种鸡存栏量变化

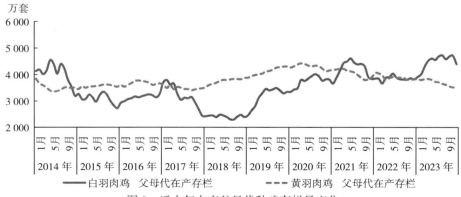

图 3 近十年在产父母代种鸡存栏量变化

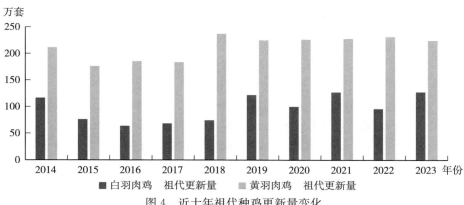

图 4　近十年祖代种鸡更新量变化

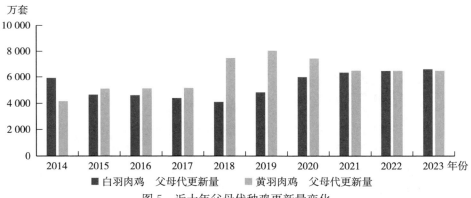

图 5　近十年父母代种鸡更新量变化

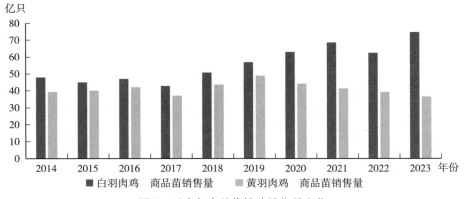

图 6　近十年商品代雏鸡销售量变化

（三）养殖收益整体偏低

2023 年，肉鸡出栏价格先升后降，饲料成本整体仍处高位，养殖收益总体处于偏低水平。根据农业农村部肉鸡生产监测数据分析[①]，2023 年，白羽肉鸡产业综合收益上升至 0.97 元/只，同比增加 0.34 元/只，增幅为 53.8%。其中，祖代生产环节收益显著提高，为 0.30 元/只；父母代生产环节转亏为盈，为 0.06 元/只，但仍处低位；商品养殖环节收益减少，为 0.86 元/只，较 2022 年减少 0.77 元/只（表 2）。黄羽肉鸡产业链综合收益下降，低于历史均值，为 4.36 元/只，较 2022 年减少 3.35 元/只，减幅 43.5%。其中，父母代种鸡生产环节降至 0.06 元/只，商品代肉鸡降至 4.21 元/只（表 3）。

表 2　白羽肉鸡产业链各环节收益情况

年份	单位收益（元/只出栏商品鸡）					收益分配情况（%）			
	祖代	父母代	商品养殖	屠宰	全产业链	祖代	父母代	商品养殖	屠宰
2016	0.31	1.08	−0.69	1.16	1.86	16.6	58.1	−37.3	62.6
2017	0.11	−0.59	0.15	2.21	1.88	6.0	−31.2	7.8	117.4
2018	0.24	1.25	1.65	0.26	3.39	7.0	36.9	48.5	7.7
2019	0.57	4.27	−0.44	0.40	4.80	11.9	88.8	−9.1	8.4
2020	0.14	−0.36	−0.72	2.84	1.90	7.1	−18.7	−38.0	149.5
2021	0.24	0.17	0.74	0.11	1.26	18.9	13.8	59.0	8.4
2022	0.08	−0.41	1.63	−0.67	0.63	13.2	−66.0	259.0	−106.1
2023	0.30	0.06	0.86	−0.25	0.97	30.7	6.3	89.3	−26.3

表 3　黄羽肉鸡产业链各环节收益情况

年份	单位收益（元/只出栏商品鸡）					收益分配情况（%）			
	祖代	父母代	商品养殖	屠宰	全产业链	祖代	父母代	商品养殖	屠宰
2016	0.01	0.35	4.73	—	5.09	0.3	6.8	92.9	—
2017	0.01	0.03	2.52	—	2.56	0.3	1.2	98.5	—
2018	0.06	0.73	4.64	—	5.43	1.1	13.4	85.5	—
2019	0.10	1.71	7.33	—	9.14	1.1	18.8	80.2	—
2020	0.11	0.12	1.14	—	1.37	8.3	8.5	83.2	—
2021	0.10	−0.04	4.60	—	4.66	2.1	−0.8	98.7	—
2022	0.09	0.28	7.34	—	7.71	1.1	3.7	95.2	—
2023	0.09	0.06	4.21	—	4.36	2.0	1.4	96.6	—

---

① 数据分析判断基于对 60 个生产大县（市、区）的 300 个行政村 1 099 户肉鸡养殖户月度生产监测数据。

（四）种鸡利用率白羽肉鸡上升黄羽肉鸡下降，商品鸡生产效率整体提高

1. 白羽父母代种鸡利用率上升，商品代肉鸡生产效率提升

2023 年种鸡使用周期延长，祖代单套种鸡月产量为 4.85 套父母代雏鸡，较 2022 年上升 9.2%。父母代利用率提升，单套种鸡月产量为 13.97 只商品代雏鸡，较 2022 年增长 3.0%（表 4）。受饲养天数增减变化影响，祖代实际利用率提升约 14.3%，父母代实际利用率增加约 23.6%。商品代肉鸡生产效率获得持续提升，饲养周期缩短约 0.1 天，只均出栏体重增加 0.04 千克，料肉比降低 3.1%，生产消耗指数下降 1.9，欧洲效益指数提高 17.1（表 5）。

表 4　白羽肉种鸡生产参数

年份	祖代种鸡		父母代种鸡	
	饲养周期（天）	单套月产量［套/（月·套）］	饲养周期（天）	单套月产量［只/（月·套）］
2017	721.1	4.63	412.6	11.12
2018	655.2	4.35	335.6	17.59
2019	662.7	4.90	456.4	14.95
2020	573.3	4.74	442.4	14.04
2021	605.4	4.67	462.0	13.60
2022	636.3	4.44	446.4	13.56
2023	657.7	4.85	496.3	13.97

表 5　白羽商品代肉鸡生产参数

年份	出栏日龄（天）	出栏体重（千克）	料肉比	成活率（%）	生产消耗指数	欧洲效益指数
2013	44.1	2.32	1.95	94.3	115.7	254.6
2014	43.9	2.35	1.88	95.1	112.0	271.4
2015	44.2	2.31	1.86	95.1	111.6	266.2
2016	44.0	2.37	1.79	95.1	106.9	285.8
2017	43.8	2.48	1.74	95.0	103.4	309.5
2018	43.6	2.56	1.73	95.9	102.6	325.8
2019	43.8	2.51	1.74	96.0	104.1	315.6
2020	44.2	2.64	1.70	95.8	100.8	336.8
2021	43.4	2.63	1.63	96.1	96.9	356.3
2022	42.5	2.61	1.62	96.2	96.0	364.4
2023	42.5	2.65	1.57	96.3	94.1	381.5

2. 黄羽父母代种鸡利用率降低，商品代肉鸡生产效率上升

2023年祖代种鸡使用周期较2022年缩短4.6天，实际利用率降低2.7%。父母代饲养天数减少5.9天，利用率下降4.7%（表6）。商品代肉鸡生产效率较2022年略有提高，出栏日龄延长0.7天，料肉比提高1.6%，生产消耗指数上升1.0，欧洲效益指数提高0.2（表7）。

表6 黄羽肉种鸡生产参数

年份	祖代种鸡		父母代种鸡	
	饲养周期（天）	单套月产量（套/月·套）	饲养周期（天）	单套月产量（只/月·套）
2017	366.5	3.57	430.3	8.85
2018	347.4	4.54	413.7	9.69
2019	357.1	4.58	373.5	9.90
2020	354.9	4.06	366.8	8.57
2021	368.9	3.58	382.5	8.53
2022	368.5	3.60	391.8	8.42
2023	363.9	3.59	385.9	8.26

表7 黄羽商品代肉鸡生产参数

年份	出栏日龄（天）	出栏体重（千克）	料肉比	成活率（%）	生产消耗系数	欧洲效益指数
2013	86.7	1.76	2.72	96.6	149.2	71.8
2014	90.4	1.78	2.82	96.4	152.1	67.3
2015	89.1	1.84	2.84	96.0	151.5	69.8
2016	91.3	1.89	2.81	95.9	150.2	70.5
2017	98.3	1.92	3.02	95.9	161.9	62.0
2018	97.3	1.95	3.00	95.5	167.3	63.9
2019	97.1	1.95	2.97	95.4	163.8	64.6
2020	98.7	1.87	3.13	94.5	168.9	57.4
2021	95.2	1.95	3.06	95.1	164.2	63.6
2022	94.4	1.95	3.07	95.0	164.6	63.7
2023	95.1	2.00	3.12	94.9	165.6	63.9

（五）鸡肉产品进口微降，种鸡进口小幅回升

2023 年，我国鸡肉进口数量下降 0.2%，出口数量增加 4.1%，是世界上主要鸡肉进口国之一（图 7、表 8）。鸡肉及杂碎产品进口总量为 130.2 万吨，主要为初加工产品。其中，冻鸡爪、冻鸡翼及带骨冻鸡块占比分列前三，分别为 40.7%、27.4%、23.8%；鸡杂碎为 7.0%。分国别来看，巴西、美国、俄罗斯、泰国和白俄罗斯分列前五名，占比分别为 51.8%、19.4%、10.2%、9.2% 和 5.2%。鸡肉产品出口 55.4 万吨，其中深加工制品占 54.1%，是国内鸡肉出口的主要产品。鸡肉初加工产品中以"其他冻鸡块"和"整只鸡，鲜或冷的"为主，分别占出口量的 26.3% 和 13.0%，出口地区仍以亚洲地区为主（表 8）。

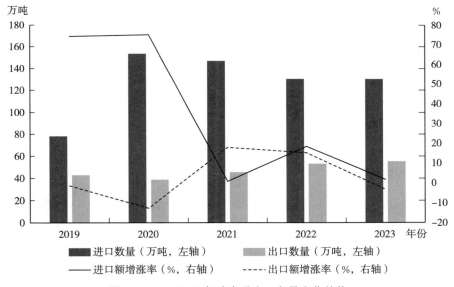

图 7　2019—2023 年鸡肉进出口贸易变化趋势

表 8　鸡肉及产品进出口贸易情况

项　　目		2019 年	2020 年	2021 年	2022 年	2023 年
进口	数量（万吨）	78.1	153.5	147.1	130.4	130.2
	贸易额（亿美元）	19.8	34.6	34.8	41.2	41.9
	贸易额增长率	74.1	75.0	0.6	18.4	1.6

（续）

项 目		2019 年	2020 年	2021 年	2022 年	2023 年
出口	数量（万吨）	42.8	38.8	45.7	53.2	55.4
	金额（亿美元）	15.5	13.5	16.0	18.4	17.8
	贸易额增长率（%）	－1.6	－12.8	17.8	15.1	－3.3
贸易差	数量（万吨）	－35.4	－114.7	－101.4	－77.2	－74.8
	贸易差额（亿美元）	－4.3	－21.1	－18.9	－22.9	－24.2
	贸易差额增长率（%）	－196.5	395.1	－10.4	21.1	5.6

2023 年种用与改良用鸡进口数量恢复至 75.8 万只，较 2022 年上升 22.1%，为白羽肉鸡和蛋鸡祖代雏鸡，全年共计引进白羽祖代种鸡约 41 万套，占整体更新量的 32.0%，较 2022 年降低 4 个百分点；平均进口价格为 44.9 美元/套，上升 12.1%。

（六）鸡肉消费大幅增长

2023 年我国鸡肉表观消费量为 2 381.1 万吨，增加 11.0%；人均消费量为 16.9 千克，较 2022 年增长 11.0%（图 8）。消费量上涨主要是因为新冠疫情对社会的影响大幅度减小，社会经济逐渐复苏，这在一定程度上释放了民众对肉鸡的消费能力。近五年来，鸡肉的消费结构发生了显著变化，团膳和餐饮

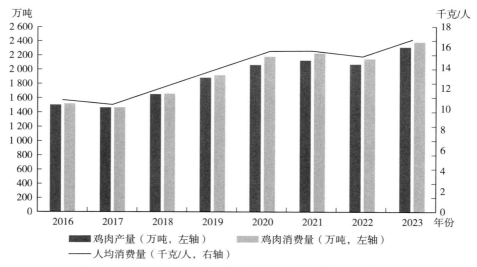

图 8 2016—2023 年鸡肉总量、消费量及人均消费量变化趋势

消费占比整体下降，而居民消费和食品加工占比提高。鸡肉消费结构的变化，反映出消费者在向健康、多样的饮食结构转变。小型白羽肉鸡以其更适合屠宰的优势，以及相差不大的口感，对黄羽肉鸡消费市场形成明显挤占。

二、2024 年我国肉鸡产业发展展望

（一）肉鸡产量继续增长

截至 2023 年末，肉鸡产能结构虽然有所调整，但种鸡存栏仍呈增长趋势。2024 年，随着经济社会运行逐步向新冠疫情后的常态化回归，消费增长有望成为拉动肉鸡生产增长的"火车头"。从长期来看，鸡肉的低价位和"三低一高"营养优势将拉动鸡肉消费总量进一步扩大。预计 2024 年肉鸡产量将有 5%～8%的增幅。其中，白羽肉鸡产量增幅较高，约 7%～8%；小型白羽肉鸡产量稳定增长 4%～6%；黄羽肉鸡出栏量停止下降趋势，预计产量将增长 1%～2%。

（二）自主品种顺利推广，种业振兴稳步推进

种源安全关系国家安全，畜禽种业是种源安全的重要组成部分，是国家战略性、基础性核心产业，是保障畜牧业高质量发展的重要支撑。2021 年我国自主培育"圣泽 901""广明 2 号"和"沃德 188"三个肉鸡品种，打破了国外种源垄断的局面。2023 年，我国三个自主培育的白羽肉鸡品种在国内市场的份额超过了 25%。同时，"沃德 188"白羽父母代种鸡首次出口至坦桑尼亚，标志着我国白羽肉鸡种业不仅在国内市场打开了局面，同时也积极开拓了国际市场。

（三）消费需求受猪肉压制，增速低于产能

新冠疫情结束后，我国的肉鸡消费市场正逐步复苏，尤其餐饮服务业和团体消费对鸡肉的需求不断上升。据商务部监测数据，2023 年 200 家农产品批发市场鸡肉（白条、分割品）交易量较 2022 年增加 1.2%。但目前消费需求的增长与产能增速相比仍显缓慢，不及预期，原因主要是受到猪肉产能恢复的影响。据国家统计局数据，2023 年全国生猪出栏 72 662 万头，较 2022 年增长 3.8%；猪肉产量 5 794 万吨，较 2022 年增长 4.6%。生猪产能和消费量的增加，再加上猪价下降使得鸡肉替代效应减弱，一定程度上降低了肉鸡消费需求的增长。

（四）成本高企叠加市场行情低迷，肉鸡养殖利润明显下降

2023 年整体养殖利润较 2022 年相比存在较大差距。饲料成本方面，农业农村部数据显示，2023 年，全国玉米平均价格为 2.97 元/千克，较 2022 年下跌 0.3%。全国豆粕平均价格为 4.67 元/千克，较 2022 年下跌 1.1%。肉鸡配合饲料平均价格为 3.99 元/千克，较 2022 年上涨 2.2%。虽然年内饲料价格有所下降，但仍居高位。市场方面，据中国畜牧协会监测数据：2023 年，黄羽肉鸡毛鸡销售均价为 16.10 元/千克，较 2022 年下降 7.6%，养殖利润 0.11 元/只；白羽肉鸡毛鸡价格 8.94 元/千克，养殖利润 0.59 元/只，较 2022 年跌幅 64.40%。鸡肉价格逐季度回落，四个季度分别为 11.55 元/千克、11.32 元/千克、10.63 元/千克和 9.85 元/千克。总体来看，2023 年肉鸡产业链综合收益为 2.02 元/只，较 2022 年减少 1.66 元/只。

2023 年国际肉鸡产业经济发展报告

张 怡[1] 吴 辰[1] 黄亚州[1] 辛翔飞[2] 王济民[2,3]

（1. 青岛农业大学经济管理学院（合作社学院）；
2. 中国农业科学院农业经济与发展研究所；
3. 农业农村部食物与营养发展研究所）

2023 年，新冠疫情影响逐渐减退给全球肉鸡产业发展提供了一定动力，但俄乌冲突仍在继续，全球粮食和能源危机日益严重，世界各地禽流感的暴发制约肉鸡行业的发展，在此背景下，全球肉鸡产业仍面临严峻挑战。随着新冠疫情影响减弱，社会经济回归常态化运行，我国肉鸡消费市场将逐渐回暖，同时消费者对低价格动物蛋白的需求将刺激肉鸡生产的进一步增长。但生猪产能的恢复和肉鸡养殖饲料成本的高企又在一定程度上抑制了我国肉鸡产业的发展。本研究总结了 2023 年国际、国内肉鸡生产与贸易的总体情况、趋势变化及其主要原因，梳理了国际、国内肉鸡产业技术与经济政策研究进展，最后分析了我国肉鸡产业发展存在的问题，同时提出了相应的对策建议。

一、国际肉鸡生产与贸易概况

（一）国际肉鸡生产

全球肉鸡产量。虽然新冠疫情得到有效控制，但全球经济仍处于低迷状态，在通货膨胀背景下，消费者对低价格动物蛋白的消费需求复苏，刺激了全球肉鸡生产的进一步扩张。USDA（美国农业部）分析数据显示，2023 年全球肉鸡产量为 10 238.9 万吨，较 2022 年增长 54.9 万吨。由于全球经济发展不确定性加剧，以及全球多地相继发生高致病性禽流感，2023 年全球肉鸡产量增长幅度较小，增长率由 2022 年的 0.77% 下降至 0.54%。随着全球肉鸡消费全面复苏和生产成本增长放缓的支撑，USDA 预测，2024 年全球肉鸡产量将到 10 326 万吨，增长幅度为 0.85%（图 1）。

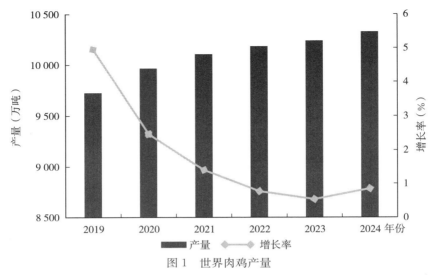

图 1　世界肉鸡产量

数据来源：Livestock and Poultry：Market and Trade，Foreign Agricultural Service/USDA Jan，2024.

四大主产国肉鸡产量。从各国（地区）肉鸡产量情况看，作为肉鸡四大主产国（地区）的美国、巴西、中国和欧盟，2023 年的肉鸡产量分别为 2 109.5 万吨、1 490 万吨、1 430 万吨和 1 115 万吨（图 2）。2023 年四大主产国（地区）肉鸡产量达到 6 144.5 万吨，占全球肉鸡产量的 60.01%（图 3），较 2022 年有小幅上升。据 USDA 预测，2024 年四大主产国（地区）肉鸡产量较 2023 年仍将有小幅增长，但占全球肉鸡产量比重或下降至 59.39%，较 2023 年下降 0.62 个百分点（表 1）。具体来看，美国和欧盟，虽然相对较高的饲料和能源价格挤压了全球肉鸡产业的盈利空间，但强劲的需求刺激了扩张，其肉鸡产量较 2022 年分别增长了 10.3 万吨和 28 万吨，增长率分别为 0.49% 和 2.58%（图 4）。巴西，由于受到进口国强劲需求的影响和生产成本增长放缓的支撑，同时受其国内需求的拉动，其肉鸡产量的增长最为显著，与 2022 年相比，肉鸡产量增长了 43.5 万吨，增长率高达 3.01%，为世界肉鸡产量增长做出较大贡献。中国，2023 年肉鸡产量与 2022 年保持持平。

新兴市场经济体国家肉鸡产量。新兴市场经济体国家肉鸡产量较 2022 年有小幅波动，其中泰国的肉鸡产量为 345 万吨，较 2022 年增长 15 万吨，增长率高达 4.55%。俄罗斯、墨西哥肉鸡产量分别为 487.5 万吨、385.5 万吨，较 2022 年分别增长 7.5 万吨、9.2 万吨，增长率分别为 1.56% 和 2.44%。土耳其呈现负增长，其肉鸡产量为 225 万吨，较 2022 年降低 16.8 万吨，下降了 6.95%。

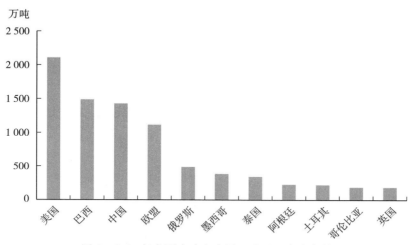

图 2　2023 年主要肉鸡生产国（地区）肉鸡产量

数据来源：Livestock and Poultry：Market and Trade，Foreign Agricultural Service/USDA Jan，2024.

注：中国指中国大陆，全文同。

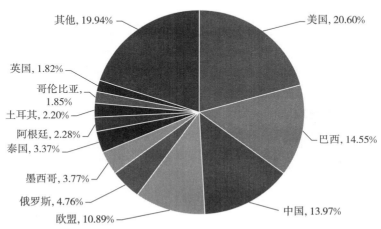

图 3　2023 年主要肉鸡生产国（地区）所占份额

数据来源：Livestock and Poultry：Market and Trade，Foreign Agricultural Service/USDA Jan，2024.

表1　2019—2023 年世界四大肉鸡生产国（地区）肉鸡产量及占比

年份	肉鸡产量（万吨）	产量占比（%）
2019	5 826.70	59.91
2020	5 976.50	59.97
2021	6 043.10	59.80
2022	6 062.70	59.55
2023	6 144.50	60.01
2024	6 132.10	59.39

数据来源：Livestock and Poultry：Market and Trade，Foreign Agricultural Service/USDA Jan，2024.

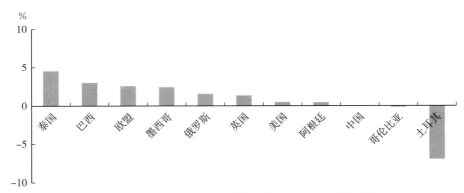

图4　2023 年主要肉鸡生产国（地区）肉鸡生产增长率

数据来源：Livestock and Poultry：Market and Trade，Foreign Agricultural Service/USDA Jan，2024.

（二）国际肉鸡贸易

新冠疫情过后，世界经济复苏，肉鸡国际贸易呈现增长趋势，但增长相对缓慢。2023 年世界肉鸡进口量为 1 112.8 万吨，较 2022 年增长 3.8 万吨；世界肉鸡出口量为 1 355.9 万吨，较 2022 年减少 1.5 万吨。据 USDA 预测，2024 年肉鸡国际贸易将增长 2.32%，肉鸡出口量将达到创纪录的 1 390.1 万吨，进口量将增长至 1 135.8 万吨（图5）。

从世界肉鸡四大主产国（地区）来看，2023 年，受到中国、欧盟和沙特阿拉伯需求增加的推动，世界肉鸡出口量最多的两个国家分别为巴西和美国，出口量分别为 477 万吨和 330 万吨。由于一些竞争出口生产商的产量增长有

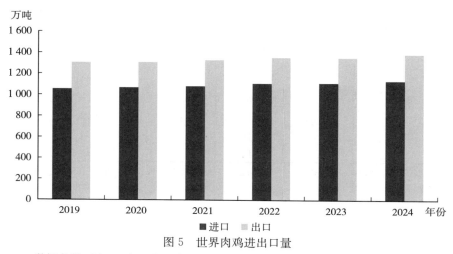

图 5 世界肉鸡进出口量

数据来源：Livestock and Poultry：Market and Trade，Foreign Agricultural Service/USDA Jan，2024.

限，同时受巴西肉鸡较强的供应能力和价格竞争力以及欧盟市场准入政策的影响（张怡等，2023），巴西的出口增长率也遥遥领先，出口增长率为 7.26%（表2、图6）。而美国受到禽流感的影响，出口增长率为－0.48%。欧盟受到高致病性禽流感的影响，再加上投入成本（尤其是能源）增加，肉鸡价格居高不下，导致其 2023 年肉鸡出口受到一定限制，出口量为 171.5 万吨，较 2022 年下降 0.58%。

新兴经济体国家中，受益于中国和沙特阿拉伯市场准入的改善，泰国的出口量高达 110.5 万吨，其出口增长率为 8.23%，高于世界四大肉鸡主产国巴西，处于世界领先地位。俄罗斯、土耳其和阿根廷等国家的肉鸡出口量均出现不同程度下降，出口增长率为负值。

表 2   2023 年世界肉鸡主要出口国（地区）鸡肉出口量

单位：万吨

序号	国家（地区）	出口量
1	巴西	477.00
2	美国	330.00
3	欧盟	171.50
4	泰国	110.50
5	中国	54.50

（续）

序号	国家（地区）	出口量
6	土耳其	45.00
7	乌克兰	44.00
8	俄罗斯	22.50
9	英国	22.00
10	白俄罗斯	14.00
11	阿根廷	13.00

数据来源：Livestock and Poultry：Market and Trade，Foreign Agricultural Service/USDA Jan，2024.

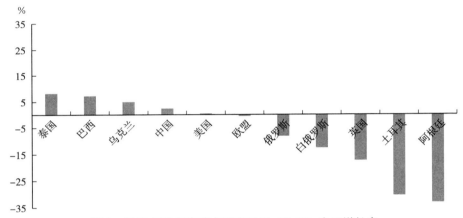

图 6　2023 年世界肉鸡主要出口国（地区）出口增长率

数据来源：Livestock and Poultry：Market and Trade，Foreign Agricultural Service/USDA Jan，2024.

　　2023 年肉鸡进口量位居前三位的国家依次是日本、墨西哥和英国，进口量分别为 105.5 万吨、98.5 万吨和 94.5 万吨（表 3）。其中，日本肉鸡进口量较 2022 年有所下降，墨西哥和英国肉鸡进口较 2022 年实现了增长，增长率分别为 7.65％和 4.65％。在世界四大肉鸡主产国（地区）中，中国 2023 年肉鸡进口量为 78 万吨，位居世界第四，且增长率高达 23.22％，是全球肉鸡进口增长率最高的国家。为减少国际禽流感扩散风险，美国进一步收缩了进口配额，肉鸡进口量由 2022 年的 8.3 万吨下降至 6.1 万吨，下降了 26.51％（图 7）。

表3 2023年世界肉鸡主要进口国（地区）进口量

单位：万吨

序号	国家（地区）	进口量
1	日本	105.50
2	墨西哥	98.50
3	英国	94.50
4	中国	78.00
5	欧盟	74.50
6	沙特阿拉伯	58.50
7	伊拉克	53.50
8	菲律宾	44.00
9	南非	35.00
10	阿拉伯联合酋长国	37.50
11	美国	6.10

数据来源：Livestock and Poultry：Market and Trade，Foreign Agricultural Service/USDA Jan，2024.

新兴经济体国家中，南非、伊拉克对鸡肉的需求保持坚挺，肉鸡进口保持着较高的增长态势，增长率分别为9.03％、10.31％。同时，2023年沙特阿拉伯的需求低于预期，开始减少对肉鸡的进口，其肉鸡进口下降1.52％。

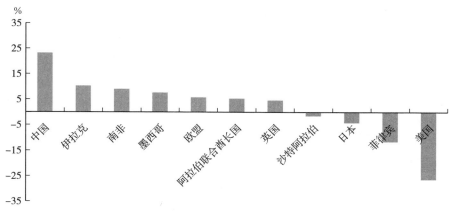

图7 2023年世界肉鸡主要进口国（地区）进口增长率

数据来源：Livestock and Poultry：Market and Trade，Foreign Agricultural Service/USDA Jan，2024.

二、国内肉鸡生产与贸易概况

（一）中国肉鸡生产

从国内来看，2023 年肉鸡生产量为 1 430 万吨，与上年生产量基本持平；肉鸡消费量为 1 453.5 万吨，较上年增加 13.4 万吨，增长率为 0.93%。消费量上涨主要是因为新冠疫情对社会的影响大幅度减小，社会经济逐渐复苏，这在一定程度上释放了民众对肉鸡的消费能力。但受全球高致病性禽流感影响，全球禽类市场进口受限，加上国内猪肉价格持续下跌，肉鸡的替代作用减弱，导致肉鸡消费恢复不及预期。据 USDA 预测，2024 年中国肉鸡生产量可能减少至 1 387 万吨，下降 3.01%，肉鸡消费量可能减少至 1 412 万吨，下降 2.86%（图 8）。

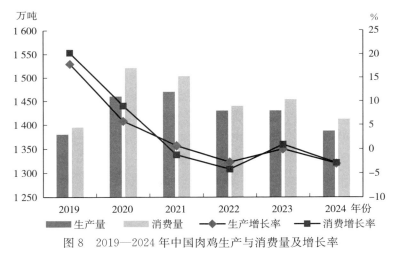

图 8　2019—2024 年中国肉鸡生产与消费量及增长率

数据来源：Livestock and Poultry：Market and Trade，Foreign Agricultural Service/USDA Jan，2024.

（二）中国肉鸡贸易

2023 年中国肉鸡进口量大幅增加，达到 78 万吨，较 2022 年增加 14.7 万吨，增幅高达 23.22%。2023 年中国肉鸡出口量略有上升，为 54.5 万吨，较 2022 年增加 1.3 万吨，增幅 2.44%。由于美联储加息仍存变数，极端气候频现，国际粮价保持高位震荡运行，而饲料粮价格的高位运行使得肉鸡养殖成本居高不下，严重挤压养殖盈利空间，影响养殖户补栏积极性，抑制了国内肉鸡的产量增长，同时带来了出口量和进口量都增加的局面。从后市来看，肉鸡的低价位优势以及"三低一高"营养优势仍是提振消费者需求的重要支撑。据USDA 预测，2024 年中国肉鸡进口量可能达 80 万吨，较 2023 年增加 2 万吨，增长 2.56%，肉鸡出口量可能达 55 万吨，增加 0.5 万吨，增长 0.92%（图 9）。

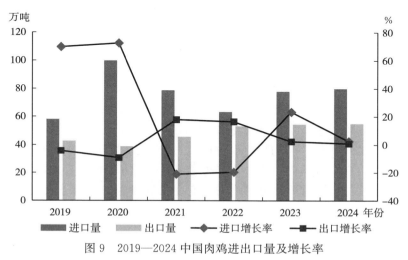

图 9 2019—2024 中国肉鸡进出口量及增长率

数据来源：Livestock and Poultry: Market and Trade, Foreign Agricultural Service/USDA Jan, 2024.

三、国际肉鸡产业技术与经济政策研究进展

（一）高致病性禽流感频发，抗禽流感技术取得突破

MAPA 数据显示，2023 年 9 月 14 日至 9 月 20 日，圣保罗州等 5 地发生11 起野禽 H5N1 亚型高致病性禽流感疫情，24 只野禽感染，10 只死亡，95只被扑杀；USDA 数据显示，10 月南达科他州，犹他州和明尼苏达州有 12 个商业养殖场相继受到禽流感影响，被感染的家禽总数超过 50 万只；据世界动物卫生组织（WOAH）消息，欧洲多国出现禽流感疫情，2023 年 9 月 28 日，丹麦古尔堡松市发生一起 H5N1 型高致病性禽流感疫情，经实验室检测发现，有 30 只禽类疑似受到感染，其中 5 只死亡，杀死和处置 25 只；2023 年 10 月 9日，波兰发生一起 H5N1 型高致病性禽流感疫情。经实验室检测发现，有 16 000只禽类疑似受到感染且发病，其中 1 450 只死亡，杀死和处置 14 550 只。

高致病性禽流感病毒引发的疫情在亚洲、欧洲、非洲和美洲广泛传播，严峻的防疫形势倒逼各国加快抗疫病技术的研发，在此背景下，因培育出世界上第一只克隆羊"多莉"而闻名的英国爱丁堡的罗斯林研究所近日又有新突破。西班牙《国家报》在 2023 年 10 月报道了此项研究，该研究所的科学家团队利用基因编辑技术，培育出能够抵抗禽流感的鸡种。研究人员通过基因编辑技术修改了鸡的生殖细胞中产生蛋白质的基因。数据显示，九成通过基因编辑过的鸡在接触感染禽流感的鸡时未受感染，且它们也不会把病毒传染给其他鸡，更重要的是，这种抵抗力能够遗传给后代。

（二）加强抗生素用药监督，提高动物健康水平

动物健康行业提倡要负责任地使用抗生素，全球许多监管机构对抗生素销售和使用的监管正逐步收紧。在美国，食品药品监督管理局的第 263 号行业指南（GFI263）于 2023 年 6 月全面实施，该指南规定用于食品生产的动物的几种剂型的医用重要抗菌药物从非处方药物转变为处方药物。自此，所有用于食品生产的动物的医用重要抗菌药物均只能在执业兽医的监督下使用。在欧盟，自 2024 年起，兽用抗菌药物申报应符合 2022 年生效的新《欧盟兽药管理条例》（以下简称《条例》）要求。新《条例》规定，欧盟各成员国应收集牛、猪、鸡和火鸡的抗菌药物使用数据，包括所有种类和生产阶段，并于 2024 年 9 月 30 日开始每年向欧洲药品管理局（EMA）上报。此外，各成员国应收集其他食品生产用动物使用抗菌药物的数据，并于 2027 年 6 月 30 日开始每年向欧洲药品管理局上报上述数据。自 2030 年 6 月 30 日起，各成员国应每年收集非食品生产用动物使用抗菌药物的数据，并向欧洲药品管理局上报（Ann Reus，2023）。

（三）"培养肉"研制进程加快，肉鸡产业机遇与挑战并存

2023 年，Eat Just 子公司、细胞肉初创公司 Good Meat 宣布，其生产的细胞培养鸡肉也已经获得 FDA 批准认可。而创立于 2021 年的极麋生物公司，在 2023 年 3 月获得第二笔融资，3 月底该公司发布了国内第一块完全不含植物支架的动物细胞培养肉产品。成立于 2020 年的超技良食公司在 2023 年 2 月宣称其研发出全球第一块细胞培养黄羽鸡肉排，培植时间仅需 11 天。这一技术为解决当前食品系统面临的各种挑战提供了一种潜在的可行解决方案。首先，培养肉可以缓解传统养殖的压力，由于整个生产过程是完全无菌的，培育肉有效降低了有害病原体污染的风险，消除了对抗生素等传统兽药的需求，避

免了除草剂等农残通过食物链进入肉品的可能，并且减少了温室气体和污染物的排放，有助于减轻环境压力和气候变化。同时，培养肉技术可以通过无需宰杀动物的方式生产肉类产品，从而避免对动物的伤害和杀戮，提升动物福利。其次，培养肉有助于保障肉类供应安全。瘟疫、地区紧张局势、自然灾害等突发问题都可能导致人类的肉品供应出现短缺。相较于传统养殖生产肉品，生物培育肉可凭借"短周期生产"这一优势，迅速填补肉类市场空缺，从而稳定价格，保障国家肉类市场供应稳定（Elly，2023）。

（四）实行风险类别审查，保障动物源性食品安全

2023 年 8 月 30 日，英国环境、食品和农村事务部发布来自非欧盟国家动物源性食品的风险类别规定，将定期对相关动物源性食品进行风险类别审查。该规定将于 2024 年 4 月 30 日实施。目前对来自非欧盟国家的动物源性食品进行了风险评估的国家共有 23 个，其中包括中国。对特定动物源性食品的风险类别进行划分，共分为低、中、高三个类别，如：复合食品在常温下货架期稳定并且经过杀菌处理属于低风险类别，低风险托运货物不需进行文件和现场检查，不需要健康证书，但必须附有供应商的商业文件；中、高风险食品需要货物原产国主管当局签发的健康证书、在边防检查站需进行文件和现场检查。该规定确保动物源性食品符合国家卫生标准，防止不符合标准的物品进入市场，减少动物源性食品安全事故的发生。同时，该划分标准对食品生产企业和监管部门起到了指导作用，促使其加强动物源食品安全管理，提高生产质量和安全水平。

（五）推进净零战略，聚焦家禽行业可持续发展

美国消费者明确表示："可持续性和环境影响在其禽肉购买决策中发挥着重要作用。"因此许多家禽零售和餐饮品牌都在设定实现净零（Net Zero）战略或提高可持续性的目标，即通过平衡温室气体清除和温室气体排放，使整体净排放为零。这些目标将极大地影响家禽的饲喂、养殖和加工方式，贯穿整个家禽供应链。在 2023 年国际畜牧生产与加工博览会（IPPE）上，由 WATT 国际传媒和赢创动物营养公司（Evonik Animal Nutrition）举办的"净零和可持续家禽生产的未来"专题讨论中，业内人士讨论了净零和可持续计划的驱动因素以及家禽业为加速实现这些目标所采取的措施。例如，生物能源发电技术可以将家禽粪便转化为可再生能源，减少污染物的排放；水处理技术的应用可以有效去除污水中的有害物质，达到环保标准；通过红外光谱法可以定期进行

营养分析，了解家禽饲料中所含的氨基酸、脂肪酸和其他营养因子，从而使鸡群饲料效率更高，进而降低对环境的影响（Elizabeth Doughman，2023）。

四、国内肉鸡产业技术与经济政策研究进展

（一）自主品种顺利推广，种业振兴稳步推进

种源安全关系国家安全，畜禽种业是种源安全的重要组成部分，是国家战略性、基础性核心产业，是保障畜牧业高质量发展的重要支撑。长期以来我国白羽肉鸡种源对外进口依赖性很大，种源"卡脖子"现象非常突出。2021年12月我国自主培育的"圣泽901""广明2号"和"沃德188"三个肉鸡品种通过审定，打破了国外种源垄断的局面。2023年我国自主培育的白羽肉鸡品种在国内市场的份额达到25.1%，核心种源问题得到缓解。不仅如此，"沃德188"快大型白羽父母代种鸡还首次出口至坦桑尼亚，这标志着我国白羽肉鸡种业不仅在国内市场打开了局面，同时也积极开拓了国际市场。同时，育种科技也有了重大突破。河南农业大学康相涛院士团队基于前期鸡泛基因组研究成果与公共数据，开发了适用于我国地方鸡基因组系列液相芯片——"神农1号"，搭建了用于地方鸡种质资源鉴定、精准评价、保护与开发利用的高效技术平台。未来"神农1号"将成为推动我国家禽种业振兴与可持续发展道路上的重要工具。

（二）联合攻关，打通饲料节粮生态链

2022年，我国饲用粮食消费量约占粮食消费总量的48%，超过口粮消费近15个百分点（杨富裕，2023）。因此，饲料是节粮最重要最有潜力的领域。加强饲料粮节约减损，既需要饲料企业的进步，还需要整个饲料生态链上下游的智慧和力量。2023年，农业农村部制定发布的《饲用豆粕减量替代三年行动方案》提出，到2025年，饲料中豆粕用量占比从2022年的14.5%降至13%以下，以及在全国20个以上大中城市开展餐桌剩余食物饲料化利用试点等。2023年1月，新希望公司牵头发起设立"饲料节粮科技创新联合体"（以下简称"创新联合体"）。创新联合体以饲料节粮为攻关方向，统筹联合多家科研单位，以有为政府、有效市场为牵引，联合行业上下游企业及科研院所，攻克饲料生产消费链条上一系列节粮关键技术（马晓迪，2023）。例如，研究发现黑水虻幼虫富含家禽生长所需的营养成分，可以完全或部分代替豆粕用于饲料配方。此外，还可将进行脱脂处理后的脱脂虫干粉和幼虫油用于饲料原料。

添加一定比例后，可提高肉鸡肌肉品质和风味物质含量，促进家禽生长性能和饲料转化效率（马晓迪，2023）。

（三）加强技术指导，规范肉鸡立体养殖

肉鸡产业是畜禽养殖中规模化程度最高的产业，近几年，肉鸡产业已经把目光转向了立体养殖，向高度要空间，逐渐发掘出智能化立体养殖技术，且应用比例逐年扩大，有力提升了肉鸡养殖设施的集约化水平。为进一步规范肉鸡立体养殖，2023 年 7 月 3 日，农业农村部发布《肉鸡立体养殖技术指导意见》，针对养殖工艺、鸡舍环境控制和管理、饲料与营养、立体高效养殖数智化管控、生物安全防控等方面给予肉鸡立体养殖具体建议，对于肉鸡规范化、合理化、高效化立体养殖具有重要的指导意义。

（四）强化监管，促进兽药行业高质量发展

2023 年 9 月 22 日，农业农村部办公厅发布了关于建立兽药行政许可联络员制度的通知，该项通知有助于优化兽药行政许可服务，加强兽药行政许可申报前的咨询服务、申请中的技术交流、许可文件送达和意见建议征询，不断提高兽药行政许可事项办理效率。针对兽药行业存在的不规范发展问题，2023 年 10 月 26 日，农业农村部根据《兽药管理条例》组织制定并发布了鸡传染性支气管炎活疫苗非法添加或改变制苗用毒种检测方法等 4 项检测方法。农业农村部将加强对鸡传染性支气管炎活疫苗等 4 种兽用疫苗产品监督抽检力度，对发现的非法添加或改变制苗用毒种行为，按照兽药严重违法行为从重处罚情形严厉查处，从而引领行业规范健康持续发展。

（五）打通"最后一公里"，促进全链条畜禽粪污资源化利用

随着畜禽养殖规模不断扩大，畜禽养殖和环境治理矛盾日益突出。农业农村部为贯彻落实《中共中央 国务院关于做好 2023 年全面推进乡村振兴重点工作的意见》（以下简称《指导意见》），明确要求通过推进源头减量、全量利用和末端治理，全域推进农业面源污染防治，加快构建整建制全要素全链条农业面源污染综合防治机制，净化农业产地环境，提高农村生产生活废弃物减量化、资源化、无害化管理水平。2023 年 8 月 3 日，国家标准化管理委员会、农业农村部、生态环境部联合印发《关于推进畜禽粪污资源化利用标准体系建设的指导意见》（以下简称《指导意见》），这是国家层面首次围绕全链条畜禽粪污资源化利用提出的标准体系建设指导意见。《指导意见》明确了畜禽粪污

资源化利用标准化工作重点任务，提出了组织实施的保障措施，积极引导科研院所、社会团体和企业加快推进相关标准的制定和修订，持续提升畜禽粪污资源化利用水平。

五、问题与建议

（一）中国肉鸡产业发展面临的主要问题

1. 成本市场双重施压，肉鸡养殖盈利受限

2023 年整体养殖利润较 2022 年相比存在较大差距。饲料成本方面，农业农村部监测数据显示，2023 年 1—11 月，全国玉米平均价格为 2.85 元/千克，较 2022 年同比下跌 7.2%。全国豆粕平均价格为 4.41 元/千克，较 2022 年同比下跌 18.8%。肉鸡配合饲料平均价格为 3.94 元/千克，较 2022 年同比下跌 4.4%。虽然饲料价格呈现下降趋势，但仍居高位。市场方面，据中国畜牧协会监测数据：2023 年 1—11 月，黄羽肉鸡毛鸡销售均价为 16.08 元/千克，较 2022 年同比下降 8.30%，只鸡盈利 0.11 元；白羽肉鸡毛鸡价格 9.09 元/千克，养殖利润 0.59 元/只，较 2022 年同比跌幅 64.40%。鸡肉价格逐季度回落，第一季度鸡肉价格为 11.55 元/千克，第二、三、四季度鸡肉价格为 11.32 元/千克、10.63 元/千克、9.85 元/千克。总体来看，截至 2023 年 11 月，肉鸡生产全产业链平均收益为 2.19 元/只，较 2022 年同比减少 1.50 元/只。肉鸡养殖成本高位支撑，市场价格低位运行，导致肉鸡养殖盈利受限。此外，目前的家禽行业数据缺少分类统计，官方统计数据不健全，国内外、行业内外统计数据差异较大，给肉鸡市场行情的研判带来了一定阻碍。

2. 粪污资源化利用仍存阻碍，绿色高质量发展仍待加力

随着肉鸡产业的迅速发展，肉鸡养殖规模不断扩大，在规模化、集约化发展的同时，肉鸡养殖产生的大量粪污得不到科学合理的利用，制约着肉鸡产业的绿色高质量发展（辛翔飞等，2024）。近年来，政府部门和行业内部都在倡导产业的绿色发展，加快肉鸡粪污资源化利用的进度，但受多方面因素的影响，粪污资源化利用仍然面临阻碍。一是技术影响，在经济欠发达地区，技术水平相对落后，资源化处理的设备和装置不够先进，从而在技术层面阻碍肉鸡粪污资源化利用。二是经济效益，目前我国肉鸡养殖仍然存在大量的中小规模的养殖户，因其规模较小，效益较低，面对价格相对昂贵的粪污处理设备，往往因为成本问题望而却步，同时粪污资源化利用效率较低，难以实现经济效益。三是地理因素，种养结合是粪污资源化利用的重要途径，但有些养殖场布

局不够合理，产生的粪污没有足够的耕地消纳以及粪污远距离运输条件的缺乏，从而导致粪污得不到充分利用。

3. 饲料节粮技术仍需攻关，肉鸡养殖良性发展受阻

随着我国肉鸡规模化养殖量越来越大，作为饲料主要原料的玉米豆粕用量也越来越大，同时受粮食安全的影响，养殖业节粮成为重要课题。近年来，政府出台了一系列的政策推动饲料节粮，例如2023年4月，农业农村部印发了《饲用豆粕减量替代三年行动方案》，取得了一定的成绩，减少了饲用豆粕的使用，但仍然存在诸多阻碍。一是饲料粮转化链条上存在一系列技术"卡脖子"问题，如育种基因编辑技术、饲料发酵合成技术等。二是饲料科技联合攻关及创新能力不足，比如替代玉米、豆粕的新配方技术及推广、数字化技术研发及应用等（郭铁，2023）。三是低蛋白日粮发展面临阻碍。政策支持力度不够，饲料原料营养价值数据库不够完善、氨基酸生产扶持政策协调力度较低。同时，部分企业一味地追求利润，现有饲料配制造成营养配制不达标、不合理的现象突出。

4. 多重挑战并存，肉鸡育种仍需加力

虽然目前我国肉鸡自主育种与推广应用取得了一定成绩，但育种是一项长期任务，未来仍需要技术支撑。在肉鸡品质方面，随着我国防疫要求日趋严格，各地纷纷制定"禁活"政策，加之"互联网＋快递"的新业态对屠宰产品消费的推动，"集中屠宰，冰鲜上市"成为大势所趋，而现有的黄羽肉鸡普遍存在屠宰性能差、屠体次品率高的问题，难以满足新形势下冰鲜上市的要求。在种源性疾病方面，国外已采取严格的生物安全措施和育种群净化等手段有效控制禽白血病等种源性疾病，但我国由于养殖环境、品种、疫病控制的复杂性，且净化成本昂贵，禽白血病、白痢、支原体病等种源性疾病净化工作亟待加强。在种质资源开发方面，我国缺少对种质资源特性全面客观的评价和研究，品种资源动态监测体系建设不全，对优异性状挖掘不够，地方鸡种遗传资源的开发利用程度不够（张细权等，2023）。在经济效益方面，自主研发育种的长周期，难以匹敌"引种快速收回资金"的传统模式，这就导致种鸡育种成效不高，从事商业化育种的企业较少。

5. 消费市场恢复不及预期，需求端拉动能力不足

新冠疫情结束后，中国的肉鸡消费市场正逐步复苏，尤其餐饮服务业和团体消费对鸡肉的需求不断回升。据中华人民共和国商务部监测数据，2023年上半年200家农产品批发市场鸡肉（白条、分割品）日均交易量较2022年同期增加2.2%。博亚和讯数据显示，2023年上半年禽类屠宰企业月均开工率、冻品平均库存率分别为 67.5%、80.3%，较 2022 年同期增加 1.3 个百分点和 6.1 个百分点（张蒙等，2023）。但目前消费市场的复苏与预期仍有较大差距，原因主要是猪肉产能的恢复，据国家统计局数据，2023 年前三季度生猪出栏 53 723 万头，增长 3.3%；猪肉产量较 2022 年同比增长 3.6%。生猪产能和消费量的增加再加上猪肉价格下降使得鸡肉替代效应减弱，一定程度上阻碍了肉鸡消费市场的恢复。

（二）中国肉鸡产业发展的对策建议

1. 借助数字化转型机遇，探索节本增效新途径

在各行各业都在进行数字化、智能化转型的大背景下，数字化转型是肉鸡产业高质量发展的大势所趋。肉鸡产业要紧跟数字化转型大趋势，加速建设智能化、数字化平台，借助数字化转型机遇促进产业转型升级，增强市场竞争力，创造更多增量价值，探索节本增效新途径。在养殖环节，充分应用信息网络技术和数字化控制技术，构建智能工厂，通过智能化转型升级以求节本增效。在屠宰加工环节，将自动化屠宰加工生产线与装箱机器人、码垛机器人等无缝配合，在确保产品质量可靠的基础上有效提高屠宰加工生产效率。在流通环节，利用冷链物流数控平台，实现全程温度监控，确保产品运输过程中的质量控制，减少流通损耗，提升流通效率。

2. 多措并举，促进粪污资源化利用

肉鸡粪污资源化利用要重视实际，根据发展中面临的各种问题来制定和实施相应的对策和措施。一是要加强宣传引导，增强养殖户和企业的粪污资源化利用的意识，学习相关的政策和资源化利用技术。二是要合理布局养殖场，粪污还田是肉鸡粪污利用的最简单、成本最低的方式，应调整种养区域，遵循就近原则合理布局，使粪污产出量与耕地面积相匹配，从而减少粪污浪费或粪肥不足的问题。三是要创新粪污处理设施设备。研发处理时间快、使用简便，价格经济适宜的设备设施。四是要建立粪污资源化利用的财政补贴和激励机制。对没有足够的资金投资粪污处理设备的养殖户和企业，政府部门应合理审查，给予其一定的补贴，从而提高其积极性。

3. 建立政企联合，助力饲料节粮发展

要推动肉鸡产业饲料节粮的发展，就要重视推动低蛋白日粮的推广应用，低蛋白日粮不仅能够满足肉鸡养殖的蛋白质需求，有效降低肉鸡养殖对蛋白原料的用量，而且能够提升蛋白质利用效率。要建立政企联合的饲料节粮推广机制。一是加强基础性工作研究，开展技术联合攻关，着力从低蛋白日粮配合技术、豆粕替代原料等方面进行突破，强化节粮降耗减排、新型蛋白饲料资源生产政策支持力度。二是加大对企业饲料节粮行动的扶持。特别针对在育种"卡脖子"技术、饲料配方替代、养殖数字技术和智能装备等方面，有重大投入和节粮见成效的，加大资金补贴和政策扶持（郭铁，2023）。三是要加大宣传力度，提高企业对豆粕减量替代重要性的认识。国家推荐及引导的低蛋白日粮及豆粕减量替代，企业要积极响应，大胆尝试，并对低蛋白配方效果进行验证。

4. 优化种质资源，提高市场竞争力

对于白羽肉鸡，除了对肉鸡饲料报酬、成活率、鸡肉品质进行持续不断地选育提升，还要重点选育新品种抗病性和抗逆性，提高新品种的综合生产性能，持续提升新品种的性能优势和市场竞争力。同时建立我国地方鸡种遗传特性的评价系统，保护地方肉鸡品种资源，挖掘地方鸡肉质风味、抗性、繁殖等优势基因，以地方鸡种为素材，培育具有竞争力、特色的肉鸡新品种或配套系，推动我国地方鸡种资源的开发和利用。除此之外，企业应加强与科研机构开展深度合作，形成以企业为主体、产学研用高度融合的商业化育种模式，实现科技成果高效转化和育种专业人才联合培养。

5. 制定产业规划，激活肉鸡消费市场

未来鸡肉消费增长空间很大。一方面，随着肉鸡产业的高质量发展以及居民对肉类多样化需求的增加，肉鸡产业应依靠其自身的低价位优势以及"三低一高"的营养优势作为提振消费者需求的重要抓手，制定科学合理的产业发展规划，加强统计和鸡肉兽药残留监控，在养殖、屠宰、流通、消费等环节保证产品质量，加快肉鸡冰鲜产品和预制菜的发展，深挖市场消费潜力，打开新的市场消费前景（辛翔飞等，2022）。另一方面，企业可运用互联网思维加大市场渗透和市场开发力度，加快推进旗舰专卖店、终端网点建设，同步开展网络直播带货，打造电子商务平台和农产品网店，实现肉鸡产品线上线下双渠道销售，丰富肉鸡产品消费场景，加快肉鸡消费市场复苏。

参考文献

[1] USDA-FAS. Livestock and Poultry：Market and Trade ［R/OL］. USDA Economics, Statistics and Market Information System，Jan，2024.

[2] 张怡，毕思恺，许少成，等 . 2022 年全球肉鸡生产、贸易及产业经济发展研究［J］. 中国畜牧杂志，2023，59（3）：280 - 287.

[3] 国际家禽 . 提高动物健康水平，减少抗生素使用量［EB/OL］.（2023 - 06 - 30）［2023 -

12－28］. http：//www. guojixumu. com/zhiku/2023jiaqin03/mobile/index. html.

［4］ 国际家禽 . 培养肉会对家禽业造成吗［EB/OL］. （2023－06－30）［2023－12－28］. http：//www. guojixumu. com/zhiku/2023jiaqin03/mobile/index. html.

［5］ 国际家禽 . 净零战略如何塑造家禽业［EB/OL］. （2023－06－30）［2023－12－28］. http：//www. guojixumu. com/zhiku/2023jiaqin03/mobile/index. html.

［6］ 饲料粮供给关乎国家粮食安全［N］. 经济日报，2023－07－07 （11）.

［7］ 国际畜牧网 . 科技节粮——新希望六和打造三位一体节粮新生态［EB/OL］. （2023－07－14）［2023－11－30］. https：//mp. weixin. qq. com/s/sHcd_ZGUB8DalKMNC4etSg.

［8］ 国际家禽 . 黑水虻：替代蛋白新路径——专访上海市家禽行业协会秘书长朱文奇［EB/OL］. （2023－06－30）［2023－12－28］. http：//www. guojixumu. com/zhiku/2023jiaqin03/mobile/index. html.

［9］ 辛翔飞，王潇，王济民 . 肉鸡产业高质量发展：问题挑战、趋势研判及政策建议［J］. 中国家禽，2024，46 （1）：1－10.

［10］ 现代畜牧每日电讯 . 全国政协委员刘永好：饲料节粮存障碍，应优化进口配额［EB/OL］. （2023－03－02）［2023－12－11］. https：//mp. weixin. qq. com/s/byti64ys-OVSkXu4Q7QlhYA.

［11］ 张细权，詹惠娜，罗文 . 我国肉鸡种业发展现状分析［J］. 中国禽业导刊，2023，40 （10）：16－19.

［12］ 张蒙，张宝锁 . 肉鸡养殖业陷入极限成本竞争 产业安全受影响［J］. 中国禽业导刊，2023，40 （9）：40－42.

［13］ 辛翔飞，郑麦青，文杰，等 . 2022 年我国肉鸡产业形势分析、未来展望与对策建议［J］. 中国畜牧杂志，2023，59 （3）：288－293.

2022 年我国肉鸡产业形势分析、未来展望及对策建议

辛翔飞[1] 郑麦青[2] 文 杰[2] 王济民[1,3]

（1. 中国农业科学院农业经济与发展研究所；
2. 中国农业科学院北京畜牧兽医研究所；
3. 农业农村部食物与营养发展研究所）

2022 年，受经济低迷导致消费疲软，以及饲料价格大幅上涨挤压养殖盈利空间的影响，肉鸡生产呈现较大幅度下降。2023 年，随着新冠疫情影响减弱，社会经济回归常态化运行，肉鸡消费市场将逐渐回暖，肉鸡产量将呈现恢复性增长。本报告总结了 2022 年国内外肉鸡产业发展特点，剖析了我国肉鸡产业发展存在的问题，并就肉鸡产业未来发展趋势做出判断，提出促进我国肉鸡产业发展的政策建议。

一、2022 年国际肉鸡产业发展形势

（一）全球肉鸡生产增速进一步放缓，四大主产国（地区）产量占比下降

全球肉鸡生产虽然延续了长期以来的增长趋势，但因新冠疫情反复导致全球经济低迷、俄乌冲突引发能源危机、全球禽流感大面积暴发冲击肉鸡生产和贸易、饲料价格持续走高挤压肉鸡养殖盈利空间等多方面不利因素影响，2022 年全球肉鸡产量增速进一步下降，仅实现微幅增长。根据 USDA（美国农业部）分析数据，2022 年全球肉鸡产量 10 108.6 万吨，增长率在 2019 年 5.0%、2020 年 2.0% 以及 2021 年 1.3% 连续下滑的基础上进一步降至 0.6%。

2022 年四大肉鸡主产国（地区）仍为美国、中国、巴西和欧盟，产量分

别为 2 100.5 万吨、1 430.0 万吨、1 425.0 万吨和 1 092.0 万吨[①]；中国肉鸡生产虽然出现下降，但仍维持了全球第二大主产国的地位。2022 年四大肉鸡主产国（地区）肉鸡生产增速也进一步放缓，且增速低于全球平均水平，占全球肉鸡总产量的比重进一步下降。2022 年全球四大主产国（地区）肉鸡产量 6 047.5 万吨，较 2021 年仅增长 2.4 万吨，增长率从 2019 年的 5.9%、2020 年的 2.6%、2021 年的 1.1% 进一步下降至不足 0.1%；2022 年全球四大主产国（地区）肉鸡产量占全球比重 59.8%，较 2020 年的 60.2% 和 2021 年的 60.1% 进一步下降，较 2000 年 68.0% 的历史高点下降约 8 个百分点。

（二）全球肉鸡贸易量小幅增长，巴西、泰国和中国出口显著增长

2020 年以来受新冠疫情影响，全球经济持续低迷，导致进口需求景气度不高，2020—2022 年连续三年全球肉鸡贸易量均呈现小幅增长。2022 年全球肉鸡进口贸易量为 1 116.3 万吨，较 2021 年上涨 3.0%；进口贸易量占全球肉鸡产量的比重为 11.0%，略高于 2021 年的 10.8% 和 2020 年 10.7%。2022 年全球肉鸡出口贸易量为 1 355.4 万吨，较 2021 年增长 2.0%；出口贸易量占全球肉鸡产量的比重为 13.4%，略高于 2021 年和 2020 年的 13.2%。

全球肉鸡贸易仍然呈现进口集中度低、出口集中度高的典型特征。近年来，前十大进口国（地区）进口量占全球进口总量的比重大致稳定在 60%，前十大出口国（地区）出口量占全球出口总量的比重大致稳定在 95%。2022 年肉鸡进口量超过 100 万吨的国家仅有日本一国，排名前十位的国家进口贸易量分布在 34.5 万～110.5 万吨。2022 年四大肉鸡贸易出口国（地区）巴西、美国、欧盟、泰国出口量分别为 444.5 万吨、331.7 万吨、178.0 万吨和 103.5 万吨，中国排名第六位，出口量为 55.0 万吨。四大肉鸡贸易出口国（地区）占全球出口贸易总量的比重为 79.6%；在欧洲和北美禽流感多发对欧美肉鸡出口形成重大阻碍的背景下，巴西、泰国和中国出口增长显著，分别实现了 22.0 万吨、12.8 万吨和 7.3 万吨的增长量，以及 5.2%、14.1% 和 16.0% 的增幅。

---

① 美国农业部（USDA）统计数据中，肉鸡生产、消费和贸易统计不包括鸡爪。因此，USDA 发布的数据与中国海关总署发布的数据、中国畜牧业协会发布的数据及中国农业农村部监测的数据存在差异。下同。

二、2022 年我国肉鸡产业发展特点

（一）新育成自主品种战略作用不断凸显，种源供给得到有效保障

白羽肉种鸡新育成品种战略作用不断凸显，父母代平均存栏量降幅2.4%。根据中国畜牧业协会监测数据，2022 年我国白羽祖代种鸡更新数量为96.3 万套，较 2021 年下降超过 20%，居历史低位（图 1）。2022 年我国白羽祖代种鸡更新结构发生显著变化，由之前的主要依靠国外引进祖代及部分依靠国外曾祖代种源进行国内自繁的二元结构，转变为国外引进祖代、曾祖代种源国内自繁和国内自有品种繁育的三元结构。国外引种数量大幅下降，仅为34.3 万套；国外品种科宝曾祖代在国内自繁祖代约 30.8 万套；在 2021 年通过审定的国内三个自主培育白羽肉鸡新品种提供祖代数量约 31.3 万套，其中"圣泽 901"19.4 万套、"广明 2 号"6.3 万套、"沃德 188"5.6 万套。2022 年祖代种鸡平均月度总存栏量为 178.5 万套，在 2021 年的历史高位上继续增长3.8%，其中后备祖代种鸡数量及所占比重明显下降；在产祖代种鸡平均月度存栏量居历史最高位，达到 121.1 万套，比 2021 年上升 6.6%；后备祖代种鸡平均月度存栏量 56.2 万套，较 2021 年下降 3.0%。2022 年父母代种鸡平均月度存栏量 6 941.2 万套，较 2021 年下降 2.4%；由于连续高位补栏，后备父母代种鸡存栏持续增加，接近在产父母代种鸡数量，在产、后备父母代平均月度存栏量分别为 3 853.1 万套和 3 088.1 万套，分别比 2021 年下降 8.5%和增长 6.5%。

图 1　2005—2022 年全国祖代白羽肉种鸡更新数量

数据来源：中国畜牧业协会。

黄羽肉种鸡处于去产能过程中，父母代平均存栏延续下降趋势。2019 年黄羽祖代肉种鸡存栏量居历史最高位，2020—2021 年虽连续下降，但降幅较小。整体来看，近年来黄羽祖代肉种鸡存栏量持续居历史高位，并处于去产能过程中。2022 年黄羽祖代肉种鸡平均月度存栏量 215.5 万套，较 2021 年微幅下降 0.5%；其中，在产、后备祖代种鸡平均月度存栏量分别为 150.7 万套和 64.8 万套，均较 2021 年微幅下降 0.5%。2022 年父母代种鸡平均存栏量 6 681.9 万套，比 2021 年下降 2.8%；其中，在产、后备父母代平均月度存栏量分别为 3 899.8 万套和 2 782.1 万套，分别比 2021 年下降 3.6% 和 1.7%。

（二）饲料价格创新高，肉鸡养殖成本明显上涨

饲料价格持续大幅上涨，创近十年新高。玉米和豆粕是肉鸡配合饲料的主要构成，其中玉米占 50%～60%，豆粕占 25%～30%。2022 年玉米和豆粕价格上涨，尤其是豆粕价格大幅上涨，带动国内肉鸡配合饲料价格上浮至历史高位。2022 年玉米平均价格为 2.98 元/千克，较 2021 年增长 1.5%；年末玉米价格达到 3.05 元/千克，较 2021 年同期增长 7.43%。2022 年豆粕平均价格为 4.67 元/千克，较 2021 年增长 23.2%；年末豆粕价格达到 5.07 元/千克，较 2021 年同期增长 34.1%。2022 年肉鸡配合饲料平均价格为 3.89 元/千克，较 2021 年增长 7.17%；年末肉鸡配合饲料价格达到 4.09 元/千克，较 2021 年同期增长 10.8%（图 2）。

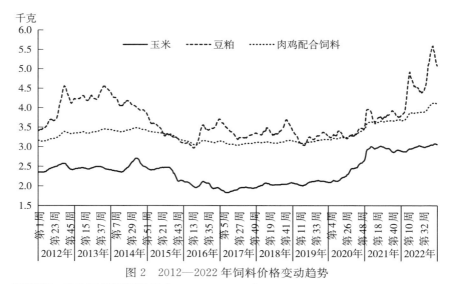

图 2　2012—2022 年饲料价格变动趋势

数据来源：农业农村部监测数据（www.moa.gov.cn）。

白羽肉鸡养殖成本上涨 3.0%，黄羽肉鸡养殖成本上涨 6.6%。根据农业农村部对 60 个生产大县（市、区）的 300 个行政村 1 099 户肉鸡养殖户月度定点跟踪监测数据分析，2022 年白羽肉鸡养殖成本上涨幅度较大，黄羽肉鸡基本持平。2022 年白羽肉鸡养殖环节，虽然全年平均雏鸡成本等有小幅下降，但由于饲料成本涨幅显著，全年白羽肉鸡平均养殖成本上涨 3.0%，为 8.1元/千克。2022 年黄羽肉鸡则受各项成本上涨，尤其是雏鸡成本和饲料成本上涨因素影响，养殖成本增幅达到 6.6%，为 13.7 元/千克。

（三）肉鸡价格整体呈现增长趋势，产业链利润白羽肉鸡下降、黄羽肉鸡上升

综合鸡肉价格实现较大增幅，商品代肉鸡出栏价格年内波动明显。从综合鸡肉价格来看，根据农业农村部集贸市场监测数据（图 3），2022 年综合鸡肉价格年内增长显著，全年平均价格较 2021 年增长 10.0%；2022 年末综合鸡肉价格为 25.0 元/千克，较 2021 年同期增长 13.4%。从养殖户商品代肉鸡出栏价格看，根据农业农村部对肉鸡养殖户月度定点跟踪监测数据，白羽肉鸡出栏价格全年平均为 9.0 元/千克，较 2021 年增长 7.5%；全年价格最低点在 2 月份，为 7.8 元/千克，全年价格最高点在 6 月份和 7 月份，为 9.7 元/千克，最

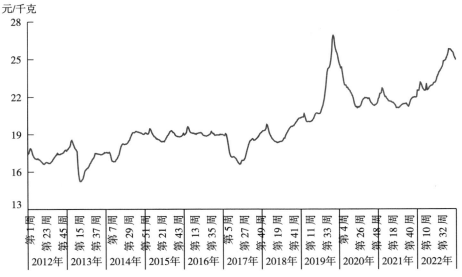

图 3　2012—2022 年集贸市场鸡肉价格变动趋势

数据来源：农业农村部监测数据（www.moa.gov.cn）。

高点较最低点价格增幅 24.2%，价格波动较大；12 月份，价格出现较大回调，环比降幅 10.7%，同比增长 7.2%。黄羽肉鸡出栏价格全年平均为 17.4 元/千克，较 2021 年增长 15.3%；全年价格最低点在 4 月份，为 15.8 元/千克，全年价格最高点在 11 月份，为 17.57 元/千克，最高点较最低点价格增幅 11.1%；12 月份，价格也出现较大回调，环比下降 13.1%，同比下降 4.5%。黄羽肉鸡中快、中、慢速型价格存在较为明显的差异，但全年价格变动趋势总体一致。

全产业链收益白羽肉鸡下降，黄羽肉鸡上升。根据农业农村部对肉鸡养殖户月度定点跟踪监测数据分析（图 4），2022 年白羽、黄羽肉鸡养殖平均盈利分别为 1.6 元/只和 5.9 元/只，分别较 2021 年的 0.6 元/只和 4.5 元/只有所提升；12 月份白羽、黄羽肉鸡养殖盈利分别为 −1.3 元/只和 4.0 元/只，分别较 2021 年同期的 −0.15 元/只和 7.9 元/只有较大程度下降；黄羽肉鸡不同地区之间以及快速、中速、慢速不同品种之间存在差异，其中中速型收益状况相对较好。从种鸡、商品鸡养殖及屠宰全产业链盈利情况来看，2022 年白羽肉鸡全产业链综合收益为 0.8 元/只，较 2021 年 1.2 元/只降幅明显，全年盈亏月数比 8∶4；黄羽肉鸡全产业链综合收益为 7.7 元/只，较 2021 年的 4.6 元/只增加了 3.1 元/只，全年盈亏月数比 12∶0。

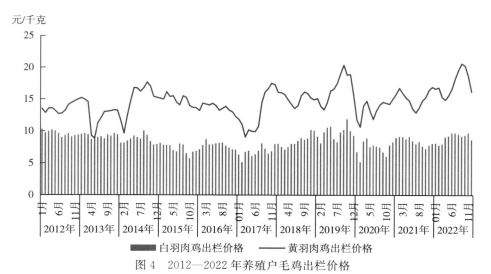

图 4　2012—2022 年养殖户毛鸡出栏价格

数据来源：农业农村部月度定点跟踪监测数据。

（四）肉鸡总产量下降，黄羽肉鸡占比持续下降

消费市场低迷，全年肉鸡总产量下降。2018 年 8 月以来非洲猪瘟疫情导致猪肉供给下降，从而带来了鸡肉消费市场的显著升温，带动 2019—2021 年肉鸡产量持续实现较大幅度增长。2022 年，随着生猪产能逐步恢复至常态水平，猪肉价格从高位逐步回落，加之新冠疫情大范围多次反复，国内经济复苏进程明显放缓，肉鸡消费市场整体低迷，且饲料价格上涨明显，挤压养殖利润，导致养殖户对后市预期不乐观，补栏较为谨慎，2022 年肉鸡产量出现明显下降。根据农业农村部对肉鸡养殖户月度定点跟踪监测数据及中国畜牧业协会监测数据分析，2022 年肉鸡（包括白羽、黄羽和小型白羽肉鸡）总出栏数量 118.54 亿只，较 2021 年下降 7.0 亿只，降幅 5.6%；肉鸡总产量为 1 887.6万吨，较 2021 年下降 146.9 万吨，降幅 7.2%。

产业结构持续调整，黄羽肉鸡产量占比下降。2022 年白羽和黄羽肉鸡生产均呈现较大幅度下降，小型白羽肉鸡生产延续扩张趋势。2022 年白羽肉鸡和黄羽肉鸡累计出栏量分别为 60.9 亿只和 37.3 亿只，分别较 2021 年下降7.7%和 7.9%；白羽、黄羽肉鸡产量分别为 1 191.0 万吨和 471.1 万吨，分别较 2021 年下降 8.5%和 8.1%。2022 年小型白羽肉鸡出栏量为 20.4 亿只，较2021 年增长 6.7%；产量为 225.4 万吨，较 2021 年增长 2.5%。此外，受消费低迷、饲料价格上涨等肉鸡产业发展面对的共性因素，叠加"活禽管制"对黄羽肉鸡销售的抑制等因素影响，近年来随着黄羽肉鸡出栏量和产量的持续下降，黄羽肉鸡产量在肉鸡总产量中的占比持续下降；从黄羽肉鸡内部的结构变动来看，快速型占比下降，中速型相对稳定，慢速型占比增加。

三、我国肉鸡产业发展面临的主要挑战

（一）白羽肉鸡引种受阻，我国肉鸡育种和新品种推广任务更加紧迫

长期以来，因缺乏自有品种，我国白羽肉鸡种源严重依赖国外进口。2022年因新冠疫情导致的国际航班不畅，以及欧洲和北美禽流感导致的国内禽类进口封关，我国白羽祖代肉种鸡引种严重受阻。2021 年 12 月通过国家畜禽遗传资源委员会审定三个国内自主知识产权白羽肉鸡品种"圣泽 901""广明 2 号""沃德 188"，为 2022 年我国抵御引种困难增加了巨大底气，确保了国内肉鸡产业的稳定发展。但同时，2022 年白羽肉鸡种源供应风险加剧问题的再次凸显，对肉鸡种业科技自立自强提出更为迫切要求。此外，我国本土肉鸡品种黄

羽肉鸡遗传资源丰富，但资源利用程度低、品种重复性高，饲料转化率等关键技术指标缺乏竞争力等问题突出，并且黄羽肉鸡逐渐告别活禽销售、转为生鲜上市的必然趋势，对屠宰加工型黄羽肉鸡品种需求上升，也迫切需要肉鸡种业科技创新的支撑。

（二）国际禽流感蔓延值得警惕，国内肉鸡产业疫病防控任重道远

2020年以来高致病性禽流感疫情在全球多地传播，2022年禽流感疫情持续蔓延，其中欧美遭遇了历史上最严重的禽流感危机。2022年11月，USDA公布数据显示，2022年禽流感已导致美国超过5 000万只家禽被扑杀；欧盟食品安全局公布数据显示，高致病性禽流感已影响欧洲37个国家，已有近5 000万只家禽被扑杀。根据我国农业农村部公布数据显示，2022年虽然我国也出现了高致病性禽流感疫情，疫情发生在野生家禽上，为点状发生，可防可控，未发生家禽禽流感疫情。需要高度重视的是，H7N9疫情又在北方检出，迫切需要强化监测和防控。很多养殖场生物安全防控薄弱，一旦有新的变异病毒入侵，必将遭遇非常被动的局面。动物疫病具有极大的不确定性，在全球多国禽流感疫情大肆侵袭的情况下，国内疫病防控任重道远，必须进一步加强疫病防控体系建设。

（三）饲料粮价格大幅上涨，加大低蛋白日粮推广的需求愈加迫切

因2022年初南美大豆减产，以及2022年俄乌冲突导致的全球粮食供给减少和能源价格抬升，国际粮食供需处于紧张状态，粮食价格大幅上涨。根据FAO（联合国粮农组织）公布数据，2022年全球谷物价格指数平均为154.7点，较2021年上涨17.9%。2023年，受俄乌冲突带来不确定性，美联储加息仍存变数，以及可能的极端气候导致粮食减产等多重复杂性因素影响，国际粮价保持相对高位震荡运行的可能性仍较大。2022年饲料粮价格的大幅上涨导致国内肉鸡配合饲料价格持续攀升至历史最高位，这一趋势有可能延续至2023年。饲料粮价格的高位运行，推动了肉鸡养殖成本的显著提升，严重挤压养殖盈利空间，影响养殖户补栏积极性。

（四）产业基础不够稳固，肉鸡产业高质量发展进程亟须加快

我国要推动肉鸡产业高质量发展，必须聚力补短板、强弱项，构建稳固强大的产业基础。经历了改革开放四十余年的持续发展，我国肉鸡产业基础能力得到显著提升，但仍然存在制约实现价格适中、质量过硬、环境友好的高质量

发展目标的短板和弱项。作为一个资源紧缺型国家，我国肉鸡养殖的饲料、土地、人工价格等全线高企，肉鸡养殖成本明显高于美国、巴西等肉鸡生产和出口大国，缺乏竞争力。虽然肉鸡养殖规模化水平持续提升，鸡舍养殖设备和环境控制条件逐步优化，但大部分肉鸡养殖场距离实现高质量标准化还有较大差距，导致反映养殖成效的关键技术参数偏低，直接影响到养殖成本和产品质量。再者，随着养殖总量规模的不断扩大，由于缺乏合理的种养布局，大量养殖粪便集中排放但缺乏与之相匹配的消纳耕地的问题突出，环保压力长期存在，环保成本仍将高企。

（五）鸡肉与猪肉市场竞争加剧，提升鸡肉消费份额任务仍然十分艰巨漫长

随着收入水平的提高，消费者需求从"吃饱、吃好"转向"营养、健康"，禽肉低脂肪、低胆固醇、低热量、高蛋白的"三低一高"的营养优势，加之禽肉明显低于猪牛羊肉的显著价格优势，使得禽肉在优化健康饮食结构、保障低收入人群优质蛋白质摄入方面优势特征显著。2019—2021年，在非洲猪瘟影响猪肉供需以及新冠疫情影响经济景气度背景下，凭借产业优势，禽肉抢夺猪肉市场10个百分点；但2022年，随着国内生猪供给回调至2018年非洲猪瘟前的常年产量，消费端鸡肉与猪肉的市场竞争更加激烈。面对不断升级的消费需求，肉鸡产品加工业发展仍然滞后，精深加工产品少，尤其是熟制加工品占比明显偏低，影响了消费市场的潜能开发，产品销售的适应性创新明显不足，在借助互联网平台和现代物流拓展渠道营销方面的创新有待进一步提升。

四、2023年肉鸡产业发展趋势

（一）全球肉鸡消费需求强劲，肉鸡产量增幅回升

虽然新冠疫情反复仍将继续带来全球经济社会发展不确定性等挑战、俄乌冲突引发能源危机将继续刺激全球通胀，饲料价格上涨仍将进一步压缩肉鸡行业盈利空间，上述因素给肉鸡产业发展带来明显阻碍，但全球经济低迷和通胀背景下消费者对低价格的动物蛋白的需求将格外强劲，这会刺激全球肉鸡生产的进一步扩张。根据USDA估计数据，2023年全球肉鸡产量可能达到10 294.2万吨，较2022年增长1.8%。受中国、欧盟和沙特阿拉伯需求增长拉动，预计2023年全球肉鸡贸易量将进一步增长，肉鸡进口量将达到1 139.8万吨，增幅2.1%，出口量达到1 399.5万吨，增幅3.3%。

（二）我国肉鸡产量将反弹回升，净进口量保持基本稳定

2022 年底我国新冠疫情防控政策调整，持续三年的新冠疫情对经济社会的影响将逐渐减弱，2023 年经济社会运行环境将逐步向常态化回归，消费端景气度的恢复性反弹有望成为拉动肉鸡生产增长的"火车头"。而且，从长期来看，鸡肉低价位优势、"三低一高"营养优势将拉动鸡肉消费总量进一步扩大。预计 2023 年肉鸡产量将有约 6％的增幅。同时，2023 年我国肉鸡进口将有小幅增长；受全球鸡肉消费需求增长影响，我国肉鸡出口将在 2021 年实现较高增幅的基础上进一步小幅扩张；2023 年净进口量预计与 2022 年净进口量基本持平。

五、肉鸡产业发展政策建议

（一）加大肉鸡种业科技创新，为产业链高效高质运行提供基础支撑

肉鸡种业位于肉鸡产业链的顶端，处于肉鸡科技创新的最高端，是肉鸡产业发展的核心要素。种鸡的种质水平，不仅决定肉鸡养殖的生产效率、供给能力和产品质量，也决定了肉鸡产业市场竞争力和养殖场户经济效益，是肉鸡产业高效、高质生产的基础性支撑。2021 年我国白羽肉鸡育种取得了"从 0 到 1"的突破性进展，但与已有 100 多年经验的国际发达国家育种水平相比还存在一定差距，仍需在持续提升性能、净化疾病和加快产业化推广等方面做出巨大努力。此外，黄羽肉鸡应充分发挥在抗病、肉质等方面的突出优势，顺应从活禽销售转为冰鲜上市的必然趋势，加大对适用于集中屠宰、冰鲜上市等市场需求的品种改良和选育。

（二）推动现代化产业体系建设，提升产业发展质量

构建现代产业体系是建设现代化经济体系的重中之重，是实现高质量发展的关键物质技术基础。一是依靠科技进步突破发展瓶颈，加大基层养殖技术推广，不断提高养殖机械化水平和资源利用效率，实现产业增长方式从传统的要素投入驱动向依靠全要素生产率提升的转变。二是大力提升标准化、智能化养殖基础设施建设水平，加大养殖技术推广力度，加快产业转型升级。三是进一步推进肉鸡产业化发展进程，完善产业化组织模式和利益分配机制，提升全产业链的发展质量和效益，尤其要充分发挥龙头企业对家庭养殖场户的带动作用，促进小农户与现代农业发展有机衔接。四是强化动物疫情监测报告系统，

加大力度完善基层畜牧兽医体系建设，推动适应疫病防控新形势的畜牧兽医体制改革。五是加强养殖粪污资源化利用的规范管理，扶持粪污处理设施建设，引导粪污资源化产品市场体系形成，大力推动种养结合循环生产模式，推进肉鸡养殖绿色发展。

（三）优化饲料粮供给路径，保障饲料粮有效供给

受畜产品消费刚性增长带动影响，国内饲料粮需求持续增长，供需缺口不断扩大。饲料粮对外依存度的显著提升加大了粮食安全风险，也加大了畜牧业发展安全风险。当前饲料价格高涨对肉鸡产业发展形成巨大冲击，直接影响肉鸡价格和养殖收益。优化饲料粮供给路径，保障饲料粮供给安全和价格相对稳定，对保障肉鸡产业的安全和稳定发展极为重要。一是探索创新大型畜禽龙头企业集团参与饲料粮供给保障体系建设。在国家粮食贸易统筹的总体格局下，赋予重点龙头企业相应的粮食进口权。创新国家饲料粮储存制度，探索建立大型龙头企业集团与国家共建饲料粮储存制度。支持有实力的大型龙头企业集团参与国家农业"走出去"战略，建立国际化饲料粮供应链。二是优化豆粕减量替代方案，加强推广应用低蛋白日粮技术。尽快建立并完善饲料原料营养数据库，完善饲料原料营养价值参数评价，优化饲料配方结构，推广低蛋白日粮核心技术，促进低蛋白日粮的普及和应用，降低畜禽养殖对进口大豆蛋白的依赖度。

（四）主动适应需求市场发展新趋势，重视终端产品研发和销售优化

近年来受新冠疫情冲击，包括鸡肉产品在内的国内消费整体受到很大抑制。随着国家对疫情防控政策的调整，2023年国内消费水平总体上将出现明显反弹，尤其是随着餐馆堂食、团体食堂等户外消费转为正常运行，肉鸡消费将呈现恢复性反弹。但同时，随着猪肉供给量的恢复以及猪肉价格的回落，猪肉和鸡肉抢占市场份额的竞争将更加激烈。肉鸡产业应抓住消费恢复性反弹的机遇，充分发挥生产优势和价格优势，顺应、满足消费者需求偏好，扩大消费规模，抢抓反弹份额。一是做大做强加工业。优化政策支持导向，加大政策支持力度，鼓励肉鸡产品加工业做大做强。支持肉鸡产品加工业提升加工技术装备水平，优化产品加工结构，特别是大力增强精深加工和熟制品加工能力。二是做活做畅产品营销。顺应肉类消费趋向健康、新鲜化、便利化的新需求，创新产品生产方式和营销方式，充分利用互联网平台和现代物流体系推动冰鲜肉鸡和预制菜产品走进千家万户，开辟新的消费市场空间。

（五）尽快启动"禽肉翻番计划"，助力食物系统转型

面对粮食安全保障的压力和气候变化的挑战，推动食物系统转型已成为国际共识。畜牧业既是肉类的供给方，也是饲料粮的需求方，我国粮食安全问题主要是饲料粮安全问题。经过改革开放以来的快速发展，鸡肉产量大幅超过牛羊肉，增至肉类总产量的20%左右，为满足人民的动物蛋白需求做出重要贡献；同时，肉鸡养殖饲料报酬率高、排放低，肉鸡产业为粮食安全保障、畜牧业低碳发展做出重要贡献。未来随着生活水平的不断提高，城乡居民对肉类需求仍将刚性增长，畜产品供给保障面临巨大压力。肉鸡是低消耗、低污染、高产出的重要畜禽品种，在国家粮食安全保障和双碳目标实现的约束下，大力发展肉鸡产业具有重大战略意义。建议从国家层面加强对肉鸡产业发展的顶层设计，尽快启动"禽肉翻番计划"，让禽肉成为我国第一大肉类，在助力畜牧业保障国家粮食安全和肉类有效供给，以及碳达峰、碳中和战略实施过程中充分发挥优势，做出更大贡献。

参考文献

[1] USDA. Livestock and poultry：market and trade ［R/OL］. （2023 - 01 - 12）［2023 - 01 - 13］. https：//apps. fas. usda. gov/psdonline/app/index. html♯/app/downloads.

[2] 文杰. 肉鸡种业的昨天、今天和明天［J］. 中国畜牧业，2021（17）：27 - 30.

[3] 辛翔飞，王济民. 乡村振兴下农业振兴的机遇、挑战与对策［J］. 宏观经济管理，2020（1）：28 - 35.

[4] 辛翔飞，郑麦青，文杰，王济民. 2021年我国肉鸡产业形势分析、未来展望与对策建议［J］. 中国畜牧杂志，2022，58（3）：222 - 226.

[5] 王以中，辛翔飞，林青宁，宋金波. 我国畜禽种业发展形势及对策［J］. 农业经济问题，2022（7）：52 - 63.

2022年肉鸡产业发展监测报告

郑麦青[1] 赵桂苹[1] 高海军[2] 腰文颖[2] 文 杰[1] 宫桂芬[2]

(1. 中国农业科学院北京畜牧兽医研究所；
2. 中国畜牧业协会禽业分会)

2022年，我国肉鸡生产高位回落，降至2020年水平，鸡肉消费下降，产业总体收益偏低，不同品种产业收益分化加大。全年肉鸡出栏、鸡肉产量均明显下降，鸡肉产品、种鸡进口明显减少。根据肉鸡生产监测数据测算[①]，2022年全国肉鸡出栏118.5亿只，较2021年减少5.6%；鸡肉产量2 008.1万吨，较2021年减少6.4%；进口鸡肉及杂碎130.4万吨，较2021年减少11.3%。预计2023年鸡肉产量趋于回升，国内肉鸡种业加速发展，鸡肉消费结构加快转变，养殖成本上升或推升鸡肉产品价格。

一、2022年肉鸡生产形势

(一)肉鸡生产近五年来首次回落

根据肉鸡生产监测数据测算，2022年全国肉鸡出栏118.5亿只，较2021年下降5.6%；鸡肉产量2 008.1万吨，较2021年下降6.4%(图1)。其中，白羽肉鸡鸡肉产量1 191万吨，较2021年下降8.5%；黄羽肉鸡鸡肉产量471.1万吨，较2021年下降8.1%；小型白羽肉鸡鸡肉产量225万吨，较2021年增长2.5%(表1)。

(二)种鸡存栏量下降，商品雏鸡产销量减少

1. 白羽肉鸡产能先减后增

2022年，白羽祖代种鸡平均存栏量178.5万套，较2021年增长3.8%；年

---

① 本报告中关于中国肉鸡生产数据分析判断主要基于85家种鸡企业种鸡生产监测数据，以及60个生产大县(市、区)的300个行政村1 099户肉鸡养殖户生产监测数据。

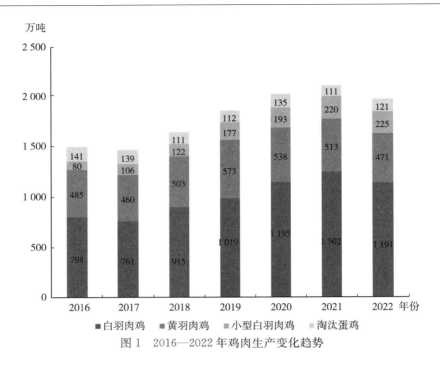

图 1　2016—2022 年鸡肉生产变化趋势

表 1　2022 年鸡肉生产量测算

单位：亿只，万吨

项　　目		2018 年	2019 年	2020 年	2021 年	2022 年	增长量	增长率
白羽肉鸡	出栏量	47.64	54.21	60.19	65.98	60.90	−5.07	−7.69%
	鸡肉产量	915.0	1 019.4	1 195.2	1 301.6	1 191.0	−110.5	−8.49%
黄羽肉鸡	出栏量	39.59	45.23	44.19	40.45	37.26	−3.19	−7.89%
	鸡肉产量	502.9	573.0	538.4	512.9	471.1	−41.8	−8.14%
小型白羽肉鸡	出栏量	12.82	15.36	16.71	19.10	20.38	1.28	6.70%
	鸡肉产量	122.0	177.0	193.0	220.0	225.4	5.4	2.47%
淘汰蛋鸡	出栏量	10.23	10.29	12.42	10.20	10.30	0.10	0.98%
	鸡肉产量	111.2	111.9	135.0	110.9	120.5	9.6	8.68%

末存栏 172.2 万套，在产存栏 126.8 万套；父母代雏鸡供应量较 2021 年增长 2.1%（图 2 至图 5）。全年更新 96.3 万套，较 2021 年减少 24.5%，其中国内繁育更新 62 万套，占 64.4%，增加 34.0 个百分点。父母代种鸡平均存栏量 6 941.2 万套，较 2021 年下降 2.4%；全年商品雏鸡销售量 62.7 亿只，较

2021年下降8.9%（图6）。年末父母代种鸡存栏7 590.6万套，其中在产存栏3 819.0万套。全年更新6 502.2万套，较2021年增长2.1%。

2. 黄羽肉鸡产能降幅收窄

2022年，黄羽祖代种鸡平均存栏量215.5万套，较2021年下降0.5%；平均在产存栏150.7万套，父母代雏鸡供应量下降0.2%（图2至图5）。年末祖代种鸡存栏211.7万套，其中在产存栏148.0万套。祖代鸡全年更新约232.3万套，较2021年增加约3.8万套。父母代种鸡平均存栏量6 681.9万套，较2021年下降2.8%；平均在产存栏3 899.8万套，商品代雏鸡供应量39.4亿只，较2021年下降4.9%（图6）。年末父母代种鸡存栏6 545.9万套，其中在产存栏3 835.5万套。父母代种鸡全年更新6 508.6万套，较2021年下降0.2%。

图2 近十年在产祖代种鸡存栏量变化

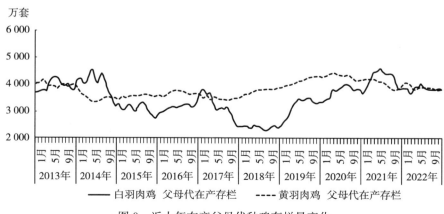

图3 近十年在产父母代种鸡存栏量变化

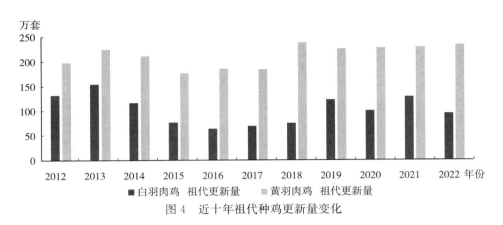

图 4　近十年祖代种鸡更新量变化

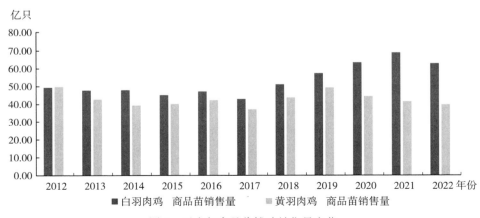

图 5　近十年父母代种鸡更新量变化

万套
9 000
8 000
7 000
6 000
5 000
4 000
3 000
2 000
1 000
0

■白羽肉鸡　父母代更新量　　■黄羽肉鸡　父母代更新量

亿只
80.00
70.00
60.00
50.00
40.00
30.00
20.00
10.00
0.00

2012　2013　2014　2015　2016　2017　2018　2019　2020　2021　2022 年份

■白羽肉鸡　商品苗销售量　　■黄羽肉鸡　商品苗销售量

图 6　近十年商品代雏鸡销售量变化

（三）养殖收益处于历史均值，不同品种分化加大

2022 年，肉鸡产品价格较 2021 年上涨，但饲料价格持续上涨，肉鸡养殖成本上升，收益总体处于历史平均水平，黄羽肉鸡盈利好于白羽。根据农业农村部肉鸡生产监测数据分析，2022 年，白羽肉鸡产业链综合收益继续下降至历史低位，平均为 0.63 元/只，较 2021 年减少 0.63 元，降幅 50.0%。其中，商品养殖环节收益显著提高，盈利 1.63 元/只，达历史高位（表 2）。黄羽肉鸡产业链综合收益持续增加，达历史高位，平均为 7.71 元/只，较 2021 年增加 3.05 元/只，增幅 65.5%。其中，商品代肉鸡养殖盈利增至 7.34 元/只（表 3）。

表 2　白羽肉鸡产业链各环节收益情况

年份	单位收益（元/只出栏商品鸡）					收益分配情况（%）			
	祖代	父母代	商品养殖	屠宰	全产业链	祖代	父母代	商品养殖	屠宰
2016	0.31	1.08	−0.69	1.16	1.86	16.6	58.1	−37.3	62.6
2017	0.11	−0.59	0.15	2.21	1.88	6.0	−31.2	7.8	117.4
2018	0.24	1.25	1.65	0.26	3.39	7.0	36.9	48.5	7.7
2019	0.57	4.27	−0.44	0.40	4.80	11.9	88.8	−9.1	8.4
2020	0.14	−0.36	−0.72	2.84	1.90	7.1	−18.7	−38.0	149.5
2021	0.24	0.17	0.74	0.11	1.26	18.9	13.8	59.0	8.4
2022	0.08	−0.41	1.63	−0.67	0.63	13.2	−66.0	259.0	−106.1

表 3　黄羽肉鸡产业链各环节收益情况

年份	单位收益（元/只出栏商品鸡）					收益分配情况（%）			
	祖代	父母代	商品养殖	屠宰	全产业链	祖代	父母代	商品养殖	屠宰
2016	0.01	0.35	4.73	—	5.09	0.3	6.8	92.9	—
2017	0.01	0.03	2.52	—	2.56	0.3	1.2	98.5	—
2018	0.06	0.73	4.64	—	5.43	1.1	13.4	85.5	—
2019	0.10	1.71	7.33	—	9.14	1.1	18.8	80.2	—
2020	0.11	0.12	1.14	—	1.37	8.5	8.5	83.2	—
2021	0.10	−0.04	4.60	—	4.66	2.1	−0.8	98.7	—
2022	0.09	0.28	7.34	—	7.71	1.1	3.7	95.2	—

（四）种鸡利用率白羽肉鸡下降黄羽肉鸡上升，商品鸡生产效率整体提高

1. 白羽父母代种鸡利用率下降，商品代肉鸡生产效率提升

祖代种鸡种源更新量下降，单套种鸡月产量为 4.44 套父母代雏鸡，较 2021 年下降 4.9％。父母代产能回升，单套种鸡月产量为 16.59 只商品代雏鸡，较 2021 年增长 0.4％。受饲养天数增减变化影响，祖代实际利用率提升约 0.8％，父母代实际利用率降低约 5.3％（表 4）。商品代肉鸡生产效率获得持续提升，饲养周期缩短 0.9 天，只均出栏体重减少 0.02 千克，料肉比降低 0.6％，生产消耗指数下降 0.9，欧洲效益指数提高 8.1（表 5）。

表 4　白羽肉种鸡生产参数

年份	祖代种鸡		父母代种鸡	
	饲养周期（天）	单套月产量［套/(月·套)］	饲养周期（天）	单套月产量［只/(月·套)］
2017	709	4.63	373	15.92
2018	657	4.35	416	14.60
2019	637	4.90	469	14.40
2020	566	4.74	433	15.61
2021	597	4.67	445	16.53
2022	621	4.44	430	16.59

表 5　白羽商品代肉鸡生产参数

年份	出栏日龄	出栏体重（千克）	料肉比	成活率	生产消耗指数	欧洲效益指数
2013	44.1	2.32	1.95	94.3％	115.7	254.6
2014	43.9	2.35	1.88	95.1％	112.0	271.4
2015	44.2	2.31	1.86	95.1％	111.6	266.2
2016	44.0	2.37	1.79	95.1％	106.9	285.8
2017	43.8	2.48	1.74	95.0％	103.4	309.5
2018	43.6	2.56	1.73	95.9％	102.6	325.8
2019	43.8	2.51	1.74	96.0％	104.1	315.6
2020	44.2	2.64	1.70	95.8％	100.8	336.8
2021	43.4	2.63	1.63	96.1％	96.9	356.3
2022	42.5	2.61	1.62	96.2％	96.0	364.4

2. 黄羽父母代种鸡利用率提高

祖代黄羽种鸡使用周期与上年基本持平，实际利用率增长 0.2%。父母代饲养天数减少，利用率有所提高，实际利用率提升 3.3%（表6）。商品肉鸡生产效率与上年基本持平，出栏日龄缩短 0.8 天，料肉比提高 0.3%，生产消耗指数上升 0.4，欧洲效益指数提高 0.1（表7）。

表6 黄羽种鸡生产参数

年份	祖代种鸡		父母代种鸡	
	饲养周期（天）	单套月产量[套/(月·套)]	饲养周期（天）	单套月产量[只/(月·套)]
2016	372	3.32	447	9.55
2017	367	3.57	430	8.85
2018	347	4.54	414	9.69
2019	357	4.58	373	9.90
2020	355	4.06	367	8.57
2021	369	3.58	382	8.53
2022	368	3.60	392	8.42

表7 黄羽商品代肉鸡生产参数

年份	出栏日龄	出栏体重（千克）	料肉比	成活率	生产消耗系数	欧洲效益指数
2013	86.7	1.76	2.72	96.6%	149.2	71.8
2014	90.4	1.78	2.82	96.4%	152.1	67.3
2015	89.1	1.84	2.84	96.0%	151.5	69.8
2016	91.3	1.89	2.81	95.9%	150.2	70.5
2017	98.3	1.92	3.02	95.9%	161.9	62.0
2018	97.3	1.95	3.00	95.5%	167.3	63.9
2019	97.1	1.95	2.97	95.4%	163.8	64.6
2020	98.7	1.87	3.13	94.5%	168.9	57.4
2021	95.2	1.95	3.06	95.1%	164.2	63.6
2022	94.4	1.95	3.07	95.0%	164.6	63.7

（五）鸡肉产品进口明显下降，种鸡进口大幅减少

2022 年，我国鸡肉进口数量下降 11.3%，出口数量增长 16.5%，是世界上主要鸡肉进口国之一（图 7）。鸡肉及杂碎产品进口总量为 130.4 万吨，主要为初加工产品。其中，冻鸡爪、冻鸡翼及带骨冻鸡块占比分列前三，分别为 51.0%、25.1%、17.7%；鸡杂碎为 5.6%。分国别来看，巴西、美国、俄罗斯、泰国和阿根廷分列前五名，占比分别为 42.4%、26.4%、9.8%、6.7% 和 5.7%。鸡肉产品出口 53.2 万吨，其中深加工制品占 57.4%，是国内鸡肉出口的主要产品。鸡肉初加工产品中以"其他冻鸡块"和"整只鸡（鲜或冷的）"为主，分别占出口量的 21.7% 和 14.2%，出口地区以亚洲地区为主（表 8）。

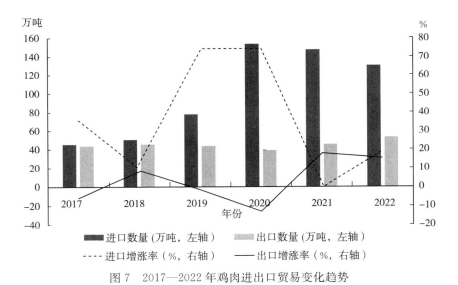

图 7 2017—2022 年鸡肉进出口贸易变化趋势

表 8 鸡肉及产品进出口贸易情况

项　　目		2017 年	2018 年	2019 年	2020 年	2021 年	2022 年
进口	数量（万吨）	45.05	50.28	78.15	153.51	147.07	130.43
	贸易额（亿美元）	10.28	11.36	19.79	34.63	34.84	41.24
	贸易额增长率	−16.40	10.60	74.10	75.00	0.60	18.40
出口	数量（万吨）	43.70	44.68	42.80	38.80	45.68	53.23
	金额（亿美元）	14.57	15.78	15.53	13.55	15.96	18.37
	贸易额增长率（%）	12.10	8.30	−1.60	−12.80	17.80	15.10

（续）

项 目		2017 年	2018 年	2019 年	2020 年	2021 年	2022 年
贸易差	数量（万吨）	−1.35	−5.60	−35.35	−114.70	−101.39	−77.20
	贸易差额（亿美元）	4.29	4.41	−4.26	−21.08	−18.89	−22.88
	贸易差额增长率（%）	512.6	2.80	−196.50	395.10	−10.40	21.10

2022 年受美国高致病禽流感疫情影响，种用与改良用鸡进口数大幅下降至 62.1 万只，较 2021 年下降 61.9%。进口的种用与改良用鸡为白羽肉鸡和蛋鸡祖代雏鸡，全年共计引进白羽祖代种鸡 34 万套，占整体更新量的 36%，较 2021 年降低 33.6 个百分点；平均进口价格为 44.87 美元/套，上升 12.1%。

（六）鸡肉消费小幅下降

2022 年我国鸡肉消费量为 2 084.4 万吨，下降 7.2%；人均消费量为 14.76 千克，较 2021 年下降 7.2%（图 8）。根据卓创资讯《2022 年度白羽肉鸡屠宰市场年度报告》，近五年来，鸡肉的消费结构发生了显著变化，团膳和餐饮消费占比下降，而居民消费和食品加工占比提高。2022 年团膳消费占比继续下滑 2 个百分点，为 34%；餐饮消费占比下降 1 个百分点，为 28%；居民消费占比继续增加 1 个百分点，为 24%；食品加工占比提升 2 个百分点，为 14%。鸡肉消费结构的变化，反映出消费者在向健康、多样的饮食结构转变。小型白羽肉鸡以其更适合屠宰的优势，以及相差不大的口感，对黄羽肉鸡消费市场形成明显挤占。

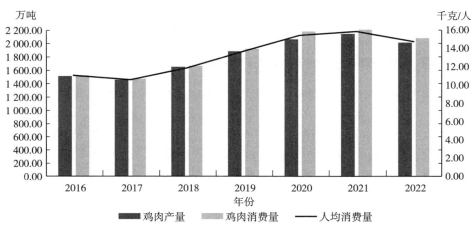

图 8　2016—2022 年鸡肉总量、消费量及人均消费量变化趋势

二、2023 年我国肉鸡产业发展展望

(一) 肉鸡产量趋于回升

截至 2022 年末，肉鸡产能调整基本完成，下半年供需形势已趋于平衡。2023 年，随着经济社会运行逐步向常态化回归，消费恢复有望成为拉动肉鸡生产增长的"火车头"。而且，从长期来看，鸡肉低价位和"三低一高"营养优势将拉动鸡肉消费总量进一步扩大。预计 2023 年肉鸡产量将有 5％～8％的增幅。其中，白羽肉鸡增幅较高，约 7％～8％；小型白羽肉鸡稳定增长 4％～6％；黄羽肉鸡出栏量停止下降，预计将增长 3％～5％。

(二) 肉鸡种业发展加速推进

种鸡的质量水平是肉鸡产业高效、高质生产的基础支撑。2022 年我国更新的白羽肉种鸡中，约 70％来自国外品种。国内对种鸡需求基本稳定，种鸡进口品种的缺口将通过国内自主繁育品种弥补，国内育种企业有望通过此次机遇抢占市场份额，提升国产品种的市场占比。

(三) 鸡肉消费结构加快转变

2023 年，随着餐馆堂食、团体食堂等户外消费恢复，国内鸡肉消费总体将明显反弹。同时，随着人们对鸡肉在营养和健康方面的认可，会推动鸡肉消费结构从团膳、餐饮更多向居民消费和食品加工倾斜。顺应肉类消费趋向健康、新鲜化、便利化的新需求，鸡肉产品将向精深加工、熟制品加工方向发展，冰鲜鸡和预制菜产品进一步走进千家万户，开辟新的消费市场。

(四) 养殖成本上升或推升鸡肉产品价格

2022 年国内肉鸡饲料价格继续上涨，肉禽配合饲料均价较 2021 年同期上涨 8.8％，单月最大涨幅达 14.5％。饲料价格的攀升导致养殖成本趋高不下，对盈利也产生了影响。后市原料成本仍有可能持续高位运行，抬升肉鸡生产成本，挤压养殖收益空间，并最终推高终端产品价格。2023 年，需谨防高成本支撑、高产能调整、高价位震荡、低效益持续的市场风险。

2022 年国际肉鸡产业经济发展报告

张　怡[1]　毕思恺[1]　许少成[1]　辛翔飞[2]　王济民[2,3]

（1. 青岛农业大学经济管理学院（合作社学院）；
2. 中国农业科学院农业经济与发展研究所；
3. 农业农村部食物与营养发展研究所）

　　2022 年，受通货膨胀、发达国家货币政策转向、俄乌冲突、部分地区新冠疫情反复以及持续的全球供给侧瓶颈等因素的影响，全球经济增长显著放缓。美国等发达国家为控制通货膨胀而采取的货币紧缩政策加剧了国际市场动荡，导致全球金融市场"紧缩恐慌"，一定程度上限制了许多发展中国家复苏的步伐。随着中国新冠疫情防控政策的调整，新冠疫情对经济社会发展的影响进一步减弱，重新赋能的中国市场令世界期待。此外，国际禽流感疾病大规模暴发给全球肉鸡产业发展带来了较大的不确定性。在此背景下，本研究分析了国际、国内肉鸡生产与贸易的总体情况、趋势变化及其主要原因，综述了国际、国内肉鸡产业技术与经济政策研究进展，最后就我国肉鸡产业发展存在的问题提出对策建议。

一、国际肉鸡生产与贸易概况

（一）国际肉鸡生产

　　2022 年全球肉鸡产量保持了持续增长的趋势，但受全球粮价上涨、新冠疫情跌宕起伏及全球多地禽流感疫情持续发酵的影响，全球肉鸡产量增长幅度较小，增长率进一步降低。根据 USDA（美国农业部）统计数据，2022 年全球肉鸡产量为 10 108.6 万吨，增长率由 2021 年的 1.26% 下降至 0.57%。此外，相对较高的饲料和能源价格挤压了全球肉鸡产业盈利空间，在成本不断上涨的情况下，预计后市全球肉鸡产量增幅或出现小幅回调。据 USDA 预测，2023 年全球肉鸡产量可能达到 10 294.2 万吨（图 1），增长率为 1.84%。

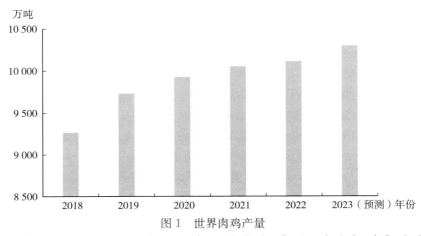

图 1　世界肉鸡产量

数据来源：Livestock and Poultry：Market and Trade，Foreign Agricultural Service/USDA Jan，2023.

注：USDA 统计数据中，肉鸡生产、消费和贸易统计不包括鸡爪；且根据业内专家观点，其关于我国肉鸡的统计口径中未将白羽、黄羽和小型白羽肉鸡全部包含，因此 USDA 发布的数据与中国海关总署发布的数据、中国畜牧业协会发布的数据及中国农业农村部监测的数据存在差异。2023 年为 USDA 预测数据。

从各国（地区）肉鸡产量情况看，2022 年肉鸡四大主产国（地区）美国、中国、巴西、欧盟的肉鸡产量分别为 2 100.5 万吨、1 430 万吨、1 425 万吨、1 092 万吨（图 2），四大主产国（地区）肉鸡总产量达到 6 047.5 万吨，较

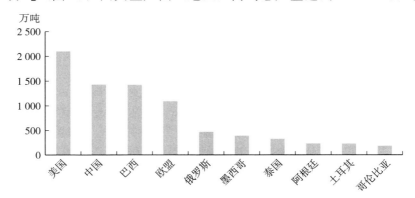

图 2　2022 年主要肉鸡生产国（地区）肉鸡产量

数据来源：Livestock and Poultry：Market and Trade，Foreign Agricultural Service/USDA Jan，2023.

注：中国指中国大陆，全书同。

2021 年增长 0.04％，占世界肉鸡总产量的比重为 59.83％（图 3），较 2021 年下降 0.31％。具体来看，尽管受到高致病性禽流感和高投入价格的影响，但美国与欧盟的肉鸡产量仍随着国内需求的增加而保持了稳定增长的态势，为全球肉鸡供给贡献了重要力量；由于去产能、饲料价格上涨导致养殖成本上升，叠加国内生猪产能恢复的影响，中国肉鸡生产较 2021 年减少了 40 万吨，下降了 2.72％（张怡等，2022）；虽然巴西国内对禽肉消费需求依然强劲，但受南美干旱天气影响，巴西饲料作物有所减产，肉鸡产量也受到一定程度影响，较 2021 年下降了 1.72％。据 USDA 预测，2023 年四大主产国（地区）肉鸡产量占比将下降至 59.55％。

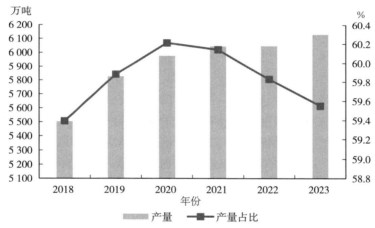

图 3　2018—2023 年世界四大肉鸡生产国（地区）肉鸡产量及占比

数据来源：Livestock and Poultry: Market and Trade, Foreign Agricultural Service/USDA Jan, 2023.

新兴市场经济体国家中，由于俄罗斯从欧盟引进了大量雏鸡和孵化蛋，肉鸡产量增长至 475 万吨，增长率达 3.26％；墨西哥国内需求强劲，刺激了肉鸡生产，产量较 2021 年增加了 12.5 万吨，增长率为 3.28％；泰国肉鸡受市场需求影响增势不减，产量较 2021 年增加了 8 万吨，增长率为 2.48％；从增长率来看，哥伦比亚增长率达 6.03％，处于领先地位（图 4）。

（二）国际肉鸡贸易

2022 年世界肉鸡出口量为 1 355.4 万吨，较 2021 年增长 2％。从世界肉鸡主要生产国（地区）来看，第一大出口国巴西出口量继续增长，出口量为 444.5 万吨（表 1），较 2021 年增长 5.21％，由于巴西肉鸡价格的有利竞争力

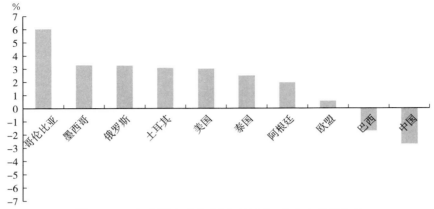

图4　2022年主要肉鸡生产国（地区）肉鸡生产增长率

数据来源：Livestock and Poultry：Market and Trade，Foreign Agricultural Service/USDA Jan，2023.

与欧盟市场准入放宽，拉动了巴西肉鸡出口增长。受高致病性禽流感大范围暴发的影响以及禽流感导致的鸡肉价格大幅上涨均一定程度上抑制了美国和欧盟的肉鸡出口，虽然美国和欧盟的肉鸡出口量仍位列第2名和第3名，但出口量均有所下降，分别较2021年下降1.16%和3.16%（图6）。随着中国与沙特阿拉伯市场准入的改善，世界肉鸡出口量将稳步上升，根据USDA预测，2023年世界肉鸡出口量预计达到1 399.5万吨，增长率为3.25%（图5）。

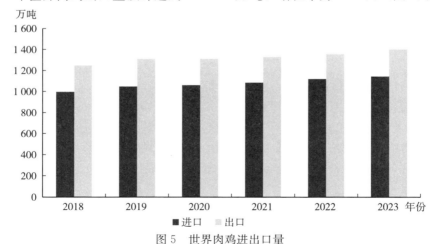

图5　世界肉鸡进出口量

数据来源：Livestock and Poultry：Market and Trade，Foreign Agricultural Service/USDA Jan，2023.

表 1　2022 年世界肉鸡主要出口国（地区）出口量

单位：万吨

序号	国家（地区）	出口量
1	巴西	444.50
2	美国	331.70
3	欧盟	178.00
4	泰国	103.50
5	土耳其	55.00
6	中国	53.00
7	乌克兰	42.00
8	英国	28.00
9	俄罗斯	22.50
10	阿根廷	19.00

数据来源：Livestock and Poultry：Market and Trade, Foreign Agricultural Service/USDA Jan，2023.

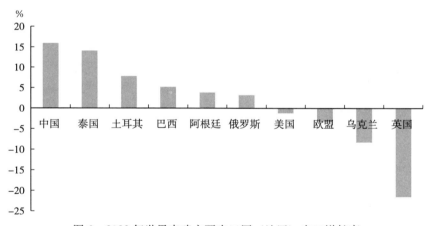

图 6　2022 年世界肉鸡主要出口国（地区）出口增长率

数据来源：Livestock and Poultry：Market and Trade, Foreign Agricultural Service/USDA Jan，2023.

2022 年世界肉鸡进口量达到 1 116.3 万吨，相比 2021 年增长了 3.04%。从主要肉鸡进口国家（地区）来看，日本以 110.5 万吨进口量仍位列世界肉鸡进口国首位（表 2）。受高致病性禽流感疫情冲击，英国、欧盟肉鸡生产受限，进口量大幅上涨，2022 年英国肉鸡进口量为 90 万吨，增长率达 30.62%；欧盟进口量为 75 万吨，增长 16.1％。受国际国内农产品价格差的影响叠加新冠疫情对消费的影响，中国肉鸡进口量大幅减少，降幅达 18.15％（图 7）。此外，受禽流感疫情影响，国际鸡肉进口需求激增，预计 2023 年全球肉鸡贸易量将有所上升。根据 USDA 预测，2023 年世界肉鸡进口量将达到 1 139.8 万吨，增长率为 2.11％。

表 2　2022 年世界肉鸡主要进口国（地区）进口量

单位：万吨

序号	国家（地区）	进口量
1	日本	110.50
2	墨西哥	91.50
3	英国	90.00
4	欧盟	75.00
5	中国	64.50
6	沙特阿拉伯	61.50
7	菲律宾	49.50
8	伊拉克	47.50
9	阿拉伯联合酋长国	41.60
10	安哥拉	34.50

数据来源：Livestock and Poultry：Market and Trade，Foreign Agricultural Service/USDA Jan，2023.

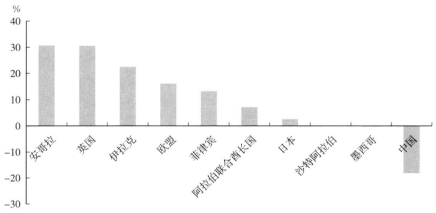

图 7　2022 年世界肉鸡主要进口国（地区）进口增长率

数据来源：Livestock and Poultry：Market and Trade，Foreign Agricultural Service/USDA Jan，2023.

二、国内肉鸡生产与贸易概况

（一）中国肉鸡生产

2022 年中国肉鸡产量小幅缩减，为 1 430 万吨，较 2021 年减少 40 万吨，下降 2.72%；肉鸡消费量为 1 441.5 万吨，较 2021 年减少 61.6 万吨，下降 4.1%（图 8）。生产量与消费量下降主要有两方面的原因：一方面，2022 年国内肉鸡饲养成本居高不下，叠加行业去产能的影响，肉鸡产量下降；另一方面，新冠疫情对消费仍造成了很大的影响，再加上国内生猪产能恢复，猪肉消费回暖，代偿了一部分肉鸡需求。随着后期猪价阶段性上涨以及新冠疫情防控进入新阶段，将重新提振国内肉鸡需求（辛翔飞等，2022）。据 USDA 预测，2023 年中国肉鸡消费量可能下降到 1 436.5 万吨，下降 0.35%；肉鸡生产量为 1 430 万吨，可能与 2022 年持平。

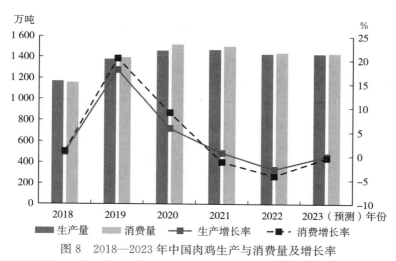

图 8　2018—2023 年中国肉鸡生产与消费量及增长率

数据来源：Livestock and Poultry：Market and Trade，Foreign Agricultural Service/USDA Jan，2023.

（二）中国肉鸡贸易

2022 年中国肉鸡进口量持续下降至 64.5 万吨，降幅高达 18.15%（图 9）。由于国内物价相对较为稳定，国外尤其是以美国为首的一些国家通货膨胀较为严重，导致农产品价格大幅上涨，而肉鸡国内价格与进口价格形成了较大价格差是导致肉鸡进口下降的主要原因。根据 USDA 预测，2023 年中国肉鸡进口量可能达 62 万吨，下降 3.88%。

2022 年中国肉鸡出口量为 53 万吨，比 2021 年增长 15.97%（图 9）。一方面，中国没有发生大规模禽流感且新冠疫情得到有效控制，肉鸡供应较为充足，价格相对稳定，拉动了国际市场对中国肉鸡的需求；另一方面，受俄乌冲突的影响，俄罗斯、乌克兰贸易风险系数升高，中国对肉鸡出口结构进行了调整，加大了对东亚与东南亚地区的出口比例。根据 USDA 预测，2023 年中国肉鸡出口量可能达 55.5 万吨，增长 4.72%。

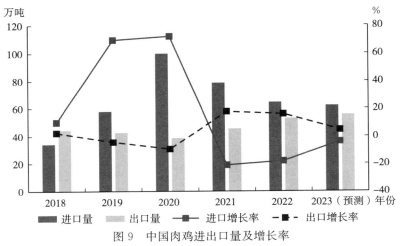

图 9　中国肉鸡进出口量及增长率

数据来源：Livestock and Poultry：Market and Trade，Foreign Agricultural Service/USDA Jan，2023.

三、国际肉鸡产业技术与经济政策研究进展

（一）禽流感蔓延倒逼疫病防控升级

2022 年国际禽流感病毒大规模暴发，世界各国的家禽产业都遭受了不同程度的冲击。此轮美国禽流感本土疫情已导致超过 4 700 只家禽死亡，接近历史最高纪录；日本本轮扑杀活禽数量超过 700 万只，刷新本国禽流感流行纪录；据欧洲疾病预防控制中心（ECDC）和欧盟食品安全局 2022 年 11 月的统计数据，此轮禽流感欧洲已扑杀近 5 000 万只家禽，37 个欧洲国家已受到禽流感疫情影响，破坏规模罕见。严重的禽类生产危机倒逼多国调控手段升级，如荷兰限制家禽饲养规模；英国对所有家禽及圈养鸟类实行禁闭养殖；科威特采

取县级区域化管理模式，以阻止禽流感病毒大规模扩散。

（二）多重创新助力雏鸡肠道健康

2022 年 10 月 30 日至 11 月 1 日，WATT 家禽技术峰会在美国亚特兰大市举行，峰会集中展示了促进家禽健康、生产和加工的前沿创新成果，其中，Optum 免疫公司和 AGRITX 公司认为健康的雏鸡才是鸡群健康根本，并分享了促进雏鸡肠道健康的创新方法。该创新方法一是利用蛋黄饲料添加剂来降低肉雏鸡的死亡率并提高生产性能，蛋黄饲料添加剂可以在雏鸡（胚胎）发育期间帮助优化母鸡的免疫系统，增强雏鸡孵化后的生长韧性；二是营养蛋涂层改善雏鸡肠道健康，引起肠道形态、菌群和免疫系统的正面改变，帮助加快雏鸡菌群的发育；三是口服灭活疫苗预防家禽肠道病原体，可以在肉鸡整个生命周期中多次投入使用，持续改善生长性能。

（三）新技术改善家禽球虫病防控困境

球虫病是家禽业当前面临的主要挑战之一，该疾病也是肉鸡生产中的头号问题，每年都会给肉鸡行业造成巨大损失，且无法彻底根除，亟须加强控制。2022 年 11 月，美国 TARGAN 公司在球虫病防控方面取得了一项最新进展，即采用传送带式鸡只球虫病疫苗接种系统，能够同时给雏鸡接种球虫病疫苗、新城疫疫苗。该项目目前已处于商业测试阶段，首批商用系统已安装到位，用于田间试验，有效改善了球虫病防控困境，未来将广泛应用。

（四）智能化赋能肉鸡福利养殖

肉鸡福利的评估与应用一直以来受到行业广泛关注。2022 年 6 月，美国食品与农业研究基金会（FFAR）通过选拔 SMART 项目取得的成就，积极推动新的肉鸡福利解决方案应用实施，目前，麦当劳公司率先在美国和欧洲鸡肉供应市场中进行商业运用。新的解决方案使用了基于视觉和音频的应用技术检测肉鸡个体和肉鸡群，向养殖者预警肉鸡养殖潜在的问题，从而更好评估肉鸡福利养殖水平，提高肉鸡养殖者的生产效率。此外，福利方案提供的数据自动收集汇总技术也改变了过去人工大量耗时且不准确的问题，更有利于追踪动物福利的量化进程，有效整合养殖者与生产商间的共享信息。

（五）智能工厂助力肉鸡屠宰加工

随着工业 4.0 深入发展，智能工厂理念渗透家禽业，孕育出了家禽屠宰新模式，这种新模式可有效提高家禽加工中的安全和效率，助力规模养殖，完善肉鸡产业链，实现端到端的可能，进一步提高了透明度、可追溯性和安全性。2022 年 9 月，乔治亚理工学院启动农业技术研究计划，利用工业 4.0 概念进行农业生产高度变革性技术开发，并制定相应战略，其中的"未来家禽工厂"战略计划包括开发能够远程操作机器人的 VR 技术，以支持智能化、精细化的技术操作，用于在家禽产品屠宰加工过程中执行切割和操作的功能。这一屠宰新模式的应用可有效实现实时监控，改善员工健康状况和工作条件。从长远来看，未来人工智能和机器人技术应用将会在家禽屠宰加工新模式中扮演重要角色。

（六）人造肉可能提供肉类替代品

随着国际食物需求结构的变化，肉类的消费比例进一步提高，然而，传统肉类生产存在生产效率低下、资源消耗高、环境污染严重等问题，而兼具无屠宰和可持续生产特征的肉类替代品逐渐受到广泛关注。根据元哲资讯数据，全球肉类替代品市场预计在 2018—2023 年内以 7.4% 的复合增长率增长，到 2025 年植物性肉类市场价值将达到 83 亿美元。2022 年 11 月，人造肉生产商 Upside Foods 制造的细胞培养鸡肉通过了 FDA（美国食品药品监督管理局）审查，并计划发布细胞培养肉行动指南，旨在规范细胞培养肉企业生产。细胞培养鸡肉经由活体动物细胞培育而成，与传统鸡肉产品相比，更富矿物质元素，可有效节约生产资源。此外，绿色健康的肉类替代品一定程度上缓解了庞大的肉类需求压力，发展前景广阔，但未来势必会与传统肉类制品形成竞争局面。

四、国内肉鸡产业技术与经济政策研究进展

（一）多措并举，力促畜禽种业振兴

畜禽种业是国家战略性、基础性核心产业，是保障畜牧业高质量发展的重要支撑。2022 年《中华人民共和国畜牧法》（以下简称《畜牧法》）已经第十三届全国人大常委会第三十七次会议修订通过，自 2023 年 3 月 1 日起施行。新修订的《畜牧法》规定了列入畜禽遗传资源目录的基本条件，完善了资源保护、种畜禽生产经营许可管理等相关规定。2022 年 11 月，国家育种联合攻关工作推进会强调把主要粮食与畜禽育种攻关摆在突出位置，在一系列育种政策组合的引导下，我国畜禽良种繁育推广工作取得突破。例如，2022 年，新广

农牧公司出品的"广明2号"父母代种鸡订单达20万套,预计到2025年可推广到500万套;2022年6月,圣农发展公司出品的首批"圣泽901"父母代种鸡雏投放市场,取得不俗成效,且圣农发展已经具备1750万套的供种能力,可有效保障国内市场需求。从目前"圣泽901""广明2号""沃德188"等三个快大型白羽肉鸡新品种推广情况来看,我国自主白羽肉鸡品种市场推广速度远超预期,良种繁育工作取得的坚实成果也为实现现代畜牧业高质量发展提供了有力支撑。

(二)规划引导,种源疫病净化机制进一步优化

种源性疫病长期威胁家禽种源安全,限制了家禽良种生产性能的进一步发挥,不利于家禽业的高质量发展,为此种源疫病也被国家纳入优先防治与疫病净化的范畴,相关企业与研究所也相继开展了联合攻关,并取得了不俗进展。如哈尔滨兽医研究所持续推进的ELISA检测试剂盒技术,已获国家一类新兽药证书,被中国动物疫病预防控制中心指定为我国种源性禽白血病检测专用试剂盒,相关技术已在全国约2/3的大型育种与养殖企业应用,并且我国自主培育的"圣泽901"育种全程应用此项禽白血病检测技术,降低检测成本30%,为良种繁育的种源安全提供了强有力的保证。此外,相关政策也围绕种源疫病净化进行了完善布局,如2022年9月14日,农业农村部印发《全国畜间人兽共患病防治规划(2022—2030年)》,强调实行人病兽防、关口前移,预防为主、预防与控制净化消灭相结合的动物疫病管控方针。2022年12月,农业农村部划定河北美客多家禽育种有限公司等207家畜禽养殖场为全国养殖标准化示范场,进一步引导了种源疫病净化规范场建设。

(三)全面部署,推进兽药综合治理

为进一步规范兽药行业的发展,2022年11月21日,农业农村部组织召开全国兽用抗菌药综合治理工作会议,全面部署兽用抗菌药综合治理工作。会议指出,"十三五"以来,兽药用药总量和单位动物产品产出用药量"双降"、兽药产值和质量抽检合格率"双增"成效显著。围绕兽药综合治理问题,中国畜牧业、兽药、肉类等6个协会联合发出《全产业链共同实施兽用抗菌药使用减量化行动倡议书》,倡导各部门联动破解产业链重点兽药监管难题,形成部门合力共同推进兽药综合治理工作,为促进兽药用药规范提供了坚强的政策引领。

（四）标准指引，畜禽粪污治理长效发展

随着畜禽养殖规模的不断扩大，如何科学治理与利用畜禽养殖粪污成为畜禽业高质量发展中不容忽视的问题。围绕畜禽养殖粪污资源无害化利用，2022年 6 月 24 日，农业农村部、生态环境部联合制定了《畜禽养殖场（户）粪污处理设施建设技术指南》（以下简称《指南》），《指南》提出以推动畜牧业绿色发展为目标，按照畜禽粪污减量化、资源化、无害化处理原则，通过清洁生产和设施装备的改进，减少用水量、粪污流失量、恶臭气体和温室气体产生量，提高设施装备配套率和粪污综合利用率。《指南》还指出畜禽养殖场（户）宜采用干清粪、水泡粪、地面垫料、床（网）下垫料等清粪工艺，逐步淘汰水冲粪工艺，以合理控制清粪环节用水量。

（五）指南规范，卤味预制菜蓬勃发展

近年来，在"国内疫情""懒宅经济""全民健身"等因素的催化下，预制菜产业方兴未艾，已成为延长农业产业链条、提高农产品加工增值、促进农民增收致富的新兴产业，尤其是年轻消费主力军对卤味食品的青睐催生了卤味赛道热，吸引越来越多的头部畜禽企业参与布局。根据天眼查数据，截至 2022年，"速冻""预制菜""半成品食品"等相关预制菜企业达到 7.2 万家，其中禽肉预制菜产品消费潜力进一步释放，如春雪集团开发的春雪烤鸡、口水鸡、火锅肉丸畅销海内外，其与京东联手打造的鸡肉品牌"上鲜"连续四年稳居京东生鲜鸡肉类产品第一名；凤祥股份抓住健康饮食消费主流的发展机遇，开发出咖喱鸡块、香菇滑鸡等明星产品，拓展了禽肉消费新增长点；圣农积极推动预制菜项目，开设专门工厂并配套专项支持资源，打造了网红鸡汤系列产品。此外，2022 年 6 月 2 日，由中国烹饪协会与湛江国联水产开发股份有限公司牵头立项，农业农村部食物与营养发展研究所等共同参与起草的行业标准指南《预制菜》正式发布，该指南充分借鉴标杆企业的良好实践，结合行业特点，规定了餐饮新消费场景下的预制菜原料采用、技术应用等生产要求，有序引导预制菜产业逐渐向更规范、更标准、更健康的方向发展。

（六）标准发布，低蛋白日粮前景广阔

养殖污染与蛋白质饲料资源短缺是畜禽业发展的两大瓶颈，且近年坚挺的饲料原料价格也在加重畜禽养殖压力。长期以来，我国在饲料精准配方路径上做了大量探索。2022 年 12 月 26 日，中国饲料工业协会批准发布《肉鸡低蛋

白低豆粕多元化日粮生产技术规范》团体标准，自 2023 年 1 月 26 日起实施。该标准旨在规范低蛋白日粮技术应用，逐步推广高品质低蛋白日粮技术，形成节粮替代，标志着肉鸡饲料减量替代进程迈出重要一步。低蛋白日粮技术推广也得到了全行业积极响应，如新希望六和股份有限公司通过在饲料中配制工业合成氨基酸，补足营养元素短板，达到了显著的节能减排效果，良种生产性能进一步释放，同时企业也因势利导，向精准配方、精准饲喂的科学养殖方式转型，逐步形成可持续性发展竞争优势。

五、问题与建议

（一）中国肉鸡产业发展面临的主要问题

1. 国际禽流感肆虐，肉种鸡进口受阻

白羽肉鸡是我国对外依存度最高的畜禽品种，祖代种源大部分依赖进口，2022 年国外禽流感一定程度上影响了国内种禽供应。2022 年我国更新的白羽肉种鸡中，约 70％来自国外进口，且大部分引自美国，其中 1—4 月均有进口祖代雏鸡，5—7 月进口受阻，10—11 月完全没有进口。据博众投资大阳金融研究所预测，目前国内白羽鸡祖代引种更新量减少将导致未来供需失衡，正常周期下，预计到 2023 年年底或是 2024 年上半年，会出现比较明显的供不应求情况。此外，从下游鸡肉产品供应来看，此轮全球禽流感疫情升级，也严重左右了国际鸡肉市场价格的发展趋势，导致国际禽类制品市场价格出现较大幅度上升，叠加种鸡引种风险与产能去化的影响，以及防疫政策调整释放消费潜能，国内鸡肉市场需谨防供应风险。

2. 饲料价格上涨，养殖成本承压

2022 年国内肉鸡饲料价格继 2021 年以来继续上涨，据农业农村部数据，2022 年末，玉米价格达 3.05 元/千克，较年初上涨 5.9％；豆粕价格达 5.07 元/千克，较年初上涨 33.42％，处于历史高位水平；肉鸡配合饲料达 4.09 元/千克，较年初上涨 11.75％。饲料价格的攀升导致养殖成本趋高不下，对盈利也产生了不同程度的影响。据中国畜牧业协会禽业分会监测数据，黄羽肉鸡方面，2022 年 1—11 月商品代毛鸡销售均价为 17.54 元/千克，较 2021 年同比上升 16.91％，但是由于饲料价格上涨，全年养殖成本达 15.83 元/千克，平均每只鸡盈利 3.17 元；白羽肉鸡方面，受豆粕价格推高影响，2022 年下半年毛鸡均价为 9.57 元/千克，较 2021 年同比上涨 21.78％，鸡肉均价为 11.11 元/千克，较 2021 年同比上涨 13.28％，行业盈利水平在盈亏平衡线附近。相

比 2022 年上半年，下半年因猪价阶段性上涨与季节性产能调整的影响，肉鸡行情明显改善。后市来看，原料成本持续性上涨仍将挤压养殖收益空间。

3. 新病原不断涌现，疫病净化能力仍需加强

肉鸡疫病以种类繁多、流行情况复杂为主要特点，新的病原不断涌现，缺乏有效的生物制品，盲目滥用大量药物导致耐药性和药残问题，都会造成疫病诊断困难，防控难度加大，给肉鸡养殖造成重大风险。我国畜禽疫病净化能力亟需全面系统提升。具体来看，一是对于肉鸡疫病诊断准确性有待提高，存在盲目滥用药物的现象。二是肉鸡疫病净化技术水平不足，难以广泛应用，相关社会化服务不健全。三是肉鸡疫病净化场经营不规范，部分净化场防疫措施不当，设备老化，净化环境不达标，加重了疫病感染死亡风险。四是养殖场疫病净化意识淡薄，重视程度不够，养殖人员对肉鸡疫病情况了解较少，难以实施有效净化措施。

4. 兽药残留污染环境，监管存在盲区

现阶段我国畜禽养殖兽药投入广泛，粪便堆肥和废水排放是养殖药残进入环境的两条主要途径，肉鸡产业是兽药残留污染的重点治理部门。一是国内小规模养殖单位大部分集中于广大农村地区，监管难以全覆盖，监管的难度较大。二是监管工作涉及食品药品监督管理、兽医行政管理等多个部门，各监管部门之间难以充分协调，监管时效性有待提高（张灵静和王济民，2021）。三是监管力度不足，惩治力度不够，实际监管效力有限，并且在实际监管中，对养殖单位违规行为的裁定也存在争议。

5. 肉鸡粪污资源化仍有阻碍因素，制约家禽行业绿色发展

自改革开放以来，我国肉鸡养殖业得到了较快发展，规模化、集约化已经成为现代肉鸡养殖业的重要特征。在此背景下，大量肉鸡粪便集中排放，在一定时空下缺乏足够的配套耕地对其进行消纳，一方面造成粪污资源浪费，另一方面造成日益严峻的环境污染问题。在相关法律法规和政策措施的引导下，养殖场（户）对肉鸡粪便处理进行了优化，切实提高了养殖区域的环境效益和社会效益，但是仍存在肉鸡粪便资源化利用成本高收益低、技术支撑不足以及种养区域布局与规模不匹配等问题（刘晨阳等，2022），阻碍了肉鸡粪便资源化利用的顺利推进。

（二）中国肉鸡产业发展的对策建议

1. 加强风险预警，提升自主繁育能力

面对当前国外严峻禽流感疫情形势，我国虽未报告有感染情况，但风险仍然存在，要加强风险预警，有效阻断感染源。此次全球禽流感疫情对中国白羽肉鸡引种造成了不利影响，因此应提升自主繁育能力，支持保种技术方法的研究与应用。一方面，我国肉鸡种业应加大自主创新力度，以提高育种能力和自主品牌市场占有率为主攻方向，强化对种质资源的保护、评价和开发利用，完善核心育种场建设，做好种源保护工作；另一方面，支持保种技术方法的研究与应用，选育具有优质高产、抗病高效等特性突出的肉鸡新品种，同时保证检验工作与市场监管的有效跟踪，持续产出高效的良种竞争力。此外，也要健全种业法规、管理与激励制度，完善种业财政支持保障，为种业健康发展保驾护航。

2. 降本增效，提高饲养效率

针对饲料价格上涨、养殖成本承压的问题，从业者要着重提高饲养效率，节粮降耗。一是大力发展推广低蛋白日粮技术，低蛋白日粮是一种精准营养与精准配方的饲料配方技术，具有成本相对较低、蛋白利用率高、环境污染少的优点，一方面可以降低饲料成本，另一方面在不影响动物生产性能和产品品质的前提下有利于提高鸡只健康度。二是科学管理，提高饲养效率。改善硬件设施，构建管理生态系统，应用信息化系统实行精细化管理，通过不断提升饲喂的精确度从而提高饲料转化率。另外，也可以根据饲料价格及时进行配方调整，并提前做好优势原料的及时采购与替换使用。

3. 加强疫病研判，建立综合防控体系

针对肉鸡主要疫病的流行病学特点，一是加强肉鸡主要病毒病和主要细菌病以及新发疾病的病原学、流行病学和变异规律研判。二是开展肉鸡疫病净化关键技术集成和应用，建立健全适用于不同场区、不同病种和不同阶段的净化技术方案。同时，鼓励和支持各类兽医社会化服务组织延伸服务内容，提供肉鸡疫病净化相关的免疫、监测、消毒、无害化处理等社会化服务。三是对通过评估的肉鸡疫病净化场进行动态管理，对不符合要求的肉鸡疫病净化场，要及时提出整改意见并限期整改；经整改仍不符合要求的，从净化场名单中剔除，确保肉鸡疫病净化场质量。四是向肉鸡养殖企业广泛宣传肉鸡疫病净化政策，实现对所有肉鸡种禽场和规模养殖场宣传的全覆盖。

4. 完善兽药监管，把控产品安全

针对兽药监管问题，一是要加大农村地区监管力度，强化畜禽养殖规范场建设，实行农村养殖场精准登记制度，进行点对点兽药监管，提升兽药监管覆盖度。二是用大数据助推智慧化监管，发挥部门合力，共同推进治理工作的功效，立足饲料、养殖、屠宰等产业链重点环节抓实抓细规范用药监管。三是要对相关法律制度进行完善，监管过程保持高压态势，进一步健全兽药监管可追溯体系，对兽药生产、经营和使用环节的不法行为予以严厉打击，从而发挥出监管效果，逐渐净化市场。此外，还需强化监管队伍建设，加强对兽药监督管理人员思想意识、业务素质以及执法水平等多方面的培训教育，形成兽药监管的基础性保障。

5. 治理与利用有机结合，拓展粪污资源化新路径

针对肉鸡粪污处理问题，要注重治理与利用有机结合，制定服水土、可落地、易验收的建设规划和实施方案。一是大力推进畜禽粪污处理与资源化利用，积极动员养殖户将粪污集中发酵，倡导种植户使用发酵后的农家肥替代化肥，从而增大粪肥消纳的耕地面积。二是从源头做好粪污收集处理，合理权衡粪污集中化和分散化，从而降低人工处理和运输成本；开发新技术，提高粪肥转化效率和耕地的适用度，从而提高资源化利用收益。三是优化技术工艺，研制经济实用的设施装备，增强粪污处理的技术支撑。四是调整种养区域，遵循就近原则合理布局，使粪污产出量与耕地面积相匹配，从而减少粪污浪费或粪肥不足的问题。

参考文献

［1］ Livestock and Poultry：Market and Trade ［R］. Foreign Agricultural Service/USDA，2023.

［2］ 刘晨阳，马广旭，刘春，等 . 畜禽粪便资源化利用研究综述与对策建议——基于供给与需求二维度视角［J］. 黑龙江畜牧兽医，2022（2）：13－17，25.

［3］ 辛翔飞，郑麦青，文杰，等 .2021 年我国肉鸡产业形势分析、未来展望与对策建议［J］. 中国畜牧杂志，2022，58（3）：222－226.

［4］ 张灵静，王济民 . 我国兽药监管制度问题研究［J］. 黑龙江畜牧兽医，2021（10）：8－11.

［5］ 张怡，肖彬杉，王昆，等 .2021 年全球肉鸡生产、贸易及产业经济发展研究［J］. 中国畜牧杂志，2022，58（3）：216－222.

肉鸡产业高质量发展：
问题挑战、趋势研判及政策建议

辛翔飞　王　潇　王济民

（中国农业科学院农业经济与发展研究所）

　　我国已经成为世界第二大肉鸡生产和消费国，肉鸡产品已经成为我国第二大肉类生产和消费品。肉鸡产业从改革开放初期自养自给为主的农民家庭副业，发展壮大成为乡村振兴中强农富民的重要支撑产业，在拓展农村劳动力就业渠道、促进农民增收、推动农业产业化进程等方面发挥着不可替代的重要作用。另一方面，在资源环境约束日益趋紧的背景下，肉鸡产业的发展凭借饲料报酬率高、养殖周期短、生产成本和产品价格低等显著优势，为改善城乡居民膳食结构、提供动物蛋白等做出巨大贡献。

　　国家进入高质量发展阶段，肉鸡产业作为畜牧业的重要组成部分，从数量型增长转向质量型增长势所必然。国家粮食安全保障、健康中国建设和畜牧业绿色发展背景下，食物消费系统转型升级的必然性和迫切性赋予肉鸡产业新的重大发展使命，也给肉鸡产业带来新的重大发展机遇。与此同时，受国内外产业发展及宏观经济环境变化影响，我国肉鸡产业发展的形势、面临的问题均发生了显著变化。近两年，随着生猪产能逐步恢复至非洲猪瘟疫情前常态水平，猪肉价格大幅回落甚至较长时间处于多年来低位水平，肉鸡产业发展面临的市场竞争压力明显加大。面对畜牧业高质量发展的新形势、新使命和新要求，如何有效发挥肉鸡产业在国家粮食安全保障、健康中国建设以及畜牧业绿色发展方面的战略作用，推动肉鸡产业转型升级，实现肉鸡产业大国向肉鸡产业强国转变，成为当前肉鸡产业乃至整个畜牧业高质量发展的重要议题。

　　已有关于我国肉鸡产业发展的文献，或者是从产业发展总体层面的供给与需求、价格波动等不同视角开展研究（董晓霞等，2011；徐璐等，2017；虞祎和俞韦勤，2017；辛翔飞等，2017；丁娜等，2018；刘春等，2019；许伟和胡冰川，2020；张利庠等，2023），或是从科学技术研究层面及微观农户决策层面的生产效率、疫病防控、粪便资源化利用、兽药减量使用等不同视角开展研究（王笑梅等，2014；黄泽颖和王济民，2017；王静和姚展鹏，2019；范建华等，2020；曹暕等，2022；张永强和付小钊，2023；张灵静等，2023）。国务院办公厅 2020 年印发《关于促进畜牧业高质量发展的意见》，提出"形成产出高效、产品安全、资源节约、环境友好、调控有效的高质量发展新格局"。包括肉鸡产业在内的畜牧业高质量发展是一个系统工程。肉鸡产业是畜牧业中市场化、产业化、规模化、现代化程度最高的部门。本研究梳理总结肉鸡产业发展已取得的成就，深入剖析产业发展面临的问题及挑战，科学研判产业发展趋势及前景，有针对性地提出产业发展政策建议，能够为推动肉鸡产业实现高质量发展提供决策支撑，也能够为推动畜牧业实现高质量发展提供案例参考。

一、肉鸡产业发展成就

经过改革开放以来的持续发展，我国肉鸡产业综合生产能力大幅提升，种源保障能力取得重大突破，产业化和规模化程度大幅提高，为肉鸡产业实现高质量发展奠定了良好基础。

（一）综合生产能力大幅提升

1978 年前的缓慢发展阶段，肉鸡养殖作为主要用于农民自我消费的家庭副业，商品率低，发展缓慢。改革开放以来，肉鸡养殖从传统散养模式步入集约化、专业化现代养殖业轨道，实现了从供给短缺到供求基本平衡的历史性跨越，并不断提升产业发展质量，进入提质增效为导向的新发展阶段。经过四十余年的持续发展，我国肉鸡产业综合生产能力大幅提升。

一是鸡肉产量在波动中实现大幅增长。1978—2022 年，肉鸡出栏量（包括白羽肉鸡、黄羽肉鸡、小白鸡和淘汰蛋鸡）从 10.6 亿只增长到 129.54 亿只，鸡肉产量从 99.43 万吨增长到 2 007.18 万吨，分别增长了 11.17 倍和19.18 倍，年均增速分别达到 5.84％和 7.07％（图 1）。二是鸡肉在肉类总产量中的比重显著提升。1978—2022 年，鸡肉产量年均增速 7.07％明显高于肉类总体年均增速 5.35％、猪肉年均增速 4.60％；鸡肉在肉类产品中的比重从10.57％增长到 21.52％。

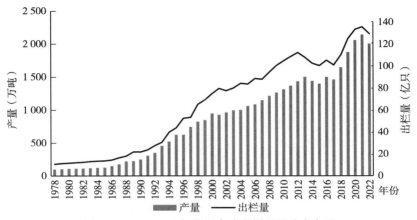

图 1　1978—2022 年我国肉鸡出栏量及鸡肉产量

数据来源：FAOSTAT 数据库。

注：FAOSTAT 数据库中肉鸡产量采用即食重量（ready-to-cook weight）进行统计，为了能够与其他肉类数据可比，根据其确定的胴体重与即食重的转换系数 0.88 换算得到胴体重（carcass weight）数据，其中 2011 年以来的肉鸡产量数据根据中国畜牧业协会和国家肉鸡产业技术体系监测数据进行修正。

（二）种源保障能力取得重大突破

我国肉鸡种业科技创新水平不断提升，逐渐建立起以育种企业为主体、产学研相结合、育繁推一体化的育种模式，新品种培育取得重大突破，并形成了"育种场＋扩繁场＋商品代场"层次分明的良种繁育体系，为肉鸡产业发展提供种源保障（文杰，2022；张细权等，2023）。2021 年，全国总计肉种鸡场 1 307 个，其中祖代以上肉种鸡场 189 个，父母代肉种鸡场 1 117 个（农业农村部畜牧兽医局，2022）；在《全国肉鸡遗传改良计划》的推动下，遴选出国家级肉鸡核心育种场 17 个、扩繁推广基地 16 个（农业农村部畜牧兽医局，2022）。

我国白羽肉鸡，作为舶来品种，长期以来种源主要是从国外引进，有 AA＋、科宝、艾维因、哈伯德、罗斯 308 等。2019 年国内福建圣农集团在白羽肉鸡育种上取得显著进展，培育的"圣泽 901"在福建圣农集团内部投入生产。2021 年 12 月"圣泽 901""广明 2 号""沃德 188"三个国内自主知识产权白羽肉鸡品种通过国家畜禽遗传资源委员会审定，实现了我国白羽肉鸡育种"从 0 到 1"的突破性进展，核心种源问题得到缓解，为 2022 年国际禽流感多地暴发状况下的国内白羽肉鸡种源保障发挥出积极作用。2022 年国内白羽祖代肉种鸡更新总数量为 96.3 万套，三个自主培育新品种提供祖代肉种鸡数量 31.3

万套，其中"圣泽 901"19.4 万套、"广明 2 号"6.3 万套、"沃德 188"5.6 万套。2022 年白羽祖代和父母代肉种鸡平均月度存栏量分别为 178.5 万套和 6 941.2 万套，居历史高位（中国畜牧业协会，2023）。

我国黄羽肉鸡，作为本土品种，一直以来种源自给率为 100%。我国历史悠久，幅员辽阔，黄羽肉鸡遗传资源十分丰富，截至 2022 年，通过国家畜禽遗传资源委员会审定的黄羽肉鸡配套系 70 个，地方品种 119 个，培育品种 5 个。2022 年黄羽祖代和父母代肉种鸡平均月度存栏量分别为 215.5 万套和 6 681.9 万套（中国畜牧业协会，2023），黄羽祖代肉种鸡存栏量持续居历史高位，并处于去产能过程中。

（三）规模化程度不断提高

改革开放初期，为了丰富城市居民的"菜篮子"，解决大中城市禽蛋和禽肉供应的短缺问题，我国开始发展工厂化家禽生产，在城市郊区建立大中型家禽养殖场。20 世纪 80 年代产业化经营模式的逐步推行，进一步带动了规模化肉鸡养殖的发展。尤其是进入 21 世纪，规模化肉鸡养殖推进步伐加快。近年来，环保政策实施力度加大，以及平养改笼养养殖方式转换，对肉鸡养殖规模化水平提升产生了重要推动作用。一是由于 2014 年以来环保政策实施力度不断加强，部分养殖场户退出行业，部分养殖场户改址新建养殖场，新建养殖场规模普遍高于之前规模。二是肉鸡养殖方式平养改笼养，即从原来单层的地面平养或者网上平养，改造升级为三层或者四层的立体笼养，促进了单体养殖场规模的扩大。根据国家鸡肉产业技术体系统计，目前全国范围内 85% 的白羽肉鸡养殖已经实现了平养向笼养的转变。

总体来看，我国肉鸡规模化养殖出栏数量占肉鸡总出栏数量的比重稳定上升，肉鸡规模养殖也呈现出向中大规模发展趋势。农业农村部将年出栏肉鸡 10 000 只及以上作为规模养殖的统计标准，统计数据显示，2000 年肉鸡养殖规模化率为 24.6%，2021 年增长到 85.7%（图 2）。2000—2021 年，非规模养殖场数量持续下降，规模养殖场数量先增后减；规模养殖场中，年出栏 5 万只以上养殖场数量持续增长，年出栏 1 万～4.99 万只养殖场数量先增后减。年出栏 1 万～4.99 万只养殖场，2000 年数量为 4.5 万个，出栏肉鸡数量占全国肉鸡总出栏的比重为 14.8%；2011 年数量增长至历史最高点 15.9 万个，出栏肉鸡数量占比为 32.7%；2021 年数量降至 8.6 万个，出栏肉鸡数量占比为 17.8%。2000—2021 年，年出栏 5 万～9.99 万只养殖场数量从 3 015 个增长至 18 233 个，增长了 5.05 倍；年出栏 10 万～49.99 万只养殖场数量从 788 个

增长到 10 544 个，增长了 12.38 倍；年出栏 50 万只及以上养殖场数量从 171
个增长到 3 235 个，增长了 17.92 倍；年出栏 5 万只以上养殖场出栏肉鸡数量
占全国肉鸡总出栏的比重从 9.7% 增长到 67.9%。随着 1 万~4.99 万养殖场
数量的下降，肉鸡出栏数量更多地往年出栏 5 万只以上养殖场集中，规模养殖
场平均养殖规模呈明显上升趋势，从 2011 年的 4.07 万只增长到 2021 年的
9.89 万只，增长了 1.43 倍（图 3）。

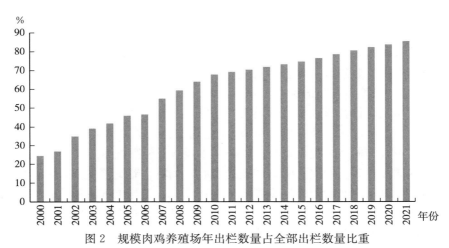

图 2　规模肉鸡养殖场年出栏数量占全部出栏数量比重

数据来源：《中国畜牧兽医统计》（历年）。

注：出栏数量 1 万及以上作为规模养殖。

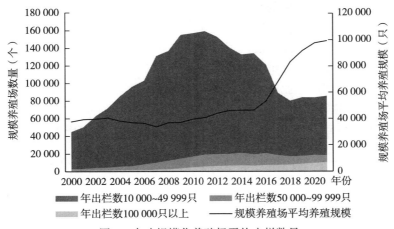

图 3　肉鸡规模化养殖场平均出栏数量

数据来源：《中国畜牧兽医统计》（历年）。

（四）产业化进程持续推进

随着 20 世纪 80 年代中期白羽肉鸡引入国内，国际先进的肉鸡生产技术和管理经验也被引入国内进行"高位嫁接"，"公司＋农户"产业化经营模式在国内落地并逐步推行。在肉鸡产业化发展过程中，形成了公司纵向一体化、"公司＋农户"以及"公司＋中介组织＋农户"等多种产业化经营模式。其中，公司纵向一体化经营，即公司拥有自属养殖基地、屠宰加工工厂和流通销售网络，产、加、销等各环节均由公司统一经营，这一模式进入门槛高。"公司＋农户"是我国最主要的肉鸡产业化经营模式，公司为养殖户统一提供雏鸡、饲料、兽药等生产要素及养殖技术服务，并统一回收出栏毛鸡，与养殖户形成"利益共享、风险共担"的利益共同体。"公司＋中介组织＋农户"模式中的中介组织又包括合作社以及俗称"鸡头"的经纪人等多类型参与主体。在我国肉鸡规模化养殖的起步及快速发展阶段，"公司＋经纪人＋农户"模式占据较高份额，经纪人为养殖户提供资金、生产要素投入及养殖技术等全方位支持，与养殖户共同分享养殖利润；随着产业的发展，饲料、雏鸡等生产要素市场价格逐步透明，养殖户经营规模逐步扩张，养殖户具备了与上下游环节直接对接的基础和能力，经纪人逐步退出，原本"公司＋经纪人＋农户"模式下的养殖户或从合同户转变为独立经营户，或转入"公司＋农户"模式。

肉鸡产业是我国大农业中产业化发展最迅速、最典型的行业。肉鸡产业从改革开放后实现快速发展，很大程度上得益于产业化经营的牵引和带动。中国畜牧业协会白羽肉鸡分会的统计数据显示，目前约 70％的白羽肉鸡来自产业化经营模式下的养殖企业。肉鸡产业化的率先启动和持续推进为我国畜牧业乃至整个大农业产业化的发展发挥了重要引领作用，积累了丰富经验，提供了有益借鉴。在畜牧业乃至整个大农业产业化发展中，相对而言，肉鸡产业公司与农户链接最为密切，产业化发展模式完善程度最高。随着产业化生产水平的不断提高，集种鸡繁育、饲料生产、肉鸡饲养、屠宰加工等各环节为一个有机整体的全产业链发展体系构建形成，肉鸡产业在产业化发展的推进中不断成长壮大。

二、肉鸡产业发展面临的问题与挑战

（一）白羽肉鸡种源依存度过高，自主种源性能优化和产业化应用任重道远

20 世纪 80 年代作为"洋品种"的白羽肉鸡被引入国内，此后约 40 年的

时间里我国白羽肉鸡种源一直以来严重依赖国外进口。相比于植物育种，畜禽动物育种周期更长、成本更高，且白羽肉鸡育种因不同品系、不同代次间育种目标差异大，其在整个家禽产业中育种难度最大。短期来看，依靠进口引种比自主育种可以节省更多成本。但是，国际上生产性能领先、市场占有率高的畜禽品种均集中在少数几个大型国际化集团公司（王以中等，2022），其中白羽肉鸡主要集中于 Aviagen 集团和 Cobb 公司，我国作为引种方始终处于弱势地位。长期来看，引进种源的安全性和质量得不到充分保障，且易受到因禽流感、新冠疫情等突发事件导致的封关因素的困扰，"卡脖子"问题更为突出。

2021 年 12 月三个国内自主知识产权白羽肉鸡品种通过国家畜禽遗传资源委员会审定，我国白羽肉鸡育种取得突破性进展，解决了"有没有"这一关键问题，但必须正视的是，与已有上百年技术积累的国际白羽肉鸡育种公司相比，我国自主育成新品种还存在差距，需要在持续提升生产性能、净化疾病和加快产业化等方面做出巨大努力。一是由于我国自主育种起步晚，培育基础薄弱，分子育种等高新技术应用不够（文杰，2021），自主育成新品种的生产性能尚需不断优化。二是与国际相比，我国种源疫病净化技术和产品检测技术相对落后（徐璐等，2017），自主育成新品种种源疫病净化有待进一步加强。三是国内肉鸡养殖企业对自主育成新品种的接受程度整体不高，产业化应用水平偏低，新品种的技术和经济绩效等有待在推广应用中进一步检验。此外，作为本土品种的黄羽肉鸡，虽然种质遗传资源丰富，但资源利用程度低，品种重复性高，饲料转化率等关键技术指标缺乏竞争力等问题突出，并且黄羽肉鸡冰鲜上市的必然趋势对屠宰加工型黄羽肉鸡品种需求上升，也对黄羽肉鸡种业创新提出新的迫切要求（辛翔飞等，2023）。

（二）养殖成本上涨挤压盈利空间，生产效率有待进一步提升

根据历年《全国农产品成本收益资料汇编》，我国小规模、中规模、大规模每百只肉鸡平均养殖成本由 2004 年的 1 621.31 元、1 476.34 元和 1 369.01 元增至 2021 年的 3 164.02 元、3 290.89 元和 2 856.33 元，分别增长了 95.15％、122.91％和 108.64％，成本的大幅上涨严重挤压养殖主体盈利空间。饲料成本占肉鸡养殖成本约七成，饲料粮价格的持续上涨，推动了肉鸡养殖成本的显著提升。近十年来，全球粮食主产国因自然灾害导致粮食减产，石油价格上涨，国际环境不稳定，以及汇率变动等因素导致了不同阶段的国内外粮食价格上涨。未来，受俄乌冲突的不确定性、国际贸易环境的不稳定性以及极端气候导致粮食减产的可能性等多方面因素影响，国际粮价保持相对高位震

荡运行的可能性仍然较大。

在生产资料价格上涨的背景下，生产效率提升成为养殖效益提升和竞争力提升的关键因素。虽然我国肉鸡标准化养殖水平有了很大程度的提高，且走在畜禽养殖的最前列，但相对于欧美国家肉鸡养殖设施及技术具有较高一致性的标准化水平，我国肉鸡养殖的标准化程度整体上仍有待进一步提升。我国肉鸡标准化养殖设施不配套、养殖技术凭经验的情况普遍存在于中小规模养殖户，相当一部分养殖场鸡舍尺寸、自动通风技术和湿度控制等关键饲养技术等没有经过严谨有效的实验检验，这也直接影响养殖效率的提升。尤其对于黄羽肉鸡而言，农户养殖设施设备普遍简陋，生产效率明显偏低。

（三）国际禽流感蔓延值得警惕，国内肉鸡产业疫病防控任重道远

疫病疫情的不可预测、不确定性，为整个畜禽业带来较大风险。2004 年暴发的 H5N1 流感疫情，2013 年暴发并多次反复的 H7N9 流感疫情，无一不给家禽养殖业造成巨大损失。根据世界卫生组织发布信息显示，2020 年以来高致病性禽流感疫情在全球多地传播，其中，2022 年全球 60 多个国家暴发 H5N1 禽流感，导致超过 1.31 亿只家禽死亡或被扑杀（World Health Organization，2023）。全球多国禽流感疫情大肆蔓延，大大增加了我国禽流感疫情防控的压力。

疫病疫情冲击对产业发展的影响表现在多个方面：一是疫病疫情直接造成肉鸡死淘率大幅提升，料肉比等关键养殖参数大幅提升，造成前期已经发生的雏鸡、饲料、人工等支出损失浪费，前期已经投入的巨大养殖成本得不到预期回报，养殖亏损严重。二是养殖户对疫病产生恐慌而弃养，造成养殖收入降低的同时，也直接影响到整个产业链的正常运转，加大了肉类产品供给压力。三是消费端心理恐慌而放弃购买肉鸡产品，市场需求短期大幅缩减，正常的市场秩序受到严重冲击。此外，动物疫病还可能给人类健康带来潜在威胁。2023 年 7 月联合国粮食及农业组织、世界卫生组织和世界动物卫生组织三家联合国机构联合发布公报称，目前禽流感在全球多地暴发，虽然主要影响家禽、野鸟和一些哺乳动物，但仍对人类构成持续风险。

（四）产业利益分配机制有待进一步完善，产业链建设有待进一步加强

产业化经营是产业链各经营主体之间利益生产和分配的合作与博弈过程，产业链的稳定与韧性取决于利益分配机制的合理性。产业化模式逐步完善的过程，也是产业链利益联结机制不断完善的过程。产业化经营是带动广大养殖户

融入大产业、对接大市场的重要路径，肉鸡产业通过"公司＋农户"等产业化经营模式实现了公司与养殖户、现代化产业与养殖户的紧密连接，产业化经营的利益联结机制在不断优化，但面临市场波动、疫病冲击等外部因素影响，"公司＋农户"等产业化经营模式运行中最突出的矛盾仍聚焦在利益分配机制问题上。

我国肉鸡产业已经形成了较为完备的产业链发展布局，但因缺乏品牌战略理念和科普宣传理念从而导致公众消费信心不足的问题仍较为突出。企业品牌不仅仅是产品或者企业的简单标识，还须有清晰的品牌战略。国内肉鸡企业普遍存在这方面的缺失，更多的是将有限的投入优先用于扩大企业规模，缺乏品牌投入和品牌经营等品牌建设工作。行业品牌效应的建立需要整个行业具有较好的口碑，而肉鸡产业整体宣传工作不到位，公众认知存在误区。一是肉鸡养殖水平快速发展与消费者传统认知之间的矛盾，"速生鸡""激素鸡"等非专业、非科学名词的出现是该矛盾的集中体现。二是肉鸡养殖企业与消费者之间不信任的矛盾，部分不合格产品进入流通消费环节导致整个行业深受其害。公众媒体上能够常见到通过夸大甚至不切实际的宣传来赚取流量，如"六个翅膀鸡"等影响范围广、影响程度大的言论给产业造成极大负面影响。

（五）养殖粪污资源化利用仍存制约瓶颈，兽药减量化行动亟待扎实推进

绿色发展是畜牧业高质量和可持续发展下的必由之路，养殖粪污资源化利用和兽药减量使用是肉鸡等畜禽产业实现绿色发展的重要路径。对比欧美等发达国家实现从碳达峰到碳中和 50～70 年的过渡期，我国仅有 30 年，时间紧、任务重必然使得未来农业减排路径更加艰难。近年来，我国畜禽养殖粪污资源化利用成效显著，第二次全国污染源普查结果显示，2021 年全国畜禽粪污年产量下降至 30.5 亿吨，较 2015 年下降近 20％，但畜禽粪污仍是我国农业面源污染的主要来源。面对国内肉类消费刚性增长的客观实际，畜禽养殖总量规模还将进一步扩大，养殖粪便污染治理压力长期存在，不断加大的环保规制力度是畜禽养殖发展面临的常态约束。目前，面对规模化、集约化养殖的现实状况，养殖粪便就近消纳土地不足，各类养殖场粪便资源化最优处理方式和技术缺乏科学指导，粪肥还田等资源化处理关键设施设备研发与推广不足，粪便资源化处理成本高导致养殖场经营成本明显增加，粪肥施肥成本高且使用粪肥的农产品提质未提价等一系列基础问题制约着养殖粪便资源化利用率的提升。

兽药研发和使用大力推动了现代畜牧业的发展，然而兽药大量及不合理使

用造成的环境污染及食品质量安全风险等问题在全球范围内日益凸显。随着国际上减抗、禁抗呼声的日益高涨，以及国内消费者对畜产品质量安全问题的日益重视，兽药减量使用必要且紧迫。作为同样深受药残困扰的肉鸡产业，兽药减量是保障产品质量安全的关键性、基础性举措，也是促进产业绿色化、高质量发展的重要保障。实施兽药减量的关键在于寻求适宜的减药路径。国内外数十年的兽药减量实践表明，依靠高强度的政府规制，虽然能够取得明显的减药效果，但易对畜禽生长性能产生负面影响。如何通过科学用药、生物安全和动物福利等多维度综合措施制定具有针对性的兽药减量实施方案，实现养殖技术效果和经济效果的双维度共赢目标，目前还缺乏足够的理论和实践支撑。

三、肉鸡产业发展趋势与前景判断

（一）鸡肉生产消费增长潜力大

从国内肉类生产和消费的增速来看，鸡肉增长空间最大。改革开放以来，我国肉类产量与消费量在持续增长的同时，增速逐渐减缓，增长空间逐渐缩窄，但从肉类各品种来看，鸡肉增速在各阶段均保持在领跑位置。根据表1，

表1　1980—2022年我国肉蛋奶生产和消费增长率

单位：%

类别	阶段	肉类	猪肉	牛肉	羊肉	鸡肉
产量	1980—1990年	7.86	7.24	16.67	9.15	8.88
	1990—2000年	7.73	5.69	15.11	9.48	14.29
	2000—2010年	2.89	2.62	2.06	4.39	3.32
	2010—2022年	1.30	0.63	1.11	2.16	3.57
消费量	1980—1990年	7.86	7.26	15.17	9.18	9.43
	1990—2000年	7.97	5.83	16.89	9.56	14.53
	2000—2010年	2.91	2.72	2.05	4.45	3.11
	2010—2022年	1.79	0.93	3.83	2.63	3.98

数据来源：产量数据来源于历年《中国统计年鉴》（鸡肉除外）。由于国家统计局未发布肉鸡产量数据，肉鸡产量数据采用FAOSTAT数据库统计数据，并按照图1相同的方法进行转换和调整。进出口贸易数据来源FAOSTAT数据库和中国海关总署统计数据。

注：1980—2022年以十年为一阶段进行划分，2021—2022年划分至上一阶段，将2010—2022年作为一个阶段。表中增长率为该阶段的年均增长率。消费量为表观消费量，即消费量＝产量＋进口量－出口量。

以十年为一阶段进行划分，从产量增速来看，1980—2022 年的四个阶段（将 2010—2022 年作为一个阶段），我国肉类整体及各品种产量年均增速均持续下降，2010—2022 年阶段下降至 1.30％，猪肉更是下降至 0.63％，而鸡肉产量仍保持了 3.57％的较高增长水平。从消费量增速来看，也大致呈现类似的特点，2010—2022 年鸡肉消费量年均增速为 3.98％，同期肉类整体消费量年均增速为 1.79％，猪肉为 0.93％。未来随着国内消费者对肉类营养健康指标关注程度的提升，随着肉鸡良好的生长性能来源于遗传性能改良、饲料营养改进、养殖技术提升等信息的普及，鸡肉产能将不断增强，消费比重仍将进一步提升。

从国际鸡肉消费水平来看，我国人均鸡肉消费量相对较低，不仅明显低于发达国家（地区），也明显低于与我国内地具有相似消费结构的中国香港、中国台湾、新加坡以及韩国（图 4）。根据 FAOSTAT 统计数据，2021 年我国人均肉鸡消费水平仅为 15.90 千克，与全球最大的肉鸡消费国美国 50.60 千克的人均鸡肉消费量相差约 35 千克；同为世界主要生产国和消费国之一的发展中国家巴西人均鸡肉消费 48.21 千克；以草原畜牧业为主的国家澳大利亚、新西兰人均鸡肉消费分别为 48.08 千克、39.72 千克，亚洲国家和地区中韩国人均鸡肉消费 20.72 千克、日本 28.22 千克、新加坡 35.65 千克、中国香港 43.14 千克、中国台湾 36.02 千克。从国际视角看，未来随着我国肉类生产和消费结构的优化升级，鸡肉生产和消费量具有较大增长空间。

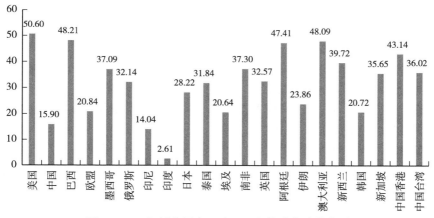

图 4　2021 年部分国家（地区）人均鸡肉消费水平

数据来源：FAOSTAT 数据库。包括部分鸡肉消费大国（消费总量排序前 15 位国家，即图中左数 1～15 个国家），部分以草原畜牧业为主的国家（澳大利亚和新西兰），以及部分亚洲国家和地区（韩国、新加坡、中国香港和中国台湾）。中国消费按照图 1 相同的方法进行转换和调整。

（二）行业市场份额竞争加剧

随着收入水平的提高，消费者需求从"吃饱、吃好"转向"营养、健康"，鸡肉低脂肪、低胆固醇、低热量、高蛋白的"三低一高"的营养优势，加之鸡肉明显低于猪牛羊肉的显著价格优势，使得鸡肉在优化健康饮食结构、保障低收入人群优质蛋白质摄入方面优势特征显著。2019—2021 年在非洲猪瘟影响猪肉供需以及新冠疫情影响经济景气度等背景下，凭借产业优势，鸡肉等禽肉抢夺猪肉市场 10 个百分点；但 2022 年随着国内生猪供给回调至 2018 年非洲猪瘟前的常年产量，猪肉价格逐渐恢复到疫情前常态水平，消费端鸡肉与猪肉的市场竞争更加激烈（辛翔飞等，2023）。

肉鸡产业内部市场竞争程度也在日渐加剧。一是白羽肉鸡与黄羽肉鸡之间竞争市场份额。从出栏数量上来看，20 世纪 90 年代中期以前，我国黄羽肉鸡一直高于白羽肉鸡；20 世纪 90 年代中期之后，白羽肉鸡开始高于黄羽肉鸡。黄羽肉鸡传统上主要是在农贸市场以活禽形式进行销售；白羽肉鸡主要是通过屠宰加工上市，通过较高程度的现代化销售体系可直达消费端。近年来，受 H7N9 流感疫情和新冠疫情因素影响，绝大多数的活禽市场被关闭，而黄羽肉鸡冰鲜上市尚在探索阶段，黄羽肉鸡市场份额逐年萎缩。二是小品种与大品种之间竞争市场份额。近几年，817 肉鸡、小白鸡等小型白羽肉鸡品种迅速发展起来，正在抢占黄羽肉鸡，甚至是白羽肉鸡的部分市场。小型白羽肉鸡具有育种成本低、环境适应能力强等特征，能够针对市场需求，较快速调整产能，扩大市场份额。三是大企业与小企业之间竞争市场份额。随着肉鸡产业规模化的持续推进，尤其在环保政策、禽流感疫情、新冠疫情等多方面外部因素影响下，越来越多的小、散养殖户退出行业，大企业间并购整合与资本运作日趋频繁，大企业的养殖规模占比逐年递增，大企业抢占小企业市场份额的趋势加剧。2000—2021 年，年出栏 10 万只的养殖场出栏肉鸡数量占全国肉鸡总出栏数量的比重从 6.0％增长到 57.7％，其中年出栏 100 万只的养殖场出栏肉鸡数量占比从 2.3％增长到 32.0％，增长了近 30 个百分点。四是进口产品与国内产品之间竞争市场份额。全球鸡肉四大主产国（地区）美国、中国、巴西和欧盟，除中国外，其他三国均为鸡肉主要出口国。由于国内玉米市场价格高于国际市场一倍，仅此一项便导致国内鸡肉生产成本较美国、欧盟和巴西等主要出口国（地区）高 15％左右（李景辉，2023）。随着全球贸易流通的扩大，进口鸡肉产品低成本优势必然形成对国内鸡肉产品的冲击压力。

（三）科技创新及应用步伐加快

高质量发展的必然要求以及国际竞争压力的持续加大，对肉鸡产业的育种攻关、饲料科技创新、养殖技术提升、疫病防控能力建设、养殖粪便资源化利用技术优化等提出更高要求，高科技创新和应用对肉鸡产业发展的重要性及支撑力度必然不断加大。

其中，育种领域，种业强国已进入"常规育种＋生物技术＋信息技术"的育种 4.0 时代，充分发挥生物技术和信息技术的科技支撑作用，突破基因组技术、生物技术、信息技术和人工智能等技术交叉融合的瓶颈，创建智能化的品种高效培育技术体系（文杰，2022），是我国肉鸡种业发展的方向，也是提升核心竞争力的关键。

养殖领域，养殖智能化已成为必然发展趋势。肉鸡产业一直以来是我国畜牧业标准化发展程度最高的部门，过去四十多年来，肉鸡产业标准化养殖水平的显著提升，在推动肉鸡养殖从传统向现代转变过程中发挥了决定性作用，并成为肉鸡产业实现高质量发展的重要基础。随着肉鸡标准化养殖基础的不断夯实，智能化养殖转型已成必然，且正驶入高速发展的快车道，成为畜牧业智能化发展的领跑者。相对于传统的无反馈机制的标准化养殖，智能化养殖设施设备将"感知"到的养殖环境和畜禽生长状况数字化，并进行及时反馈和调整，做到养殖的精细化管理，实现"人养设备，设备养鸡"，显著提升养殖效率和效益。

（四）预制菜市场阔步发展

随着经济社会的发展，人们尤其是年轻人对食物的便利化需求明显提升，促进了消费结构的转变，给预制菜市场带来了重要机遇。截至 2022 年，国内"速冻""预制菜""半成品食品"等相关预制菜企业达到 7.2 万家。预制菜市场发展机遇主要体现在以下两个方面：一是外出就餐增加了中央厨房系统餐饮端消费需求的增长；二是电商、商超、便利店、餐饮及流通销售渠道的发展提高了末端消费者的可获得性。2022 年 6 月，农业农村部食物与营养发展研究所及多家行业头部企业共同参与起草的团体标准《预制菜产品规范》正式发布，为引导推动预制菜产业向更有序、更规范、更健康的方向发展提供重要参考依据。2023 年中央 1 号文件提出"培育发展预制菜产业"。2023 年 7 月国家发展改革委发布《关于恢复和扩大消费的多项措施》，指出"挖掘预制菜市场潜力，加快推进预制菜基地建设"。2023 年 7 月工业和信息化部、国家发展改革委、商务部等多部门联合发布《轻工业稳增长工作方案（2023—2024 年）》，将预制化食品列为培育壮大的五大新经济增长点之一。

鸡肉作为预制菜的重要原料之一，营养价值高、价格低、技术和产品都较为成熟，在市场中占据重要地位。根据《2022 年中国预制菜产业发展白皮书》，2022 年我国肉禽预制菜行业规模为 1 224 亿元，较 2021 年增长 25.3%，预计未来肉禽预制菜市场将保持较高增速，2026 年肉禽预制菜市场规模或将达 3 289 亿元，市场前景广阔。2022 年，消费者购买禽肉类预制菜产品的类别中，76.1% 的消费者会选择鸡肉预制菜。

（五）健康营养和质量安全成为消费主要影响因素

对于微观消费者层面，随着经济社会的发展和人们生活品质的提高，健康营养和质量安全成为消费者关注的重点。过去的消费者多会将价格作为第一考虑要素，但新时代下的消费者在选择肉类产品时的关注点发生了新的变化，根据 2022 年麦肯锡消费调查显示，我国消费者在选择肉类时首先考虑的因素是营养健康和产品安全，其次是品质和口味，再者是价格、便捷性和可获得性等因素。而在欧美发达国家，由于消费者对肉类产品的健康营养和质量安全的评价总体较高，健康营养和质量安全已不是影响消费的首要因素，消费者更为关注的是品质、口味和价格（图 5）。未来，肉鸡产业供给端，需根据收入水平和生活品质进一步提升消费端的实际需求，重点在鸡类产品的营养健康、质量安全和风味特点等方面发力，以充分满足人民日益增长的美好生活需要。

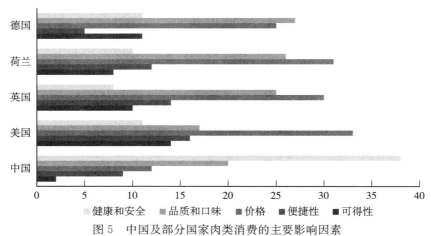

图 5　中国及部分国家肉类消费的主要影响因素

资料来源：2022 年麦肯锡全球蛋白质调查，2022 麦肯锡中国蛋白质调查。

在宏观决策者层面，食物安全保障以及膳食营养健康是国之大者。习近平总书记在 2022 年 12 月中央农村工作会议上指出，"保障粮食安全，要在增产和减损两端同时发力。""消费环节大有文章可做，不仅要制止'舌尖上的浪费'，深入开展'光盘行动'，还要提倡健康饮食。目前我国居民食用油和'红肉'人均消费量，分别超过膳食指南推荐标准约 1 倍和 2 倍。"从国内肉类消费结构特征来看，肉类消费以猪肉等"红肉"为主，导致我国红肉人均消费量超过居民膳食指南推荐标准约 2 倍。猪肉是红肉中脂肪含量最高的肉类，以猪肉为主的肉类消费结构是目前我国成年居民超重或肥胖超过一半的重要影响因素之一。鸡肉等禽肉由于具有"三低一高"的显著营养优势以及低价格优势，在优化城乡居民膳食结构，推进健康中国建设方面能够发挥重要作用。

四、肉鸡产业发展政策建议

（一）强化产业发展顶层设计，尽快启动实施"禽肉翻番计划"

肉鸡产业持续上升是一个世界性发展趋势。从全球来看，禽肉消费量在 2016 年超越猪肉，进而鸡肉消费量在 2019 年超越猪肉，成为第一大消费肉类。肉鸡是低耗粮、低污染、高产出的重要畜禽品种，鸡肉作为白肉具有高蛋白、低脂肪、低胆固醇、低热量"一高三低"的健康营养优势，大力发展肉鸡产业，既符合世界畜牧业发展规律，也符合我国国情。虽然国家和地方对肉鸡产业发展的重视程度不断提高，但仍与肉鸡产业在畜牧业发展中的重要地位不相匹配，国家层面的肉鸡产业规划一直缺失，对肉鸡产业的支持政策在与其他畜产品同台竞争时处于弱势地位。因此，在国家层面，应充分认识大力发展肉鸡产业对于保障国家粮食安全、推进健康中国建设，以及促进畜牧业绿色发展等方面的重要战略意义，把肉鸡产业放在与生猪产业、草食畜牧业同等位置上，加强对肉鸡产业发展规划的顶层设计，指导肉鸡产业有序健康发展。同时，尽快启动实施"禽肉翻番计划"，在稳定目前人均猪肉消费水平的基础上，大力提升鸡肉等禽肉在肉类消费中的比重，通过人均禽肉消费水平的提升来满足未来人均肉类消费的增长需求，让禽肉成为我国第一大肉类，在助力保障国家粮食安全、肉类有效供给、国民膳食结构优化以及畜牧业绿色发展等方面充分发挥优势，做出更大贡献。

（二）强化科技支撑作用，大力提升肉鸡产业发展质量

实现我国畜牧业从数量增长为主到质量提升为主的发展目标和发展方式的

转变，必须强化科技支撑作用。一是持续推进育种创新和推广。种业创新是实现肉鸡产业高质量发展的基础，从畜禽育种科学规律看，品种性能提升是一个持续精进的过程。要充分利用我国所具有的举国体制优势，继续加大肉鸡育种研发投入，科学制定符合国内需求的肉鸡育种目标，用好现代生物技术，加强种源疫病净化，提升自主培育新品种性能水平，加快推进产业化应用。二是持续推进饲料产业科技创新和推广。我国饲料粮对外依存度高显著加大了粮食安全和畜牧业产业安全风险，饲料成本是肉鸡养殖成本的主要组成部分，饲料科技创新是推动肉鸡产业高质量发展的重要保障。要持续推进饲料产业核心技术研发，优化饲料配方结构，推广低蛋白日粮，助力肉鸡养殖实现降低饲料成本、提升生产性能和提高产品质量等多维度目标的统一。三是持续推进肉鸡高效养殖技术创新和推广。依靠科技突破阻碍肉鸡养殖效率提升的瓶颈，推动养殖标准化智能化基础设施建设，加大基层养殖技术推广力度，加快养殖端转型升级，实现增长方式从传统的要素投入驱动型向全要素生产率提升驱动型的转变。四是持续推进养殖粪便资源化利用设施设备与模式技术的创新和推广。坚持问题导向，根据不同地区养殖粪污资源化处理特点，以及有机肥等资源化产品消纳端需求特点，加强养殖粪便资源化利用的基础研究及关键技术攻关，因地制宜推广实用、节本、高效的资源化利用模式和技术，全面提升肉鸡产业绿色化发展水平。

（三）强化疫病防控体系建设，科学构建基层畜牧兽医体系

动物疫病不仅会造成大量畜禽死亡和畜产品损失，影响畜产品供需和正常的市场秩序，而且还可能给人类健康带来潜在威胁。2018年非洲猪瘟疫情在国内暴发，暴露了我国畜牧业长期发展进程中动物疫病防控体系建设上的不足（辛翔飞等，2023）。虽然我国动物疫病防控体系建设已获成效，但在疫病监测、生物安全体系防控等方面仍需进一步完善。一是对动物疫情的迟报、瞒报、漏报会影响动物疫情控制的准确性和及时性，必须强化动物疫情监测报告系统，打通疫情监测和检疫信息共享通道，强化重大动物疫情报告制度，实现对禽流感等重大疫情的早期预警预报。二是基层防疫力量薄弱不足以支撑全国当前总量规模下畜禽养殖的科学有效防控，必须着力完善基层畜牧兽医体系，优化基层畜牧兽医队伍的年龄结构和知识结构，加强对基层畜牧兽医队伍的技术培训，并探索通过灵活政策扶持发展兽医社会化服务组织，确保动物防疫能力与当地防疫需求相匹配。三是生物安全意识总体较为淡薄是养殖户疫病防控的明显短板，必须深刻认识新形势下加强生物安全建设的重要性和紧迫性，优

化消杀隔离防控措施，引导养殖防疫由传统的单靠疫苗转向疫苗与生物安全措施并重。

（四）强化市场信息监测预警，探索开发利用期货工具规避市场风险

及时准确的产业发展和市场运行信息是产业科学规划和有序发展的重要依据。针对我国肉鸡产业长期以来一直缺失国家层面权威统计数据的现实问题，建议国家层面将肉鸡产业列入专项数据统计范畴，对肉鸡生产消费等指标进行专项统计，并对白羽肉鸡和黄羽肉鸡等亚类做分项统计（辛翔飞等，2022）。产业统计数据作为社会公共服务产品，由政府部门权威发布，以更好地指导肉鸡产业当前及未来发展。同时，建立健全国际国内鸡肉供需监测预警系统，对鸡肉供需状况及价格走势做出科学研判、合理预测和及时预警。此外，探索研发并加快推动鸡肉期货上市，一是帮助产业合理利用期货套期保值功能减少现货市场带来的价格风险，二是为国家宏观调控提供前瞻信号。尤其是在目前玉米、豆粕、菜粕等饲料期货品种均已上市运行的背景下，推出鸡肉期货上市，有利于构建原料端和产品端完整的风险管理链条，有效规避市场风险，保障养殖收益，稳定市场运行。

（五）强化产品质量安全保障，着力推动产业链整体跃升

产品质量保障是产业高质量发展的重要抓手和关键基础，产业链素质的整体跃升是产业高质量发展的有效路径和必然要求。一是建议启动肉鸡药残监控计划，推行肉鸡产品质量可追溯制度。完善肉鸡、饲料质量安全标准，建立饲料、兽药等投入品和肉鸡产品质量监测及监管体系，强化药残第三方检验和社会监督制度，构建更加严密的监管体系和更加严格的问责制度。二是顺应、满足消费端偏好，做大做强肉鸡产品加工业，提升加工技术装备水平，加强产品研发，优化产品结构，并做活做畅产品营销。三是实施肉鸡产业品牌发展战略，行业协会、科研院所和龙头企业等多方合力，加大肉鸡健康营养、低碳环保等显著优良特性的科普宣传，讲好肉鸡产业故事，树好肉鸡产业品牌。四是强化产业化组织模式和完善利益机制，加快产业组织模式创新，进一步密切产业链各环节的利益联结，理顺产业链各环节利益主体分配关系，完善龙头企业与养殖户利益联结机制，让高质量发展成果更多惠及广大养殖户，让更多养殖户共享现代畜牧业发展的红利。

参考文献

［1］ World Health Organization. Ongoing avian influenza outbreaks in animals pose risk to humans. ［EB/OL］. （2023 - 07 - 12）［2023 - 12 - 4］. https：//www. who. int/news/item/12 - 07 - 2023 - ongoing-avian-influenza-outbreaks-in-animals-pose-risk-to-humans.

［2］ 曹暕，庄谷阳，李华 . 基于微观调研数据的肉鸡养殖环境效率及影响因素分析［J］. 中国家禽，2022，44（8）：84 - 90.

［3］ 丁娜，潘春玲，王苍林，等 . 辽宁省居民鸡肉消费数量降低影响因素调查［J］. 中国家禽，2018，40（22）：67 - 72.

［4］ 董晓霞，许世卫，李哲敏，等 . 中国肉鸡养殖业的价格传导机制研究——基于 FDL 模型的实证分析［J］. 农业技术经济，2011（3）：21 - 30.

［5］ 范建华，张萍，李尚民，等 . 江苏省肉鸡产业粪污资源化利用情况调查及建议［J］. 中国家禽，2020，42（06）：114 - 117.

［6］ 黄泽颖，王济民 . 养殖规模和风险认知对肉鸡养殖场防疫布局的影响——基于 331 个肉鸡养殖户的调查数据［J］. 生态与农村环境学报，2017，33（6）：499 - 508.

［7］ 李景辉 . 中国肉鸡产业格局与发展［R］. 2023 年中国白羽肉鸡产业论坛（辽宁站）. 沈阳：上海钢联电子商务股份有限公司，2023.

［8］ 刘春，辛翔飞，王济民 . 我国肉鸡价格波动趋势分析［J］. 中国家禽，2019，41（20）：69 - 74.

［9］ 农业农村部畜牧兽医局，全国畜牧总站 . 中国畜牧兽医统计［Z］. 北京：中国农业出版社，2022.

［10］ 农业农村部畜牧兽医局，全国畜牧总站 . 中国畜禽种业发展报告 2022［M］. 北京：中国农业科学技术出版社，2023.

［11］ 王静，姚展鹏 . 山西省肉鸡成本收益及生产效率分析［J］. 中国家禽，2019，41（10）：74 - 77.

［12］ 王笑梅，田国彬，廖明，等 . 肉鸡疫病控制研究及其技术发展动态［J］. 中国家禽，2014，36（10）：39 - 41.

［13］ 王以中，辛翔飞，林青宁，等 . 我国畜禽种业发展形势及对策［J］. 农业经济问题，2022（7）：52 - 63.

［14］ 文杰 . 肉鸡种业的昨天、今天和明天［J］. 中国畜牧业，2021（17）：27 - 30.

［15］ 文杰 . 我国肉鸡种业概况与政策建议［J］. 中国禽业导刊，2022，39（6）：2 - 4.

［16］ 辛翔飞，王祖力，刘晨阳，等 . 新阶段我国生猪产业发展形势、问题和对策［J］. 农业经济问题，2023（8）：4 - 16.

［17］ 辛翔飞，王祖力，王济民 . 我国肉鸡供给反应实证研究——基于 Nerlove 模型和省级动态面板数据［J］. 农林经济管理学报，2017，16（1）：120 - 126.

[18] 辛翔飞，郑麦青，文杰，等.2021年我国肉鸡产业形势分析、未来展望与对策建议[J].中国畜牧杂志，2022，58（3）：222-226.

[19] 辛翔飞，郑麦青，文杰，等.2022年我国肉鸡产业形势分析、未来展望与对策建议[J].中国畜牧杂志，2023，59（3）：288-293.

[20] 徐璐，韩纪琴，钞贺森.我国肉鸡市场价格传导的非对称性研究——基于非对称误差修正模型[J].中国家禽，2017，39（18）：45-49.

[21] 许伟，胡冰川.我国肉鸡价格波动的非对称性与持续性研究——基于马尔科夫状态转换自回归模型的实证分析[J].中国畜牧杂志，2020，56（4）：183-188.

[22] 虞祎，俞韦勤.基于肉鸡品种差异视角的我国鸡肉消费市场预测[J].中国家禽，2017，39（14）：41-45.

[23] 张利庠，栾梦娜，刘秋池.中国肉鸡价格预测预警研究[J].农林经济管理学报，2023，22（1）：94-102.

[24] 张灵静，辛翔飞，肖红波，等.我国肉鸡产业兽药使用减量化路径探讨[J].农业技术经济，2023（2）：129-144.

[25] 张细权，詹惠娜，罗文.我国肉鸡种业发展现状分析[J].中国禽业导刊，2023，40（10）：16-19.

[26] 张永强，付小钊.我国不同规模肉鸡养殖成本效率和养殖效益的影响因素研究[J].中国家禽，2023，45（6）：68-75.

[27] 中国畜牧业协会.中国禽业发展报告（2022年度）[R].2023.

国际家禽产业发展趋势及经验借鉴

辛翔飞[1]   张   祎[1]   叶   璐[2]   王济民[1,3]

(1. 中国农业科学院农业经济与发展研究所;
2. 燕山大学经济管理学院;
3. 农业农村部食物与营养发展研究所)

肉鸡等家禽产业持续上升是一个世界性发展趋势。从全球来看,禽肉产量和消费量在 2016 年超越猪肉,进而鸡肉产量和消费量在 2019 年超越猪肉,成为世界第一大肉类。在长期发展过程中,发达国家肉鸡产业发展积累形成了较为丰富的实践经验。本研究总结研判国际肉鸡产业发展趋势特征,梳理发达国家在产业发展过程中积累的有益经验,以期为推动我国肉鸡产业转型升级,实现高质量发展提供参考。

一、国际家禽产业发展的历史演变

过去半个多世纪,全球家禽产业的生产、消费、贸易均实现了大幅提升[①]。

(一)全球肉鸡等家禽生产发展概况

1. 全球家禽生产持续增长,2022 年禽肉总产量达到 1.39 亿吨

过去半个多世纪,全球家禽产业发展迅速,禽肉产量持续增长。根据FAO(联合国粮农组织)统计数据,全球禽肉产量 1961 年为 894.91 万吨,

---

① 本研究关于全球肉鸡等家禽生产、消费和贸易的数据来源于 FAOSTAT 数据库。FAOSTAT 中关于肉鸡产量的统计口径与我国畜禽产量统计口径存在差异,FAOSTAT 中肉鸡产量采用即食重量(Ready-to-cook weight),我国畜禽产量统计口径为胴体重(Carcass weight)。为了国际分析的一致性和可比性,本研究未对我国鸡肉生产数据进行调整。在使用 FAOSTAT 数据库中关于我国鸡肉生产、消费和贸易的数据时,有两点需要注意,一是相应数据为即食重(非胴体重),二是 2019—2022 年鸡肉产量数据存在较为明显的低估。

2022 年达到 13 942.40 万吨，增长了 14.58 倍，年均增速 4.60%。其中，鸡肉产量 1961 年为 755.54 万吨，2022 年达到 12 262.05 万吨，增长了 15.23 倍，年均增速 4.67%。

从全球畜牧业发展来看，肉鸡等家禽产业是畜牧业中发展速度最快的行业，禽肉产量增速明显高于同期全球猪肉、牛肉、羊肉产量增速（图 1）。1961—2022 年，全球猪肉、牛肉和羊肉产量分别增长了 3.91 倍、1.68 倍和 1.74 倍，年均增速分别为 2.64%、1.63% 和 1.67%，均明显低于禽肉 4.60% 和鸡肉 4.67% 的年均增速。进入 20 世纪以来，全球家禽生产增速有所放缓，尤其是 2010 年以来，受全球金融危机、经济复苏乏力以及禽流感疫情等因素影响，全球禽肉产量增速进一步趋缓（图 2 和图 3）。1961—2000 年全球禽肉产量年均增速为 5.36%，2000—2010 年为 3.76%，2010—2020 年进一步下降为 3.27%，2020—2022 年仅为 0.87%；具体到鸡肉生产方面，1961—2000 年全球鸡肉产量年均增速为 5.4%，2000—2010 年为 4.05%，2010—2020 年进一步下降为 3.28%，2020—2022 年仅为 0.89%（表 1）。

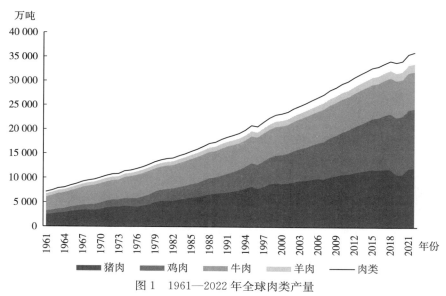

图 1　1961—2022 年全球肉类产量

数据来源：FAOSTAT 数据库。FAOSTAT 数据库尚未发布 2022 年数据，本研究根据 OECD 和 FAO 于 2023 年 7 月 6 日联合发布的《经合组织—粮农组织 2023—2032 年农业展望》（《OECD-FAO Agricultural Outlook 2023—2032》）中 2022 年增长率数据对 2022 年相关数据进行计算补充，下同。

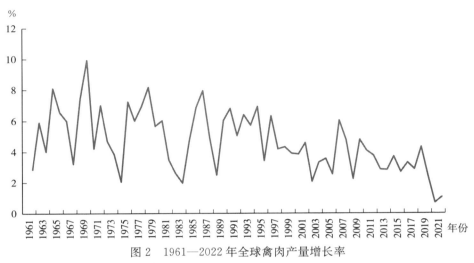

图 2　1961—2022 年全球禽肉产量增长率

数据来源：FAOSTAT 数据库。

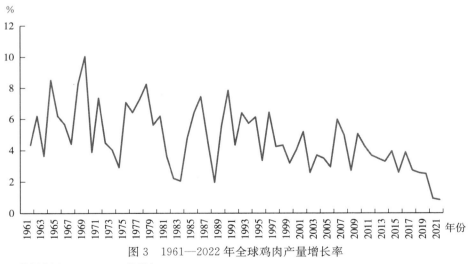

图 3　1961—2022 年全球鸡肉产量增长率

数据来源：FAOSTAT 数据库。

表 1   1961—2022 年全球禽肉和鸡肉产量阶段年均增速

单位：%

阶段	禽肉	鸡肉
1961—1970	5.98	6.34
1970—1980	5.57	5.71
1980—1990	4.68	4.46
1990—2000	5.29	5.18
2000—2010	3.76	4.05
2010—2020	3.27	3.28
2020—2022	0.87	0.89
1961—2022	4.60	4.67

数据来源：FAOSTAT 数据库。

2. 全球禽肉产量在肉类产量占比稳步提升，已于 2016 年成为第一大肉类

从全球肉类生产的结构变动趋势来看，禽肉比重稳步上升，成为第一大肉类。在过去半个多世纪全球肉类产量大幅增长的过程中，产品结构也出现重大调整（表 2）。1961—2022 年，全球猪肉产量占肉类总产量的比重基本保持稳定，1961 年为 34.68%，中间有小幅增长后呈现回落趋势，2022 年为33.57%；牛肉和羊肉产量占比总体呈持续下降趋势，分别从 1961 年的40.30%和 8.45%下降到 2022 年的 21.33%和 4.57%。禽肉作为同期产量增速最快的肉类，在肉类总产量中的比重大幅提升，1961 年为 12.54%，2016年超过猪肉并达到 36.45%，后持续上升至 2020 年的 39.92%，近两年略有下降，2022 年为 38.55%。

表 2   1961—2022 年全球肉类结构

单位：万吨，%

年份	肉类产量	猪肉比重	牛肉比重	羊肉比重	禽肉比重	鸡肉比重
1961	7 135.71	34.68	40.30	8.45	12.54	10.59
1970	10 066.18	35.56	39.40	6.79	15.00	13.05
1980	13 673.14	38.52	34.50	5.37	18.98	16.75
1990	17 948.65	38.83	30.81	5.40	22.84	19.73
2000	23 318.77	38.27	25.56	4.84	29.44	25.17
2010	29 578.89	36.57	23.25	4.58	33.58	29.50
2020	34 322.52	31.54	22.11	4.69	39.92	35.10
2021	35 739.19	33.86	21.48	4.58	38.61	33.68
2022	36 168.06	33.57	21.33	4.57	38.55	33.90

数据来源：FAOSTAT 数据库。

从全球范围来看，肉鸡在家禽生产中占绝对主导地位。1961 年以来的半个多世纪，鸡肉产量占禽肉产量的比重一直保持在 85% 以上，近五年保持在 88% 左右的水平，2022 年为 87.95%。同时，鸡肉在肉类总产量中的比重也在不断提高。1961 年鸡肉产量占全球肉类总产量的 10.59%；20 世纪末达到 24.65%；2019 年鸡肉产量占比超过猪肉，达到 34.55%，成为第一大肉类；2022 年鸡肉产量占比为 33.90%（表 2）。

3. 中国、美国、巴西和欧盟稳居四大禽肉主产国（地区），产量占比略有下降

中国、美国、巴西和欧盟是全球四大禽肉主产国（地区）。20 世纪 60—80 年代，美国和欧盟一直是全球两大主要禽肉生产国（地区）。20 世纪 90 年代，中国和巴西的家禽产业迅速发展起来，加入世界禽肉生产大国之列，且中国禽肉产量已于 2020 年超过美国，成为全球第一大禽肉生产国。四大主产国（地区）禽肉产量远高于其他国家，2022 年中国、美国、巴西和欧盟禽肉产量分别为 2 443 万吨、2 368.82 万吨、1 516.08 万吨和 1 288.20 万吨（图 4）。从主要禽肉生产国（地区）所占份额分析，2000 年以来，中国、美国、巴西和欧盟占全球禽肉生产总量的份额逐步下降，2022 年四大主产国（地区）禽肉产量占全球总量的 54.63%（图 5 和图 6），下降了大约 10 个百分点。2010 年以来，在全球禽肉生产增速放缓的大背景下，四大主产国（地区）生产增速亦呈放缓趋势，且低于全球平均水平。其中，在 2020—2022 年间，欧盟出现负增长，年均增速为 −2.05%；中国增速明显放缓，年均增速约为 1.72%；美国增速呈现小幅度下降，年均增速约为 1.12%；四大主产国（地区）中只有巴西增速有所提升，年均增速为 2.76%。此外，2010 年以来，巴基斯坦、土耳其等国禽肉生产增长强劲，其中 2020—2022 年上述两国禽肉年均增速分别达到了 9.16% 和 6.49%（表 3）。

美国、中国、巴西和欧盟是全球四大鸡肉主产国（地区）。美国是世界现代肉鸡产业的发源地，是当今世界肉鸡产业发展领先的国家，也一直是全球鸡肉产量最高的国家。中国和巴西的肉鸡产业在 20 世纪 90 年代迅速发展起来，成为近年来世界上鸡肉产量增长最快的国家，加入世界肉鸡生产大国之列。2022 年美国、中国、巴西和欧盟鸡肉产量分别为 2 126.17 万吨、1 470.00 万吨、1 460.12 万吨和 1 089.28 万吨（图 7）。从主要肉鸡生产国（地区）所占份额分析，2000 年以来，四大主产国（地区）鸡肉产量占全球肉鸡生产总量的份额逐步下降，2022 年四大主产国（地区）占全球总量的 49.79%，相比于 1961 年下降了大约 10 个百分点（图 8 和图 9）。2010 年以来，在全球鸡肉产量增速进一步放缓的大背景下，四大主产国（地区）鸡肉生产增速也进一步放缓。其中，在 2020—2022 年间，欧盟鸡肉产量出现负增长，年均增速为 —1.25%，中国鸡肉产量增速明显放缓，年均增速为 0.34%，美国鸡肉产量年均增速出现小幅度下降，也为 0.34%，巴西鸡肉产量年均增速有小幅度提升，为 3.03%。此外，2010 年以来，埃及、印尼等国肉鸡生产增长强劲，鸡肉产量年均增速分别为 4.76% 和 2.74%（表 4）。

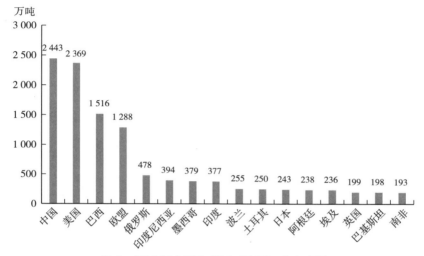

图 4　2022 年主要生产国（地区）禽肉产量

数据来源：FAOSTAT 数据库。2022 年数据根据 OECD—FAO 发布的《OECD—FAO 农业展望报告 2023—2032》中 2022 年增长率数据推算得到。

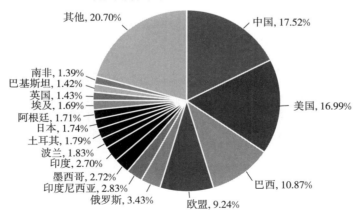

图 5　2022 年全球禽肉产量国家（地区）分布

数据来源：FAOSTAT 数据库。2022 年数据根据 OECD—FAO 发布的《OECD—FAO 农业展望报告 2023—2032》中 2022 年增长率数据推算得到。

表 3 1961—2022 年主要生产国（地区）禽肉生产增长率

单位：%

国家（地区）	1961—1970 年	1970—1980 年	1980—1990 年	1990—2000 年	2000—2010 年	2010—2020 年	2020—2022 年
全球	5.98	5.57	4.68	5.29	3.76	3.27	0.87
中国	3.61	4.71	9.07	13.94	3.55	3.41	1.72
美国	3.85	3.40	5.19	4.42	1.68	1.70	1.12
巴西	12.63	13.95	5.66	9.72	6.21	2.53	2.76
欧盟	8.22	5.37	1.86	2.75	1.51	2.47	−2.05
俄罗斯	—	—	—	—	12.71	5.97	2.18
印度尼西亚	1.03	11.51	11.12	4.86	6.71	8.93	3.41
墨西哥	5.53	7.34	5.96	8.84	3.87	2.90	2.72
印度	2.02	3.55	11.47	8.73	9.43	7.34	−8.68
波兰	6.79	12.60	−2.33	5.94	7.88	7.89	−2.63
土耳其	5.34	9.14	5.20	4.88	8.27	4.06	6.49
日本	15.69	8.69	2.12	−1.51	1.72	5.11	2.06
阿根廷	17.69	4.79	2.22	10.40	5.09	3.26	2.58
埃及	1.37	3.48	8.25	8.51	3.70	9.63	5.13
英国	6.62	2.70	2.74	4.34	0.37	2.42	−0.05
巴基斯坦	4.04	12.69	13.17	7.51	7.94	8.85	9.16
南非	13.31	8.16	8.61	4.32	6.05	2.47	1.22

数据来源：FAOSTAT 数据库。2022 年数据根据 OECD—FAO 发布的《OECD—FAO 农业展望报告 2023—2032》中 2022 年增长率数据推算得到。

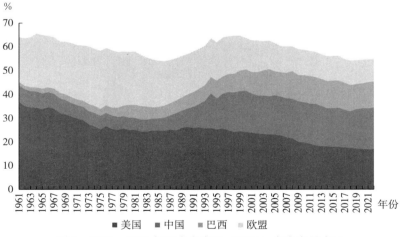

图 6 1961—2022 年四大主产国（地区）禽肉产量占比

数据来源：FAOSTAT 数据库。2022 年数据根据 OECD—FAO 发布的《OECD—FAO 农业展望报告 2023—2032》中 2022 年增长率数据推算得到。

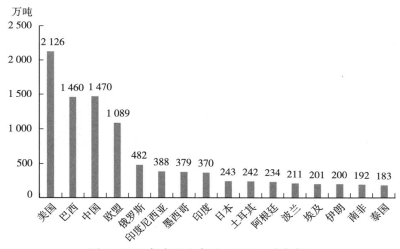

图 7　2022 年主要生产国（地区）鸡肉产量

数据来源：FAOSTAT 数据库。2022 年数据根据 USDA 发布的 2022 年增长率数据推算得到。

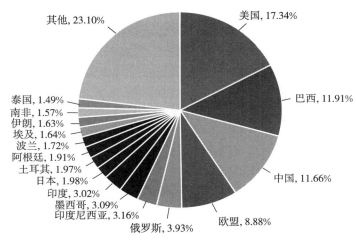

图 8　2022 年全球鸡肉产量国家（地区）分布

数据来源：FAOSTAT 数据库。2022 年数据根据 USDA 发布的 2022 年增长率数据推算得到。

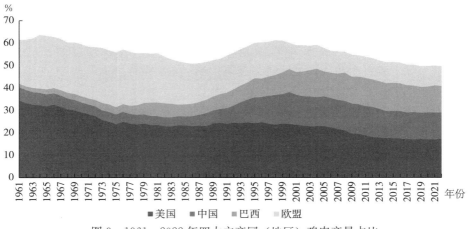

图 9　1961—2022 年四大主产国（地区）鸡肉产量占比

数据来源：FAOSTAT 数据库。2022 年数据根据 USDA 发布的 2022 年增长率数据推算得到。

表 4　1961—2022 年主要生产国鸡肉生产增长率

单位：%

地区	1961—1970 年	1970—1980 年	1980—1990 年	1990—2000 年	2000—2010 年	2010—2020 年	2020—2022 年
全球	6.34	5.71	4.46	5.18	4.05	3.28	0.47
美国	4.39	3.43	4.89	4.97	1.89	1.91	0.34
巴西	12.90	14.11	5.57	9.76	5.98	2.57	3.03
中国	2.89	5.04	8.88	14.29	3.32	2.33	0.34
欧盟	8.38	5.10	1.09	2.16	1.90	2.87	−1.25
俄罗斯	—	—	—	—	13.00	5.97	0.44
印度尼西亚	0.89	11.54	11.50	4.90	6.71	8.99	2.74
墨西哥	5.86	7.60	6.51	9.30	3.92	2.93	1.25
印度	1.80	3.39	12.34	9.09	9.76	7.39	−9.41
日本	15.69	8.69	2.12	−1.51	1.72	5.11	2.21
土耳其	5.52	9.45	5.28	4.83	8.42	4.00	2.48
阿根廷	19.24	4.74	1.37	11.53	5.25	3.34	1.67
波兰	7.92	14.73	−2.84	7.03	7.21	6.96	−2.38
埃及	1.59	4.81	8.69	10.16	3.78	10.58	4.76
伊朗	9.45	9.29	6.06	7.77	7.57	3.85	−9.67
南非	13.96	8.31	8.70	4.34	6.06	2.48	0.93
泰国	10.17	3.89	7.20	6.16	1.56	3.66	1.02

数据来源：FAOSTAT 数据库。2022 年数据根据 USDA 发布的 2022 年增长率数据推算得到。

（二）全球鸡肉等禽肉消费发展概况

1. 全球禽肉消费总量持续增长，四大主要消费国消费量占比下降

鸡肉等禽肉产品因蛋白质含量高，脂肪特别是饱和脂肪含量低而受到消费者的欢迎（表5）。随着全球禽肉产量的持续增长，禽肉消费量也呈现持续增长趋势。根据 FAO 统计数据，全球禽肉消费量 1961 年为 894.82 万吨，2022年达到 13 900.82 万吨，增长了 14.53 倍，年均增速 4.60%。其中，鸡肉消费量 1961 年为 753.95 万吨，2022 年达到 12 240.61 万吨，增长了 15.24 倍，年均增速为 4.68%。

表 5　部分食品营养信息

类　　别	热量（卡）	总脂（克）	饱和脂肪（克）	胆固醇（毫克）	蛋白质（克）
烤龙蜊鱼柳	100	1.5	0.5	60	20
烤去皮鸡胸	120	1.5	0.5	70	24
烤去皮鸡腿	130	4.0	1.0	80	23
烤去皮鸡翅	150	6.0	1.5	70	23
烤三文鱼	160	7.0	1.0	6	22
烤带皮鸡胸	170	7.0	2.0	70	25
煮牛外脊，去可见脂肪	180	9.0	3.0	75	25
烤带皮鸡腿	180	9.0	3.0	75	23
烤猪排，去可见脂肪只留瘦肉	180	9.0	3.0	60	24
烤罐装熏火腿，13%脂肪	190	13.0	4.0	55	17
煮羔羊肉，去可见脂肪	200	12.0	6.0	70	22
煮牛里脊，去可见脂肪	200	11.0	4.0	72	23
全熟煮牛肉，碎纯瘦肉	225	13.0	5.0	85	24

数据来源：Nutri-Facts Fresh Food Labeling Program, 1995 and USDA Nutrient Database for Standard reference, release 14, 2001。

注：按每 3 盎司（1 盎司=28.350 克）重去骨、熟食品统计；1 卡=4.18 焦耳，下同。

中国、美国、欧盟和巴西是四大禽肉主要消费国（地区）。美国和欧盟自20 世纪 60 年代起作为全球两大主要禽肉生产国（地区），一直也是禽肉消费大国；中国和巴西的家禽产业在进入 20 世纪 90 年代后迅速发展起来，两国进入禽肉生产大国和消费大国之列，且中国禽肉消费量于 2008 年超过美国禽肉消费量，成为全球禽肉消费最多的国家。1961—2022 年，四国（地区）禽肉消费量均有大幅增长，1961 年，中国、美国、欧盟和巴西禽肉消费量分别为61.95 万吨、319.03 万吨、171.69 万吨和 12.97 万吨，2022 年分别增长到2 512.28 万吨、2 005.13 万吨、1 229.98 万吨和 1 094.43 万吨，分别增长了2 450.33 万吨、1 686.10 万吨、1 058.29 万吨和 1 081.46 万吨，分别增长了

39.55 倍、5.29 倍、6.16 倍和 83.38 倍，年均增速分别达到 6.26％、3.06％、3.28％和 7.54％（图 10）。20 世纪 60 年代以来，随着世界各国禽肉消费水平的增长，美国和欧盟占全球禽肉消费量的比重呈现逐渐下降趋势。尤其在进入 20 世纪 90 年代后，中国和巴西进入禽肉消费大国之列，伴随着中国、巴西消费水平的大幅增长，美国和欧盟占全球禽肉消费量的比重进一步明显下降。与此同时，随着全球其他各国禽肉消费水平的不断增长，中国、美国、欧盟和巴西四大主产国（地区）占全球禽肉消费量的比重亦呈现持续下降趋势。1961 年四大主要消费国（地区）禽肉消费量占全球禽肉消费量的比重超过 60％，高达 63.21％，到 2022 年降至 49.22％，下降幅度接近 14 个百分点（图 11）。

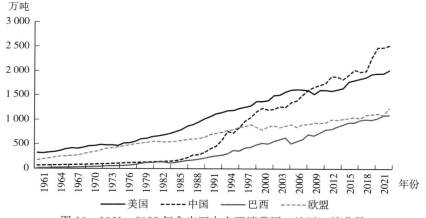

图 10　1961—2022 年禽肉四大主要消费国（地区）消费量

数据来源：FAOSTAT 数据库。2022 年数据根据 OECD—FAO 发布的《OECD—FAO 农业展望报告 2023—2032》中 2022 年增长率数据推算得到。

　　美国、中国、巴西和欧盟是四大鸡肉主要消费国（地区）。美国和欧盟自 20 世纪 60 年代起作为全球两大主要鸡肉生产国（地区），一直也是鸡肉消费大国；中国和巴西的肉鸡产业在进入 20 世纪 90 年代后迅速发展起来，两国进入肉鸡生产大国和消费大国之列。1961—2022 年，四国（地区）鸡肉消费量均有大幅增长，1961 年美国、中国、巴西和欧盟鸡肉消费量分别为 251.08 万吨、44.21 万吨、12.28 万吨和 149.23 万吨，到 2022 年分别增长到 1 772.08 万吨、1 547.14 万吨、1 007.12 万吨和 1 000.88 万吨，分别增长了 1 521.00 万吨、1 502.93 万吨、994.84 万吨和 851.65 万吨，分别增长了 6.06 倍、34 倍、81.03 倍和 5.71 倍，年均增速分别达到 3.26％、6％、7.49％和 3.17％（图 12）。在 20 世纪 60 年代以来，随着世界各国鸡肉消费水平的增

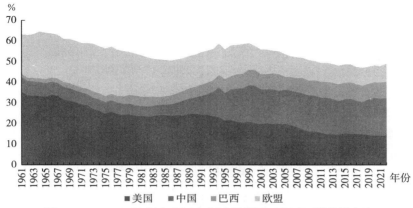

图 11　1961—2022 年禽肉四大主要消费国（地区）消费量占比

数据来源：FAOSTAT 数据库。2022 年数据根据 OECD—FAO 发布的《OECD-FAO 农业展望报告 2023—2032》中 2022 年增长率数据推算得到。

长，美国和欧盟占全球鸡肉消费量的比重呈现逐渐下降趋势。尤其在进入 20世纪 90 年代后，中国和巴西进入鸡肉消费大国之列，伴随着中国、巴西消费水平的大幅增长，美国和欧盟占全球鸡肉消费量的比重进一步明显下降。与此同时，随着全球其他各国鸡肉消费水平的不断增长，美国、中国、巴西和欧盟四大主产国（地区）占全球鸡肉消费量的比重亦呈现持续下降趋势。1961 年四大主要消费国（地区）鸡肉消费量占全球鸡肉消费量的比重超过 60%，高达 60.58%，到 2022 年降至 43.19%，下降幅度达 17 个百分点（图 13）。

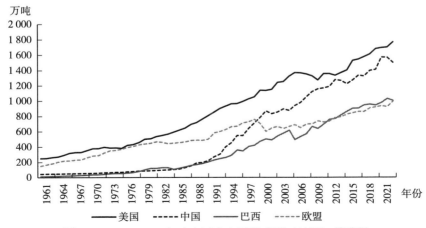

图 12　1961—2022 年鸡肉四大主要消费国（地区）消费量

数据来源：FAOSTAT 数据库。2022 年数据根据 USDA 发布的 2022 年增长率数据推算得到。

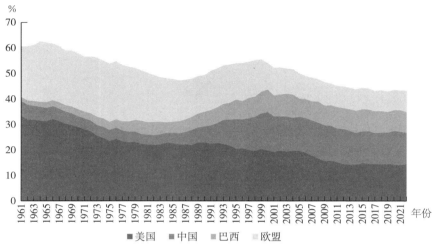

图 13　1961—2022 年鸡肉四大主要消费国（地区）消费量占比

数据来源：FAOSTAT 数据库。2022 年数据根据 USDA 发布的 2022 年增长率数据推算得到。

2. 全球人均禽肉消费水平大幅提升，各国之间差异显著

过去半个多世纪以来，全球人均禽肉消费水平大幅提升，从 1961 年的 2.92 千克/人增长至 2022 年的 17.74 千克/人。从四大禽肉主要消费国（地区）来看，美国、巴西、欧盟和中国人均禽肉消费水平分别从 1961 年的 17.81 千克/人、1.72 千克/人、5.16 千克/人和 0.95 千克/人，增长到 2022 年的 59.27 千克/人、50.83 千克/人、27.53 千克/人和 17.8 千克/人。各国人均禽肉消费水平差异显著。2022 年四大禽肉主要消费国（地区），美国人均消费水平最高，已接近 60 千克/人；中国人均消费水平最低，不足 20 千克/人，在 2021 年度禽肉消费量大于 200 万吨的 14 个国家（地区）中，作为全球第九大禽肉消费国的印度，其人均消费水平仅为 2.64 千克/人（表 6 和图 14）。

表 6　世界各国（地区）禽肉产品年消费总量和人均消费量

国家（地区）	总消费（万吨）					人均消费（千克/人）				
	1961 年	2000 年	2010 年	2020 年	2021 年	1961 年	2000 年	2010 年	2020 年	2021 年
中国	61.95	1 224.13	1 699.60	2 470.63	2 474.29	0.95	9.66	12.67	17.50	17.52
美国	319.03	1 015.04	1 368.30	1 940.95	1 939.18	17.81	48.45	51.23	57.78	57.54
欧盟	171.69	789.10	929.08	1 119.19	1 089.38	5.16	18.50	21.12	25.13	24.48

（续）

国家 （地区）	总消费（万吨）					人均消费（千克/人）				
	1961 年	2000 年	2010 年	2020 年	2021 年	1961 年	2000 年	2010 年	2020 年	2021 年
巴西	12.97	516.03	728.20	1 028.16	1 081.72	1.72	29.34	37.09	48.23	50.47
墨西哥	13.51	219.99	339.45	461.12	487.66	3.61	22.48	30.16	36.60	38.49
俄罗斯	—	146.21	320.84	449.72	453.69	—	9.96	22.40	30.88	31.27
印度尼西亚	5.44	83.17	156.61	368.29	388.82	0.60	3.89	6.42	13.55	14.20
日本	13.21	200.04	237.09	355.85	374.41	1.39	15.78	18.51	28.41	30.05
印度	7.77	90.38	222.20	451.53	371.06	0.17	0.85	1.79	3.23	2.64
英国	33.54	171.26	199.01	244.23	249.68	6.35	29.10	31.71	36.42	37.11
埃及	7.48	59.53	97.53	214.95	234.36	2.70	8.34	11.18	20.00	21.45
南非	3.18	90.55	172.66	231.71	229.99	1.87	19.34	33.34	39.40	38.72
阿根廷	4.29	102.68	139.76	208.77	219.30	2.07	27.70	34.00	46.36	48.44
伊朗	4.27	83.01	168.22	243.77	210.80	1.94	12.67	22.32	27.93	23.98

数据来源：FAOSTAT 数据库。

注：表中报告了 2021 年禽肉消费量大于 200 万吨的国家（地区）。

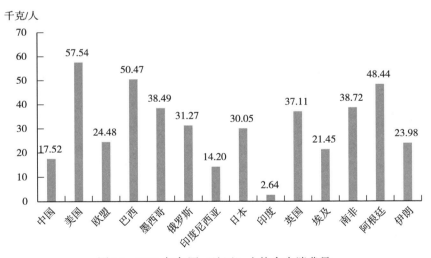

图 14　2021 年各国（地区）人均禽肉消费量

数据来源：FAOSTAT 数据库。FAOSTAT 数据库中泰国数据有被低估的可能性，未被包括在此图中（根据 USDA 数据，泰国位居生产国、消费国前十位）。

注：各国按照国家消费总量自左向右排列。

　　全球人均鸡肉消费水平也有大幅提升，从 1961 年的 2.46 千克/人增长至 2022 年的 15.57 千克/人。从四大鸡肉主要消费国（地区）来看，美国、巴西、欧盟和中国人均鸡肉消费水平分别从 1961 年的 14.02 千克/人、1.63 千克/人、4.48 千克/人和 0.67 千克/人，增长到 2022 年 52.38 千克/人、46.77 千克/人、22.41 千克/人和 15.90 千克/人。2022 年四大鸡肉主要消费国（地区），美国人均消费水平最高，超过 50 千克/人；中国人均消费水平最低，为 15.90 千克/人。鸡肉消费量大于 200 万吨的 14 个国家（地区）中，作为当年全球第八大鸡肉消费国的印度，其人均消费水平仅为 2.6 千克/人（表 7 和图 15）。

表 7　世界各国（地区）鸡肉产品年消费总量和人均消费量

国家（地区）	总消费（万吨）					人均消费（千克/人）				
	1961 年	2000 年	2010 年	2020 年	2021 年	1961 年	2000 年	2010 年	2020 年	2021 年
美国	251.10	1 140.70	1 361.10	1 698.40	1 705.20	14.02	40.40	43.70	50.60	50.60
中国	44.21	865.19	1 171.96	1 573.90	1 570.49	0.67	7.73	9.92	15.41	15.90
巴西	12.30	506.30	698.20	979.80	1 033.20	1.63	28.80	35.60	46.00	48.20
欧盟	149.20	602.80	726.30	938.00	927.40	4.48	14.10	16.50	21.10	20.80
墨西哥	11.50	204.70	321.70	446.20	470.00	3.10	20.90	28.60	35.40	37.10
俄罗斯	—	133.40	317.10	460.60	466.40	—	9.10	22.10	31.60	32.10
印度尼西亚	5.20	81.70	154.00	364.30	384.40	0.60	3.80	6.30	13.40	14.00
印度	6.90	86.40	219.10	447.00	366.70	0.20	0.80	1.80	3.20	2.60
日本	13.20	191.30	219.90	333.60	351.60	1.40	15.10	17.20	26.60	28.20
埃及	4.60	51.70	86.80	205.60	225.50	1.70	7.20	9.90	19.10	20.60
南非	3.20	87.60	167.70	223.20	221.60	1.90	18.70	32.40	38.00	37.30
英国	30.00	143.30	171.50	211.60	219.10	5.70	24.30	27.30	31.60	32.60
阿根廷	3.60	98.30	135.50	204.30	214.70	1.70	26.50	32.90	45.40	47.40
伊朗	3.90	81.80	167.00	242.80	209.80	1.80	12.50	22.20	27.80	23.90

　　数据来源：FAOSTAT 数据库。鸡肉消费量＝鸡肉产量＋鸡肉进口量-鸡肉出口量。中国鸡肉消费数据在计算过程中，根据中国肉鸡产业技术体系对生产数据进行修正，根据中国海关数据对贸易数据进行修正，在此基础上计算鸡肉消费量数据。

　　注：表中报告了 2021 年鸡肉消费量大于 200 万吨的国家（地区）。

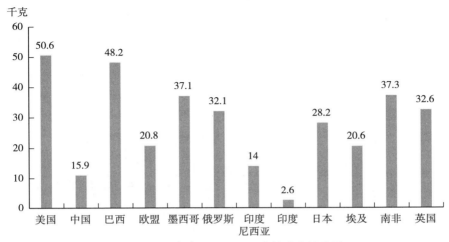

图 15　2021 年各国（地区）人均鸡肉消费量

数据来源：FAOSTAT 数据库。鸡肉消费量＝鸡肉产量＋鸡肉进口量-鸡肉出口量。中国鸡肉消费数据在计算过程中，根据中国肉鸡产业技术体系对生产数据进行修正，根据中国海关数据对贸易数据进行修正，在此基础上计算鸡肉消费量数据。FAOSTAT 数据库中泰国有数据有被低估的可能性，未被包括在此图中（根据 USDA 数据，泰国位居生产国、消费国前十位）。

注：各国按照国家消费总量自左向右排列。

（三）全球鸡肉等禽肉贸易发展概况

1. 全球禽肉贸易量大幅增长，鸡肉贸易量占禽肉贸易量超九成

20 世纪 60 年代以来，全球禽肉出口贸易量持续增长。1961 年，全球禽肉出口量 30.91 万吨，进口量 30.81 万吨；2022 年，全球禽肉出口量增长到 2 036.68 万吨，进口量增长到 1 995.11 万吨。1961—2022 年，全球禽肉出口量和进口量分别增长了 2 005.78 万吨和 1 964.30 万吨，分别增长了 64.90 倍和 63.76 倍，年均增速分别为 7.11％和 7.08％（图 16）。

全球禽肉贸易以鸡肉产品为主，鸡肉占总禽肉贸易量的 90％以上。1961 年，全球鸡肉出口量 28.14 万吨，进口量 26.56 万吨；2022 年，全球鸡肉出口量增长到 1 727.54 万吨，进口量增长到 1 706.11 万吨。1961—2022 年，全球鸡肉出口量和进口量分别增长了 1 669.4 万吨和 1 679.55 万吨，分别增长了 60.39 倍和 64.24 倍，年均增速分别达到 6.98％和 7.06％（图 17）。

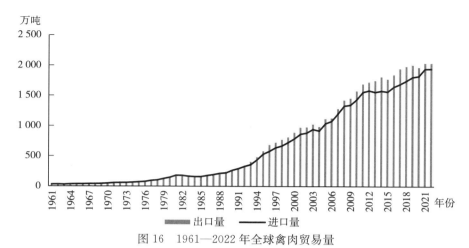

图 16　1961—2022 年全球禽肉贸易量

数据来源：FAOSTAT 数据库。

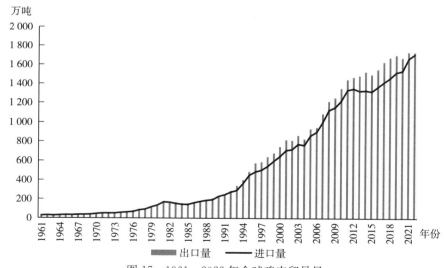

图 17　1961—2022 年全球鸡肉贸易量

数据来源：FAOSTAT 数据库。

2. 全球禽肉贸易产品包括生鲜冷冻品和熟制品，生鲜冷冻品超 85%

鸡肉等禽肉贸易产品包括生鲜冷冻品和熟制品两大类，生鲜冷冻品在全球鸡肉等禽肉国际贸易中占主要比重，一直超过 85%，但总体呈现缓慢下降趋势，熟制品则呈现缓慢上升趋势。1961 年全球禽肉贸易产品中，生鲜冷冻品出口量占禽肉出口总量的 96.57%，生鲜冷冻品进口量占禽肉进口总量的 96.69%；2021 年生鲜冷冻品出口量占禽肉出口总量的 84.97%，生鲜冷冻品进口量占禽肉进口总量的 86.32%。1961—2022 年，禽肉生鲜冷冻品出口量和进口量份额均大约下降了 10 个百分点（图 18）。

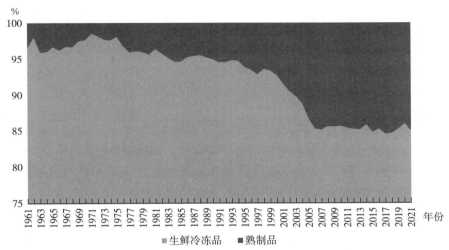

图 18 1961—2021 年全球禽肉出口贸易产品结构

数据来源：FAOSTAT 数据库。

1961 年全球鸡肉贸易产品中，生鲜冷冻品出口量占鸡肉出口总量的 96.46%，生鲜冷冻品进口量占鸡肉进口总量的 96.36%；2021 年生鲜冷冻品出口量占鸡肉出口总量的 86.10%，生鲜冷冻品进口量占鸡肉进口总量的 87.16%。1961—2022 年，鸡肉生鲜冷冻品出口量和进口量份额均大约下降了 10 个百分点。鸡肉生鲜冷冻产品贸易中，冷冻鸡块占主导地位，占比一半以上，其次是冷冻整鸡和鲜、冷整鸡（图 19）。

泰国、中国和德国是禽肉熟制品出口量相对较多的国家。2021 年泰国出口禽肉熟制品 57.24 万吨，占其当年禽肉出口总量的 46.95%（图 20）；中国出口禽肉熟制品 30.16 万吨，占其当年禽肉出口总量的 55.89%（图 21）；德国出口禽肉熟制品 20.11 万吨，占其当年禽肉出口总量的 28.78%（图 22）。欧盟成员国中波兰和荷兰是禽肉熟制品出口相对较多的国家，2021 年禽肉熟制品出口量分别为 18.65 万吨和 15.24 万吨，分别占各国当年禽肉出口总量的 11.02% 和 9.88%（图 23）。

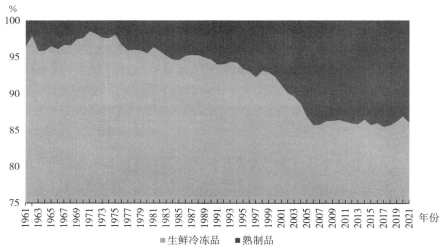

图 19　1961—2021 年全球鸡肉出口贸易产品结构

数据来源：FAOSTAT 数据库。

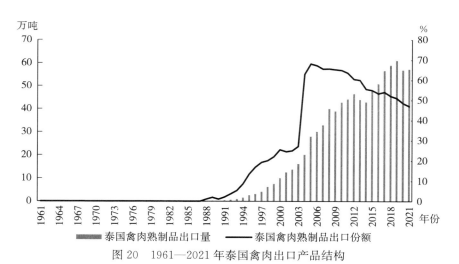

图 20　1961—2021 年泰国禽肉出口产品结构

数据来源：FAOSTAT 数据库。

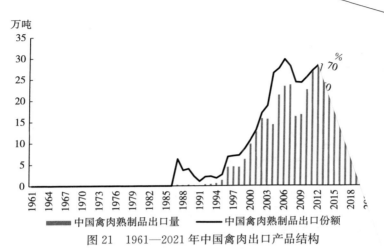

图 21　1961—2021 年中国禽肉出口产品结构

数据来源：FAOSTAT 数据库。

注：FAOSTAT 数据数统计数据与中国海关总署统计数据略有差异。

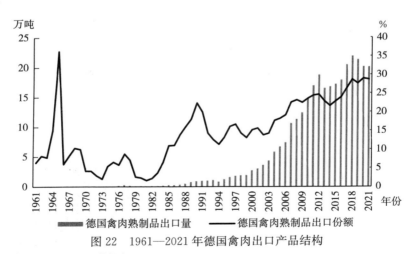

图 22　1961—2021 年德国禽肉出口产品结构

数据来源：FAOSTAT 数据库。

个新地点，包括一个家禽饲养场和三个育肥场；2019 年，以炸鸡闻名的全球快餐店 Popeyes Louisiana Kitchen 宣布未来十年内将在中国开设 1 500 家餐厅，扩大其全球影响力，且宣布进军西班牙市场，与特许经销商 Gregorio Jimenez 展开合作；Cargill 的欧洲家禽业务部门已完成对波兰 Konspol 的收购，收购内容包括食品、新鲜鸡肉业务、自有品牌和贴标产品以及客户与供应商的关系、饲料厂、肉鸡场和加工厂，为欧洲和全球增长带来更多可能性。中国国内方面，2019 年温氏股份收购京海禽业 80% 的股权，将养禽业务从黄羽肉鸡领域拓展至白羽肉鸡领域，丰富禽类养殖的产品结构，成为构建产业链生态圈的标杆事件；温氏股份与江苏灌南县签订 23 亿元肉鸡产业链项目，目标是实现"公司＋大农场＋屠宰加工"一体化模式全产业链运营；益生股份以 2.7 亿元收购益春种禽 100% 股权以及春雪食品的 8 个种鸡场，扩大企业主营业务的生产能力和市场份额；此外，圣农集团、仙坛股份、禾丰牧业等也有兼并扩张行动。

（五）智能化进程启动

数字技术应用正成为提高家禽产业生产效率，推动家禽产业升级的重要驱动力。2018 年初，家乐福宣布启动区块链追溯鸡肉等食品计划，并于 10 月投入使用。荷兰、美国等国的家禽产业界专家正在加大力度研制基于先进数字技术的智能化设备，如捡蛋机器人、鸡舍监测机器人等产品已从实验室走向欧美及中国的家禽产业大会，开始实现商业化应用。土耳其最大的肉鸡生产商 Senpilic 从世界著名的家禽屠宰加工设备制造商荷兰梅恩公司引进首条 15 000 只/小时的全自动肉鸡加工生产线，最大程度地节约人工成本，提高生产效益。嘉吉（Cargill）推出智能饲养（Feeding Intelligence）新平台，为养殖场户提供最新的智能动物生产实践资源，旨在帮助饲养牲畜的农民适应不断变化的粮食生产格局，提高动物饲养的方便程度。此外，中国国内肉鸡产业的智能化肉鸡养殖项目的建立、自动化产品加工设备的引进也显著推动了肉鸡产业升级的步伐。圣农与梅恩加强合作，利用该公司切割线 M3.0 和 Rapid Plus 胸肉剔骨机将自动化生产线添加到工厂的加工线，标志着圣农集团农业养殖 4.0 体系建设取得新突破，以最大限度地提高生产效率，确保产品质量和安全，降低生产成本。虽然中国国内智能化养鸡模式刚刚起步，但随着市场对畜禽产品质量要求的不断提高，智能化养殖实现环境和疾病可控将是未来的方向。

（六）人造肉研发进展不断取得新突破

随着非洲猪瘟疫情对肉类市场造成的冲击不断加大，全球肉类市场布局已经发生了很大变化。伴随"不可能食品"（Impossible Foods）和"别样肉客"（Beyond Meat）的宣传，消费者对人造肉的了解越来越多，对其兴趣也逐渐增加。在此大背景下，人造肉为消费者提供了更多选择可能性。植物性蛋白质产品，如大豆蛋白的日益流行，将对全球禽肉市场的增长产生冲击，世界各地几个主要食品品牌均在大力投资开发可持续性的植物性食品，如 Tyson、Cargill 和 JBSSA 等都宣布进入植物蛋白市场。虽然目前我国国内人造肉业务仍处于起步阶段，但未来存在我国禽肉市场被植物性蛋白质增长势头牵制的可能性。此外，动物细胞培养肉也不断取得新进展。

（七）动物福利重视程度日渐提升

2000 年以前，业内对肉鸡的生产方式、动物福利和产品安全研究并不重视，致力于笼养条件下增加密度的规模化和集约化研究。发达地区国家特别是欧盟出现饲料安全和禽流感问题后，动物饲养方式和动物福利方面的研究开始起步。欧盟 2012 年起禁止使用层架式鸡笼养殖，认为"非笼养"（Cage Free）和"放养"（Range Free）的生产方式能有效提高动物福利，减少疾病发生和流行。虽然采用非笼养和放养生产方式的比例还很低，但这迎合了消费者追求安全、有机食品的时尚，同时也是生产者遵守欧盟于 2012 年实施严格的动物福利保护法所采取的应对措施。当然，这是对过去半个世纪肉鸡生产方式的挑战。目前，"动物福利是畜群健康和性能的一个组成部分"的观点普遍被接受。欧盟与拉美国家巴西、智利、墨西哥和乌拉圭共同合作开展动物福利保护项目，为参加国家提供广泛的全球动物福利信息，项目重点在增加产品生产链的透明度和为动物福利提供担保，目标在于推广针对家禽养殖农场的、一套可行的科学的动物福利评价体系。欧盟委员会宣布于 2020 年创办家禽养殖福利参考中心，旨在以动物福利相关的官方标准向成员国提供技术支持和援助，促进动物福利立法在各个成员国的实施。英国超市巨头维特罗斯（Waitrose & Partners）签署了《欧洲肉鸡承诺》，承诺其旗下品牌的新鲜和冷冻鸡肉，包括以鸡肉为原料的产品，将按照《欧洲肉鸡承诺》中的规定采用更高的福利标准。越来越多的国际品牌已经将动物福利提上重要议程，包括玛莎百货（M&S）、联合利华（Unilever）、雀巢（Nestle）、达能（Danone）、埃里诺（Elior）在内的多家公司已经签署了《欧洲肉鸡承诺》，承诺在其供应链持续提升肉鸡福利。泰国最大的连锁超市乐购莲花宣布到 2028 年禁止所有门店出售笼养鸡蛋，提高泰国动物福利；2019 年，中国正大食品首次以高动物福利和更为健康的营养组成方式生产非笼养鸡蛋向泰国市场供应。

（八）动物疫情长期影响全球肉鸡产业发展

2014 年末以来禽流感在全球多地暴发，对肉鸡等家禽生产和贸易均产生较大程度的影响，一直持续至今。其中，2019 年，法国、美国、丹麦等地发生低致病性禽流感疫情，越南、丹麦、尼泊尔、墨西哥、以色列、柬埔寨、孟加拉国相继暴发 H5 型高致病性禽流感疫情，各禽肉进口国相继宣布对这些国家的家禽产品的进口实施临时限制措施。2018 年，新城疫疫情在欧盟一些国家平静后卷土重来，据 OIE 公布数据显示，截至 2018 年 11 月 5 日，全球 9 个国家共发生 58 起新城疫疫情，造成易感家禽 472 万只，感染家禽近 4 万只，死亡家禽近 2 万只，扑杀处理 25 万只，屠宰 31 万只，发生新城疫疫情次数较多的国家有以色列（17 起），纳米比亚（30 起）、比利时（3 起）、捷克（4 起）。同时，非洲猪瘟暴发导致猪肉产量大幅下降，肉类消费从猪肉转向鸡肉产品，导致 2019 年中国、菲律宾、越南等地肉鸡进口量创历史新高，全球肉鸡出口总量增长 4%。尽管国际禽流感疫情也有较大程度的减弱，中国国内没有暴发大规模的禽流感疫情，但非洲猪瘟的暴发不仅对中国生猪产业产生重大影响，也对中国肉类供给和消费产生深刻影响，疫病的不确定性对畜禽产业的影响仍然值得警惕。

三、国际家禽产业发展的经验借鉴

（一）政府给予大量显性和隐性政策支持，助力产业提高竞争力

从发达国家肉鸡产业发展的历程来看，政府给予大量显性和隐性政策支持，助力产业发展壮大。例如，美国支持肉鸡生产的补贴政策丰富而全面，包括了隐性的饲料补贴、交易援助贷款和贷款缺额补贴、出口补贴、特别灾难援助计划、作物和收入补贴保险、税收优惠鼓励使用循环设备等。这些补贴政策的实施，降低了肉鸡生产成本，提高了美国肉鸡产业的竞争力，使得美国肉鸡产业在本土发展壮大，实现了规模化、集约化生产，也在全球肉鸡贸易中占据了绝对的优势，成为全球最主要的鸡肉出口国之一。

（二）积极推动产业化发展，带动产业链整体提升

产业化是带动肉鸡产业快速发展的重要路径，发达国家政府层面的大力推动和支持对肉鸡产业化发展起着重要作用。肉鸡企业的发展壮大是肉鸡产业持续发展的关键，养殖场户利益的合理保障是肉鸡产业可持续发展的基础。要加

大产业化发展扶持力度，扶持壮大龙头企业，实现以点带面共同发展。美国98％以上的肉鸡生产来自产业化经营链条。生产者组织或者行业合作社在日本、欧盟等国家（地区）的肉鸡产业化发展过程中发挥了重要作用。肉鸡产业化经营的发展也是产业链各经营主体之间利益生成和分配的合作与博弈过程，产业链是否稳定决定于利益分配是否合理，肉鸡产业化经营的健康发展离不开产业链利益生成和分配机制的不断优化。受经济、政治和历史等因素的影响，美国形成了"公司＋规模化农场"，农场和企业之间采取合同制进行利益联结的产业化模式；欧洲在经历几百年的发展后形成了"农户＋专业合作社＋企业"，农户和企业形成利益共享、风险共担的产业化模式；日本则采取了"农户＋农协（综合性合作社）＋公司"，重点通过农协保护农民利益的模式。这些产业化模式都对这些国家的畜牧业可持续发展起到了巨大的推动作用。

（三）高度重视先进生产技术研究与推广，强化科技支撑

发达国家高度注重科技对产业的支持作用，一是注重科技创新，二是通过构建以政府为主导，养殖场、企业和个人等多元化的农业技术推广体系，极大推动了肉鸡等家禽产业的发展。国际肉鸡育种经历了从个人和农场育种为主向公司化育种为主的转变，肉鸡育种公司不断发展壮大，通过兼并重组，目前已形成了德国安伟捷集团和美国科宝公司两强争霸的局面，二者占到全球肉鸡种业市场的95％以上。这两家公司都有百年的肉鸡育种历史，具备优异的育种综合创新能力。当前国际大型肉鸡育种企业的科技创新主要分为企业自建研发中心、育种公司与大学合作研究两种形式，通过整合科研机构的力量和资源，提高育种效能。与此同时，为了避免育种公司的商业短视行为，欧盟和美国的农业部等通过组织大学、各大育种公司共同承担科研项目开展育种技术创新。此外，养殖方面，重视一体化的技术体系。不同于传统商业型饲料厂的技术服务体系往往侧重于饲料配方和营养，发达国家肉鸡养殖重视一体化的技术体系来支撑一体化的生产，其中包含了种禽生产、孵化管理、营养配方、饲料生产、动保体系、养殖管理、禽舍硬件建设、环保控制、肉食品加工等诸多环节的一体化支撑，大大提高了肉鸡养殖效率。

（四）着力加强疫病防控和生物安全体系建设，筑牢产业安全屏障

随着规模化、集约化养殖的持续推进，动物疫病风险加大，尤其家畜、野生动物及其产品的流通，加剧了动物疾病的远距离传播，对畜禽养殖业安全发展造成严重威胁。为应对突发动物疫情，发达国家在畜牧业发展过程普遍建立

了完善的生物安全体系。一是制定了完备的动物防疫法，拥有包括动物饲养、屠宰、加工及销售等全产业链的、覆盖面全的法律体系。例如，德国有关于动物疫病的相关法律有 16 部、法规 87 部，英国有相关法律法规约 150 部，美国有相关法律 15 部、相关法规 134 部，涉及包括疫病防控、兽药使用、动物福利、食品安全等多个环节（翟海华等，2020）。二是制定完善的重大动物疫病应急计划。丹麦、瑞典、德国、俄罗斯和澳大利亚等国家动物防疫水平较高，制定了严格的、符合国际标准的重大突发性动物疫病和外来病紧急应对计划，动物防疫水平较高。上述计划一般包括两部分：一部分是关于重大动物疫病应对的总体战略与资源计划，另一部分是关于特定疾病控制的操作手册。澳大利亚制定了兽医应急计划以应对突发性疫情。澳大利亚的兽医应急计划一方面包括相应的管理指南、操作规程以及疫病防治对策，另一方面是对于包括政府、兽医机构、农场等在内的相关主体均制定了应急保障计划，且州政府会对兽医和养殖场户定期开展技能培训（游锡火，2020）。三是制定了完备的动物疫病防控管理体系和管理机制。美国建立了民众高度参与的动物疫病防控管理体系，构建了完善的信息核查、问责、处罚等管理机制，并通过应用大数据监测等手段进行疫病统防统治（付饶等，2020）。其中，与中国类似的是，美国早期政府也面临政府兽医人数短缺的问题，美国探索建立了认证兽医制度，通过认证的社会执业人员和政府兽医构成官方兽医，共同参与动物疫病预防、检疫和疫病控制等工作（王媛媛等，2018）。

（五）构建种养结合循环发展农牧系统，实现环境友好

养殖业与种植业综合协调布局，养殖粪污通过种植业消纳进行资源化利用，是发达国家解决畜牧业环境污染的根本思路。发达国家普遍拥有较为系统的畜禽养殖粪污防治政策及措施，主要涉及以下几个方面：一是以种定养合理载畜。发达国家政府通常制定地方发展规划、土地使用计划等地方环境保护法规，对畜禽养殖的数量和布局提出要求。如美国伊利诺伊州 1996 年颁布了《畜禽养殖管理条例》（LMFA），要求养殖场根据粪尿中的养分浓度，以及作物种类量化所需的营养成分制定养分和废物管理计划（CNMP），美国环保局和农业部强制要求集约化规模养殖场实施 CNMP。欧盟国家根据不同养殖类型制定了养殖动物单位，配套 1 公顷种植土地最多可饲养 1.7 个动物单位，防止畜禽养殖废弃物对畜牧经营的区域带来环境影响，鼓励其成员国设定更高的环保标准。二是通过市场行为引导粪污处理。对于欧洲传统农业发达国家，如荷兰在 1984 年提出养殖的生产权，先后发布了《动物粪便法》《畜禽养殖污染

防治可行技术》等法规与技术规程，严格实施配额养殖制度与粪污排放定量申请，超出额定的部分必须缴纳粪污处理费；同时建立畜禽粪污交易市场，鼓励企业投资大型粪污处理厂，集中处理过剩粪污，将畜牧养殖发达地区过剩粪污输送至需要粪肥的大田农作物生产区（杜志雄和金书秦，2021）。三是出台相关经济激励政策。发达国家政府是畜禽养殖粪尿排放污染治理成本的主要承担者。政府对养殖场购买环保设备、进行畜禽粪污资源化利用等环保行为实行一定的经济激励，如直接补贴、贷款以及税费减免。例如，日本国家、都道府和养殖场户分别承担畜禽粪污处理设备建造及运行费用的 50%、25% 和 25%，极大地降低了生产者负担（张园园等，2019）。

参考文献

［1］ 翟海华，滕翔雁，李昂，等．国外动物防疫法律体系特点分析与启示［J］．中国动物检疫，2020，37（3）：75－77.

［2］ 游锡火．澳大利亚动物疫病防控体系建设及启示［J］．黑龙江畜牧兽医，2020（16）：32－34.

［3］ 付饶，胡钰，王莉．美国动物疫病防控体系建设的经验借鉴［J］．世界农业，2020（4）：23－30，142.

［4］ 王媛媛，郝峰强，李卫华．美国临床兽医博士（DVM）与执业兽医和官方兽医的关系［J］．中国动物检疫，2018，35（4）：43－45.

［5］ 杜志雄，金书秦．从国际经验看中国农业绿色发展［J］．世界农业，2021，No.502（2）：4－9，18.

［6］ 张园园，孙世民，王军一．畜禽养殖清洁生产：国外经验与启示［J］．中国环境管理，2019，11（1）：128－131.

河北省肉鸡生产现状与
技术需求调查分析

王学静[1]　辛翔飞[2]　魏忠华[1]　王济民[2,3]　孟现华[4]

张　亮[4]　王　娟[5]　王　珏[1]　王　麒[1]

（1. 河北省畜牧兽医研究所；

2. 中国农业科学院农业经济与发展研究所；

3. 农业农村部食物与营养发展研究所；

4. 河北省畜牧总站；

5. 石家庄工程职业学院）

河北省是肉鸡养殖大省，年出栏肉鸡数量近 6 亿只，鸡肉产量约 100 万吨。经过改革开放四十余年持续发展，河北省肉鸡养殖集约化、机械化、自动化、标准化水平不断提高，产业发展取得巨大成就，但同时也面临发展质量有待提升等多方面的问题和挑战。

习近平总书记在 2022 年中央农村工作会议上提倡健康饮食。鸡肉作为具有高蛋白、低脂肪、低胆固醇含量的健康白肉，对于消费者健康肉类消费结构的优化调整具有重大意义。此外，鸡肉具有低消耗、低污染、高产出的重要生产特征，大力发展肉鸡产业对于国家粮食安全保障和双碳目标实现亦具有重大意义。以高质量为主要导向的现代化发展是肉鸡产业发展的必然路径。为掌握河北省肉鸡生产现状，研判制约瓶颈及技术需求，国家肉鸡产业技术体系河北综合试验站联合经济岗位科学家岗位团队、河北省蛋肉鸡创新团队、河北省畜牧总站，对河北省 90 个肉鸡养殖场和 9 家龙头企业开展专项实地调研。

一、调研对象、方法与内容

2023 年 2—4 月，课题组选择河北省肉鸡主产区为主要调研对象，利用发放问卷、现场考察及邀请企业集中访谈等形式就 2022 年度生产现状、制约瓶颈及技术需求开展全方位调研。

生产现状方面的调研样本包括 87 个快大型白羽肉鸡养殖场（其中，衡水 4 个、秦皇岛 20 个、石家庄 12 个、邯郸 1 个、邢台 1 个、保定 5 个、唐山 20 个、沧州 20 个、承德 4 个）以及 3 个小型白羽肉鸡养殖场（其中，衡水 2 个、邯郸 1 个）。调研内容主要包括养殖品种、养殖规模、养殖方式等养殖场基本特征指标，设备设施等固定资产投入，成活率、料重比、出栏体重等生产性能指标，养殖成本、销售价格等经济效益指标，以及养殖粪污处理、疫病防控等关键问题。

制约瓶颈及技术需求方面的调研样本除上述 90 家养殖场外，还包括 9 家龙头企业，分别是中红三融集团有限公司、正大食品（衡水）有限公司、河北飞龙家禽育种有限公司、河北玖兴农牧发展有限公司、河北恩康牧业有限公司、大成食品（河北）有限公司、邯郸市新海农业科技有限公司、邯郸市永年区佳昊牧业有限公司、河北美客多食品集团股份有限公司。

二、河北省肉鸡养殖现状及主要特征

（一）养殖品种及经营模式

通过调研发现，河北省肉鸡养殖品种以快大型白羽肉鸡为主（表 1），其中，AA 品种养殖场户数量占比 65.6%，出栏数量占比 47.06%；罗斯、科宝、利丰等其他品种养殖场户数量占比 31.0%，出栏数量占比 49.95%；小型白羽肉鸡（主要为 817 肉鸡）养殖场户数量占比 3.3%，出栏数量占比 2.99%。

表 1　调研养殖场周转及养殖规模情况

项　　目		场户数（个）	场户数占比（%）	出栏数量（万只）	出栏数量占比（%）
品种	AA	59	65.6	1 886.72	47.06
	科宝	12	13.3	568.59	14.18
	罗斯 308	4	4.4	1 200	29.93
	小型白羽肉鸡	3	3.3	120	2.99
	利丰及其他	12	13.3	234	5.84
经营模式	公司＋农户	49	54.4	836.55	20.87
	自养	34	37.8	1 823.99	45.49
	两者兼有	7	7.8	1 348.77	33.64

河北省肉鸡养殖模式包括两大类：一是养殖场户加入产业化链条的"公司＋农户"订单养殖模式，二是养殖场户独立经营的自养模式。实际生产中，存在部分养殖户同时兼营上述两种模式的情况。从调研样本来看，订单养殖模式占主要比重，达到 54.4％，肉鸡出栏数量占比 20.87％；自养模式占比 37.8％，肉鸡出栏数量占比 45.49％；两者模式兼营占比 7.8％，肉鸡出栏数量占比 33.64％。鉴于本次所涉调研问卷数量不同地区的非均匀性分布，或出现"公司＋农户"比例较全省实际值偏低、自养占比偏高、小型白羽肉鸡占比偏低等情况。河北省肉鸡养殖经营模式的结构分布与全国白羽肉鸡总体状况大致相当。

（二）养殖方式及设施设备

河北省养殖场舍建设启用时间主要集中于 2015—2020 年，占比 71.11％，2021 年及之后新建鸡舍占比 5.6％，2015 年前鸡舍占比 23.3％。鸡舍类型长 90～100 米占比约 17.65％，80～90 米占比约 11.76％，70～80 米占比 36.47％，低于 70 米占比 34.12％。鸡舍建造成本 15 万～305 万/栋不等，主要集中于 90 万元以下（84.44％），鸡舍折旧年限大于 100 个月的占比达 76.7％（图 1）。通过对建造年限与每平方米造价分析发现，2013—2016 年平均 0.06 万元/平方米，2017—2019 年平均 0.071 万元/平方米，2019—2022 年平均 0.077 万元/平方米，建造成本越来越高，其对应的折旧年限也越长，说明建造鸡舍越来越坚固。

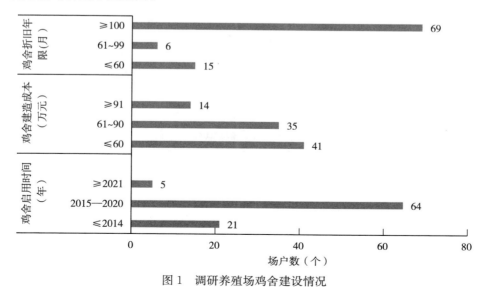

图 1　调研养殖场鸡舍建设情况

肉鸡养殖方式多为立体笼养，部分地区仍有零散的网上平养和地面平养，调研样本中采用立体笼养方式的养殖场户占比达到83.3%，全自动化占比86.7%，半自动化12.2%，人工操作1.1%（图2）。

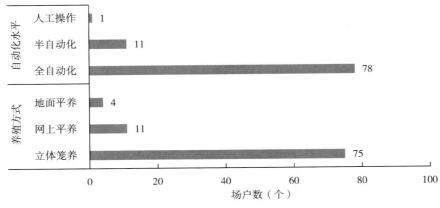

图2　调研养殖场养殖方式及自动化水平

（三）养殖规模及周转批次

同全国白羽肉鸡养殖周转情况一致，河北省白羽肉鸡养殖场年养殖批次大部分维持在5～6批，占比达90.0%（表2）。每批饲养肉鸡数量在1万只及以下规模的占比4.4%，出栏总量占比0.39%；单批次出栏规模1万～2.49万只的占比41.4%，出栏总量占比7.86%；单批次出栏规模2.5万～3.49万只的占比17.8%，出栏总量占比33.15%；单批次出栏规模3.5万只及以上的占比36.7%，出栏总量占比58.59%。整体饲养相对稳定，规模养殖越来越大。

表2　调研养殖场周转情况及养殖规模

项　　目		场户数（个）	场户数占比（%）	出栏数量（万只）	出栏数量占比（%）
年养殖批次（批）	4	5	5.6	19.1	0.48
	5	39	43.3	368.88	9.20
	6	42	46.7	3 276.37	81.72
	7	4	4.4	344.96	8.60

（续）

项　目		场户数（个）	场户数占比（％）	出栏数量（万只）	出栏数量占比（％）
每批次肉鸡养殖数量（万只）	≤1	4	4.4	15.69	0.39
	1～2.49	37	41.1	315.26	7.86
	2.5～3.49	16	17.8	1 329.2	33.15
	≥3.5	33	36.7	2 349.16	58.59
年出栏总量（万只）	≤9.9	32	35.6	186.25	4.65
	10～19.9	22	24.4	331.5	8.27
	≥20	36	40	3 491.56	87.09

（四）生产性能

河北省肉鸡生产性能近几年不断提高，出栏日龄越来越短，成活率越来越高。目前，肉鸡出栏日龄主要集中在40～44天，占比86.7％，大日龄的多为肉杂鸡；88.9％的养殖场成活率维持在95％以上；出栏体重在2.51～2.99千克，占比73.3％；料重比主要维持在1.5～1.6，占比92.2％。但肉鸡屠宰残次率相对较高，能够控制在0.1％水平的养殖场占比仅57.8％，而大于0.2％的占比高达36.7％（表3）。肉鸡屠宰残次率控制是影响肉鸡产品品质的一大难题。

表3　主要生产性能指标情况

项　目		场户数（个）	占比（％）
出栏日龄（天）	40～41	26	28.9
	42～43	27	30.0
	43～44	25	27.8
	45～46	10	11.1
	≥47	2	2.2
出栏体重（千克/只）	≤2.5	11	12.2
	2.51～2.99	66	73.3
	≥3	13	14.4
料重比	1.4～1.5	2	2.2
	1.51～1.6	83	92.2
	≥1.61	5	50.6

（续）

项　　目		场户数（个）	占比（％）
成活率（％）	90～94.9	10	11.1
	95～96.9	52	57.8
	97～99	28	31.1
屠宰残次率（％）	≤0.1	52	57.8
	0.11～0.2	5	5.6
	≥0.2	33	36.7

生产性能跟经营模式存在较强相关度，主要因素来源于饲料的质量和营养成分、出栏体重的要求及饲养管理水平之间的差异。从表4可以看出，自养兼"公司＋农户"经营模式下订单养殖出栏日龄、出栏体重、欧指最高，料重比最低，而"公司＋农户"经营模式下出栏日龄、出栏体重、欧指最低，料重比、成活率最高。整体来看，不同经营模式之间存在一定程度的差异，料重比较低的养殖场经营模式多属于自养。

表 4　不同经营模式综合生产性能

项目	出栏日龄（天）	出栏体重（千克）	成活率（％）	料重比	欧洲指数
自养	43.0	2.75	96.2	1.53	401
自养兼订单养殖	43.4	2.89	96.0	1.53	418
订单养殖	41.2	2.56	96.8	1.57	383

（五）养殖成本及利润

受部分饲料粮主产国玉米、大豆减少以及俄乌冲突影响，2022年饲料粮大幅上涨，成为导致我国肉鸡生产成本上涨的重要因素（辛翔飞等，2023）。此外，近年俄乌冲突影响下的能源成本、国内外严峻的疫病防控形势影响下的防疫成本，以及国内劳动力短缺影响下的劳动力成本等受到国内外肉鸡行业从业人员及专家学者的广泛关注。从调研样本来看，河北省肉鸡养殖饲料价格和成本形势变动与全国总体形势一致，养殖户之间的饲料粮成本差异主要体现在料肉比这一关键指标上，前面已经进行了分析，在此重点就能源消耗、疫病防控、人工成本三方面要素成本，以及养殖户收益情况进行分析。

1. 供暖方式及暖电成本投入

供暖方式主要有水暖、地水暖、热风三种形式。其中，水暖形式占比 53.5%，地水暖形式占比 5.8%，热风形式占比 40.7%。从季节来看（表5），暖电成本冬季高于春秋季，春秋季高于夏季；从供暖方式来看，热风高于地水暖，地水暖高于水暖。三种供暖方式下年度暖电成本分别为水暖 0.64 元/只、地水暖 0.63 元/只、热风 0.89 元/只，水暖与地水暖更节约成本。

表 5　不同季节及供暖方式下暖电成本投入情况

项　　　目		供暖费（元/只）	电费（元/只）	暖电成本合计（元/只）
冬季	水暖	0.61	0.22	0.83
	地水暖	0.75	0.14	0.89
	热风	0.96	0.13	1.09
春秋季	水暖	0.38	0.23	0.61
	地水暖	0.33	0.19	0.52
	热风	0.57	0.12	0.69
夏季	水暖	0.14	0.37	0.51
	地水暖	0.30	0.28	0.58
	热风	0.43	0.21	1.07
全年	水暖	0.38	0.26	0.64
	地水暖	0.43	0.20	0.63
	热风	0.63	0.15	0.89

2. 疫病防控投入

不同经营模式疫病防控及用药存在较大程度差异，这可能与企业在药物使用费用方面的政策以及药物购置所需费用有关。从表6可以看出，三种经营模式下，自养兼"公司＋农户"订单养殖模式下疾病防控用药及消毒成本最高，其次是自养，"公司＋农户"订单养殖模式下疾病防控成本最低。

表 6　不同经营模式下疾病防控成本投入情况

项　　　目		疾病防控成本（元/只）	疾病防控合计（元/只）
自养	免疫	0.25	0.79
	药物及保健	0.25	
	消毒	0.29	

（续）

项　　目		疾病防控成本 （元/只）	疾病防控合计 （元/只）
自养兼订单养殖	免疫	0.68	
	药物及保健	0.54	1.61
	消毒	0.39	
合同养殖	免疫	0.13	
	药物及保健	0.16	0.38
	消毒	0.09	

3. 人工成本投入

随着机械化、自动化水平的提高，人均饲养规模越来越大，层叠式笼养较网上平养、阶梯式笼养单位面积人均饲养量提高 2～4 倍，人工成本大大降低；从不同经营模式来看，自养模式依次高于自养兼订单养殖模式、订单养殖模式（图 3）。

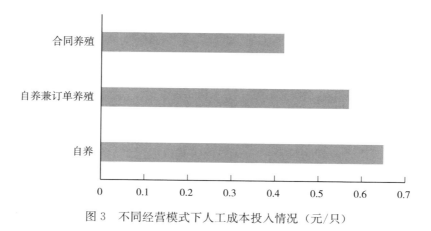

图 3　不同经营模式下人工成本投入情况（元/只）

4. 养殖场利润

养殖场利润与经营模式存在很大相关性，从表 7 可以看出，"公司＋农户"订单养殖模式出栏活鸡售价最高、自养模式次之，自养兼"公司＋农户"订单养殖模式最低。当然，活鸡售价这一单一指标并不能完全代表盈利的高低，这与不同模式下不同公司合同的制定规则有关。另外，养殖场平均利润、最高利润和最低利润方面，"公司＋农户"订单养殖模式最高，其次是自养兼订单模式，再次是自养。但整体来看，"公司＋农户"订单养殖模式下，养殖户收益较稳，而自养经营模式下收益波动较大。

表7　不同经营模式利润情况

项目	活鸡售价 （元/只）	平均利润 （元/只）	最高利润 （元/只）	最低利润 （元/只）
自养	9.32	1.32	2.44	−0.52
自养兼订单养殖	9.17	1.85	4.03	0.45
订单养殖	10.35	2.80	4.07	2.18

三、河北省肉鸡生产制约因素及技术需求

（一）精准化饲养及生产管理水平发展滞后，需要高效精准智能化养殖技术及装备支撑

面对环保压力加大、土地资源紧张，河北省肉鸡养殖实现了平养模式向立体笼养模式的快速转型，但由此也出现了现有技术不能满足产业规模化、机械化、自动化快速发展需求的问题。一是国内品种与国外品种均处于不断种质性能提升期，体重控制及营养等方面技术无统一标准。二是设备的现代化、智能化硬件升级与现有饲养管理技术滞后的矛盾突出，如鸡舍清洗消毒、科学保健方案、饲料转化率快速提升等精细化技术亟待配套。三是现代化设备的科学引进、操控技术及智能化设备现场普及率低，环控设备自动精准控制能力不足，实用型自动化设备研发与应用需进一步加强。四是产业链条各环节，包括畜牧兽医、养殖、饲料营养、孵化等技术人才极度缺乏，严重制约企业生产规模的扩大以及生产效率的提升。

（二）产业链发展不均衡，需要适应新阶段的产业规划支撑

河北省不同区域肉鸡主导企业产业链各环节发展不平衡，参差不齐，尤其是屠宰与食品加工环节，且部分区域呈现屠宰线负荷不满，部分区域尤其是邢台、邯郸鸡源过剩，外运屠宰频繁，导致鸡源不足或过剩两种极端现象。此外，大部分主体企业肉鸡产品销售渠道窄，产品规格与市场需求结合不紧密，销售量受限，全国市场占有率偏低，影响全省肉鸡产业整体规划及扩大再生产。

（三）养殖粪污资源化利用存在制约瓶颈，需要经济适用的粪污处理及利用技术支撑

粪污处理及资源化利用存在阻碍是在肉鸡养殖户中普遍存在的问题，也是影响肉鸡产业绿色发展的关键因素。一是养殖主体畜禽粪污处理压力大，现存处理方式成本高或占地面积大，处理方式亟待优化。二是种植主体有机肥使用动力不足，机械化施用水平低、劳动力消耗大、配套应用技术欠缺。三是政府用于扶持畜禽粪污处理的资金有限，金融资本介入少，粪污处理设备使用率低。四是粪污处理及资源化利用相关环节缺乏监管，配套技术针对性差、落地难。五是种养结合的科技支撑体系急需完善与健全。

（四）疫病防控形势严峻，需要生物安全体系构建及综合性预防保障技术支撑

河北省肉鸡疫病防控难度仍较大。一是温和型禽流感、传染性支气管炎、腿病等疾病时有发生；817 肉鸡沙门氏菌病严重，或因种源性疾病净化质量差。二是种源品种不一，精细化管理差异大，致使疫病控制精准度差。三是生物安全体系不健全，部分区域对养殖场周围建筑规划不合理，导致养殖场整体生物安全受到威胁；四是替抗产品质量参差不齐，高效中药及微生态制剂等减抗产品综合性预防保障技术欠缺。

（五）肉鸡产品种类单一，需要增强产品深加工技术能力

河北省肉鸡产品种类相对单一，深加工程度弱，产品品牌少且影响力有待进一步提升。一是肉鸡深加工技术和工艺缺乏，肉鸡运输、屠宰加工、产品质量把控及品控质检技术欠规范，尤其是熟食品加工领域生产设备需不断更新换代，产品质量把控技术急需落地。二是洞察消费者需求力度薄弱，以消费者为中心的生产体系尚未建立，多品种、多风味肉鸡产品亟待开发；品牌建设及挖掘，以及鸡肉产品组合与鸡肉溢价能力亟须提高。

（六）突发公共卫生事件下生产严重受阻，需要科学合理的应急预案支撑

新冠疫情期间，河北省多地呈现养殖场饲料及鸡只等运输受阻、销售价格迅速下滑、养殖成本攀升，多企业严重亏损的现象。反映出行业突发公共卫生事件在不良措施下或可严重影响生产及效益，政府与产业之间的沟通亟待加

强，科学合理的应急预案亟须制定。

四、结论及对策建议

（一）结论

通过调研问卷、现场调研及邀请企业集中访谈等形式对河北省 90 家肉鸡养殖场和 9 家龙头企业开展专项调研结果显示：河北省肉鸡养殖品种以快大型白羽肉鸡为主，AA 养殖场户数量占调研样本的 65.6%，出栏数量占比 47.06%；经营模式以"公司＋农户"为主，占比 54.4%；立体笼养化率达到 83.3%，全自动化占比 86.7%；生产性能整体较高，料重比主要维持在 1.5～1.6，但屠宰残次率相对较高，残次率大于 0.2% 的养殖场户占比高达 36.7%。在精准化饲养及生产管理水平、产业链均衡发展、养殖粪污资源化利用、疫病防控以及应对突发公共卫生事件冲击等方面存在明显制约，具有较强的技术需求。

（二）对策建议

1. 推动全产业链协同发展，增强产业链韧性

建立高度一体化全产业链经营模式，培育壮大龙头企业，鼓励优势区域出台产业升级支持政策，打造种禽生产、雏鸡销售、饲料加工、养殖、产品加工、产品销售等龙型产业链条，促进全产业链协同发展，不断增强产业链的屠宰端及食品端生产能力，降低养殖端市场风险。完善一二三产业融合利益联结机制，吸引省内外社会资本、技术和人才，积极引导龙头企业与家庭农场、养殖专业合作社，通过产业、要素和利益联结，扩大"公司＋农户"经营模式范围，实施国家抗菌素减量化及豆粕减量化活动。

2. 加强饲喂精准化与设施智能化，提高肉鸡生产效率

结合河北省目前现有肉种鸡及商品肉鸡品种，助力企业建立快速精准营养与饲养管理调控技术；结合智能化养殖管理发展需求，不断优化配套肉鸡养殖技术与生产设备，加强与设备生产厂家的沟通与联系，开展软件、设备的换代升级；注重产学研协作，培养产业链各环节、各层次畜牧兽医专业及管理人才，加强基层乡村兽医人才队伍建设；引导年轻人更多认识行业发展前景，增强养殖一线农民科学饲养知识。

3. 强化生物安全体系和疫病防控能力建设，提升肉鸡养殖绿色化水平

强化种鸡禽白痢、白血病等种源性疾病的检疫净化；加强对疫病的监测和

评估，研究制定禽流感、新城疫等重大疫病的快速诊断技术及综合防控措施；加强生物安全管理，进一步提高养殖场建设的规范性及发展的长远性；加强高效替抗产品或技术的研发，进一步减少抗生素在养殖过程中的使用，降低病原菌耐药性。

4. 推动粪污处理及资源化利用新技术创建，打通种养循环通路

强化区域种养科学产业布局，充分发挥政府与市场双重作用，积极探索畜禽粪污集中处理模式；减轻养殖端粪污处理压力，筹建粪污综合处理场，建立全产业链环保成本共担机制；养殖企业可自建粪污处理设施或与有机肥厂合作，实现处理方式多元化；加强畜禽养殖废弃物监管，建立耕地质量长期监测机制，实施区域差异化粪污处理，倡导肉鸡产业经济可持续循环发展。

5. 引导树立肉类健康消费理念，实现后端引流带动前端肉鸡健康养殖

积极主动引导消费者树立肉类健康消费理念，推行大食物观，利用后端食品消费引流前端肉鸡健康养殖；满足消费者个性化、多样化、高端化、体验式消费需求，进一步推出"更安全、更美味、更营养"的优势产品品牌；提升肉鸡产品深加工能力，推进机械化、现代化工艺及技术的研发与应用。

6. 加大产业与政策沟通，科学制定突发公共卫生应急预案

高度重视突发公共卫生事件对产业的冲击影响，利用国家现代化农业产业技术体系等平台，加大产业与政策的沟通，注重日常突发事件有效应对管理措施的收集，科学制定应急预案，在事故发生后能迅速有效、有序地实施应急救援，保障企业财产安全，稳定畜禽生产，减少应急损失。

供需二维度视域下畜禽粪便资源化利用研究综述及对策建议

刘晨阳[1]　马广旭[2]　刘　春[3]　王济民[1,2]　辛翔飞[1]

(1. 中国农业科学院农业经济与发展研究所；
2. 农业农村部食物与营养发展研究所；
3. 中城乡山西能源集团有限公司)

改革开放以来，我国畜禽养殖业持续发展，规模化、集约化已经成为现代畜牧业的显著特征，在此背景下大量畜禽粪便集中排放，在一定时空下缺乏足够的配套耕地对其进行消纳，造成环境污染问题日益严峻。然而，如果对畜禽粪便进行合理的资源化利用，不仅可以改良土壤，还可以提升农产品品质，创造经济价值。新时代下，随着城乡居民消费结构中动物源性食物消费比重的不断增加，畜牧业生产规模还将继续扩大，畜禽粪便资源化利用对于促进畜禽养殖业和种植业可持续发展、保障食物安全的意义更加凸显（辛翔飞等，2020；辛翔飞和王济民，2019）。

畜禽养殖粪污的概念有狭义和广义之分。狭义概念仅包括畜禽的排泄物；广义概念包括在生猪、肉牛、奶牛、肉禽、蛋禽等所有畜禽养殖过程中产生的包含粪、尿液、尸体、垫料、羽毛以及圈舍冲洗废水在内的一切废弃物（胡曾曾等，2019）。农业农村部办公厅《畜禽粪污土地承载力测算技术指南》中对畜禽粪污定义为畜禽养殖过程产生粪、尿液和污水的总称。根据农业行业标准《畜禽粪便无害化处理技术规范》（NY/T 1168—2006），将畜禽粪便定义为畜禽养殖业中产生的一类农村固体废弃物，即畜禽养殖产生的粪、尿液等排泄物的总称。畜禽粪便资源化利用是将畜禽排泄物视为特殊形态的农业资源，通过各项措施将其转化为能源以及种植业的投入品，将畜禽粪便进行无害化处理，减少甚至消除其对生态环境以及人体健康的危害，并最大限度地发挥出其可能产生的生态价值、经济价值，实现种植业与养殖业之间的生态循环（舒畅和乔娟，2019）。

面对畜禽粪便污染及资源浪费双重问题共存且亟待解决的现状，国家层面出台了一系列法律法规和政策措施推进畜禽粪便资源化利用，相关学者也从不同角度进行了研究。初期的研究主要从养殖场（户）的角度分析畜禽粪便的资源化利用意愿及利用方式，近几年逐步有研究开始关注到畜禽粪便资源化产品需求的问题。我国畜禽粪便资源化利用问题的研究起步相对较晚，已有文献多是关注畜禽粪便资源化利用的某一点、某一环节的问题。有部分文献进行了综述分析，如有学者就畜禽粪便排放量（刘春等，2021）、环境对畜禽粪便的承载力（李鹏程等，2020）、畜禽粪便资源化利用管理模式和技术方法等进行了较为详细的综述（胡曾曾等，2019），也有学者就某一畜种的养殖粪便排放问题进行了较为详细的综述（刘春等，2021）。但总体来看，已有研究主要是基于畜禽粪便供给视角。然而畜禽粪便的资源化利用率，既取决于作为供给方的养殖场（户）对粪便进行资源化处理的能力，也取决于作为需求方的粪便资源化产品使用者相应的需求和使用意愿，从供给和需求两个角度进行全面、系统的分析有助于找到畜禽粪便资源化利用推进过程中的难点及其解决办法。因此，本研究系统梳理了我国畜禽粪便资源化利用的相关法律法规与政策，从供给与需求二维度视角分析了畜禽粪便资源化利用的现状和制约因素，就进一步推进畜禽粪便资源化利用提出对策建议，对于促进畜禽粪便资源化利用、降低畜禽粪便污染以及推动畜牧业绿色发展具有重要现实意义。

一、畜禽粪便资源化利用法律法规与政策

改革开放以来至 21 世纪末，我国畜牧业发展趋势较快，但总量相对较小，养殖产生的粪便带来的负面影响尚未完全显现，国家未对畜禽粪便治理出台专门的管理办法，但在相关法律法规中已有多处涉及畜禽粪便治理问题。在 1984 年出台的《中华人民共和国水污染防治法》、1989 年出台的《中华人民共和国环境保护法》、1993 年出台的《中华人民共和国农业法》、1995 年出台的《中华人民共和国固体废物污染环境防治法》、2000 年出台的《中华人民共和国大气污染防治法》等法律法规中都有与畜禽粪便处理相关的条文。主要包括以下三个核心思想：一是一切单位和个人都有保护环境的义务；二是从事畜禽等动物规模养殖的单位和个人应当对粪便、废水、臭气及其他废弃物进行无害化处理或者综合利用；三是国家支持建设畜禽粪便、废水的综合利用或者无害化处理设施。

21 世纪以来，随着畜牧业的持续发展，畜禽粪便带来的环境问题越发明显。畜禽粪污是农业生产中的重要有机肥来源，但由于当前国内种养环节失

衡，产生的大量畜禽粪污缺乏足够的配套土地进行消纳，畜禽养殖能力与粪污处理能力无法匹配，畜禽粪污由资源变成了污染源。针对畜禽养殖污染问题，国家发布了一系列相关政策，针对畜禽污染进行专项管理，相关法律法规大致分为以下四个方面：

制定和修订与畜禽粪便相关的法律法规。其一，制定与畜牧业相关的法律法规，明确提出畜禽粪便的处理要求。国家对畜禽粪污资源化利用的重视程度不断加深，先后对《中华人民共和国农业法》《中华人民共和国环境保护法》《中华人民共和国畜牧法》《中华人民共和国固体废弃物污染环境防治法》《中华人民共和国水污染防治法》等法律进行修订，增添了畜禽粪污资源化利用相关内容，为我国农业绿色转型奠定了法律基础。其中，《中华人民共和国畜牧法》（2005 年颁布，2015 年修订）中针对畜禽养殖过程中产生的畜禽粪便问题，从畜牧业生产经营者需承担的处理义务和国家支持建设粪便利用设施两方面做出明确要求。其二，对已有法律法规中畜禽粪便处理部分进行修订，增加更具体的条文。如《中华人民共和国水污染防治法》（1984 年颁布，2017 年修订）中增加县、乡级人民政府应当组织对畜禽粪便污水进行分户收集、集中处理利用等条文内容；《中华人民共和国环境保护法》（1989 年公布，2014 年修订）中增加对畜禽养殖场、养殖小区、定点屠宰企业等选址、建设和管理的要求等内容。

制定畜禽养殖污染防治技术标准和排放标准。主要有《畜禽养殖业污染物排放标准》（2001 年颁布，2003 年实行），《畜禽养殖业污染防治技术规范》（2001 年颁布，2002 年实行），《畜禽规模养殖污染防治条例》（2013 年颁布，2014 年实行）等。其中，2014 年生效的《畜禽规模养殖污染防治条例》标志着畜禽养殖治理开始向促进畜禽养殖业健康、可持续发展等综合目标方向转变，为提高畜禽粪污资源化利用水平提供良好的制度保障。相关标准及条例的核心思想主要包括三个方面：①在畜禽养殖前端，对畜禽养殖场的布局选址、环评审批严格把控；②在畜禽养殖中端，对在养殖过程中建设与养殖规模和污染防治需要对应的畜禽粪便无害化利用方式和综合利用设施做出明确要求；③在畜禽养殖末端，对畜禽粪便无害化环境标准、无害化处理设施的运行和监督作出明确规定。

利用税收政策对畜禽养殖户畜禽粪便处理行为作出指引。《中华人民共和国环境保护税法》（2016 年颁布，2018 年修订）以及《中华人民共和国环境保护税法实施条例》（2017 年颁布，2018 年修订）明确了直接向环境排放畜禽粪便的养殖经营者具有缴纳环境保护税的义务，并设立养殖经营者是否需要缴纳环境保护税的标准，即达到省级人民政府确定的规模标准并且有污染物排放口的畜禽养殖场，应当依法缴纳环境保护税，依法对畜禽养殖粪便进行综合利用和无害化处理的，不属于直接向环境排放污染物的，不缴纳环境保护税。

制定畜禽粪便资源化利用发展规划，开展畜禽粪便综合治理试点工作。《全国农村沼气发展"十三五"规划》（国家发展和改革委员会 2017 年发布）、《全国畜禽粪污资源化利用整县推进项目工作方案（2018—2020 年）》（国家发展和改革委员会 2017 年发布，2018 年实施）、《关于加快推进畜禽养殖废弃物资源化利用的意见》（国务院 2017 年发布并实施）等规划，按照源头减量、过程控制以及资源化利用的逻辑形成了较为系统的畜禽粪污治理体系（金书秦等，2018），为畜禽粪污治理提供了政策支撑与路径指引，引导在全国范围内开展畜禽粪便综合治理"整县推进"项目，创建种养结合循环农业示范县，并制定了对畜牧大县畜禽粪便资源化利用过程中所需的畜禽粪便收集、储存、处理、有机肥和沼气利用等基础设施建设扶持政策和终端产品补贴政策，建立起农牧结合、种养循环的农业可持续发展机制。此外，2020 年我国出台了《国务院办公厅关于促进畜牧业高质量发展的意见》，指出畜牧业要大力推进畜禽养殖废弃物资源化利用，坚持绿色发展，全面提升绿色养殖水平。2021 年农业农村部等多部门联合印发了《"十四五"全国农业绿色发展规划》，强调进一步推进畜禽粪污资源化利用，2025 年我国畜禽粪污综合利用率应达到 80%。

二、基于供给视角的畜禽粪便资源化利用研究

近几年在我国法律法规和政策措施的作用下，畜禽养殖场（户）环保压力明显加大，但畜禽粪便资源化利用水平明显提升。本部分基于供给视角对养殖场（户）畜禽粪便资源化利用现状和制约因素进行分析。

（一）养殖场（户）畜禽粪便资源化利用状况

当前我国畜禽粪便年产生量近 40 亿吨，全国畜禽粪污综合利用率达 78.3%，但是仍有超过 20% 的畜禽粪便尚未得到利用，畜禽粪便污染的压力长期存在。当前国内畜禽粪便资源化利用方式主要有肥料化、能源化和饲料化三种，三者之间处理比例目前还没有较为准确的统计数据，但已有观点一致认为种养结合肥料化利用是其主要方式（赵俊伟等，2019；舒畅等，2016；陈俊红等，2011）。

一是肥料化利用。鲜粪、粪肥以及商品有机肥的供应是畜禽粪便及其资源

化利用产品的主要供应形式。养殖场（户）除了通过自家及周边种植户以粪肥形式还田、生产食用菌外（廖青等，2013；陈红和王浩岩，2020；舒畅等，2017），还可销售给有机肥加工企业等第三方组织（张玉梅和乔娟，2014），由第三方组织集中进行畜禽粪便资源化处理。部分养殖场（户）还将粪肥卖给水生植物种植户、鱼虾养殖户等用于增加水体营养（国辉等，2013），但此举对环境亦可能造成破坏，存在一定争议。上述养殖场（户）畜禽鲜粪或粪肥的直接出售几乎不存在运营成本，具有较强的普适性。近几年随着养殖规模的逐渐扩大，畜禽粪便产量逐渐增多，在政府倡导以及符合养殖场自身发展利益的前提下，部分规模化养殖场将养殖过程中产生的畜禽粪便作为原料，生产商品有机肥。这种方式前期投资和运营成本较大，目前仅适用于规模较大的养殖场（户）。

二是能源化利用。养殖场（户）一般通过制取沼气和干粪燃烧发电或制取沼气后发电的方式进行（仇焕广等，2013；何思洋等，2020）。畜禽粪便能源化利用可以为市场提供沼气或电力。养殖场通过建设沼气发酵池，将鸡粪、猪粪等动物粪便进行厌氧发酵产生沼气，沼气可以直接用于养殖场生产生活需要，降低经济成本，也可以经简单提纯后通过管道提供给附近居民使用（仇焕广等，2013），获取对外经济收益。沼气的副产品沼渣、沼液还可以制成有机肥料以及植物营养液，提供给种植农户。发电也是畜禽粪便能源化的利用方向，大规模养殖场畜禽粪便发电有两种方式，一种是直接燃烧干粪或混合其他可燃废弃物驱动发电机组进行发电，另一种是发酵制取沼气后燃烧沼气发电，发电厂需达到相关国家标准，允许并网后便可以对外销售电力（贾伟等，2017）。

三是饲料化利用。饲料化是指对畜禽粪便通过干燥法或发酵法等工艺加工处理，制作成可供畜禽二次食用的饲料。畜禽粪便饲料化过程中，若技术处理达不到标准，易造成环境污染及生物体内重金属富集（陈俊红等，2011），具有一定的安全隐患。由于饲料化的环境效益和经济效益显著性相对较弱，应用过程中受到一定限制。但在国内当前饲料粮相对紧缺的形势下（辛翔飞和王济民，2019；刘晨阳等，2020），畜禽粪便饲料化处理得到一定程度的发展。与其他畜禽粪便相比，鸡粪的饲料化价值最高，这主要是由于其消化道较短，饲料没有完全消化吸收，鸡粪中营养成分更为丰富（刘春等，2021），加之其含水量低，在饲料化过程中相对容易得到应用。

总体来看，畜禽粪便资源化利用方式主要分三种：肥料化利用、能源化利用、饲料化利用，但不同的畜禽品种处理方式也存在差异（陈俊红等，2011；

刘合光，2010；潘丹等，2015；莫海霞等，2011）。不同畜种所产的粪便各具特点，因此在能源化、肥料化和饲料化三种主要资源化利用模式的选择上具有不同侧重点且三种资源化利用模式各有优势和劣势；同时，三种利用方式之间存在相互依赖、相互替代的关联效应（潘丹，2015；舒畅，2016；Norbert et al.，2014；仇焕广等，2012；饶静，2018）。国内外学术界较为一致的观点是：种养结合利用畜禽粪便是最佳模式（Choudhary et al.，1996；Schaffner et al.，2010；孟祥海，2018；仇焕广等，2012；曹文学，2017；Lemairea et al.，2014；Tarawali et al.，2011；FAO，2018）。根据空间、时间、组织化和技术选择的不同，种养结合系统可细分为本土共存、互补、协同三种类型（Guillaume et al.，2016）。还有学者针对如何进一步提升种养结合效益进行了初步探讨，认为包括有机肥价格补贴在内的政策支持是增加种养结合系统效益的重要方法（Tanganyika et al.，2011；Kee-Tui et al.，2015）。此外，已有研究分别从基于畜禽粪便资源化利用方式（Lemairea et al.，2014；Tarawali et al.，2011；FAO，2018；马立新等，2013；陆文聪，2011；朱宁，2016；林志贤，2014），基于不同养殖规模（陈菲菲等，2017），基于产业链角度（马骥等，2011；陈菲菲等，2017）等分析了畜禽粪便资源化利用的成本收益。此外，还有部分研究对畜禽粪便治理的成本及产业竞争力的关系进行了研究：OECD（2003）关于粪污管理规则对丹麦、荷兰、美国等国家生猪产业竞争力影响的研究发现，粪污管理规则的差异不太可能引起国际生猪产地转移，粪污治理规则及成本并非造成竞争力差异的原因；但Brethour等（2006）以加拿大生猪为例评估了环境规制的产业影响，结果表明遵守规制给养殖者生产成本带来较大影响，且存在省际差异。

（二）养殖场（户）进行畜禽粪便资源化利用制约因素

在相关法律法规和政策措施引导下，规模养殖场（户）对畜禽粪便处理进行了优化，切实提高了养殖区域的环境效益和社会效益，但存在畜禽粪便资源化处理高成本低收益、技术支撑不足，以及种养区域布局及规模不匹配等问题，阻碍了畜禽粪便资源化利用的顺利推进。

已有研究，如潘丹（2015）、饶静和张燕琴（2018）、王建华等（2019）、于婷和于法稳（2019）、韦佳培等（2011）、Norbert等（2014）、舒畅等（2017）、赵俊伟等（2019）、虞祎等（2012）、马骥等（2011）、Stuart等（2013）、Roesch-McNally等（2018）、Haydend等（2018）、Padel（2001）、Oreszczyn等（2010）等，利用计量模型对养殖场（户）进行畜禽粪便资源化

利用的影响因素做了分析，包括养殖场（户）个人、家庭和养殖特征，对畜禽粪便认知情况，外部环境建设以及政策等影响因素。总体来看，养殖场（户）进行畜禽粪便资源化利用的影响因素主要有三个方面。

一是畜禽粪便资源化处理"成本高、收益低"的问题难以破解。尽管当前政府对畜禽粪便资源化利用补贴力度较大，但各供应主体实际运营过程中仍存在难以盈利或者亏损的现象。由于畜禽粪便处理工程初始投资较大，小规模养殖户难以承担巨大的资金压力，多数选择将畜禽鲜粪或者粪肥出售给附近种植户（虞祎等，2012），出售价格较低，基本上处于"半卖半送"的状态（潘丹，2015；潘丹和孔凡斌，2015）。部分养殖场采用粪污发电的方式，但是发电厂前期设备投资大，运营成本高，对政府补贴依赖程度较高。大中等规模养殖场多利用生物发酵技术生产商品有机肥，但商品有机肥在肥料市场上所占份额较小，加上近几年有机肥厂数量持续增加，使得市场竞争激烈，盈利能力差。此外，大部分商品有机肥企业经济实力较弱，融资困难，由于社会资本介入较少，银行贷款是其获得融资的唯一渠道（苏莹和郝成磊，2019）。但是当前商品有机肥生产企业多数资质较浅，获得的银行贷款十分有限。

二是畜禽粪便资源化利用技术支撑不足。高温好氧发酵有机肥是目前应用较为广泛的畜禽粪便处理技术，但是在国内该项技术并不完善，存在氮素损失大，发酵热能未充分利用等问题（廖青等，2013）。在能源化方面，生产沼气是能源化利用的主要方向，但综合利用率较低，盈利能力差。由于沼气产气量受气温影响较大，沼气供应的季节性强，持续性弱，间接带来发电量的季节波动，因而给电网带来很大的管理压力。而且沼气已建工程多采用常温发酵方式，热电联产比率低，影响了沼气工程在循环农业中的应用水平（王登山等，2019）。在饲料化方面，传统自然干燥制作饲料的方式损失了一定的养分，而且易导致空气二次污染，运用热喷处理法、混合青贮法等方法生产饲料存在一定的技术难点（刘合光和秦富，2010；侯世忠等，2013）。

三是种养区域布局及规模不匹配。种养结合是实现畜禽粪便资源化利用、减少养殖污染的重要途径（孟祥海等，2018），通过还田的方式可以最大限度地将畜禽粪污消纳处理（张郁等，2015）。而且即使通过粪便制作沼气，其副产物沼渣、沼液也需要通过还田消纳。过去散小养殖场（户）畜禽粪便产生量相对较少，造成的环境污染问题尚不突出，粪便处理起来相对简单简易；而当前畜禽养殖规模化水平大幅提升，粪便产生量大且相对集中，周边缺乏足够的配套耕地来消纳（辛翔飞和王济民，2019）。从区域内部看，种养区域布局和规模匹配脱离，区域内部的种养不平衡阻碍了畜禽粪便资源化利用（仇焕广等，2012）。养殖业的合理布局，以及畜禽粪便资源化利用方式的合理选择是顺利推进畜禽粪便资源化利用的重要着力点。

三、基于需求视角的畜禽粪便资源化利用研究

随着畜禽粪便资源化利用的逐步推进，更多研究逐渐认识到，除了供给方面的因素影响和制约畜禽粪便的资源化利用，需求方面的因素也是影响畜禽粪便资源化利用的关键。相关研究主要围绕种植户使用畜禽粪便资源化利用产品的现状和制约因素进行分析。

（一）畜禽粪便资源化利用需求状况

从我国畜禽粪便及其资源化产品的主要需求方向来看，对应于供给端的肥料化、能源化和饲料化三种资源化处理方式，需求端也对应于同样的三种使用方式。我国自古以来就有种养结合的农业经营传统，在化肥普及之前，养殖业一直是种植业获取肥料最有效的途径。从经济角度来讲，种养一体化模式中种养户间纵向关系最为紧密，交易成本也是最低。同时种养结合模式具有良好的正外部效应，可以实现社会效益、生态效益和经济效益统一（隋斌等，2018）。因此当前对于畜禽粪便资源化产品需求的研究主要是基于有机肥以及种养结合的角度。

从畜禽粪便及其资源化产品的需求区域来讲，畜禽粪便及其资源化产品往往由于体积及技术方面的限制，在运输上存在不便性，加之需求市场的相对集中，需求呈现出一定的区域性（姜茜，2018）。当前的畜禽粪便及其资源化产品市场主要集中于农村区域，尤其是种植业相对发达的地区。种植户是畜禽粪便资源化产品的主要需求主体，粪肥及有机肥是其主要的需求产品（舒畅和乔娟，2015）。商品有机肥厂以及生物质发电厂作为畜禽粪便的工业需求方，受原料、地价等综合因素影响，这些企业也大多分布在农村地区（王登山等，2019）。

从畜禽粪便及其资源化产品的需求量上来讲，种植业生产对于畜禽粪便及其资源化产品的需求最大，种养结合的模式对畜禽粪便的消纳具有重要的意义（阎波杰，2009）。已有研究对农田的畜禽粪便及其资源化产品消纳能力以及土壤承载力进行过相关测算，发现不同区域和省份畜禽粪尿还田量具有较大差异（刘晓永等，2019），还田量大的地区基本与养殖区域布局一致，但大田作物有机肥施用量较经济作物低。从节本增效、土壤培肥和环境友好的角度来讲，粮

田有机肥的投入不足，土壤有机质和肥力维持面临压力，在种植业方面畜禽粪便及其资源化产品仍有较大的需求空间（邱乐丰，2016），有机肥厂或有较大的发展潜力（杨旭等，2019）。规模化的生物质发电厂、生物燃气公司等在一定区域内对畜禽粪便有较大的需求，但是因其分布数量较少，对大范围内的畜禽粪便消纳有一定的局限性，且在成本收益上不经济，因此学者们并没有将其作为畜禽粪便主要需求方向。

（二）畜禽粪便资源化产品需求制约因素

发达国家生态（有机）畜产品市场需求较大，关于生态化养殖畜产品市场需求的影响因素，已有研究认为消费者购买行为受个人特征、家庭特征、道德态度、健康意识、产品种类及口感等因素影响（Mida，2009；McEachern et al.，2013；Yazdanpanah et al.，2014；Yadav et al.，2016），产品标签的详细程度及真实性可增加消费者支付意愿（Giannakas，2002；Padel et al.，2013）。近年来，关于该领域的研究已由发达国家拓展到发展中国家，在研究对象上聚焦到边际消费倾向相对较大的年轻消费者群体；在理论和方法的选择上，计划行为理论和健康信念模型、结构方程模型等被普遍使用（Yazdanpanah et al.，2014；Yadav et al.，2016）。

已有关于我国养殖粪便资源化产品需求的研究，包括有机肥、沼气利用意愿，有机肥利用各技术模式采用意愿等方面，发现使用费用、便利性、种植规模、对有机肥效果的认知以及政策支持是重要的影响因素（卢诗薇，2014；肖阳等，2017；周家颖等，2017；杨钰蓉等，2018）。总体来看，当前研究中影响畜禽粪便资源化产品需求的因素主要可以归纳为以下四个方面。

一是有机肥市场潜力尚未完全打开，影响畜禽粪便资源化产品的实际需求。畜禽粪便制作成的有机肥是增加土壤有机质、改善农产品品质的重要肥料来源。相对于粪肥来讲，商品有机肥价格较高，肥效差距不明显，因此部分种植户选用粪肥作为有机肥料。但无论是粪肥还是商品有机肥，相比于化肥，在施用便捷方面处于劣势，对劳动力需求较高，明显增加了种植户的生产成本（刘晨阳等，2021）。

二是畜禽粪便资源化产品缺乏相关技术标准。化肥有固定的成分，在标准方面比较容易界定，而除商品有机肥有质量标准外，粪肥、沼肥均无国家级质量标准（赵俊伟等，2019），难以对有机肥的发酵程度、有害寄生虫数量、病原菌、重金属及抗生素残留等关键指标进行量化评价，肥料质量难以保障。而且部分养殖场（户）自发进行的鲜粪或简单堆肥出售更是难以用相应的标准进行界定，畜禽粪便资源化产品缺乏统一标准，产品市场认可度较低。

三是缺少种养结合的养分平衡管理制度。欧美国家普遍实施粪便综合养分管理制度，充分考虑畜禽粪便养分供给量、土壤养分含量以及其他环境参数来强制规定养殖场设置养殖量与粪污还田量，确保养殖场粪污不会对周围水体造成危害。这种"以种定养"的制度设计，最大限度地挖掘了畜禽粪便还田的需求。目前国内对于耕地质量的监管不够严格，对于畜禽粪污全量还田利用仍持鼓励态度，并未上升至强制行为。

四是畜禽粪便资源化产品替代品数量较多。现代农业发展片面地追求粮食产量和经济效益最大化（左喆瑜，2015），高效化肥仍占据种植业肥料的主流地位，这就使得有机肥的消费潜力难以释放。同时畜禽粪便的饲料化、能源化利用方面，产成品的可替代产品也相对较多，这就造成了畜禽粪便资源化产品的市场竞争弱势局面。

四、结论及建议

本研究通过对畜禽粪便供需相关文献进行梳理，主要得出以下研究结论：我国相继出台的一系列法律法规显著提升了畜牧行业对废弃物进行资源化利用的重视程度。目前畜禽粪便资源化利用方式主要有肥料化、能源化、饲料化三大类，其中肥料化是主要的利用方式。制约畜禽粪便资源化利用的因素主要包括畜禽粪便处理成本高收益低、畜禽粪便资源化利用缺乏核心技术支撑、种养区域布局与规模不匹配、有机肥市场尚未完全打开、产品缺乏相关技术标准，以及种养结合的养分管理制度不健全等。

基于我国畜禽粪便资源化利用现状及存在的问题，提出以下对策建议：一是加大畜禽粪便资源化利用的政策扶持。政府应对配备粪便处理设施设备的养殖场给予适当的政策优惠和财政补贴，因地制宜、分类施策地推广应用便捷可行的畜禽粪便资源化利用优良模式。二是建立健全畜禽粪便资源化产品标准体系。打造畜禽粪便资源化产品产业链，实现畜禽粪便资源化产品标准化生产，必须制定完善的质量标准体系。政府不仅要进一步完善有机肥国家标准，还要将沼液、沼渣、粪肥等纳入到政策监管范围，提高其还田质量。三是积极引导种植户施用有机肥。政府应加大对有机肥生产以及有机肥施用农机的购置补贴，引导种植户将有机肥施用范围从主要集聚在果蔬等经济作物扩展到大田作物上，在更大范围实现有机肥合理替代化肥。四是建立畜禽粪便养分管理的相关制度。借鉴欧美国家粪便综合养分管理计划，以种养结合为基础，合理安排养殖场空间分布及规模，要求养殖场必须配套足够的农田面积用以消纳畜禽粪便，或以签订合同等形式委托周边农户合理施用畜禽粪便。

参考文献

［1］ H'Mida S. Factors contributing in the formation of consumers' environmental consciousness and shaping green purchasing decisions ［J］. International Conference on Computers & Industrial Engineering，2009，25（8）：957 - 962.

［2］ Hesketh N，Brookes P C. Development of an indicator for risk of phosphorus leaching ［J］. Journal of Environmental Quality，2000，29（1）：105 - 110.

［3］ Kee-Tui S H，Valbuena D，Masikati P，et al. . Economic trade-offs of biomass use in crop-livestock systems：exploring more sustainable options in semiarid Zimbabwe ［J］. Agricultural Systems，2015，134（3）：48 - 60.

［4］ Liu T，Bruins R J F，Heberling M T. Factors influencing farmers' adoption of best management practices：a review and synthesis ［J］. Sustainability，2018，10（2）：432.

［5］ M Schaffner，et al. Modeling the contribution of pig farming to pollution of the Thachin River ［J］. Clean Technologies and Environmental Policy，2010（4）.

［6］ Norbert Schulz，Gunnar Breustedt，Uwe Latacz-Lohmann. Assessing Farmers' Willingness to Accept "Greening"：Insights from a Discrete Choice Experiment in Germany ［J］. Journal of Agricultural Economics，2014，65（1）.

［7］ Norbert Schulz，Gunnar Breustedt，Uwe Latacz-Lohmann. Assessing Farmers' Willingness to Accept "Greening"：Insights from a Discrete Choice Experiment in Germany ［J］. Journal of Agricultural Economics，2014，65（1）.

［8］ Pence N S，Iarsen P B，Ebbs S D，et al. The molecular physiology of heavy metal transport in the Zn/Cd hyperaccumulator ［J］. Proceeding of the National Academy Science of the United States of America，2000，97（9）：4956 - 4960.

［9］ Roesch-McNally G E，Arbuckle J G，Tyndall J C. Barriers to implementing climate resilient agricultural strategies：the case of crop diversification in the U. S. Corn Belt ［J］. Global Environmental Change，2018（48）：206 - 215.

［10］ Stuart D，Gillon S. Scaling up to address new challenges to conservation on US farmland ［J］. Land Use Policy，2013（31）：223 - 236.

［11］ Yadav R，Pathak G S. Intention to purchase organic food among young consumers：evidences from a developing nation ［J］. Appetite. 2015，96（9）：122 - 128.

［12］ Yazdanpanah M，Forouzani M，Hojjati M. Willingness of Iranian young adults to eat organic foods：application of the Health Belief Model ［J］. Food Quality and Preference，2014，41（11）：75 - 83.

[13] 陈红，王浩岩．黑龙江省整县推进畜禽粪污资源化利用路径与对策建议 [J]．黑龙江畜牧兽医，2020（7）：71－74.

[14] 陈俊红，刘合光，秦富，等．蛋鸡粪循环利用模式评价与政策建议 [J]．农业环境与发展，2011，28（2）：30－35，39.

[15] 仇焕广，蔡亚庆，白军飞，等．我国农村户用沼气补贴政策的实施效果研究 [J]．农业经济问题，2013，34（2）：85－92，112.

[16] 仇焕广，莫海霞，白军飞，等．中国农村畜禽粪便处理方式及其影响因素：基于五省调查数据的实证分析 [J]．中国农村经济，2012（3）：78－87.

[17] 董红敏，左玲玲，魏莎，等．建立畜禽废弃物养分管理制度　促进种养结合绿色发展 [J]．中国科学院院刊，2019，34（2）：180－189.

[18] 国辉，袁红莉，耿兵，等．牛粪便资源化利用的研究进展 [J]．环境科学与技术，2013，36（5）：68－75，107.

[19] 何思洋，李蒙，傅童成，等．中国畜禽粪便管理政策现状和前景述评 [J]．中国农业大学学报，2020，25（5）：22－37.

[20] 侯世忠，胡洪杰，张淑二，等．山东省畜禽粪污处理及资源化利用 [J]．黑龙江畜牧兽医，2013（10下）：36－38.

[21] 胡曾曾，于法稳，赵志龙．畜禽养殖废弃物资源化利用研究进展 [J]．生态经济，2019，35（8）：186－193.

[22] 贾伟，臧建军，张强，等．畜禽养殖废弃物还田利用模式发展战略 [J]．中国工程科学，2017，19（4）：130－137.

[23] 姜茜，王瑞波，孙炜琳．我国畜禽粪便资源化利用潜力分析及对策研究：基于商品有机肥利用角度 [J]．华中农业大学学报（社会科学版），2018（4）：30－37，166－167.

[24] 李鹏程，石自忠，王明利．我国畜禽粪尿排放污染防治研究综述 [J]．中国农业资源与区划，2020，41（9）：37－44.

[25] 廖青，韦广泼，江泽普，等．畜禽粪便资源化利用研究进展 [J]．南方农业学报，2013，44（2）：338－343.

[26] 刘晨阳，张蕙杰，辛翔飞．世界高粱供需格局变动及趋势分析 [J]．中国食物与营养，2020，26（3）：42－46.

[27] 刘晨阳，张蕙杰，辛翔飞．中国高粱产业发展特征及趋势分析 [J]．中国农业科技导报，2020，22（10）：1－9.

[28] 刘晨阳，马广旭，刘春，王济民，辛翔飞．畜禽粪便资源化处理及成本收益分析——以6省（区）251户肉鸡养殖场户为例 [J]．世界农业，2021（2）：45－53，131－132.

[29] 刘春，刘晨阳，王济民，等．我国畜禽粪便资源化利用现状综述与对策建议 [J]．中国农业资源与区划，2021，42（2）：35－43.

[30] 刘合光，秦富．蛋鸡粪处理模式的经济分析与政策建议 [J]．中国家禽，2010，32（21）：34－37.

[31] 刘晓永，王秀斌，李书田．中国农田畜禽粪尿磷负荷量及环境风险分析 [J]．农业环境科学学报，2019，38（11）：2594－2608.

[32] 马骥，朱宁，秦富．西南地区蛋鸡粪产业链各环节成本与收益分析 [J]．中国家禽，2011，33（8）：57－60.

[33] 孟祥海，周海川，周海文．区域种养平衡估算与养殖场种养结合意愿影响因素分析——基于江苏省的实证研究 [J]．生态与农村环境学报，2018，34（2）：132－139.

[34] 潘丹，孔凡斌．养殖户环境友好型畜禽粪便处理方式选择行为分析——以生猪养殖为例 [J]．中国农村经济，2015（9）：17－29.

[35] 潘丹．规模养殖与畜禽污染关系研究——以生猪养殖为例 [J]．资源科学，2015，37（11）：2279－2287.

[36] 邱乐丰，龙文莉，方豪，胡伟．基于种养平衡的杭州市畜禽养殖环境承载力研究 [J]．自然资源学报，2016，31（8）：1410－1419.

[37] 饶静，张燕琴．从规模到类型：生猪养殖污染治理和资源化利用研究——以河北 LP 县为例 [J]．农业经济问题，2018（4）：121－130.

[38] 舒畅，乔娟，耿宁．畜禽养殖废弃物资源化的纵向关系选择研究——基于北京市养殖场户视角 [J]．资源科学，2017，39（7）：1338－1348.

[39] 舒畅，乔娟．我国种养一体化模式治理畜禽粪污的发展问题研究 [J]．中国畜牧杂志，2019，55（8）：146－150.

[40] 舒畅，王瑾，乔娟．生猪养殖废弃物资源化利用现状及问题探讨——以北京市为例 [J]．农业展望，2016，12（9）：57－60.

[41] 苏莹，郝成磊．金融支持畜禽产业绿色发展的对策研究——以重庆市荣昌区实践为例 [J]．金融理论与实践，2019（7）：99－104.

[42] 隋斌，孟海波，沈玉君，等．丹麦畜禽粪肥利用对中国种养结合循环农业发展的启示 [J]．农业工程学报，2018，34（12）：1－7.

[43] 王登山，刘刘，冉毅，等．推动农村沼气高质量发展的思路与措施 [J]．中国农业科技导报，2019，21（9）：12－19.

[44] 王建华，陶君颖，陈璐．养殖户畜禽废弃物资源化处理受偿意愿及影响因素研究 [J]．中国人口·资源与环境，2019，29（9）：144－155.

[45] 韦佳培，张俊飚，吴洋滨．农民对农业生产废弃物的价值感知及其影响因素分析——以食用菌栽培废料为例 [J]．中国农村观察，2011（4）：77－85.

[46] 辛翔飞，刘锐，王济民．破除自给率越高粮食越安全的迷误 [J]．农业经济问题，2020（10）：19－31.

[47] 辛翔飞，王济民．2018 年我国肉鸡产业形势分析与对策建议 [J]．中国家禽，2019，41（3）：68－72.

[48] 辛翔飞，王济民．我国粮食自给水平目标设定：研究综述与政策启示 [J]．自然资源

学报，2019，34（11）：2257－2269.

［49］阎波杰，潘瑜春，赵春江，等. 农用地土壤-作物系统对畜禽粪便养分消纳能力的评价［J］. 生态与农村环境学报，2009，25（2）：59－63.

［50］杨旭，黄艳艳，刘海林，等. 海南省畜禽养殖环境承载力及有机肥替代化肥潜力分析［J］. 农业环境科学学报，2019，38（11）：2609－2618.

［51］于婷，于法稳. 环境规制政策情境下畜禽养殖废弃物资源化利用认知对养殖户参与意愿的影响分析［J］. 中国农村经济，2019（8）：91－108.

［52］虞祎，张晖，胡浩. 排污补贴视角下的养殖户环保投资影响因素研究——基于沪、苏、浙生猪养殖户的调查分析［J］. 中国人口·资源与环境，2012，22（2）：159－163.

［53］张玉梅，乔娟. 生态农业视角下养猪场（户）环境治理行为分析——基于北京郊区养猪场（户）的调研数据［J］. 技术经济，2014，33（7）：75－81.

［54］张郁，齐振宏，孟祥海，等. 生态补偿政策情境下家庭资源禀赋对养猪户环境行为影响——基于湖北省248个专业养殖户（场）的调查研究［J］. 农业经济问题，2015，36（6）：82－91，112.

［55］赵俊伟，陈永福，尹昌斌. 生猪养殖粪污处理社会化服务的支付意愿与支付水平分析［J］. 华中农业大学学报（社会科学版），2019（4）：90－97，173－174.

［56］赵俊伟，姜昊，陈永福，等. 生猪规模养殖粪污治理行为影响因素分析——基于意愿转化行为视角［J］. 自然资源学报，2019，34（8）：1708－1719.

［57］左喆瑜. 农户对环境友好型肥料的选择行为研究——以有机肥及控释肥为例［J］. 农村经济，2015（10）：72－77.

我国肉鸡产业兽药使用减量化路径探讨

张灵静[1]　辛翔飞[2]　肖红波[3]　王济民[2,4]

（1. 云南农业大学经济管理学院；
2. 中国农业科学院农业经济与发展研究所；
3. 北京农学院经济管理学院；
4. 农业农村部食物与营养发展研究所）

一、引　言

兽药作为畜牧业生产中特殊的生产要素，具有两大作用：一是预防和治疗，化解疫病风险，使畜牧业集约化、规模化养殖成为可能，二是促进动物生长，提高生产率（Finlay，2004；Key and McBride，2014；Macdonald and Wang，2009）。兽药在畜禽养殖中的广泛应用对促进养殖业发展发挥了重要作用。然而，兽药的大量使用及不合理使用，会造成严重的环境污染、畜产品质量安全风险和耐药性等负外部性问题，直接或间接地影响人类和动物健康，在全球范围内引起了广泛关注（Aidara-Kane，2018；马骅等，2021；马文瑾等，2021）。近年来，欧美畜牧业生产大国持续加强畜牧业抗生素减量的实施力度，力图扭转兽药使用负外部性蔓延的趋势。我国也出台了如《全国遏制动物源细菌耐药行动计划（2017—2020 年）》《兽用抗菌药使用减量化行动试点工作方案（2018—2021 年）》《全国兽用抗菌药使用减量化行动方案（2021—2025 年）》等一系列政策措施，积极推动兽药的规范及减量使用。鸡肉是重要的动物蛋白来源，2020 全球鸡肉产量已突破亿吨，成为第一大肉类。我国鸡肉产量和消费量均在全球排名第二，鸡肉是我国的第二大肉类，2020 年我国鸡肉消费量占全球总消费量的 15.71％。随着饮食观念从"吃好吃饱"向"营养健康"的转变，肉鸡养殖用药愈加受到社会关注。

顺利实施兽药减量的关键在于寻求适宜的减药路径。国内外数十年的减药实践表明，依靠行政力量强制减药，虽然减药效果明显，但易对畜禽生长性能产生负面影响。例如，瑞典实施强制减药政策后，全国养猪业流行产气荚膜梭菌感染（Lawson，2008；Levy，2014）；丹麦禁止饲料中添加阿维拉霉素等亚治疗性抗生素后，全国生猪生产成本上升 4.5%（Hayes，2003）。因此，除了行政强制减药外，还应该寻找兽药减量的更优可行路径，即在基本不影响正常生产的情况下，养殖户可采取的能够减少兽药使用量的途径或措施。总结国内外实践，减药路径主要有四种，即使用兽药替代品、科学用药、提升生物安全和增加动物福利。其中，除了药物替代品依赖科技进步之外，科学用药、生物安全、动物福利三种替代措施可以通过畜禽养殖管理上的升级、改善来实现。因此，本研究将从养殖场户可实践的角度，重点探讨这三种减药路径与药物减量之间的作用机理。

科学用药是指通过一系列科学的指导规程，促使疫病诊疗、用药品类、用药剂量、用药成本科学合理。已有文献集中于技术视角和经济视角对科学用药效果进行评价，研究认为，提升科学用药水平可直接减少不合理药物投入，降低药物投入成本（Amanda，2018；Gramig，2010；Stacy，2014）。发达国家减药实践也表明，提升科学用药水平这一路径减药效果明显。例如，丹麦启动黄卡监督流程后饲料中预防性抗生素投入下降 70%，而美国在采用危害分析和关键控制点管理体系后，促生长剂类药物投入下降 23%。生物安全是指一套防止养殖场内和养殖场间病原菌传播的管理做法或措施（Gunn et al.，2008；Fasina et al.，2012）。已有文献主要探讨了生物安全对减药的作用，普遍认为生物安全水平与兽药投入呈显著负向关系（Kouam and Moussala，2018；Postma et al.，2016，Amanda，2018；Maria，2018；黄泽颖，2016），提高生物安全水平是重要的减药路径。动物福利的定义始于 1979 年英国动物保护委员会制定的《农场动物福利保护》条例，是指为动物提供其需要的足够空间和设施，维持其行为的自由，并拥有远离不适、获得庇护和感觉舒适的状态。动物福利能够促进动物机体健康，减少疫病发生，从而减少药物投入（Hodge，2018）。已有文献主要集中于养殖场提高动物福利的意愿以及动物福利对消费需求的影响的研究（Mcinerney，2004；Martelli and Giovanna，2010）。由于增加动物福利投入会提高生产成本，养殖场对提高动物福利意愿并不高，但其能改善产品质量，对提升消费需求具有积极作用（Mcinerney，2004）。

虽然已有研究认为提升科学用药水平、生物安全水平和动物福利水平可以减少药物投入，但相关研究均是将科学用药、生物安全和动物福利分别从生产系统中剥离出来，将单一一种措施作为一种路径，探讨某一种路径与药物投入水平的关系。而在实际生产中，三种措施同时存在于同一个生产系统中，彼此间相互联系，且有可能存在非常复杂的非线性关系。单独考察某一种措施与药物投入的关系，研究结果可能被扭曲。另外，如果仅从投入与减药路径关系出发，讨论减药路径，而不考虑减药后果的约束，同样会降低减药对策的可行性。更加重要的是，受疫病和市场价格等不确定性的影响，养殖系统中很多因素具有显著的不确定特点，忽视这些不确定性可能会导致减药政策干预效率降低。因此，本研究将采用目前公认的处理不确定性的有效方法贝叶斯信度网络模型（Beyesian Belief Network，BBN）（West and Harrison，1989），综合考察科学用药、提升生物安全和增加动物福利三种药物替代措施与药物投入水平之间的影响关系，并考虑减药后的技术和经济效果，以探讨现实约束条件下可行的减药路径，为养殖场户的生产实践提供参考。

二、数据来源及研究方法

（一）数据来源

本研究的数据来自国家肉鸡产业技术体系产业经济岗位于 2019—2020 年开展的肉鸡养殖场实地调研数据。调研问卷包括养殖场户基本特征信息、科学用药状况、生物安全状况、动物福利状况及技术和经济效果五大部分。综合考虑肉鸡养殖区域、品种、规模、经营模式等因素，调研采用分层抽样方法，共选吉林、辽宁、山东、河北、河南、安徽、湖南、广西和云南等 9 个肉鸡养殖大省，其中南方 4 省，北方 5 省，共 352 个养殖场，获得有效问卷 334 份，问卷有效率为 94.89%。其中，白羽肉鸡有效问卷 181 份（吉林 39 份、辽宁 43 份、山东 26 份、河南 31 份、河北 16 份、安徽 26 份），黄羽肉鸡有效问卷 153 份（河南 19 份、安徽 25 份、湖南 10 份、广西 71 份、云南 28 份）。

从养殖规模来看，样本肉鸡养殖场平均年出栏量为 26.59 万只，其中最小出栏量为 0.18 万只，最大出栏量为 420 万只；白羽年平均出栏量 44.97 万只，黄羽为 4.84 万只（表 1），白羽肉鸡养殖规模化程度远高于黄羽肉鸡。从经营模式上看，"一条龙"公司问卷 14 份，占比 4.19%，"公司＋农户"合同养殖场（户）问卷 240 份，占比 71.86%，独立经营农户问卷 80 份，占比 23.95%（表 2）。

表 1 调研养殖场年出栏量

单位：万只

类别	总体均值	标准差	最小值	最大值
总体	26.59	58.66	0.18	420
白羽肉鸡	44.97	73.91	1.5	420
黄羽肉鸡	4.84	13.79	0.18	160

表 2　调研养殖场主要经营模式

单位：个，%

经营方式	总体		白羽肉鸡		黄羽肉鸡	
	样本数	占比	样本数	占比	样本数	占比
"一条龙"公司	14	4.19	10	5.52	4	2.61
合同户（"公司＋农户"）	240	71.86	134	74.03	106	69.28
独立经营农户	80	23.95	37	20.44	43	28.10

（二）贝叶斯信度网络（BBN）模型构建

BBN 模型是一种图形化模型，包含了变量之间的概率关系，并根据贝叶斯规则的概率推理机制组成，是处理人类行为决策中不确定性的有力工具（Yakowitz，1997）。构建 BBN 模型通常需要三步：第一步是概念模型构建，第二步是条件关系量化，第三步是模型运行。

1. BBN 概念模型构建

概念模型构建说明。BBN 模型是将概率论和图论知识结合起来，利用有向无环图（Directed Acylic Graph，DAG）来表示变量之间的概率关系。贝叶斯网络中的每个节点表示一个随机变量，箭头始端节点称为"父节点"，箭头指向的节点称为"子节点"，箭头表示由"因"导"果"。每个子节点在其父节点下的条件概率，被称为贝叶斯网络参数。

节点边缘概率确定。确定节点边缘概率分布是利用贝叶斯信度网络进行可靠性分析的前提，其过程可以理解为通过先验概率计算后验概率。本研究的具体步骤为：将节点划分为"非常低""低""中""高"和"非常高"5 个级别，请 25 名养殖场主（白羽肉鸡养殖场 15 人，黄羽肉鸡养殖场 10 人）对各节点先验概率进行评估，取平均值，确定各节点的先验概率分布，然后将调研样本作为训练样本输入模型中，逐步修正先验概率，最终获得各节点的后验概率，即边缘概率。在给定网络结构的基础上，通过贝叶斯估计方法，在给定父节点某种参数水平（或称为证据水平）下，计算子节点的条件概率，即为目标概率。

药物投入 BBN 可视化图构建。药物投入水平是一个复杂决策问题，受诸多因素制约，且各因素之间关系存在不确定性，通过构建 BBN 可视化图分析各因素的相互之间的关系，可综合评价可行的减药路径。养殖场在决定药物投入时，会考虑多方面因素以及产生的效果：一方面，药物投入首先会对鸡群日增重、料肉比、死亡率、出栏体重等生产性能指标产生直接影响，这些指标可以直接量化，称之为显变量；另一方面，药物投入受动物福利、生物安全和科学用药水平影响，而相应措施又会引起设备折旧、饲料成本、劳动力成本、能源成本变动以及收益变动，这些可直接量化的指标亦称为显变量。药物投入产生的结果可归结为技术效果（即生产性能）和经济效果（即成本收益）两大类，这两大效果无法直接量化，称之为潜变量。由于疫病风险与市场风险是影响动物健康状况和管理质量的外在风险，且属于不可控因素，也将其纳入药物影响机制分析中，仅作为外部冲击因素。基于以上理解，建立 BBN 可视化图形结构（图 1）。

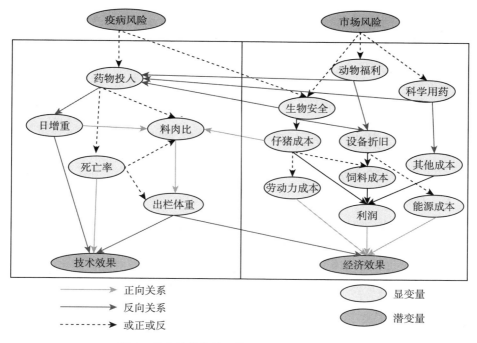

图 1　养殖场药物投入的 BBN 可视化图形结构

2. 条件关系量化

验证性因子分析。为进一步确定技术效果和经济效果两个潜在变量，采用验证性因子分析方法对其进行验证。因子分析的方程为 $F_i = \beta_i' X_i + \varepsilon_i$，$F_i$ 表示构造的因子，即潜变量，X_i 表示 i 组显变量的观测值，ε_i 被假定为白噪声。$\hat{F}_i = \hat{\beta}_i' X_i$，$\beta_i'$ 为参数，$\hat{F}_i$ 为在已知样本观测值的情况下估计出的潜在因子。本研究将按方差贡献率保留前两个因子，将因子得分作为潜在因子的代理变量。

考虑到两个潜在因子之间可能存在的相关性，采用旋转后的因子载荷解释因子。

节点属性推断。按照贝叶斯定理，在贝叶斯网络中，可根据父节点的概率推断子节点的概率分布，反之亦然。因此，在本研究的 BBN 模型中，可以通过显变量的概率分布推断潜变量的概率分布，反之亦然（Jensen，1996）。

变量离散化。由于 BBN 方法通常使用变量的离散状态，而概念模型中的变量是连续的，因此所选择的变量需要被离散为表示间隔的级别。本研究根据数据集将变量按照五分之一的等宽距离散为五个间隔即"非常低""低""中""高"和"非常高"。这五个等级水平也是模型后续运行中相应变量对应的参数水平。

3. BBN 模型运行

BBN 模型的运行是通过逐一改变所有变量的参数水平，多次运行，以考察显变量与潜变量之间的影响关系。首先，通过同时改变动物福利、生物安全、科学用药以及药物投入四个显变量的参数水平来运行该模型，考察其对技术效果和经济效果的作用；再次通过改变潜变量的参数水平，考察其对动物福利、生物安全、科学用药以及药物投入四个显变量的影响，以分析减药路径可能的结果。

三、药物投入水平、三种减药措施实施现状及技术和经济效果分析

（一）药物投入成本

从样本养殖场数据来看，我国肉鸡养殖药物投入成本总体较高，平均为 1.39 元/只，最高达 3.31 元/只（表 3），药物投入成本占养殖总成本的 5.6%，且黄羽肉鸡药物（1.53 元/只）投入高于白羽肉鸡药物（1.27 元/只）。预防性药物投入成本占药物投入的主要部分，预防性药物投入成本平均为 0.83 元/只，其中，白羽肉鸡为 0.75 元/只，黄羽肉鸡为 0.92 元/只，两类肉鸡预防性药物投入均占药物投入的 60%。

表 3 养殖场药物投入水平描述性统计

单位：元/只

变量	均值	最小值	最大值	标准差
			总体	
药物投入	1.39	0.17	3.31	0.54
预防药物	0.83	0.05	2.71	0.36
治疗药物	0.57	0.03	2.30	0.36

（续）

变量	均值	最小值	最大值	标准差
		白羽肉鸡		
药物投入	1.27	0.17	2.85	0.46
预防药物	0.75	0.05	2.24	0.33
治疗药物	0.53	0.03	1.70	0.31
		黄羽肉鸡		
药物投入	1.53	0.50	3.31	0.60
预防药物	0.92	0.30	2.71	0.37
治疗药物	0.61	0.10	2.30	0.41

（二）减药措施实施情况

1. 科学用药水平

调研问卷中科学用药包括专业兽医知识、过量危害认知和临床用药操作三方面内容，每一方面设置 5 项指标，每项指标对应一个问题（表 4），根据答题正确率评价科学用药水平。总体来看，养殖场科学用药水平不高，尤其是对过量危害认知不足和临床操作不科学。专业兽医知识方面，5 项指标中，除了环境清洁外，其他项回答正确率均不足 60%，特别是换药原则项，回答正确率仅为 23.35%，并且黄羽肉鸡养殖场主的回答正确率不足 20%；过量危害认知方面，除了耐药性和鸡肉药残方面的正确率超过 60%，其他三项回答正确率均不足 50%，其中，过量用药可能导致死亡项回答正确率不足 6%，白羽肉鸡养殖场主对此项回答正确率不足 5%。临床用药操作方面，除了用药记录，其余四项措施的采用率均不足 40%。兽医指导、开具处方和专业培训三项措施的采用率不足 30%，其中仅有 13.73% 的养殖场其场内人员参加过专业培训。

表 4　养殖场科学用药水平指标描述性统计

单位：个，%

类别	指标	总体		白羽肉鸡		黄羽肉鸡	
		正确样本量	正确率	正确样本量	正确率	正确样本量	正确率
专业兽医知识	环境清洁	324	97.01	180	53.89	144	94.12
	处方药	187	55.99	104	31.14	83	54.25
	联合用药	142	42.51	85	25.45	57	37.25
	换药原则	78	23.35	48	14.37	30	19.61
	中药使用	133	39.82	78	23.35	55	35.95

（续）

类别	指标	总体		白羽肉鸡		黄羽肉鸡	
		正确样本量	正确率	正确样本量	正确率	正确样本量	正确率
过量危害认知	耐药性	244	73.05	132	72.93	112	73.2
	减缓长速	110	32.93	78	43.09	32	20.92
	导致死亡	20	5.99	9	4.97	11	7.19
	鸡肉药残	223	66.77	138	76.24	85	55.56
	环境污染	164	49.1	108	59.67	56	36.6
临床用药操作	兽医指导	81	24.25	55	30.39	26	16.99
	开具处方	90	26.95	43	23.76	47	30.72
	用药记录	249	74.55	160	88.4	89	58.17
	专业培训	82	24.55	61	33.7	21	13.73
	药敏试验	132	39.52	90	49.72	42	27.45

注：各指标对应的问题依次如下。兽医专业知识：加强环境清洁与消毒可以减少大肠杆菌病的发生；氟苯尼考是处方药；两种药物联合使用一定比单用一种疗效好；根据用药效果，应随时调整用药剂量；中药不需要考虑休药期。过量危害认知：过量用药可能会诱发鸡群产生耐药性；过量用药可能会减缓鸡群生长速度；过量用药可能会提高鸡群的死亡率；过量用药可能会导致鸡肉药物残留；过量用药可能会导致环境污染。临床用药操作：是否聘请专业兽医指导；购药时是否开具处方；是否有完整的用药记录；养殖场人员是否参加专业兽医培训；是否实施药敏试验。

2. 生物安全水平

根据动物经济学相关理论及已有相关文献，养殖场生物安全下设14项指标，其中选择项10项，非选择项4项（表5）。总体来看，养殖场生物安全状况较好。自动水线、饮用水来源、防鼠措施、场外人员参观规程、进出车辆消毒比较规范，而在空气质量检测、病原菌检测、污水沉淀池、防鸟、病死鸡处理方面表现较差。在较为关键的饮水方面，选择深井水的养殖场高达82.63%，其中白羽肉鸡养殖场超过九成（90.61%）。空气质量方面，仅有14.97%的养殖场选择安装空气质量检测仪，其中黄羽肉鸡养殖场安装空气质量检测仪的不足1%。养殖场间距离方面，调研养殖场与其最近养殖场平均距离为14.12千米，较大的养殖场间距大大降低了疫病传播风险。

表 5　养殖场生物安全水平指标描述性统计

单位:%,个

类别	指　标	总体		白羽肉鸡		黄羽肉鸡	
		样本比例	样本量	样本比例	样本量	样本比例	样本量
选择项 (是/否)	水线	64.37	215	100	181	22.22	34
	深井水	82.63	276	90.61	164	73.2	112
	空气检测仪	14.97	50	27.07	49	0.65	1
	病原菌测试	27.84	93	35.91	65	18.3	28
	污水沉淀池	38.92	130	60.22	109	13.73	21
	防鼠设施	73.35	245	72.93	132	73.86	113
	防鸟设施	22.16	74	25.97	47	17.65	27
	谢绝外人参观	70.06	234	83.98	152	53.59	82
	进出车辆消毒	60.18	201	70.72	128	47.71	73
	病死鸡处理	31.14	104	53.59	97	4.58	7
	指标	均值	方差	均值	方差	均值	方差
非选择项	距村庄距离（千米）	2.09	2.65	2.41	3.21	1.72	1.72
	养殖场距离（千米）	14.12	13.72	12.59	13.23	15.93	14.1
	消毒剂投入（元/只）	0.048	0.032	0.049	0.035	0.047	0.03
	空栏期（天）	23.76	14.2	19.88	12.35	28.35	14.9

3. 动物福利水平

动物福利措施下设 8 项指标，其中 5 项为选择项，3 项为非选择项（表 6）。动物福利水平总体表现较好。其中，实现通风控温自动化、水线、料

表 6　动物福利指标描述性分析

单位:%,个

类别	指　标	总体		白羽肉鸡		黄羽肉鸡	
		样本比例	样本量	样本比例	样本量	样本比例	样本量
选择项 (是/否)	通风控温	50.00	167	77.35	140	17.65	27
	水线	46.71	156	70.72	128	18.30	28
	料线	46.71	156	70.72	128	18.30	28
	自配料	55.39	185	19.89	36	97.39	149
	非笼养	44.61	149	80.11	145	2.61	4
	指标	均值	方差	均值	方差	均值	方差
非选择项	设施成本（元/只）	27.51	20.87	30.25	18.31	24.26	23.18
	饲养密度（只/平方米）	9.65	2.63	10.29	2.42	8.9	2.67

线自动化、选用自配料以及实行非笼养的比例约为 50%；平均设备投入为 27.51 元/只，超过单只鸡饲养成本（26.09 元/只）；饲养密度为 9.65 只/平方米，略高于丹麦肉鸡饲养场（9 只/平方米）（Brockötter，2013）；平均饲养天数为 69.48 天，高于美国的 45 天（Sneeringer，2015）和丹麦的 49～56 天（Adam，2019）。

4. 动物福利、生物安全和科学用药水平的综合评价

为获得生物安全、动物福利和科学用药水平度量指标数据，本研究采用归一化方法和用权值因子判断表法，通过二级指标数据加权分别获得科学用药、生物安全和动物福利水平的一级指标数据，计算结果见表 7。科学用药、生物安全、动物福利水平综合平均得分分别为 0.44、0.72 和 0.67，科学用药水平偏低，生物安全和动物福利水平较高，其中生物安全水平最高，但与最佳水平 1 仍有较大差距。另外，白羽肉鸡的生物安全和动物福利水平高于黄羽肉鸡，而科学用药水平低于黄羽肉鸡。

表 7　生物安全、动物福利和科学用药水平综合评价

类别	指标	均值	标准差	最小值	最大值
	科学用药	0.44	0.16	0.08	1.00
总体	生物安全	0.72	0.10	0.36	1.00
	动物福利	0.67	0.16	0.23	1.06
	科学用药	0.44	0.16	0.08	1.00
白羽肉鸡	生物安全	0.77	0.09	0.54	1.00
	动物福利	0.75	0.12	0.34	1.00
	科学用药	0.49	0.17	0.16	1.00
黄羽肉鸡	生物安全	0.67	0.09	0.36	0.87
	动物福利	0.58	0.15	0.23	0.94

（三）技术效果与经济效果分析

根据本研究第二部分，技术效果和经济效果是药物投入及其替代措施产生作用的两大效果，其中技术效果主要包括出栏体重、日增重、料肉比、死亡率等指标，经济效果主要包括各投入要素成本和利润。表 8 报告了样本养殖场的技术和经济效果。

从技术效果指标来看，出栏体重、日增重、料肉比、死亡率四项的最大值

表 8　技术效果和经济效果代表性指标描述性

指标		总体				白羽肉鸡				黄羽肉鸡			
		均值	最小值	最大值	标准差	均值	最小值	最大值	标准差	均值	最小值	最大值	标准差
技术效果	出栏体重（斤*/只）	4.70	2.60	6.50	0.85	5.09	2.60	6.30	0.78	4.23	2.80	6.50	0.67
	日增重（克/只）	41.48	13.64	71.43	19.83	57.12	21.67	71.43	12.32	22.97	13.64	42.19	6.75
	料肉比	2.32	1.30	4.20	0.81	1.67	1.30	2.17	0.16	3.10	2.00	4.20	0.55
	死亡率（%）	0.06	0.00	0.20	0.03	0.04	0.01	0.20	0.03	0.07	0.00	0.20	0.04
经济效果	雏鸡成本（元/只）	5.08	1.20	10.50	2.43	6.06	1.20	10.50	2.80	3.93	1.40	8.00	1.05
	饲料成本（元/只）	16.47	7.85	36.17	5.24	13.21	7.85	22.67	2.88	20.34	11.00	36.17	4.75
	设备折旧（元/只）	0.60	0.02	4.60	0.57	0.41	0.02	2.78	0.32	0.82	0.05	4.60	0.72
	能源成本（元/只）	0.51	0.00	2.60	0.31	0.59	0.10	1.50	0.27	0.41	0.00	2.60	0.34
	劳动力成本（元/只）	1.72	0.07	12.00	2.07	0.68	0.07	3.31	0.57	2.94	0.34	12.00	2.49
	其他成本（元/只）	0.32	0.03	1.83	0.22	0.33	0.03	1.83	0.25	0.32	0.07	1.21	0.18
	利润（元/只）	16.95	-1.05	66.52	18.14	8.10	0.58	21.88	3.82	27.41	-1.05	66.52	22.36

* 斤为非法定计量单位，1斤=500克，下同。

和最小值指标差距较大，表明养殖场之间的技术效果差别较大。总体来看，白羽肉鸡出栏体重和日增重大于黄羽肉鸡，料肉比和死亡率小于黄羽肉鸡。白羽肉鸡料肉比为 1.67，约为黄羽肉鸡料肉比的一半。上述指标对比结果表明白羽肉鸡技术效果要明显优于黄羽肉鸡技术效果。

从经济效果来看，样本总体的平均成本为 24.7 元/只，平均利润为 16.95元/只，表明样本养殖场经济效益总体较好。但分品种看，黄羽肉鸡平均利润为 27.41 元/只，是白羽肉鸡的 3 倍之多，黄羽肉鸡经济效果明显优于白羽肉鸡。当然，黄羽肉鸡的养殖周期明显长于白羽肉鸡。

四、BBN 模型运行结果及分析

（一）BBN 可视化图形的结构验证

由所选指标的相关矩阵（表 9）中可观察到几个关键特征：①科学用药、生物安全和动物福利水平作为关键考察因素与药物投入水平存在弱负相关，验证了三种减药路径与药物投入量存在负相关关系，表明了减药路径的可能性。②药物投入与利润显著正相关（$\rho=0.37$），验证了药物投入水平对经济效果具有显著正向影响。③动物福利水平与料肉比显著负相关（$\rho=-0.56$），生物安全水平与日增重显著正相关（$\rho=0.4$），而与料肉比显著负相关（$\rho=-0.4$），验证了减药路径对技术效果存在显著的正向影响。④日增重与饲料成本和劳动力成本显著负相关（$\rho=-0.55$；$\rho=-0.53$），料肉比与饲料成本和劳动力成本显著正相关（$\rho=0.8$；$\rho=0.54$），验证了技术效果对经济效果有显著的正向影响。

通过因子分析（表 10）发现：①药物投入水平和减药路径会对两个潜变量（即因子 F_1 和因子 F_2）产生影响；②因子 F_1 在出栏体重、日增重、料肉比上的载荷较高，其在日增重上的载荷达到 0.9 以上，并且与日增重呈正向变动关系，与料肉比呈反向变动关系，这意味着因子 F_1 受生长性能影响较大，表明了将 F_1 解释为技术效果因子的合理性；③因子 F_2 在药物投入、死亡率、饲料成本、劳动力成本以及利润上的载荷较高，与主要成本项成正向变动关系，进一步验证了将 F_2 解释为经济效果反向因子的合理性。两因子方差贡献率为 0.61，保留两因子，并将其得分作为度量值。

（二）关键指标数据离散化结果

将药物投入、科学用药、生物安全、动物福利、技术效果、经济效果 6 个

表 9　BBN 模型指标相关性分析

指标	药物投入	科学用药	生物安全	动物福利	出栏体重	日增重	料肉比	死亡率	雏鸡投入	饲料投入	设备折旧	能源投入	劳动力投入	其他投入	利润
药物投入	1														
科学用药	−0.334	1													
生物安全	−0.111	0.338	1												
动物福利	−0.022	0.124	0.134	1											
出栏体重	−0.027	0.183	0.189	0.328	1										
日增重	−0.242	0.339	0.369	0.490	0.790	1									
料肉比	0.22	−0.279	−0.398	−0.556	−0.553	−0.878	1								
死亡率	0.335	−0.251	−0.212	−0.260	−0.100	−0.397	0.463	1							
雏鸡投入	−0.147	0.044	0.163	0.266	0.399	0.549	−0.434	−0.07	1						
饲料投入	0.251	−0.252	−0.358	−0.399	−0.035	−0.548	0.797	−0.356	−0.356	1					
设备折旧	0.052	−0.03	−0.161	0.135	−0.204	−0.308	0.302	0.396	−0.168	0.252	1				
能源投入	−0.049	0.097	0.037	0.225	0.236	0.321	−0.240	0.174	0.263	−0.119	−0.065	1			
劳动力投入	0.248	−0.299	−0.301	−0.248	−0.272	−0.528	0.541	−0.159	−0.291	0.416	0.383	−0.306	1		
其他投入	−0.048	−0.089	0.01	−0.023	−0.128	−0.028	−0.027	0.494	−0.057	−0.088	0.051	0.111	−0.04	1	
利润	0.372	−0.231	−0.283	−0.209	−0.133	−0.462	0.484	−0.052	0.415	0.365	0.078	−0.219	0.458	−0.118	1

表 10　养殖场技术效果和经济效果两潜在因素的验证性因子载荷

项目	药物投入	科学用药	生物安全	动物福利	出栏体重	日增重	料肉比	死亡率	雏鸡投入	饲料投入	设备折旧	能源投入	劳动力投入	其他投入	利润
因子 F_1	0.03	0.15	0.28	0.59	0.82	0.9	−0.79	−0.19	0.66	−0.44	−0.29	0.41	−0.45	−0.17	−0.27
因子 F_2	0.65	−0.51	−0.43	−0.1	0.14	−0.33	0.47	0.69	−0.04	0.6	0.19	−0.08	0.58	−0.25	0.65

数据来源：根据 Stata 计算整理。

指标数据，分别按照五等分等宽距离，离散为五个间隔。结果显示（表11），处于"非常低""低""平均""高"和"非常高"的状态对应的药物投入成本分别为（0，0.58]、（0.59，1.11]、（1.12，1.64]、（1.65，2.17]、（2.18，3.31]；由于科学用药、生物安全、动物福利、技术效果、经济效果均为无量纲化指标，因此离散化后仍无量纲。

表 11　关键变量离散化结果

指　标	非常低	低	平均	高	非常高
药物投入（元）	（0，0.58]	（0.59，1.11]	（1.12，1.64]	（1.65，2.17]	（2.18，3.31]
科学用药	（0，0.34]	（0.34，0.5]	（0.5，0.66]	（0.66，0.94]	（0.94，1]
生物安全	（0，0.49]	（0.49，0.61]	（0.61，0.73]	（0.73，0.86]	（0.86，1]
动物福利	（0，0.39]	（0.39，0.56]	（0.56，0.72]	（0.72，0.89]	（0.89，1]
技术效果	（−2.03，−1.23]	（−1.23，−0.43]	（−0.43，0.38]	（0.38，1.18]	（1.18，1.99]
经济效果	（−2.62，−1.36]	（−1.36，−0.1]	（−0.1，1.15]	（1.15，2.41]	（2.41，3.7]

数据来源：根据 GENNLE 软件计算结果整理获得。

（三）BBN 模型计算结果分析

本研究尝试从理论层面设定潜变量和显变量居于不同状态，探索减药路径。一是设定药物投入、三种减药措施指标水平分别处于最高状态时，以及药物投入水平处于不同状态、三种减药措施指标水平处于平均状态时，根据养殖场技术效果和经济效果的表现，比较不同减药路径的作用效果；二是假定药物投入处于低水平，同时养殖场技术效果和经济效果处于最高水平时，分析三种减药措施可能的组合状态。

1. 药物投入及三种减药措施指标水平分别设定为最高状态，技术、经济效果的表现

根据模型结果（表12），在药物投入及减药路径处于默认状态下，即五种状态的概率相等（$p=20\%$），则技术效果因子处于"高"的概率最大（$p=27.54\%$）。由于技术效果处于"非常高"的状态也为可接受状态，因此考察技术效果处于"高"和"非常高"概率总和的情形。技术效果因子处于"高"和"非常高"的概率总和接近 50%（$p=43.41\%$），表明技术效果最有可能处在良好状态。同时，经济效果反向因子处于"低"状态的概率最大（$p=42.81\%$），同样表明经济效果最有可能处于良好状态。

药物投入设定为"非常高"的水平，同时保持其他指标状态不变，且处于默认状态，此时技术效果因子"高"的概率最大（$p = 27.52\%$），"高"和"非常高"的概率总和接近 50%（$p = 43.36\%$），经济效果反向因子"低"的概率最高（$p = 42.7\%$）。这表明，较之于默认水平，当药物投入水平提升至最高水平时，技术效果和经济效果处于表现良好状态的概率略有下降，提高药物投入并不能带来技术效果和经济效果的提高，反而导致其微小的下降。原因可能在于，目前养殖场存在用药过量的可能，提高药物投入无法进一步提升疫病防控能力及降低死亡率，此时减少药物投入可能不会带来技术效果和经济效果的损失，减药具有可行性。

科学用药、生物安全和动物福利水平调整为"非常高"，同时保持其他指标状态不变，且处于默认状态，此时技术效果因子"高"的概率最大（$p = 27.88\%$；$p = 27.91\%$；$p = 27.5\%$），"高"和"非常高"的概率总和接近 50%（$p = 43.67\%$；$p = 43.82\%$；$p = 43.86\%$）；经济效果反向因子处于"低"的概率最大（$p = 43.38\%$；$p = 43.49\%$；$p = 44.15\%$）。这表明，三种减药措施指标处于最高水平时，技术效果、经济效果均最有可能处于表现良好状态。相对而言，科学用药、生物安全和动物福利分别处于最高水平时，其对应的技术效果、经济效果均处于表现良好状态的概率依次有所下降，但下降幅度微小。这可能意味着动物福利和生物安全措施均属于疫病预防措施，通过良好养殖环境、先进的设施设备、完善的内外部防控措施，既保障鸡群生活在良好舒适的环境中，又避免了内外部病原菌的侵入，能够减少疫病发生风险，有利于鸡群健康生长，因而技术效果和经济效果良好。而科学用药是在鸡群患病时采取的治疗措施，此时疫病已引起鸡群日增重下降、料肉比提升等，造成了养殖效果的损失，科学用药仅在一定程度上减少了疫病损失，因而相对于动物福利和生物安全，其经济效果和技术效果会有所下降，这也说明了在疫病防控中"防重于治"理念的科学性。

综上，单独提升某一种减药措施指标水平至最高状态时，虽然技术效果和经济效果均最有可能达到良好状态，即技术效果达到"高"的概率最大，经济效果的反向因子达到"低"的概率最大，但都不能达到最佳状态。这意味着单独依靠某一种减药措施的效果有限，因此需要进一步探讨三种减药措施的组合效果。

2. 药物投入处于不同状态且三种减药措施指标水平均处于平均状态时，技术和经济效果的表现

将科学用药、生物安全和动物福利三种减药措施指标水平设定为平均状态

（其平均值分别为 0.44、0.72、0.67），同时药物投入分别处于"非常低""低""中""高"及"非常高"五种状态时，考察技术效果和经济效果的变化，模型结果见表13。

模型结果显示，技术效果处于"高"的概率最大，最大概率变化范围为27.02%～29.12%，由于"非常高"也是可接受状态，在此考察"高"和"非常高"的概率变化情况，此时"高"和"非常高"的概率总和变化范围为43.38%～45.06%，经济效果处于"低"的概率最大，概率变化范围为41.21%～48.75%。由此可见，药物投入与三种减药措施组合后的技术效果和经济效果处于较好状态的概率均稍高于上述三种减药措施分别作为单独路径相应状态的概率，说明通过减药措施组合，技术效果和经济效果处于较好水平的概率提升，即能够改进经营效果。

相对于其他组合状态，药物投入水平处于"高"状态且三种减药措施指标水平处于平均状态，技术效果处于"高"的概率相对最大（45.06%），而经济效果反向因子处于"高"状态的概率最小（41.21%），即表明高水平的药物投入，技术效果处于良好状态的可能性提高，经济效果处于较差的可能性下降，即此时技术和经济效果的表现相对最佳。反之，相对于其他组合状态，药物投入处于"低"且三条减药路径处于平均状态，技术效果处于"高"状态的概率相对最小（43.38%），而经济效果反向因子处于"低"状态的概率最大（48.75%），即表明低水平的药物投入，技术效果表现良好状态的可能性下降，经济效果表现良好的可能性上升，二者出现相悖的现象。说明在目前我国肉鸡养殖的现实条件下，通过较高的药物投入，能够提升经济和技术效果；而较低的药物投入，可能提升经济效果，但相应技术效果下降。这意味着从只追求经济效果的角度可以适当减药，但不利于肉鸡技术性能的提高和肉鸡养殖长期健康发展。

3. 药物投入处于低水平且技术、经济效果均处于最佳表现时，减药措施的组合

将药物投入水平分别设置为"低"和"非常低"的状态，同时均将技术效果因子 F_1 设置为"非常高"的状态，经济效果反向因子 F_2 设置为"非常低"的状态，探求"药物投入（低）-技术效果（非常高）-经济效果（非常低）"以及"药物投入（非常低）-技术效果（非常高）-经济效果（非常低）"情况下三种减药路径的最可能状态组合（即概率最大的状态）。运行 GENNEL 软件，计算结果见表14和图2。

表 12 药物投入和三种减药措施指标水平为最高状态时对技术效果经济效果的概率分布影响

	输入					技术效果因子 F_1						经济效果反向因子 F_2				
	非常低	低	中	高	非常高	非常低	低	中	高	非常高	高和非常高	非常低	低	中	高	非常高
默认值	20%	20%	20%	20%	20%	13.47%	26.05%	17.07%	27.54%	15.87%	43.41%	6.20%	42.81%	40.72%	6.89%	3.29%
药物投入	0%	0%	0%	0%	100%	13.45%	26.11%	17.08%	27.52%	15.84%	43.36%	6.27%	42.70%	40.87%	6.88%	3.29%
科学用药	0%	0%	0%	0%	100%	13.41%	25.92%	16.99%	27.88%	15.79%	43.67%	6.23%	43.38%	40.32%	6.82%	3.26%
生物安全	0%	0%	0%	0%	100%	13.37%	25.87%	16.95%	27.91%	15.91%	43.82%	7.09%	43.49%	39.56%	6.67%	3.19%
动物福利	0%	0%	0%	0%	100%	13.35%	25.82%	16.97%	27.50%	16.35%	43.86%	6.52%	44.15%	40.03%	6.30%	3.01%

数据来源：根据 GENNLE 计算结果获得。

表 13 三种减药措施状态且药物投入处于不同状态时对技术效果和经济效果的概率分布影响

药物投入与减药措施状态组合	技术效果因子 F_1						经济效果反向因子 F_2				
	非常低	低	中	高	非常高	高和非常高	非常低	低	中	高	非常高
药物投入：非常低；其他*：平均	13.18%	25.48%	16.69%	29.12%	15.52%	44.64%	7.66%	42.33%	40.01%	6.77%	3.24%
药物投入：低；其他：平均	13.08%	26.23%	17.31%	27.75%	15.63%	43.38%	6.90%	48.75%	36.25%	5.48%	2.62%
药物投入：中；其他：平均	12.63%	26.83%	16.45%	27.02%	17.05%	44.07%	6.58%	41.52%	43.15%	5.92%	2.83%
药物投入：高；其他：平均	13.08%	25.29%	16.57%	28.72%	16.34%	45.06%	6.05%	41.21%	42.94%	6.63%	3.17%
药物投入：非常高；其他：平均	13.47%	26.05%	17.07%	27.54%	15.87%	43.41%	6.29%	42.81%	40.72%	6.89%	3.29%

数据来源：根据 GENNLE 计算结果获得。

注：* 其他是指科学用药、生物安全和动物福利三种减药措施指标水平。

表 14　减药措施组合

药物投入 药物投入与因子 F_1、F_2 的组合	减药措施组合		
	科学用药	生物安全	动物福利
药物投入低，F_1 非常高，F_2 非常低	低（$p=44.27\%$）	高（$p=39\%$）	高（$p=35.46\%$）
药物投入非常低，F_1 非常高，F_2 非常低	低（$p=47.96\%$）	高（$p=41.74\%$）	高（$p=35.5\%$）

数据来源：根据 GENNLE 计算结果整理获得。

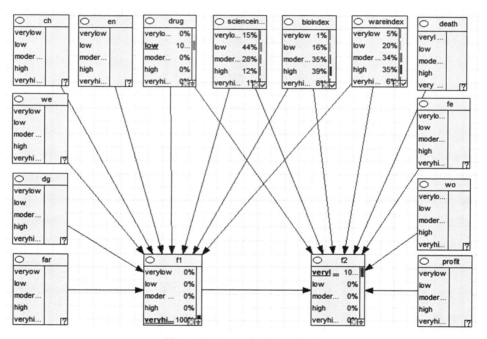

图 2　GENNLE 软件输出结果

　　当药物投入水平处于"低"水平，且因子 F_1 和因子 F_2 分别处于"非常高"和"非常低"水平时，即技术效果和经济效果达到理想最优状态，对应的减药路径概率最大组合状态为"科学用药（低）－生物安全（高）－动物福利（高）"，且生物安全处于"高"状态的概率最高。从生产实践看，高水平的生物安全措施能够切断鸡场感染病毒的途径，阻止鸡群病毒的感染和传播，减少疫病发生的风险，高水平的动物福利能够使鸡群处于舒适的环境中，保证机体健康生长。这样，一方面有利于提高肉鸡的生产性能，即提升技术效果；另一方面，由于疫病发生率低，在养殖中兽药使用量相对较小，提供市场价格相对较高的高品质肉鸡产品，提高了经济效果。相对于生物安全和动物福利，科学用药主要作用于治疗环节，此时鸡群健康已经受损，生产性能下降，即使提升科学用药水平，诊疗和药物投入成本仍无法避免，造成技术效果和经济效果的下降，因此要保证技术效果和经济效果的提升，科学用药处于低水平即可。

同理，将药物投入水平确定为"非常低"的状态，技术效果因子 F_1 确定为"非常高"的状态时，经济效果反向因子 F_2 确定为"非常低"的状态时，对应的减药路径最可能的组合状态为"科学用药（低）-生物安全（高）-动物福利（高）"。较之于药物投入水平处于"低"状态的情形，药物投入水平处于"非常低"状态时，科学用药、生物安全和动物福利指标水平的最大概率分布的状态相同，但概率值均有所提升，动物福利概率值只有微小提升，科学用药和动物福利概率值有明显的提升，即在动物福利水平基本不变的情况下，要求有更高生物安全水平和更低科学用药水平。

综上，养殖场如果要达到既要保证药物投入低又能实现经济效果和技术效果最高的理想状态，从现实情况来看，必须首先加强生物安全措施，提升生物安全至"高"水平，其次是实施动物福利措施，提升至"高"水平，在此基础上，科学用药处于"低"水平即可。说明生物安全和动物福利是减药的关键，其疫病的防控能力、防控成本和防控效果均优于科学用药，鸡场欲提高经营效果，在三种减药路径中，应重点提升生物安全水平和动物福利水平，提高疫病防控水平，而将科学用药控制在低水平，即不过分依赖用药。这也体现了"疫病防治，重在防，治次之"的管理理念。

五、结论及政策建议

（一）主要结论

基于以上分析和讨论，本研究得到如下四条结论：

第一，我国肉鸡养殖科学用药、生物安全、动物福利水平综合平均得分分别为 0.44、0.72 和 0.67，即科学用药处在中下水平，生物安全和动物福利达到较高水平；其中生物安全水平最高，但与最佳水平 1 仍有较大差距；另外，白羽肉鸡的生物安全和动物福利水平高于黄羽肉鸡，而科学用药水平低于黄羽肉鸡。

第二，科学用药、生物安全、动物福利水平与药物投入水平存在弱负相关关系，表明通过提高科学用药、生物安全、动物福利水平可以实现药物减量使用。

第三，药物投入、科学用药、生物安全、动物福利分别处于最高水平时，肉鸡养殖的技术效果和经济效果均可能达到良好状态，但不能达到最佳状态，最佳状态需要实施三条路径的组合。动物福利处于最高水平时，技术效果和经济效果处于良好状态的可能性最大；生物安全处于最高水平时，技术效果和经济效果处于良好状态的可能性下降；科学用药处于最好水平时，技术效果和经济效果处于良好状态的可能性相对最小。

第四，在药物投入处于低和最低水平，且保证技术效果和经济效果处于最高水平的理想状态下，减药路径应为"科学用药（低）-生物安全（高）-动物福利（高）"的状态，即肉鸡养殖场要达到理想状态，应坚持"防重于治"的理念，重点提升生物安全水平和动物福利水平，提高防控能力，而不是过分依赖药物。

（二）政策建议

基于研究结论，养殖场既要实现肉鸡养殖兽药减量，又要保证较好的技术效果和经济效果，需要加强以下几个方面工作：

一是养殖场要将提高生物安全水平放在首要位置。生物安全措施是目前养殖场既能减药又能实现较好经济效果的途径。虽然目前我国肉鸡养殖生物安全有较好的基础，但仍存在一些薄弱环节，如鸡场安装空气质量检测仪、进行病原菌测试、建设污水沉淀池、安装防鸟措施的程度普遍较低，进场车辆消毒和病死鸡无害处理比例不高。因此，对于资金实力雄厚的大中规模肉鸡养殖场，应继续增加上述措施投入，加大疫病特别是烈性传染病的预防力度。对于资金实力薄弱的小规模肉鸡养殖场，建议更多地利用自然条件，如严格按鸡场建设标准选址、适度延长空栏期、病死鸡深度掩埋等，在尽量降低成本的情况下，提升生物安全措施水平，并加强与大规模养殖企业及科研机构的合作，低成本获得空气质量检测和病原菌检测等服务。

二是养殖场要高度重视动物福利措施，提升肉鸡福利水平。高水平的规模化集约化养殖，能够提升生产效率，但容易产生和传播疫病，因此要适当提高福利水平。目前我国肉鸡养殖的动物福利处在中等偏上水平，但养殖场的通风控温、水线、料线自动化比例较低，饲喂自配料和采用非笼养的比例不足50％。因此，对于有资金实力的养殖场，建议更新投料饮水设备，增加自配料供给比例，确保鸡群营养均衡，实施科学投料、科学饮水。对于采用笼养模式的养殖场，应控制笼养层数，降低饲养密度，增加鸡群活动空间。对采用地面平养模式的养殖场，应增加水槽和料槽的清洗频次，确保供料供水适宜频率。

　　三是养殖场要提高科学用药水平，逐步减少药物投入。虽然科学用药路径的减药效果低于生物安全和动物福利路径，但在养殖场生物安全和动物福利水平不高的现状下，应加强科学用药水平。调研数据显示，目前养殖场科学用药水平不高，存在突出问题，尤其是养殖者对过量用药的危害性认知错误，且大部分鸡场未实行开具处方、未参加兽医专业培训以及未实施药敏试验。因此，对于大中规模肉鸡养殖场，应加强专业兽医知识培训，特别是正确使用药物的认知培训，适当增加执业兽医人员，提升疫病诊疗水平和规范处方药物的使用；加强同动物疫病、兽药研发等专业研究机构合作，全方位提升鸡场精准诊断，精准施药水平。对于小规模肉鸡养殖场，应依托畜牧兽医站等地区畜牧兽医服务部门力量，获取科学用药服务指导，加强与大型饲养企业的垂直协作，借助大型养殖企业疫病诊疗平台，减少盲目用药。

　　四是政府管理部门要引导肉鸡养殖场（户）转变理念，并加大对兽药减量实施路径的支持。通过宣传和引导，转变养殖场（户）长期以来过度依赖药物、忽视生物安全和动物福利的养殖理念，树立防重于治的理念；通过加强生物安全和动物福利水平，提升肉鸡养殖环境，减少疫病发生，从根本上减少兽药的使用。另外，政府要组织畜牧兽医站对所在鸡场病原菌检测结果备案，及时发布烈性传染病发病信息；加强病死鸡收购点建设，提高病死鸡集中处理力度；推进污水沉淀池建设，提高养殖场环境污染治理力度，改善养殖小区卫生环境；适度增加现代化圈舍改造补贴，特别是加大对通风控温自动化设施购置补贴；加大饲料新技术的研发力度，不断改进饲料配方，加强饲料清洁生产监督，鼓励有条件的地方开展林下养殖等。

参考文献

[1] Kruse, A. B., Nielsen, L. R., Alban. L. Herd typologies based on multivariate analysis of biosecurity, productivity, antimicrobial and vaccine use data from Danish sow herds [J]. Preventive veterinary medicine, 2020 (181): 84 - 93.

[2] Aidara-Kane, A., et al. World Health Organization (WHO) guidelines on use of medically important antimicrobials in food-producing animals [J]. Antimicrobial Resistance & Infection Control, 2018, 7 (1): 1 - 8.

[3] Fabian, B. Broiler house hatching gives chicks a head start [J]. World Poultry, 2014, 30 (3).

[4] Finlay, M. R. Hogs, antibiotics, and the industrial environments of postwar agriculture [R]. Industrializing organisms: introducing evolutionary history, 2004: 237 - 260.

［5］ Gramig, B. M., Wolf, C. A., Lupi, F. Understanding Adoption of Livestock Health Management Practices: The Case of Bovine Leukosis Virus ［J］. Canadian Journal of Agricultural Economics/, 2010, 58 (3): 343 - 360.

［6］ Gunn, G. J., Heffernan, C., Hall, M., McLeod, A., Hovi, M. Measuring and comparing constraints to improved biosecurity amongst GB farmers, veterinarians and the auxiliary industries ［J］. Preventive veterinary medicine, 2008, 84 (3 - 4): 310 - 323.

［7］ Hodge, A. Farm Animal Welfare and Sustainability ［J］. Animals An Open Access Journal from Mdpi, 2018, 8 (6).

［8］ Jensen, A. W., Wilson, S. R., Schuster, D. I. Biological applications of fullerenes ［J］. Bioorganic & medicinal chemistry, 1996, 4 (6): 767 - 779.

［9］ Key, N., McBride, W. D. Sub-therapeutic antibiotics and the efficiency of US hog farms ［J］. American Journal of Agricultural Economics, 2014, 96 (3): 831 - 850.

［10］ MacDonald, J. M., Wang, S. L. Foregoing sub-therapeutic antibiotics: the impact on broiler grow-out operations ［J］. Applied Economic Perspectives and Policy, 2011, 33 (1): 79 - 98.

［11］ Maria, P., Tadeusz, M. Aleksandra, P., Jaros, S. Dispersion-managed ho-doped fiber laser mode-locked with a graphene saturable absorber ［J］. Optics Letters, 2018, 43 (1): 38.

［12］ Pawliszewska, M., Martynkien, T., Przewłoka, A., Sotor, J. Dispersion-managed Ho-doped fiber laser mode-locked with a graphene saturable absorber ［J］. Optics Letters, 2018, 43 (1): 38 - 41.

［13］ Martelli, G. Consumers' perception of farm animal welfare: an Italian and European perspective ［J］. Italian Journal of Animal ence, 2010, 8 (1): 31 - 41.

［14］ McInerney, J. Animal welfare, economics and policy ［R］. Report on a study undertaken for the Farm & Animal Health Economics Division of Defra, 2004: 68.

［15］ Postma, M., Roelofs, J., Goedhart, J., Gadella, T. Sensitization of Dictyostelium chemotaxis by phosphoinositide - 3 - kinase-mediated self-organizing signalling patches ［J］. Journal of Cell Science, 2004, 117 (14): 2925 - 2935.

［16］ Sneeringer, S., MacDonald, J., Key, K., McBride, W. Economics of antibiotic use in US livestock production ［J］. USDA, Economic Research Report, 2015, 51 (6): 4424 - 4432.

［17］ West, M., Harrison, J. Exponential Family Dynamic Models ［M］. Springer New York, 1989.

［18］ Yakowitz, S. J., Jensen, V. F. An Introduction to Bayesian Networks ［J］. Technometrics, 1997, 39 (3): 336.

［19］Lawson，L. G. ，Jensen，V. F. The economics of use and non-use of antimicrobial growth promoters：The case of Danish broiler production ［J］. Journal of International Farm Management，2008，4 (2)：51 - 63.

［20］Hayes，D. J. ，Jensen，H. H. Lessons from the Danish ban on feed-grade antibiotics ［J］. Choices，2003 (18)：1 - 6.

［21］马驿，孙永学，陈进军，陈杖榴. 兽药残留对生态环境影响的研究进展 ［J］. 中国兽医科学，2010，40 (6)：650 - 654.

［22］马文瑾，徐向月，安博宇，等. 兽药环境风险评估研究进展 ［J］. 中国畜牧兽医，2020，47 (5)：1628 - 1636.

［23］黄泽颖，王济民，孙振. 禽流感防控中生物隔离措施影响因素研究 ［J］. 农业技术经济，2016 (9)：41 - 49.

我国消费者畜产品质量安全
认知及行为选择研究综述

魏凯双[1]　辛翔飞[1]　王济民[1,2]

（1. 中国农业科学院农业经济与发展研究所；
2. 农业农村部食物与营养发展研究所）

　　改革开放四十余年来，我国食物消费结构变动最为显著的一个特点是：人均粮食消费水平明显下降，人均畜产品消费水平大幅提升（辛翔飞等，2015）。畜产品从"副"到"主"，为满足人民日益增长的美好生活需要做出重要贡献（韩晨雪等，2021）。在畜产品数量安全得到较好保障的背景下，随着城乡居民收入和生活水平的提升，畜产品质量安全成为消费者关注的重要方面，消费者对质量属性的认知是影响畜产品购买意愿和行为的重要因素。

　　西方国家对畜产品质量安全问题的关注较早，相关研究起始于20世纪70年代，从早期对传统的产品本身相关属性，如价格、外观等的关注，到后期对更广泛的生产过程相关属性，如动物福利、环境友好及健康安全等的关注，研究侧重点随着消费者质量属性偏好的变化而逐步调整。国内关于消费者对畜产品质量属性认知问题的研究自21世纪初期开始逐渐丰富。从国内外相关研究的结果中可以看到，受国情特点和消费习惯差异的影响，不同国家消费者对畜产品质量属性的偏好不尽相同。本研究系统梳理我国消费者对畜产品质量认知及行为的相关文献，分析消费者对畜产品质量安全的关注、了解、偏好、评价、支付意愿及购买行为，对实现供给端畜产品质量安全信息的有效传递，深化畜牧业供给侧结构性改革，推动畜牧业兴旺发展，具有重要意义。

一、畜产品质量安全属性的内涵

　　从食物质量安全属性呈现的时间顺序来看，可分为搜寻属性、经验属性和信任属性三大类（Nelson，1970；Darby and Karni，1973；Caswell and Mojduszka，1996）。对畜产品而言，搜寻属性在消费者购买时就能够观察到并进行识别，包括外观、价格、包装、生产日期等；经验属性需要消费者在购买之后才能评判，包括风味、口感等；信任属性在大多数情况下消费者即便在消费后也无法验证核实，包括畜产品本身的健康安全程度、养殖环节的动物福利和环境污染等。各类消费属性之间是可以相互转化的（王二朋和高志峰，2020），最为明显的是，过去的消费体验能够转化为对搜寻属性特征的认知，从而帮助消费者有效搜寻产品（Lassoued et al.，2015）；品牌、安全认证、可追溯标签等的事前信息功能提供了食物安全等方面的信息，能够把信任属性转化为搜寻属性，从而减少消费者搜寻成本（Jin and Zhou，2014；Wu et al.，2015）。

从食物质量安全属性呈现的依托载体来看，可分为内在属性和外在属性（Olson and Jacoby，1972；Caswell et al.，2000；Bernués et al.，2003；Grunert et al.，2015）。畜产品的内在属性是指畜产品的感官、营养和功能等物理特征属性，包括颜色、形状、脂肪含量等，外在属性是指畜产品的检测认证和质量线索等非物理特征属性，包括价格、包装、产地、品牌、质量认证等。

食品质量安全属性是一个主观的多维度的概念，也是一个动态的概念（Bernués et al.，2003）。随着收入水平的提高，国内外消费者对畜产品质量安全的要求越来越高，且消费者心中构成畜产品质量的维度及其对应的权重也随时间而变化（Issanchou，1996；Grunert，2005）。

二、消费者对畜产品质量安全的认知

（一）消费者对畜产品质量安全的关注

消费者对包括畜产品在内的农产品质量安全的关注是一个逐步提升的过程。改革开放初期，我国城乡居民食物消费以粮食为主，如谷物、豆类等农作物，畜产品消费水平偏低，这一时期对畜产品消费问题的关注更多地聚焦在数量上的供应安全（辛翔飞和王济民，2019）。随着人们收入水平和生活水平的提升，消费者开始关注食物质量问题。尤其，多次发生的食品安全事件，如三聚氰胺奶粉、瘦肉精肉、激素肉等，使畜产品成为质量安全风险最高的食品之一（吴林海等，2015），因此，在畜产品消费量大幅提升的同时，消费者对畜产品质量安全的关注度明显提高。

近年来随着城乡居民生活水平的进一步提高，消费者对畜产品质量安全的关注层次逐渐丰富，做出消费选择时考虑的属性也更加多元。相关研究从其出发点来看可以分为两类：一是研判消费者在众多质量属性中最关注哪一个或者哪几个，二是研判消费者是否关注某一特定质量安全属性。

对于第一类研究，即关注什么的研究。周应恒等（2004）、韩杨等（2014）及姜百臣等（2007）的相关研究结果显示，消费者最为关注的方面聚焦在生产日期和保质期、兽药等化学残留等导致的安全问题，以及外观颜色所反映的新鲜程度等。相对而言，消费者对营养成分、品牌（奶类除外）、原产地、安全认证标签、生产和经营者信息等属性关注度评分不高。需要额外提及的是，对于奶类产品，品牌是消费者最为关注的质量安全属性线索之一（韩杨等，2014）。

对于第二类研究，即针对某一特定质量安全属性开展消费者关注度研究，相关属性主要包括品牌、原产地（包括国内不同地区之间的比较及国内外之间的比较）、安全认证标签、可追溯信息标签等。相关研究结论大都认为，消费者对上述属性有不同程度的关注；但这类文献的研究重点，多是在此基础上进一步测度消费者对相关属性的支付意愿，分析消费者对上述属性的关注对消费行为产生怎样的影响。

此外，王明利等（2022）将畜产品安全水平分为表观质量安全水平和内涵型质量安全水平两个方面，前者为可以直接检测出的兽药等化学残留等各种指标水平，后者指畜禽应激、营养均衡、功能性物质含量等方面所导致的产品质量安全问题，认为未来畜禽产品内涵型质量安全水平会受到消费者更多关注。

（二）消费者对畜产品质量安全的了解

农产品质量安全认证标识是反映农产品质量安全水平的重要载体，也是消费者了解和评价农产品质量安全水平的重要途径。从 20 世纪 90 年代开始，我国逐步构建起农产品质量安全认证体系，"三品一标"是我国政府对农产品质量安全认证的重要标识，即无公害农产品、绿色食品、有机食品和农产品地理标志。无公害农产品发展始于 2001 年，是在适应加入 WTO 和保障公众食品安全的大背景下推出的，是对食品的最基本要求（Liu et al.，2013）；绿色食品发展始于 1990 年，是在发展高产优质高效农业大背景下推动起来的，需确保生产过程的每个阶段都必须符合规定的环境保护标准，有 A 和 AA 两个等级（Zhang et al.，2002）；有机食品发展始于 1994 年，是国际有机农业宣传和辐射带动的结果，在生产中绝对禁止使用人工合成肥料、农药等化学物质（Jia et al.，2002）。根据质量安全标准严格程度，这三种食品的安全性从无公害农产品、绿色食品到有机农产品逐级增加。农产品地理标志是指被标示的农产品来自特定地域并以地域名称冠名的特有标志，是借鉴欧洲发达国家的经验，旨在推进地域特色优势农产品产业发展。值得注意的是，根据 2022 年发布的《中华人民共和国农产品质量安全法》，自 2023 年 1 月 1 日起国家停止无公害农产品认证工作，启动合格证制度试行工作，无公害农产品被达标合格农产品取代，组成新的农产品"三品一标"。此外，我国自 2004 年开始分阶段推进市场准入 QS 标识，对未达到质量安全标准的食品取消其入市资格，成为帮助消费者节约安全食品搜寻成本的重要工具（何坪华等，2009）。再者，从国外传入国内的农产品可追溯体系和 HACCP 体系，近年来逐渐被消费者了解和认可。可追溯食品体系在欧美发达国家普遍实施，并在防范食品安全风险方面发挥了重要作用（Pizzuti and Mirabelli，2015），消费者通过可追溯食品标签可获取产品所有供应链环节及其信息属性（应瑞瑶等，2016）。HACCP 体系是在世界范围内被公认的经济有效的食品安全认证系统，旨在确保食品安全卫生并对危害进行评估及控制，20 世纪 80 年代后期传入我国后迅速发展（王志刚等，2006）。

我国消费者虽然普遍关注畜产品质量安全，但对畜产品质量安全的了解程度较低，主要体现在对认证标识的概念、标签等方面认知不足。刘增金和乔娟（2011）对大连市消费者的调查结果显示，约四分之三的消费者不了解绿色和有机食品的内涵，对有机食品的转基因、可追溯性、加工、运输、认证和销售许可等方面认知更少。王志刚等（2006）对北京市消费者的调查结果显示，仅有约 16% 的人知道 HACCP 认证体系，完全不知道的消费者占比高达 84%。何坪华等（2009）对武汉市消费者的调查结果显示，有三分之一的消费者表示从来都没有听说过 QS 标识，对其缺乏基本概念，且有超过半数的消费者不知道 QS 图标。周应恒等（2008）、赵荣等（2010）、文晓巍和李慧良（2012）分别对上海、北京、咸阳和广州的消费者进行问卷调查，结果显示有四分之一的消费者从来没有听说过可追溯体系，一半的消费者完全不了解，并且对可追溯性食品的认知程度也不高。上述相关研究主要是基于对一、二线城市的消费者调查得到的结论，可以推断认为，全国总体上消费者对认证标识的了解更为不足。

由于对认证标识的了解有限，消费者对认证标识所对应的潜在认证体系的知识水平也较低（Liu et al.，2013）。虽然消费者普遍对绿色产品等高质量水平的畜产品有较为强烈的需求，且质量认证信息在我国超市等购物场所越来越多，但在购买畜产品时只有较低比重的消费者实际使用"绿色食品"等安全认证标签来识别产品质量。Jin 等（2008）对浙江消费者研究指出，消费者使用绿色食品标签来识别绿色食品的消费者比例不到半数，Grunert 等（2015）和张沛宜等（2008）的研究显示该比例仅为 15％左右，甚至更低。

（三）消费者对畜产品质量安全的评价

消费者对畜产品质量安全的评价反映了其对畜产品质量安全的信心，是影响消费意愿和行为的主要因素。关于这方面的研究，一是通过调研消费者对我国畜产品质量安全状况的等级评分，直接分析判断消费者对畜产品质量安全的总体评价，二是通过分析消费者对各类认证标识的态度，从不同视角反映消费者对畜产品质量安全的评价。

就消费者对畜产品质量安全的总体评价来看，周应恒等（2004）的研究结论显示，约半数的消费者对包括畜产品在内的食品安全持放心态度，但还有超过三分之一的消费者认为食品安全总体上不让人放心。此外，对于具体畜禽品种而言，文晓巍和李慧良（2012）关于鸡肉产品质量安全评价的调查结果显示，仅有 36％的消费者认为鸡肉产品能够达到基本安全及以上水平，其中认为比较安全和非常安全的消费者不足 10％。Liu 等（2009）研究显示，约40％ 的消费者认为猪肉产品不安全，且有 72％的消费者质疑有机猪肉使用了抗生素、激素或添加剂。周应恒等（2008）对牛肉质量安全评价认为，有30.36％的消费者对牛肉产品持不放心的态度。

就消费者对各类认证标识的信任态度来看，虽然有学者指出，因近年来一些标识认证的畜产品被替换而欺骗消费者的事件相继出现，使得消费者对安全认证的产品信任度很低（黄圣男等，2013），但更多的研究认为，消费者对于由政府主导构建的农产品认证标识和体系更为重视，且大多持乐观态度。在质量安全认证标识中，绿色食品标识的接受程度最高，达到 98.3％，其次是无公害食品和有机食品（张莉，2004）。王志刚等（2006）的研究显示，虽然消费者对 HACCP 认证体系的认知较少，了解此体系的人多数（60.87％）信任该体系。冯忠泽（2008）研究显示，80％的消费者信任经过政府部门认证的畜产品。吴林海等（2014）和应瑞瑶等（2016）的研究发现，相对于第三方认证和无认证的可追溯猪肉而言，消费者更加信任政府认证的可溯源信息，认为其可以防范猪肉安全风险。唐学玉等（2010）的研究表明，94％的消费者信任具有政府认证标识的高质量安全鸡蛋。

此外，产品品牌是消费者识别产品质量的重要标签。夏晓平和李秉龙（2011）的调查结果显示，虽然有过半数的消费者选择购买品牌羊肉产品，但是却只有不到半数的消费者对品牌羊肉产品的质量安全状况持比较信任和非常信任的态度。

三、消费者对高质量安全水平畜产品的行为选择及影响因素

分析消费者行为选择，研判其影响因素，对于实现供给侧和消费侧间更好地匹配具有重要意义。相关研究大致包括两类：一是通过调研问卷，定性或者定量询问消费者是否愿意支付额外金额以及愿意支付额外金额的水平，二是通过实验方法（包括真实选择实验方法、假想性选择实验方法、实验拍卖法等），并结合计量回归分析或结构方程模型等方法对消费者偏好开展实证分析。虽然研究方法有所不同，但相关文献的研究内容主要聚焦在消费者的支付意愿、消费选择及其影响因素上。

（一）支付意愿

对安全认证信息属性的支付意愿。有机食品认证标准对我国大多数生产商来说过于严格，大多数消费者觉得有机食品太贵（Yin et al.，2010），因而对标准低于有机食品且高于无公害这一最低要求的绿色食品认证的消费偏好和支付意愿的研究被认为更具重要性。Yu et al.（2014）的调查显示，消费者愿意为被认证的绿色肉类产品支付 40％的溢价。Ortega et al.（2011）和 Zhang et al.（2012）的调查发现，消费者对被认证的绿色食品的平均支付意愿（69 元）明显高于有机食品（25 元）。谭细芬（2010）认为超过半数的消费者对绿色鸡蛋具有较强的支付意愿，溢价水平在 21％～50％。此外，关于 HACCP 认证，王志刚和毛燕娜（2006）对奶类消费的研究发现，在未经干预的情况下，消费者愿意对 HACCP 认证的牛奶支付的溢价水平较低，不足 6％；经过信息强化后，消费者愿意支付的溢价水平提升至 9％。

对可追溯信息属性的支付意愿。Zhang et al.（2012）、Bai et al.（2013）、朱淀等（2013）、吴林海等（2014）、陈秀娟等（2016）和应瑞瑶等（2016）不同实验机制下的研究结论均显示，消费者愿意对具有不同层次信息属性的可追溯猪肉、奶类等畜产品支付一定的溢价，对可追溯猪肉的溢价水平约为22.5％，对每 0.25 千克的牛奶消费者愿意多支付 3.07～9.11 元。

对原产地属性的支付意愿。吴林海等（2015）和陈秀娟等（2016）对国内产品的消费研究显示，消费者更喜欢具有原产地属性的肉类产品。而 Ortega et al.（2016）通过分析消费者对进口牛肉的支付意愿，发现消费者更喜欢具

有特定食品质量属性的澳大利亚牛肉（包括食品安全、动物福利、绿色食品和有机认证属性），而不是美国牛肉或具有原产地标识的国产牛肉。

此外，相关研究也指出了消费偏好与选择行为之间存在偏差问题。在猪肉消费中，Yu et al.（2014）的分析结果指出，即使消费者愿意为认证绿色食品支付40％的溢价，但实际上经认证的绿色食品的消费率并不高；王建华等（2018）的调查研究显示，90％以上的消费者对安全认证产品有自述偏好，但在实际购买过程中仅有不到30％的消费者能够实现自述偏好和现实选择之间的一致性。在牛肉消费中，周应恒等（2008）认为仅有约50％的消费者将心理需求转化为实际购买需求。综合相关研究结论，偏好与行为之间偏差产生的原因有两个方面：一是与收入阶层有关，高收入阶层愿意为绿色食品支付更高的溢价，更高概率上能够实现消费偏好与选择行为的一致性，但低收入阶层虽然可能愿意为绿色畜产品支付一些溢价，但这并不意味着他们会在现实中购买（Yu et al.，2014）。二是与信任度有关，了解和信任在将消费者支付意愿与实际购买行为联系起来方面发挥着重要作用（Liu et al.，2013；Chen，2013），我国消费者虽然对政府主导的认证体系的信任度较高，但仍明显低于消费者对其个人经验信息或者周边环境信息的信任度（Liu et al.，2014），且消费者对相关认证体系的了解非常有限。

（二）影响因素

由于研究视角和研究对象存在时空维度上的差异，相关文献所得到的关于消费者畜产品购买行为和支付意愿影响因素的判断不尽相同，但总体来看，相关研究中涉及的影响因素主要包括消费者个人及家庭特征、消费者对畜产品质量安全的认知以及消费者对认证系统的信任程度三个方面。

个体特征，包括消费者的性别、年龄、教育程度、职业、收入水平等方面。已有研究的共性结论中，对消费者支付意愿影响最为显著的因素包括消费者收入水平和年龄。收入水平高的消费者比收入水平低的消费者具有更积极的支付意愿。老年人对安全认证标签、追溯系统等新属性的支付意愿明显低于中青年消费者，因为与年长者相比，年轻人愿意为能够识别或者保障畜产品质量安全的新属性支付更多费用（应瑞瑶等，2016）。对此的解释，一是年轻人的预期寿命比老年人长，因此可能从身体健康中获得更多好处，二是老年人不愿意改变饮食习惯，对新事物的接纳性弱，不愿意为新属性支付溢价。

消费者对畜产品质量安全的认知及评价。应瑞瑶等（2016）基于实验拍卖法和计量回归模型的实证分析结果指出，因我国曝光的畜产品质量安全问题实例较多，消费者对食品的关注程度负向影响其支付意愿，而消费者对畜产品的满意度与支付意愿呈正相关。消费者获取畜产品质量安全信息的渠道、自身经历及个人特征等直接影响着其对畜产品质量安全的认知和评价（王志刚等，2006；姜百臣等，2017）。

消费者对农产品认证系统的信任程度。以可追溯农产品为例，尽管消费者一开始对其支付意愿较低，但经过信息强化获得消费者信任后，75.8%的消费者愿意支付更高的价格（王锋，2009），且随着可追溯产品安全信息的完整性增加，消费者的支付意愿具有递增的趋势（周应恒，2008）。袁晓辉（2021）认为，信任是影响消费者对有机食品行为选择的重要影响因素之一，缺失信任会限制消费者的购买行为。

四、结论及展望

（一）结论

随着生活水平的不断提高，畜产品在城乡居民膳食结构中的地位显著上升，消费者对畜产品质量安全的关注程度逐渐加强，且普遍对畜产品质量安全有强烈的需求。从消费者层面来讲，质量安全是一个主观的概念，是消费者内心感知的产品属性，并不等同于行业专家对食品安全性的客观测度结果。虽然，随着改革开放四十余年来畜牧业的持续发展，在国家出台实施的一系列政策措施和一系列食品安全保障行动的推动下，畜产品质量水平显著提高，已经达到较高水平（王明利，2022），但已有研究的调查结果显示我国消费者对畜产品质量安全状况的评价并不乐观。

消费者最为关注的畜产品质量安全属性，聚焦在生产日期和保质期、化学残留及外观新鲜度等方面。虽然消费者愿意为高质量安全水平的畜产品支付一定的溢价成本，但是由于对相关质量安全认证的基本了解明显不足，消费者的需求和偏好与其实际行为选择存在偏差，带有质量安全认证标识的畜产品消费率并不高，消费者实际使用质量安全认证标签来识别产品质量的比重较低。消费者的性别、年龄、教育程度、职业、收入水平等社会人口特征，消费者对畜产品质量安全的认知及评价，消费者对农产品认证系统的信任程度，以及消费者获取畜产品质量安全信息的渠道是影响消费者消费行为和支付意愿的重要因素。受上述因素影响，消费者愿意为畜产品质量安全属性支付的溢价成本差异很大，低者在5%左右，高者达到50%。

（二）展望

食品质量安全属性是一个动态的概念，构成质量安全的维度及其权重也因时间阶段、消费群体的不同而存在差异。已有关于我国消费者畜产品质量安全认知的文献大多呈现在 2005—2015 年间，近年来的文献则相对缺乏。随着中国特色社会主义进入新时代，我国社会主要矛盾转变为人们日益增长的美好需要和不平衡不充分的发展之间的矛盾，消费环境、消费需求均发生了变化，消费者对畜产品质量安全的认知和行为选择也在调整。掌握消费者对畜产品质量安全的认知及行为选择，是政府部门管理和指导行业生产消费的重要依据，也是供给端经营主体正确了解并匹配消费者偏好的重要支撑。新的发展环境下，消费者对畜产品质量安全属性的了解、态度、评价以及行为选择等发生了怎样的调整？哪些属性成为消费者最为关心的方面，并对消费者行为具有重要的影响？消费者对哪些属性信息的认知存在偏差，并影响了消费偏好与消费行为的一致性？就上述问题开展进一步的深入研究，并针对不同消费群体构建有效的信息沟通渠道，增强消费者对质量安全认证体系及标识的了解度和信任度，可推动畜产品市场良性发展。

质量安全信息不对称是农产品市场失灵的主要原因之一。消费者缺乏对畜产品质量安全科学知识的了解，是造成其对畜产品质量安全担忧的重要原因；同时，畜产品质量安全管理的科学信息以及相关领域专家对质量安全相关问题的科学判断，又无法及时有效地传递给消费者，导致质量安全信息严重不对称。在掌握消费者对畜产品质量安全的认知及行为选择的基础上，一方面，建议政府部门、行业协会和经营主体通过多种途径与消费者进行畜产品质量安全风险交流，开展畜产品质量安全科普宣传，尤其是通过政府部门的政策支持，充分发挥具有较强公信力的科教单位专家学者的科普宣传作用，引导消费者树立健康饮食的理念，增强畜产品质量安全消费信心；另一方面，建议政府部门严格质量安全监管，加强信息规制建设，确保质量安全认证体系及标识成为畜产品质量安全质量信号传递的有效载体，推动其成为消费者识别质量安全水平的重要工具，缩减消费者偏好与行为偏差。

参考文献

［1］ Bai J，Zhang C，Jiang J. The Role of Certificate Issuer on Consumers' Willingness-to-Pay for Milk Traceability in China ［J］. Agricultural Economics，2013，44（4－5）:

537 - 544.

[2] Bernués A, Olaizola A, Corcoran K. Extrinsic attributes of red meat as indicators of quality in Europe: an application for market segmentation [J]. Food Quality & Preference, 2003, 14 (4): 265 - 276.

[3] Caswell J A, Mojduszka E M. Using informational labeling to influence the market for quality in food products [J]. American Journal of Agricultural Economics, 1996, 78 (5): 1248 - 1253.

[4] Caswell J A, NoelkE C M, Mojduszka M. Unifying two frameworks for analyzing quality and quality assurance for food products [R]. Global Food Trade & Consumer Demand for Quality, 2000: 43 - 61.

[5] Chen W. The effects of different types of trust on consumer perceptions of food safety: An empirical study of consumers in Beijing Municipality, China [J]. China Agricultural Economic Review, 2013, 5 (1): 43 - 65.

[6] Darby M R, Karni E. Free competition and the optimal amount of fraud [J]. The Journal of law and economics, 1973, 16 (1): 67 - 88.

[7] Grunert K G, Loose S M, Zhou Y, et al. Extrinsic and intrinsic quality cues in Chinese consumers' purchase of pork ribs [J]. Food Quality and Preference, 2015, 42: 37 - 47.

[8] Grunert K G. Food Quality and Safety: Consumer Perception and Demand [J]. European Review of Agricultural Economics, 2005, 32 (3): 369 - 391.

[9] Issanchou S. Consumer expectations and perceptions of meat and meat product quality [J]. Meat science, 1996 (43): 5 - 19.

[10] Jia N X, Liu H F, Wang X P, et al. Discussion on the development of organic food, green food and hazard free food [J]. Journal of China Agricultural Resources and Regional Planning, 2002, 23 (5): 60 - 62.

[11] Jin M, Zhao C. Consumers' behaviour intention and purchasing behaviour of green agricultural products [J]. Chinese Rural Economy, 2008 (5): 44 - 55.

[12] Jin S, Zhou L. Consumer interest in information provided by food traceability systems in Japan [J]. Food Quality and Preference, 2014 (36): 144 - 152.

[13] Lassoued R, Hobbs J E. Consumer confidence in credence attributes: The role of brand trust [J]. Food Policy, 2015 (52): 99 - 107.

[14] Liu J D, Wang K, Han J Q. Consumers' cognition and purchasing behaviour of organic pork [J]. Modern Economic Research, 2009 (4): 50 - 53.

[15] Liu R, Pieniak Z, Verbeke W. Consumers' attitudes and behavior towards safe food in China: A review [J]. Food Control, 2013 (33): 93 - 104.

[16] Liu R, Pieniak Z, Verbeke W. Food-related hazards in China: Consumers' perceptions

of risk and trust in information sources [J]. Food Control, 2014, 46 (46): 291 - 298.

[17] Nelson P. Information and consumer behavior [J]. Journal of Political Economy, 1970, 78 (2): 311 - 329.

[18] Olson J C. Cue Utilization in the Quality Perception Process: A Cognitive Model and An Empirical Test Doctoral Dissertation [J]. American Journal of Mental Deficiency, 1972 (1).

[19] Ortega D L, Hong S J, Wang H H, et al. Emerging markets for imported beef in China: Results from a consumer choice experiment in Beijing [J]. Meat Science, 2016 (121): 317 - 323.

[20] Ortega D L, Wang H H, Wu L P, et al. Modeling heterogeneity in consumer preferences for select food safety attributes in China [J]. Food Policy, 2011, 36 (2): 318 - 324.

[21] Pizzuti T, Mirabelli G. The Global Track & Trace System for food: General framework and functioning principles [J]. Journal of Food Engineering, 2015 (159): 16 - 35.

[22] Wu L, Wang H, Zhu D. Analysis of consumer demand for traceable pork in China based on a real choice experiment [J]. China Agricultural Economic Review, 2015, 7 (2): 303 - 321.

[23] Yin S, Wu L, Du L, et al. Consumers' purchase intention of organic food in China [J]. Journal of the Science of Food and Agriculture, 2010, 90 (8): 1361 - 1367.

[24] Yu X, Gao Z, Zeng Y. Willingness to pay for the "Green Food" in China [J]. Food policy, 2014 (45): 80 - 87.

[25] Zhang C, Bai J, Wahl T I. Consumers' willingness to pay for traceable pork, milk, and cooking oil in Nanjing, China [J]. Food Control, 2012, 27 (1): 21 - 28.

[26] Zhang F D, Zhang J Q, Zhao B Q, et al. Market access of hazard free agricultural products and its relevant policies [J]. Plant Nutrition and Fertilizer Science, 2002, 8 (1): 3 - 7.

[27] 陈秀娟, 秦沙沙, 尹世久, 等. 基于消费者对产地信息属性偏好的可追溯猪肉供给侧改革研究 [J]. 中国人口·资源与环境, 2016, 26 (9): 92 - 100.

[28] 冯忠泽, 李庆江. 消费者农产品质量安全认知及影响因素分析——基于全国7省9市的实证分析 [J]. 中国农村经济, 2008, 277 (1): 23 - 29.

[29] 韩晨雪, 彭超, 刘合光. 不同城镇化增长方案下畜产品消费趋势比较分析 [J]. 中国农业资源与区划, 2021, 42 (4): 237 - 246.

[30] 韩杨, 曹斌, 陈建先, 等. 中国消费者对食品质量安全信息需求差异分析——来自1 573个消费者的数据检验 [J]. 中国软科学, 2014, 278 (2): 32 - 45.

［31］何坪华，凌远云，焦金芝．武汉市消费者对食品市场准入标识 QS 的认知及其影响因素的实证分析［J］．中国农村经济，2009，291（3）：57－67．

［32］黄圣男，韩青，王志刚．大城市居民对畜产品安全认证标识的认知和信任态度研究——以北京市为例［J］．农产品质量与安全，2013，62（2）：62－64．

［33］姜百臣，米运生，朱桥艳．优质农产品质量特征的消费者选择偏好与价格支付意愿——基于 Hedonic 模型的研究［J］．南京农业大学学报（社会科学版），2017，17（4）：128－137，160．

［34］姜百臣．中国农村居民食品消费需求实证分析——基于吉林省的微观消费数据［J］．中国农村经济，2007，271（7）：37－44．

［35］刘增金，乔娟．消费者对认证食品的认知水平及影响因素分析——基于大连市的实地调研［J］．消费经济，2011，27（4）：11－14，4．

［36］谭细芬．绿色食品管理与消费者行为研究［D］．武汉：华中农业大学，2010．

［37］唐学玉，李世平，姜志德．安全农产品消费动机、消费意愿与消费行为研究——基于南京市消费者的调查数据［J］．软科学，2010，24（11）：53－59．

［38］王二朋，高志峰．食品质量属性及其消费偏好的研究综述与展望［J］．世界农业，2020，495（7）：17－24．

［39］王锋，张小栓，穆维松等．消费者对可追溯农产品的认知和支付意愿分析［J］．中国农村经济，2009，291（3）：68－74．

［40］王建华，杨晨晨，朱湄．消费者对安全认证猪肉的选择行为偏差及其影响因素［J］．中国人口·资源与环境，2018，28（12）：147－158．

［41］王明利，李鹏程，马晓萍．规模化选择对畜牧业高质量发展的影响及其路径优化——基于生猪养殖规模化视角［J］．中国农村经济，2022，447（3）：12－35．

［42］王志刚，毛燕娜．城市消费者对 HACCP 认证的认知程度、接受程度、支付意愿及其影响因素分析——以北京市海淀区超市购物的消费者为研究对象［J］．中国农村观察，2006（5）：2－12．

［43］文晓巍，李慧良．消费者对可追溯食品的购买与监督意愿分析——以肉鸡为例［J］．中国农村经济，2012，No.329（5）：41－52．

［44］吴林海，秦沙沙，朱淀，等．可追溯猪肉原产地属性与可追溯信息属性的消费者偏好分析［J］．中国农村经济，2015，366（6）：47－62，73．

［45］吴林海，王红纱，刘晓琳．可追溯猪肉：信息组合与消费者支付意愿［J］．中国人口·资源与环境，2014，24（4）：35－45．

［46］吴林海，王淑娴，Hu Wuyang．消费者对可追溯食品属性的偏好和支付意愿：猪肉的案例［J］．中国农村经济，2014，356（8）：58－75．

［47］夏晓平，李秉龙．品牌信任对消费者食品消费行为的影响分析——以羊肉产品为例［J］．中国农村观察，2011，100（4）：14－26，96．

［48］辛翔飞，王济民．我国粮食自给水平目标设定：研究综述与政策启示［J］．自然资源

学报，2019，34（11）：2257－2269.

[49] 辛翔飞，张怡，王济民. 我国畜产品消费：现状、影响因素及趋势判断 [J]. 农业经济问题，2015，36（10）：77－85，112.

[50] 应瑞瑶，侯博，陈秀娟，等. 消费者对可追溯食品信息属性的支付意愿分析——猪肉的案例 [J]. 中国农村经济，2016，383（11）：44－56.

[51] 袁晓辉，吕长文，肖亚成. 信任对城市居民有机食品消费行为的影响机理分析 [J]. 中国农业资源与区划，2021，42（4）：217－228.

[52] 张沛宜. 广州市城市居民绿色食品消费行为研究 [D]. 广州：暨南大学，2008.

[53] 张晓勇，李刚，张莉. 中国消费者对食品安全的关切——对天津消费者的调查与分析 [J]. 中国农村观察，2004（1）：14－21，80.

[54] 赵荣，乔娟，孙瑞萍. 消费者对可追溯性食品的态度、认知和购买意愿研究——基于北京、咸阳两个城市消费者调查的分析 [J]. 消费经济，2010，26（3）：40－45.

[55] 周应恒，王晓晴，耿献辉. 消费者对加贴信息可追溯标签牛肉的购买行为分析——基于上海市家乐福超市的调查 [J]. 中国农村经济，2008，281（5）：22－32.

[56] 周应恒，霍丽玥，彭晓佳. 食品安全：消费者态度，购买意愿及信息的影响——对南京市超市消费者的调查分析 [J]. 中国农村经济，2004（11）：53－59，80.

[57] 朱淀，蔡杰，王红纱. 消费者食品安全信息需求与支付意愿研究——基于可追溯猪肉不同层次安全信息的 BDM 机制研究 [J]. 公共管理学报，2013，10（3）：129－136，143.

科学把握大农业观的
科学内涵和时代意义

辛翔飞

（中国农业科学院农业经济与发展研究所）

2023 年底召开的中央经济工作会议要求，"树立大农业观、大食物观，把农业建成现代化大产业"。这里提到的"大农业观"，是党在领导新时代"三农"工作中形成的重大理论创新成果。

一、科学把握大农业观的整体性内涵

大农业观强调农业产业领域的整体性。与仅指种植业生产的狭义农业相比，大农业则不仅包括种植业、畜牧业、林业和渔业生产，也包括产前产中产后的农业科技研发与转化、良种繁育与推广、农资供应与流通、农机制造与销售，以及农产品储藏、加工、流通、营销等，还包括新兴的生态、文旅、康养产业等。大农业观将与农业全产业链密切相关的上下游产业视为整体性的大农业产业体系。

大农业观强调农业资源的整体性。与过度依赖有限耕地的传统农业观相比，大农业观还将 40 多亿亩[①]林地、近 40 亿亩草地、大量的江河湖海等在内的全部国土空间均视为农业发展的宝贵资源，通过开发大资源，向植物、动物、微生物要热量和蛋白，满足人们对大食物的需求。

大农业观强调农业功能的整体性。农业既具有保障粮食和重要农产品供给

---

① 亩为非法定计量单位，1 亩≈667 平方米，下同。

的功能，也具有生态涵养、休闲观光、文化传承以及稳定农民就业、实现农民富裕的功能，还具有国家安全保障、现代化强国建设的基础支撑功能。农业的多维度功能相互联系构成有机统一的整体。

大农业观强调农业发展方式的整体性。农业发展必须摒弃竭泽而渔、焚薮而田、大水大肥、大拆大建的老路子，坚定不移地转变发展方式，坚持生产生活生态并重、数量质量效益并重、科技驱动与政策驱动并重、当前利益与长远利益并重，保持发展方式、发展举措取向具有一致性。

二、科学理解大农业观提出的历史必然性

传统农业观难以为继。党的十八大前，经过长期努力，我国农业发展取得巨大成就，成功解决了粮食和畜产品供给严重短缺的问题，人民生活总体上达到小康水平。但在传统农业观下，我国农业发展出现诸多弊端：拼资源消耗、拼生产资料投入的粗放经营，导致耕地质量下降，水资源短缺加剧，农业面源污染加重，可持续发展状况恶化。产业规模小，布局散，链条短，品种、品质、品牌水平较低，产业产品竞争力不足。过度依赖有限的耕地资源，林草地和江河湖海等资源的合理利用明显不足。农业传统功能较窄，新功能开发不足。

人民对美好生活需求日益增长。新时代下，人民对美好生活需求呈现出多样化增长趋势。食物消费由吃得饱向吃得好转变，膳食结构更多偏向增加蔬菜、水果和动物源性产品。物质生活越丰富，人民群众越喜欢山清水秀的田园风光，越有条件进行休闲旅游和文化寻根。在资源承载力已逼近极限的国情下，人民对优质农产品消费需求增长是农业发展面临的巨大挑战，同时人民不断增长的物质、精神需求以及生活方式变迁又蕴藏着农业发展的巨大机遇。

现代科技发展和综合国力提升。党的十八大以来，我国农业科技取得巨大成就，一大批现代先进技术在农业领域中得到推广应用，既推动了要素生产率显著提升，又带动了一大批新产业兴起。同时，随着综合国力的增强，国家在交通运输和信息化等方面的基础建设突飞猛进，为农业转型升级提供了强力支撑。

党中央对"三农"工作高度重视。大农业观的形成与发展，更为重要的是源于以习近平同志为核心的党中央对"三农"的历史地位、问题与挑战，以及发展目标、发展方式、发展举措等重大问题的精确把握、深谋远虑和历史担当。党的十八大以来，党中央始终坚持把解决好"三农"问题作为全党工作的

重中之重，把实施乡村振兴战略作为全面建设社会主义现代化国家的全局性历史性任务，把推动形成绿色发展方式作为发展观的一场深刻革命，把建设生态文明作为中华民族永续发展的千年大计。习近平总书记关于"三农"工作重要论述和党中央对"三农"工作的高度重视，使大农业观的形成和发展具有了历史必然性。

参考文献

［1］辛翔飞，王秀东，王济民．新时代下的中国粮食安全：意义、挑战和对策．中国农业资源与区划，2021（3）．

［2］习近平．加快建设农业强国 推进农业农村现代化．求是，2023（6）．

［3］习近平．决胜全面建成小康社会 夺取新时代中国特色社会主义伟大胜利［R］．习近平总书记 2017 年 10 月 18 日在中国共产党第十九次全国代表大会上的报告．

［4］习近平．坚持把解决好"三农"问题作为全党工作重中之重，举全党全社会之力推动乡村振兴［R］．习近平总书记 2020 年 12 月 28 日在中央农村工作会议上的讲话．

［5］魏后凯．坚持以发展现代化大农业为主攻方向［N］．学习时报，2023 - 10 - 20．

贯彻大农业观、大食物观
推动畜牧业率先实现现代化

辛翔飞

（中国农业科学院农业经济与发展研究所）

2023 年 12 月召开的中央经济工作会议，明确提出"要树立大农业观、大食物观，把农业建成现代化大产业"。畜牧业和畜产品供给在大农业和大食物中具有重要战略地位，涉及粮食安全保障、食物稳定供给、农民共同富裕、生态环境保护和农业强国建设等多个方面。畜牧业现代化是大农业现代化的排头兵，贯彻大农业观和大食物观，推动畜牧业率先实现现代化是建成现代化大农业的重要一环。

一、深刻领会推动畜牧业率先实现现代化的重大意义

（一）畜牧业现代化是农业现代化大产业建设的必然要求

畜牧业是大农业的重要支柱产业，2022 年全国畜牧业总产值达到 40 652.4 亿元，占农林牧渔业总产值的比重达到 26.05%。在大农业中，畜牧业现代化建设处于排头兵地位。2021 年畜禽养殖规模化率达到 69.0%，养殖业的设施化、机械化、智能化水平长期领先，为加快推进畜牧业现代化奠定了坚实的发展基础。畜牧业率先实现现代化，对于加快农业现代化大产业建设具有重要的引领和示范作用。

（二）畜牧业现代化是确保食物供给安全的必然要求

随着收入水平和生活水平的持续提升，居民膳食结构发生显著变化，人均口粮消费明显下降，畜产品消费大幅增长。未来随着社会主义现代化强国建设的推进和人民对美好生活需求的进一步增长，在较长时间内畜产品需求仍将呈刚性增长。在资源约束日趋加大的现实国情下，要能够有效保障不断增长的畜产品消费需求，确保国家食物安全，唯一途径就是通过加快推进畜牧业现代化

建设提升畜产品生产效率。

（三）畜牧业现代化是实现畜牧业高质量发展的内在要求

改革开放以来，我国畜牧业发展取得巨大成就，但以往在以数量增长为主要导向的发展进程中，仍然存在发展质量不高的问题。农业劳动生产率、科技进步贡献率、资源利用率等与发达国家相比仍有较大差距，养殖生产成本整体偏高，行业竞争力较弱。迫切需要加快推进畜牧业现代化建设，促进畜牧业转型升级。

（四）畜牧业现代化是增加农民收入、实现共同富裕的必然要求

现阶段全国从事（包括兼业）畜禽养殖的经营主体约有 6 600 万个，其中，生猪养殖约 2 020 万个、蛋鸡养殖约 920 万个、肉鸡养殖约 1 830 万个、奶牛养殖约 51 万个、肉牛肉羊养殖约 1 800 万个，共涉及农村人口约 2 亿。可以说，这一庞大规模的经营主体和农村人口，其收入增长和富裕水平在很大程度上依赖于畜牧业现代化水平的提升。

二、加快畜牧业现代化产业体系建设

（一）加快现代畜禽种业体系建设

种业是畜牧业发展的基础性决定因素。经过长期努力，我国现代畜禽种业体系建设取得长足进步，但仍然存在部分畜禽品种核心种源自给水平不高，产业安全风险大等问题。应始终坚持"以我为主、自主创新、引育结合"的方针，加快构建以市场为导向、以企业为主体、产学研深度融合的现代畜禽种业创新体系。强化育种创新和良种繁育推广，不断提高优质种源供给能力。

（二）加快现代养殖业体系建设

养殖业是畜产品综合生产能力提升的集成环节。要不断提升适度规模标准化养殖水平，大力培育龙头企业、家庭牧场、养殖专业合作社等新型经营主体，充分发挥龙头企业的带动作用，帮助中小养殖户融入现代生产体系。要大力提升养殖设施装备水平，着力推进养殖工艺与设施装备的集成配套，特别是充分利用先进的信息化智能化技术，推进智慧养殖业发展。

（三）加快现代饲料饲草供给体系建设

饲料粮安全是我国粮食安全的重要组成部分，饲料饲草料供给安全也已成

畜禽养殖稳定发展的重要因素。要坚持以国内为主保障能量饲料原料供应的同时，促进蛋白饲料原料进口品种来源地多元化，以稳定蛋白饲料原料供应。因地制宜推行粮改饲，增加全株青贮玉米种植，提高苜蓿、燕麦等紧缺饲草自给率。加快培育饲草新品种，着力构建育繁推一体化的商业化育种体系，挖掘利用国内优良饲草种质资源，加快培育推广一批区域适应性好、品质优、产量高、抗逆性好、抗病性强的饲草新品种。持续推进秸秆饲料化应用，推动建立健全秸秆收储用体系，支持牛羊养殖场户提升储存利用能力，扩大秸秆饲料化利用规模。

（四）加快现代畜产品加工体系建设

提升畜产品加工水平，是延长产业链、提升价值链的重要路径。要大力提升畜产品加工行业整体水平，优化屠宰加工产能布局，推进畜产品加工向养殖优势区转移，强化畜禽养殖屠宰加工产业链构建。提高畜产品精深加工能力，大力发展特色畜产品加工，优化产品结构，满足城乡居民多元化消费需求。加强畜产品加工装备研发推广，提高自动化智能化加工装备水平。

（五）加快现代畜产品流通体系建设

物流体系建设，特别冷链物流体系建设是畜产品质量保障和市场拓展的重要支撑。要尽快完善冷链物流骨干基础设施建设，将国家已规划布局的"十四五"期间在农产品优势区、主要集散地和产销区建设 100 个左右国家骨干冷链物流基地的规划落地见效。要加快补齐产销两端冷链物流设施短板。加快建设以国家冷链物流基地为核心、产销冷链集配中心和两端物流设施为支撑的三级冷链物流节点设施网络，支撑冷链物流深度融入"通道＋枢纽＋网络"现代物流运行体系。

三、完善现代畜牧业发展保障体系

（一）完善科研攻关和科技推广应用体系

始终坚持创新驱动发展，发挥举国体制优势，围绕产业链关键环节联合开展集中研发攻关，突破发展瓶颈，掌握核心技术自主权。加强基层畜牧兽医技术推广体系建设，强化从业人员培训，健全科技特派员制度，发挥龙头企业对合作社、家庭农场等新型经营主体的技术指导和服务作用。

（二）健全动物疫病防控体系

强化经营主体责任意识，指导经营主体健全防疫制度，强化生物安全体系建设，提高疫病防控能力。深入推进兽医社会化服务体系改革，合理配置、配备基层兽医人员，提升兽医社会化服务组织的管理能力和业务技能，保证应免尽免，免疫有效。强化动物疫情监测报告系统重塑重大动物疫情报告制度，在原有"从下到上"报告的基础上，增加"从上到下"的抽查检查机制，完善动物疫情监测预警网络。

（三）强化畜产品质量安全保障体系

强化源头治理，严把饲料、兽药生产使用关口，加大养殖、屠宰加工全过程的安全监管。构建饲料行业监管监测一体化平台，强化饲料安全日常监管，规范饲料和饲料添加剂生产经营使用。持续推进兽用抗菌药减量使用行动，健全科学规范用药管理制度。健全畜产品质量监测标准体系，加强屠宰加工环节监测力度，落实畜产品品质检验制度，强化畜禽产品质量安全追溯管理，提升畜禽产品质量安全保障能力。

（四）优化政策支持体系

强化财政支持力度，加大对畜禽养殖、良种繁育、粮改饲、优质饲草生产、畜禽粪便资源化利用、畜禽养殖机械化装备、畜产品加工等方面的政策支持。创新金融支持方式，积极推进活畜禽、养殖圈舍、大型机械设备等资产抵押贷款，对符合产业发展政策的经营主体给予贷款担保和贴息，满足畜禽养殖现代化转型资金需求。优化中央财政保险保费补贴政策，加大力度扩大畜禽养殖保险覆盖率，发挥好"保险＋期货"功能，提高自然风险和市场风险防控能力。落实用地政策，按照畜牧业发展规划，统筹解决畜禽养殖用地需求。

我国畜牧业发展现状及未来发展趋势

张海峰[1]　陈　南[1]　辛翔飞[2]　王祖力[2]

（1. 湛江科技学院生猪产业研究所；
2. 中国农业科学院农业经济与发展研究所）

　　畜牧业是我国农业经济的重要组成部分，在保障人民群众基本生活需要、促进经济发展和实现农业现代化方面发挥着重要作用。目前，我国畜牧业发展取得了一定的成就，但随着社会经济环境的变化，畜牧业也面临着一些新的挑战和问题。

一、我国畜牧业发展现状

（一）畜牧业的规模逐渐扩大

　　近年来，我国主要畜产品产量总体上呈现上升趋势。肉牛年末存栏从2016年的8 835万头逐年增加，到2022年达到了10 216万头，而牛肉产量也呈现出相似的趋势，从2016年的617万吨增加到了2022年的718万吨。肉羊生产则略有波动，但总体上也呈现出增长的趋势，年末存栏从2016年的29 931万只增加到2022年的32 627万只。猪肉产量受非洲猪瘟疫情影响较大。生猪年末存栏从2016年的44 209万头下降到2019年的31 041万头，随后逐步回升，到2022年达到了45 256万头（陈锐等，2022；陈锐等，2022；郭惠武等，2019；李文丰等，2022）。猪肉产量也在这一期间呈现出类似的变化趋势，从2016年的5 426万吨下降到2019年的4 255万吨，之后逐渐上升，到2022年达到了5 541万吨（表1）。

　　禽类产品的情况与其他畜产品有所不同。禽肉和猪肉的替代性较高，2019年之前，禽肉产量保持在2 000万吨上下波动，2018年我国发生非洲猪瘟疫情，2019年猪肉产量大幅下滑，猪肉价格大幅度上升，导致消费者对价格相对较低的替代肉类食品禽肉的需求上涨，进而引发禽肉产能的上涨。与2016—2018年的禽肉产量相比，2019—2022年的禽肉产量显著上升。此外，

2019—2022 年的禽蛋产量同样上升明显（表 1），消费者对禽蛋产品的需求量不断增加，也是禽蛋产量持续增长的重要因素之一。尤其是近年来，随着人们对健康的重视和绿色食品的追求，禽蛋产品因其高蛋白、低脂肪的特点成为人们饮食健康的重要选择。

表 1　我国主要畜产品年末存栏及肉奶蛋产量变化

单位：万头/万只/万羽，万吨

年份	猪		肉牛			肉羊		禽		
	存栏	肉产量	存栏	肉产量	奶产量	存栏	肉产量	存栏	肉产量	蛋产量
2016	44 209	5 426	8 835	617	3 064	29 931	460	62	2 002	3 161
2017	44 159	5 452	9 039	635	3 039	30 232	471	61	1 982	3 096
2018	42 817	5 404	8 915	644	3 075	29 714	475	60	1 994	3 128
2019	31 041	4 255	9 138	667	3 201	30 072	488	65	2 239	3 309
2020	40 650	4 113	9 562	672	3 440	30 655	492	68	2 361	3 468
2021	44 922	5 296	9 817	698	3 683	31 969	514	68	2 380	3 409
2022	45 256	5 541	10 216	718	3 932	32 627	525	68	2 443	3 456

数据来源：国家统计局。

牛肉、牛奶和羊肉消费近些年都呈现出逐年增加和结构升级的趋势，其主要原因是经济发展、营养需求、饮食习惯改变等因素的影响。同时，牛肉、牛奶和羊肉消费的变化趋势也反映了我国人民生活水平的提高及健康意识的增强。需求的增长也带动了牛肉、牛奶和羊肉的生产增长。

总体来说，近年来，我国主要畜产品生产呈现出不同程度的增长和波动。猪肉产量和生猪存栏数量虽然在 2019 年遭遇了一定的下滑，但目前已逐渐恢复。牛、羊及禽类产品的产量和牛、羊、禽类的存栏数则相对稳定，并呈现出逐年增长的趋势（表 1）。

此外，自 2020 年开始，全球新冠疫情的发生和蔓延对我国畜牧业生产也产生了一定影响。我国采取了较为完善的疫情防控措施，支持畜产品生产企业加强防疫工作，推动了行业的快速复苏，因此，我国畜产品生产受到新冠疫情的影响相对较小。

（二）畜产品价格波幅较大

近年来，我国猪肉价格波动较大，其他肉类食品价格相对平稳（谢铿铮等，2022、2023）。肉类食品价格的走势受诸多因素影响，如市场供需、政策调控、疾病等多个方面（谢铿铮等，2022；杨侗瑀等，2022）。我国肉类食品消费的 60% 左右是猪肉，受非洲猪瘟疫情和新冠疫情的双重影响，2020 年我国猪肉价格突破了历史最高位，随即各级政府部门采取了一系列应急措施，比如投放储备冻猪肉、生猪期货上市等，使得猪肉价格逐渐稳定并从 2021 年开始回落（张海峰等，2021；张海峰等，2023；张海峰等，2022）。

相对而言，牛肉、羊肉和禽肉的价格走势相对平稳，近两年这些肉类的价格基本保持在一个相对稳定的水平，虽然也受到了新冠疫情等因素的影响，但波动幅度相对较小。需要注意的是，在节假日（如春节、国庆等），这些肉类价格会有季节性的上涨。在国际市场上，全球肉类供应和需求的变化也会影响我国肉类价格的走势。例如，2019 年的亚洲非洲猪瘟疫情蔓延导致全球生猪产量减少，进而引发全球性的猪肉价格大幅上涨。

此外，2020—2022 年，我国鸡蛋价格处于波动上升的趋势（图 1）。主要原因是受到市场供需关系、天气及饲料成本等多方面因素的影响。需求增加是鸡蛋价格呈上升趋势的主要因素。随着人们消费习惯的改变，对鸡蛋的需求量逐渐增加。饲料成本上升，导致养殖成本增加，也是导致近年来鸡蛋价格上涨的重要原因之一。

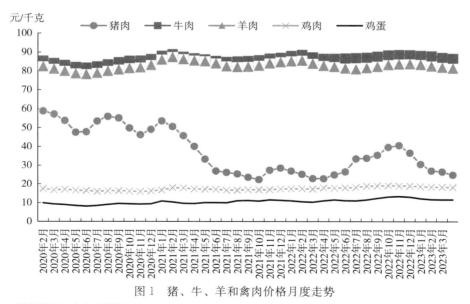

图 1　猪、牛、羊和禽肉价格月度走势

数据来源：农业农村部。

（三）养殖业盈利水平不佳

从全国平均养殖成本来看，生猪的养殖成本相对较低，而肉牛和肉羊的养殖成本相对较高，主要原因是生猪养殖的周期较短，养殖技术相对成熟，养殖规模较大，而肉牛和肉羊的养殖周期长，养殖技术相对复杂，养殖规模相对较小，养殖成本相对较高（张海峰等，2021；张海峰等，2022）。肉鸡的养殖成本也相对较低，市场价格也相对比较稳定，但近些年肉鸡市场的价格低迷态势使得肉鸡养殖利润较低（表2）。市场风险方面，生猪养殖市场存在着疫病和价格周期波动等风险，而肉牛和肉羊养殖则受天气和草场品质等因素的影响，因此市场风险相对较高。肉鸡养殖相对来说市场风险较低，但也存在市场价格较低等问题。

表 2 我国主要畜产品生产成本比较

品种	头重（千克）	收入（元/头）	成本（元/头）	利润（元/头）	增重成本（元/千克）
生猪	126.2	2 586.5	2 709.2	−122.7	21.5
肉牛	506.7	17 498.7	13 799.3	3 699.4	27.2
肉羊	46.3	1 614.9	1 418.3	196.6	30.7
肉鸡	2.6	30.6	31.6	−1.0	12.4
蛋鸡	18.2	179.6	176.6	3.0	9.7
奶牛	5 838.4	27 242.3	20 435.4	6 806.9	3.5

数据来源：《全国农产品成本收益资料汇编（2022）》。

注：肉牛和肉羊仅有散养数据，生猪也引用散养数据进行比较，肉鸡无散养数据，所以用小规模数据进行比较。散养的定义是：生猪为小于30头；肉牛为小于50头；奶牛为小于10头；肉羊为小于100只；肉鸡为小于300羽，小规模肉鸡和蛋鸡为大于300羽小于1 000羽。蛋鸡的头重为平均每只蛋鸡鸡蛋产量；奶牛的头重为每头奶牛产奶量。

我国奶牛养殖业盈利水平较高的主要原因是市场需求旺盛。随着人们生活水平的提高和健康意识的增强，对高品质、安全、营养丰富的奶制品的需求不断增长。其次，近些年奶牛养殖业在科技创新领域取得了显著进展，通过引进先进的养殖技术，如精准饲养、智能化管理等，大幅提高了奶牛的养殖效率，降低了成本。最后，奶牛养殖业的市场化经营已经得到普及。越来越多的奶牛养殖户采用市场化的管理方式，通过与上下游企业合作，实现了销售渠道的畅通，大幅提高了产品的附加值。

（四）肉类进口依存度增加

我国肉类产品消费需求不断增加，但国内肉类的生产能力受到环境、土地资源等因素的制约，导致猪肉、牛肉、羊肉和禽肉等肉类产品供应无法完全满足市场需求。因此，我国对肉类食品进口依赖程度随之加大。

从猪肉进口方面来看，由于 2019 年非洲猪瘟疫情在我国全国范围内点状发生，造成大量能繁母猪感染而被扑杀，2020 年我国猪肉产量出现大幅度下降，导致了国内市场对猪肉进口的需求上涨（张海峰，2020；张海峰，2020）。2020 年猪肉产品（不包括杂碎）的进口首次超过了 450 万吨。此后随着国内生猪产能的恢复，2021—2022 年我国猪肉进口量恢复到了非洲猪瘟发生之前的水平（张海峰，2019）。

我国牛肉进口保持平稳增长态势，2022 年达到 283 万吨（表 3），超过猪肉的进口量成为规模最大的进口肉类产品。目前我国牛肉的产业链还处于不断完善阶段，产量无法满足市场需求。与此同时，近年来全球牛肉价格长期保持低位，这使得进口牛肉在价格上更有优势。为了满足国内肉类消费市场的需求，我国不断增加牛肉进口。牛肉作为高蛋白、低脂肪、营养丰富的肉类，受到了更多消费者的青睐，在肉类产品中处于中高端地位。随着城市化进程的加快，城市居民的生活方式和饮食习惯也愈加国际化，牛肉的需求仍在不断增长。

进口鸡肉增长的主要原因是国外产品的价格优势。如我国从泰国等东南亚国家进口鸡肉的数量大幅增长，其主要原因就是价格优势明显。

总体来看，近年来，随着环保、疫病等问题的不断凸显，我国养殖业面临巨大压力；同时，国内消费者对食品安全等的重视，也给养殖企业提出了更高的要求，部分养殖企业为了应对市场需求和自身的资金压力，选择通过进口肉类产品来填补市场空缺。

表 3　我国主要畜产品进口量变化

单位：万吨

年份	牛肉	鸡肉	羊肉	猪肉	合计
2010	3.93	54.25	5.70	23.78	87.66
2011	3.22	42.12	8.31	53.22	106.87
2012	8.59	52.19	12.39	55.46	128.63
2013	38.44	58.42	25.87	67.32	190.05

（续）

年份	牛肉	鸡肉	羊肉	猪肉	合计
2014	37.72	46.89	28.29	59.31	172.21
2015	60.74	40.85	22.29	82.80	206.69
2016	74.47	59.29	22.01	172.80	328.57
2017	88.74	45.22	24.90	129.68	288.53
2018	133.61	50.41	31.90	126.35	342.27
2019	211.66	79.53	39.24	209.08	539.51
2020	269.31	155.40	36.50	451.64	912.84
2021	293.93	148.01	41.06	378.85	861.86
2022	283.19	132.32	35.90	174.61	626.03

数据来源：农业农村部、中国海关总署。

从肉类产品进口来源地看，我国肉类产品进口的主要来源地集中在巴西、美国、新西兰和澳大利亚（图 2），从以上 4 国进口肉类的量占比超过 50%，集中进口可能会给我国的肉类安全保障带来一些潜在问题。

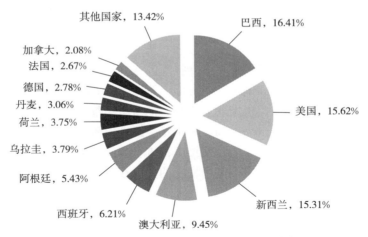

图 2　2022 年我国肉类产品进口来源国分布

数据来源：农业农村部根据国家海关数据整理。

首先，过度依赖进口肉类，意味着我国粮食（肉类）安全面临外部风险的不确定性。如果这些国家发生了自然灾害或其他情况均会影响我国的肉类供应。其次，在进口肉类产品的卫生管理和运输过程中，可能存在品质和安全隐患。最后，我国与主要进口来源国的美国、澳大利亚之间存在一些经济摩擦，这可能会导致出口国在肉类产品出口过程中采取专门针对我国的贸易措施，如通过提高价格或限制供应量等方式来获得更高的收益，这将直接影响到我国的粮食安全保障。

二、未来我国畜牧业的发展趋势

（一）"绿色＋品牌＋科技创新"趋势

近年来，我国畜牧业发展取得了显著成就，但仍然需要正确面对环保、食品安全、养殖业效益等问题，在未来的发展道路上，政策将更多倾斜在探索新的发展模式和技术手段方面。政府及养殖企业均应加强管理，推动畜牧业可持续发展。此外，在绿色、低碳、环保引领的养殖领域，相关政策也将逐步落实到位，推动畜禽粪便资源化利用、病死畜禽无害化处理、新生物安全养殖等理念的发展，更加追求循环经济。同时，畜牧业发展将更加注重科技创新，会朝着数字化、智能化、信息化的方向发展。未来的畜牧业将更加注重品牌建设和市场开拓，打造优良品牌，加强市场营销。

（二）肉类食品需求多样化

消费的变化将引领我国畜牧业的发展。第一，消费的升级，消费者对于畜产品品质、健康和安全性的要求将不断提高。未来肉类产品市场的竞争重点将在产品的品质、营养价值和安全性等方面。第二，消费者对品牌肉类产品的消费增加，品牌化是未来肉类市场的大趋势，消费者更加注重品牌的口碑和信誉度。第三，发展新型肉类食品市场，未来将会涌现出各类新型肉类产品，如素肉、培养肉等。第四，畜产品的营销渠道将进一步向线上拓展，电商平台成为肉类销售新渠道。未来我国肉类市场发展的关键在于品质和安全性，满足消费者多样化的需求。同时注重可持续发展和创新，积极拓展线上销售渠道和物流环节也是未来肉类市场的重要发展趋势。

三、总　　结

近年来，随着消费升级和人们生活水平的提高，我国畜牧业面临着越来越多的挑战和机遇。生产规模逐渐扩大，尤其是牛、羊、禽类产品生产增长迅速。然而，价格波动较大，尤其是猪肉价格在 2019—2022 年波动幅度巨大。畜牧生产盈利水平不高，行业低利润是阻碍我国畜牧业高质量发展的主要因素。此外，我国对肉类产品进口依存度增加，肉类产品进口来源比较集中，可能会给我国的粮食安全保障带来一些潜在问题。

未来，我国畜牧业生产将更加注重科技创新，朝数字化、智能化、信息化的方向发展。未来肉类产品市场的竞争重点将在产品的品质、营养价值、安全性和品牌等方面。为了保障我国的粮食安全，我国将采取一系列措施，如加强草原保护和恢复、推广可持续牧区建设、提高饲料质量和养殖技术等。同时，我国也将推动畜牧业的转型升级，减少畜牧业对环境的影响，提高畜牧业的生产效率和产品质量，实现可持续发展。

参考文献

[1] 陈锐，黄锦烨，刘鲁英，等．生猪期货上市对我国养猪业的影响［J］．中国猪业，2022，17（2）：41－43．

[2] 陈锐，黄锦烨，刘鲁英，等．生猪期货上市对我国养猪业的影响［J］．中国猪业，2022，17（2）：41－43．

[3] 郭惠武，张海峰．中国生猪生产成本的国际竞争力分析［J］．中国畜牧杂志，2019，55（7）：157－163．

[4] 李文丰，谢铿铮，张海峰，等．我国生猪生产成本及国际竞争力比较分析［J］．中国猪业，2022，17（6）：13－16．

[5] 谢铿铮，崔昊，李文丰，等．我国生猪期货对现货市场的功能分析与发展建议［J］．猪业科学，2023，40（2）：42－44．

[6] 谢铿铮，崔昊，王楠，等．我国猪肉及种猪进出口现状分析［J］．中国猪业，2022，17（3）：41－43．

[7] 谢铿铮，杨侗瑀，张裕欣，等．2022 年我国猪肉市场价格走势及发展趋势分析［J］．猪业科学，2022，39（12）：26－28．

[8] 杨侗瑀，王祖力，刘小红，等．2021 年中国生猪产业发展情况及 2022 年趋势［J］．中国猪业，2022，17（1）：19－24．

[9] 张海峰，陈嫚妮，温春燕，等．2020 年生猪市场主要特征及 2021 年趋势［J］．中国猪业，2021，16（2）：13－18．

[10] 张海峰，陈锐，陈南，等．2022 年中国生猪产业发展情况及 2023 年趋势［J］．中国猪业，2023，18（2）：13－18．

[11] 张海峰，陈锐，王楠，等．当前我国生猪产业发展情况及未来发展趋势［J］．中国畜牧杂志，2022，58（6）：277－280．

[12] 张海峰，林振基，官智慧．2021 年我国生猪价格走势及未来市场变化分析［J］．中国畜牧杂志，2021，57（4）：237－240．

［13］张海峰，郑建明，王楠，等 . 2022 年我国生猪生产情况以及未来发展趋势［J］. 中国猪业，2022，17（4）：13 - 22.

［14］张海峰 . 2019 年生猪市场主要特征及 2020 年趋势［J］. 中国猪业，2020，15（2），13 - 25.

［15］张海峰 . 2020 年我国生猪复产面临的机遇与挑战［J］. 猪业科学，2020，37（3）：65 - 68.

［16］张海峰 . 非洲猪瘟的社会影响［J］. 猪业科学，2019，36（12）：114 - 117.

2023 年生猪产业发展形势分析及 2024 年展望

王祖力　孙俊娜

（中国农业科学院农业经济与发展研究所）

2023 年，是生猪养殖行业负重前行的一年，持续低迷的市场行情让养殖场户长期处在亏损和煎熬之中①。受此影响，生猪产能从高位缓慢回调，2023 年末全国能繁母猪存栏量为 4 142 万头，较 2022 年同比下降 5.7%，为正常保有量的 101.0%，产能基础较为稳固。全年生猪出栏量较 2022 年增长 3.8%，猪肉产量较 2022 年增长 4.6%，市场供应充足。全年猪价持续低迷，但波动幅度有所趋缓。受低猪价影响，2023 年生猪养殖全面亏损，是自 2014 年以来首个全年算总账亏损的年份，持续亏损不断加大养殖端资金压力。全年猪肉进口量从高位回落到正常年份水平，生猪养殖规模化率不断提高，产业素质进一步增强。随着生猪产能调控机制的不断完善，预计 2024 年生猪产能窄幅波动，总体稳定在合理区间。但受生猪产能去化幅度有限、母猪生产效率提升、冻品库存水平仍然较高等因素叠加影响，2024 年猪肉供应压力仍然较大。综合考虑生产、消费和贸易，排除异常因素影响，预计 2024 年生猪市场行情将从二季度开始逐步好转，但总体上涨空间有限。

一、2023 年生猪产业形势

（一）生猪产能缓慢回调，市场供应较为充足

2023 年以来，因市场行情持续低迷，全国能繁母猪存栏量进入去产能周期。截至 2023 年 12 月，能繁母猪存栏量降至 4 142 万头，为 4 100 万头正常

---

① 本报告分析判断主要基于 400 个生猪养殖县中 4 000 个定点监测村的 20 万家年设计出栏 500 头以下养殖户，以及全国范围内 18 万家年设计出栏 500 头以上规模养殖场的生产监测数据。

保有量的 101.0%；与 2022 年 12 月的阶段性高点相比，下降 5.7%，降幅相对较小。与前几轮周期动辄超过 10% 甚至 20% 的去化幅度相比，近两轮产能降幅明显收窄。国家统计局数据显示，2023 年全国生猪出栏量为 72 662 万头，较 2022 年增长 3.8%；猪肉产量为 5 794 万吨，较 2022 年增长 4.6%；生猪出栏及猪肉产量，均创下 2015 年以来新高，市场供应充足；年末全国生猪存栏量为 43 422 万头，较 2022 年下降 4.1%。

（二）猪价行情持续低迷，但波动幅度明显趋缓

2023 年上半年，全国活猪及猪肉价格持续低位运行；活猪价格基本在每千克 14～16 元震荡。进入 7 月下旬，猪价才出现一轮快速回升。农业农村部监测数据显示，8 月第 4 周，活猪价格达到每千克 17.21 元，较 7 月第 2 周的年内低点上涨 21.3%。进入 9 月，猪价开始连续下跌，12 月再次跌破每千克 15.00 元（图 1）。国家发展改革委数据显示，反映生猪养殖盈亏情况的"猪粮比价"指标，多次进入《完善政府猪肉储备调节机制　做好猪肉市场保供稳价工作预案》所确定的过度下跌一级预警区间，国家先后 3 次启动冻猪肉收储，一定程度上提振了市场信心，但无法改变总体供过于求的市场格局。从价格波动幅度来看，2021 年生猪平均价格为 20.7 元/千克，

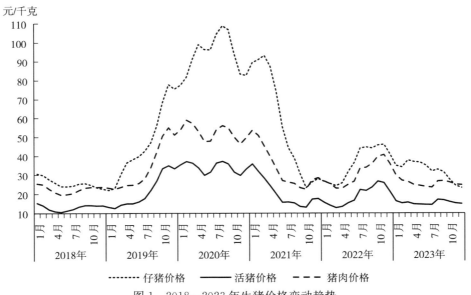

图 1　2018—2023 年生猪价格变动趋势

当年月度价格最大价差为 22.7 元/千克；2022 年生猪平均价格为 19.0 元/千克，当年月度价格最大价差为 13.9 元/千克；2023 年生猪平均价格为 15.4 元/千克，月度价格最大价差降到 2.7 元/千克，猪价波动幅度明显趋缓。

（三）生猪养殖全面亏损，养殖主体经营压力加大

受低猪价影响，2023 年生猪养殖全面亏损。农业农村部监测数据显示，2023 年养殖场（户）仅 8 月和 9 月实现盈利，其他月份均亏损（图 2）。按加权平均计算，2023 年养殖场（户）每出栏一头商品猪平均亏损 76 元，是自 2014 年以来首个全年算总账亏损的年份。虽然 2014 年生猪养殖也是亏损年，但全年 12 个月中亏损的月份为 9 个，2023 年却达到了 10 个，比 2014 年亏损时间更长。业内普遍认为，2023 年生猪养殖行业经历了"史上最长亏损期"。持续亏损不断加大养殖端经营压力，不少养殖场户被迫退出生猪养殖行业。公开信息显示，2023 年负债率最高的五家养猪上市公司正邦科技、傲农生物、天邦食品、京基智农、新希望纷纷"断臂求生"，或转让股权，或出售资产。因资金链断裂，正邦科技于 2023 年正式易主，控股股东变更为双胞胎农业，成为行业标志性事件之一。

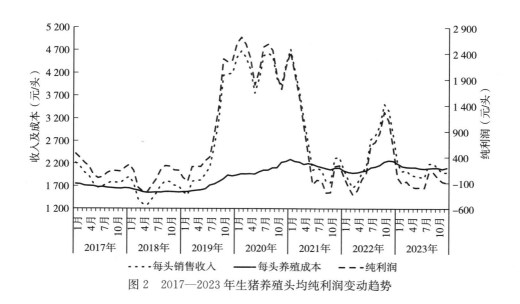

图 2　2017—2023 年生猪养殖头均纯利润变动趋势

（四）规模化水平进一步提升，产业素质持续增强

随着散养户的不断退出，生猪养殖规模化率不断提高。农业农村部数据显示，2023 年全国生猪养殖规模比重将达到 68％以上，比 2022 年提升约 3 个百分点，比 2018 年提高约 19 个百分点。数据显示，2023 年出栏量全国排名前 20 位的养殖企业共出栏生猪 2.0 亿头，较 2022 年增长 18.8％；20 家企业生猪出栏量占全国总出栏量的比重达到 27.7％，较 2022 年提高 3.5 个百分点。与此同时，规模养殖企业通过建设高标准猪场和使用现代化养殖设施装备，不断提升动物疫病防控能力，推动生猪产业素质不断增强。

（五）猪肉进口高位回落，出口保持在较低水平

中国海关总署数据显示，2023 年我国猪肉进口总量 155.1 万吨，较 2022 年同期的 176 万吨，下降 11.8％，基本回到非洲猪瘟疫情前的正常年份水平（图 3）。从月度情况来看，2023 年除 1 月份猪肉进口量为 21.5 万吨外，其他月份基本保持在 9 万～17 万吨，处于相对较低水平。从进口来源看，巴西是我国第一大猪肉进口来源国，其次为西班牙，第三为加拿大，三个国家猪肉进口量占全国猪肉进口总量的比重分别为 25.9％、24.6％和 8.5％；美国、荷兰和丹麦猪肉进口量占全国进口总量的比重均在 7.0％～8.0％（图 4）。受非洲猪瘟疫情影响，近几年我国猪肉出口明显减少，2023 年出口量为 2.7 万吨，较 2022 年下降 2.2％，继续保持在较低水平（图 5）。

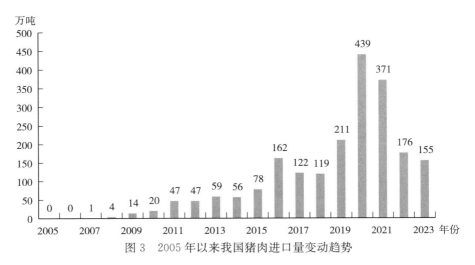

图 3　2005 年以来我国猪肉进口量变动趋势

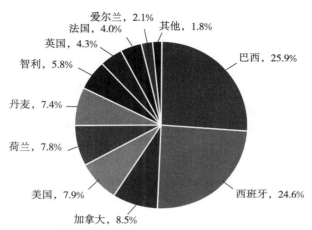

图 4 2023 年我国猪肉进口来源结构

数据来源：中国海关总署。

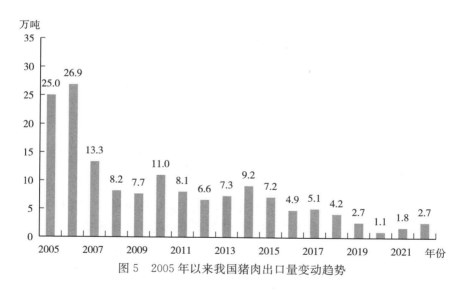

图 5 2005 年以来我国猪肉出口量变动趋势

二、2024 年生猪生产形势展望

（一）生猪产能或窄幅波动

持续的亏损使得行业资金链压力不断加大，2023 年全年生猪产能连续回调。但与过去几轮"猪周期"相比，本轮产能回调速度较慢，幅度较小。全国能繁母猪存栏量从 2022 年年末的 4 390 万头降到 2023 年末的 4 142 万头，减少 248 万头，降幅为 5.6%。虽然产能调减了 1 年的时间，但 2023 年末全国能繁母猪存栏量仍超过 2021 年 9 月农业农村部印发的《生猪产能调控实施方案（暂行）》所确定的 4 100 万头正常保有量水平。2024 年，农业农村部将坚持生产调控与市场调控"双管齐下"，优化完善《生猪产能调控实施方案》，精准开展生产预警引导，推动生猪产能稳定在合理水平。稳定和完善长效性支持政策，提升全产业链竞争力，进一步夯实生猪生产和市场供应基础。随着生猪全产业链监测预警体系和产能调控方案的不断完善，预计 2024 年各地会继续将数据"晴雨表"变为行动"指南针"，生猪产能或窄幅波动，总体将稳定在合理区间。

（二）市场供应压力仍存在

2023 年虽然是生猪产能总体去化的一年，但去化速度慢、幅度小，意味着 2024 年生猪市场供应虽然有下降预期，但下降幅度或与 2023 年能繁母猪存栏量下降幅度相当，市场供应总体将保持相对充裕水平；再加上 2023 年末处于历史相对较高水平的冻猪肉库存期，以及生猪养殖生产效率的提升，或进一步增加市场供应压力。农业农村部数据显示，2023 年 12 月规模猪场中大猪存栏较 2022 年同比增长 3.7%，这些生猪将在 2024 年的一季度出栏，预示着生猪市场供应仍较为宽松，2024 年春节后生猪养殖很可能延续亏损。同时也要看到，随着能繁母猪存栏数量的回调，新生仔猪数量也相应有所减少，预计 2024 年二季度市场形势有望好于 2023 年同期。

（三）猪肉消费有恢复预期

中央经济工作会议指出，综合起来看，我国发展面临的有利条件强于不利因素，经济回升向好、长期向好的基本趋势没有改变，并明确提出要"切实保障和改善民生"。宏观经济形势好转，将在一定程度上拉动猪肉消费。但是也要看到，我国老龄人口数量正在不断增加，65 岁及以上人口占全国总人口的比重持续上升，从 2014 年的 10.1% 上升到 2023 年的 15.4%。人口老龄化会在某种程度上削弱猪肉消费。与此同时，居民肉类消费结构不断改变，猪肉替代产品尤其是禽肉因其价格优势、渠道优势等，替代作用正逐渐增强。再加上居民收入水平提升，对猪肉的消费偏好逐渐转向牛羊肉等产品，也对猪肉消费带来负面影响。

（四）猪肉进口或稳中有降

2023 年，受猪价持续低迷、冻肉库存处于历史高位等因素影响，全年猪肉进口量较 2022 年减少 11.7％，从前几年的高位回落到正常年份水平。因 2023 年生猪产能调减幅度相对有限，2024 年国内生猪市场供应压力仍然不小，预计猪肉价格总体不会太高，猪肉进口利润空间较为有限，进口商猪肉进口订单数量也会随之有所减少。因此，预计 2024 年全年猪肉进口量或稳中有降。

（五）供需关系或于二季度开始逐步向好

从新生仔猪数量看，2023 年 7—9 月全国新生仔猪数量较 2022 年同比增长 3.9％，这些仔猪将在 6 个月后陆续出栏。也就是说，按正常生产节奏，2024 年 1—3 月商品猪出栏量将较 2023 年同比增长 3.9％左右。这预示着，2024 年一季度猪肉市场供应仍将相对宽松。同时，春节后可能出现消费淡季与生猪出栏量增加"两碰头"，预计猪价难有实质性好转，生猪养殖仍有可能再次陷入亏损。但是，2023 年 10—12 月全国新生仔猪数量连续三个月环比下降，累计较 2022 年同比下降 4.1％，意味着 2024 年二季度开始，商品猪供应有缩量预期，供需关系将有所好转，市场行情或逐步向好。2024 年下半年，随着产能持续去化兑现为市场供应的继续减少，叠加猪肉消费需求由淡季向旺季转换，猪价或表现为趋势性上涨。但是也要看到，因 2023 年产能去化幅度有限，2024 年猪价不具备大幅度上涨的基本面支撑。

2022 年生猪产业发展形势分析及 2023 年展望

王祖力　　孙俊娜

（中国农业科学院农业经济与发展研究所）

2022 年，生猪市场行情波动幅度依然较大，上半年生猪养殖一度陷入深度亏损区间，下半年又出现过头均养殖盈利超过 1 000 元的好行情，但在生猪产能调控机制的作用下，深度亏损时养殖场户并未大量淘汰产能，盈利较好时也没有大量增加产能，全国能繁母猪存栏量总体保持在合理区间，为生猪稳产保供奠定了坚实基础①。国内供应能力明显增强，全年猪肉进口量下降到正常年份水平，生猪养殖实现正常偏好盈利，产业素质得以进一步提升。随着生猪产能调控机制的不断完善，预计 2023 年各地会继续将数据"晴雨表"变为行动"指南针"，确保生猪产能总体稳定在合理区间。宏观经济形势好转将促进猪肉消费有效恢复，猪肉市场或呈现出供需双增并总体保持平衡的局面。排除异常因素影响，2023 年猪价或呈现出季节性波动规律，幅度将较前几年有所趋缓。

一、2022 年生猪市场供需形势回顾

（一）生产趋稳，能繁母猪存栏量总体保持在合理区间

国家统计局数据显示，2021 年 6 月份，全国生猪产能比计划提前半年恢复到非洲猪瘟疫情之前的正常年份水平。随着生猪养殖进入亏损区间，7 月份能繁母猪存栏量开始回调。农业农村部监测数据显示，截至 2022 年 4 月，全国能繁母猪存栏量连续 10 个月环比下降。国家统计局数据显示，能繁母猪存栏量由 2021 年 6 月的 4 564 万头减少到 2022 年 4 月的 4 177 万头，累计降幅

---

① 本报告分析判断主要基于 400 个生猪养殖县中 4 000 个定点监测村的 20 万家年设计出栏 500 头以下养殖户，以及全国范围内 18 万家年设计出栏 500 头以上规模养殖场的生产监测数据。

8.5％。与前几轮周期动辄超过 10％甚至 20％的去化幅度相比，降幅明显收窄。从 2022 年 5 月开始，能繁母猪存栏量持续环比小幅增加，但始终稳定在 4 100 万头正常保有量的 100％～110％，总体处在合理区间（图 1）。国家统计局数据显示，2022 年 12 月末全国生猪存栏量为 45 256 万头，较 2021 年同比增长 0.7％，与正常年份水平相当。从全年生产看，全国生猪出栏量为 7.0 亿头，较 2021 年增长 4.3％；猪肉产量 5 541 万吨，较 2021 年增长 4.6％，恢复到正常年份水平。

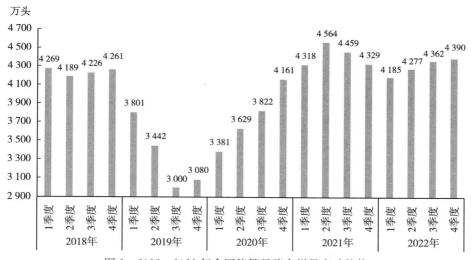

图 1　2018—2022 年全国能繁母猪存栏量变动趋势

数据来源：国家统计局。

（二）消费增长，人均猪肉表观消费量保持较高水平

非洲猪瘟疫情一度严重影响全国居民猪肉消费量。根据猪肉产量和进出口数量综合测算，非洲猪瘟疫情导致的生猪产能大幅下滑，导致全国居民人均猪肉表观消费量，由 2017 年的人均 40.1 千克，快速下降为 2019 年的人均 31.9 千克，累计减少了 8.2 千克，降幅达到 20.4％；2020 年，虽然人均表观消费量略有增加，但也仅为 32.2 千克，与非洲猪瘟疫情之前 2017 年人均 40 千克左右的水平相比，仍有较大差距。2021 年，随着生猪产能的快速恢复和猪肉产量的明显增加，再加上猪肉进口数量保持在较高水平，全国居民人均猪肉表观消费量重新回到非洲猪瘟疫情之前 2017 年的水平，为人均 40.1 千克。2022 年，全国居民人均猪肉表观消费量在 2021 年恢复正常的基础上再次增加，达

到人均 40.5 千克（表 1）。

表 1　2011—2022 年猪肉产量及消费量

单位：万吨，万人，千克/人

年份	猪肉产量	进口量	出口量	人口数	人均表观消费量
2011	5 132	46.7	8.1	134 735	38.4
2012	5 444	46.7	6.6	135 404	40.5
2013	5 619	58.6	7.3	136 072	41.7
2014	5 821	56.4	9.2	136 782	42.9
2015	5 645	77.7	7.2	137 462	41.6
2016	5 425	162.0	4.9	138 271	40.4
2017	5 452	121.7	5.1	139 008	40.1
2018	5 404	119.3	4.2	139 538	39.6
2019	4 255	210.8	2.7	140 005	31.9
2020	4 113	439.1	1.1	141 212	32.2
2021	5 296	371.1	1.8	141 260	40.1
2022	5 541	176	2.7	141 175	40.5

数据来源：国家统计局、中国海关总署及笔者计算。

（三）饲料原料价格上涨，带动生猪养殖成本增加

2022 年，全国豆粕价格总体呈上升趋势，并迎来了两波明显拉升（图 2）。第一波明显拉升始于 2022 年春节后，从 2 月初到 3 月末，不到两个月的时间，豆粕价格从每吨约 3 700 元猛涨至每吨超过 5 200 元，涨幅超过 40%；第二波明显拉升始于 7 月下旬，豆粕价格从每吨约 4 300 元猛涨至 11 月中旬的每吨超过 5 700 元，直逼 6 000 元大关。由于豆粕是饲料配方的主要成分，因此豆粕价格的猛涨直接推升了饲料生产成本，新希望、正邦科技、大北农、双胞胎、安佑、中慧农牧、海大等多家饲料企业宣布涨价。2022 年以来，多个品种的饲料价格每吨上涨超过 1 200 元，肥猪料价格每吨高达 4 600 元。受饲料涨价影响，生猪养殖成本上升，尤其在一季度生猪价格比较低迷的情况下，大部分养殖企业深陷亏损。豆粕价格的上升让饲料业与养殖业压力倍增。11 月下旬开始，豆粕价格终于迎来回调，但直到 12 月末，仍未跌破每吨 5 000 元。究其原因，此前豆粕持续上涨，主要还是由于国内油厂开机率较低，豆粕库存

不足，随着油厂开机率回升，豆粕供给增加，前期供给紧张局面得到改善，豆粕现货价格才得以回落，而豆粕价格回落也有利于促进养殖成本压力缓解。

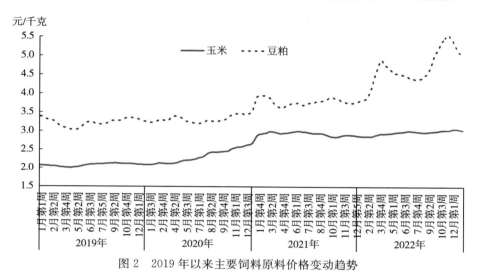

图 2　2019 年以来主要饲料原料价格变动趋势

数据来源：农业农村部。

（四）猪价前低后高，波动幅度依然较大

农业农村部 500 个县集贸市场价格监测数据显示，2022 年一季度全国生猪价格表现低迷，平均价格一度跌至 3 月份第 4 周每千克 12.52 元的底部位置。随着 2021 年 7 月份开始的能繁母猪存栏量持续减少所带来的影响开始显现，二季度后生猪价格进入新一轮"猪周期"的上行通道。从 3 月份第 5 周起，生猪价格连续 17 周环比回升，快速涨至 7 月份第 3 周的每千克 22.51 元，涨幅 79.8%。尽管之后生猪价格有所回调，但并未跌破每千克 21.00 元。国庆节前后，养殖场（户）压栏惜售和二次育肥情绪浓厚，阶段性挤占了当期市场供应，带动猪价再次快速拉升至 10 月份第 4 周每千克 27.66 元的高位，与 3 月份第 4 周的阶段性低点相比，累计涨幅达到 120.9%。随着前期积压大猪陆续出栏，11—12 月生猪供应明显增加，生猪价格承压快速回落。12 月份全国生猪平均价格为每千克 21.22 元，较 2021 年同比上涨 20.6%。2022 年全年生猪平均价格为每千克 19.05 元，较 2021 年下降 8.0%。从猪肉价格来看，2022 年全年平均价格为每千克 30.74 元，较 2021 年下降 8.6%（图 3）。

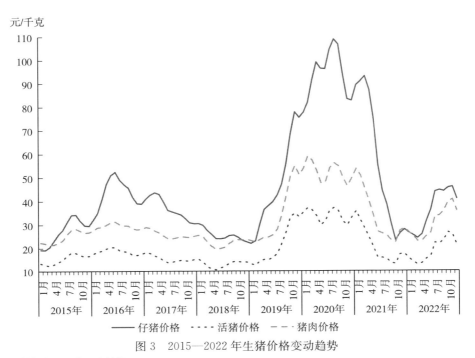

图 3　2015—2022 年生猪价格变动趋势

数据来源：农业农村部。

（五）上半年养殖普遍亏损，全年实现正常偏好盈利

2022 年上半年，生猪价格表现较为低迷，2—5 月养殖场（户）出现了普遍亏损，个别月份出现深度亏损。这四个月，每出栏一头商品猪平均亏损额分别为 174 元、327 元、248 元和 35 元。4 月份生猪价格触底反弹，6 月份实现扭亏为盈，之后总体保持在盈利区间。7—12 月，养殖场（户）每出栏一头商品猪平均盈利额分别为 634 元、695 元、874 元、1 277 元、1 105 元和 567 元，总体维持较好的盈利水平。按每个月出栏量加权平均计算，2022 年全年每出栏一头商品猪，可获得 369 元的利润，高于正常年份盈利水平，全年总体养殖效益正常偏好（图 4）。

（六）规模化水平进一步提升，产业素质持续增强

预计 2022 年全国生猪养殖规模比重将达到 65% 左右，比 2021 年提升约 3 个百分点，比 2018 年提高约 16 个百分点。数据显示，2022 年出栏量全国排

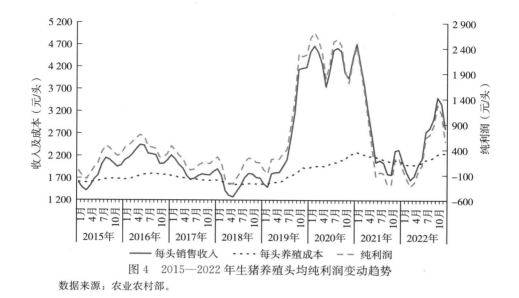

图 4　2015—2022 年生猪养殖头均纯利润变动趋势

数据来源：农业农村部。

名前 20 位的养殖企业共出栏生猪 1.7 亿头，较 2021 年增长 24.1%；20 家企业生猪出栏量占全国总出栏量的比重达到 24.2%，较 2021 年提高 3.9 个百分点（表 2、图 5）。2022 年，生猪产能调控机制的有力执行和生猪产能调控基地的有效响应，稳定了养殖场（户）的生产预期，使得规模养殖企业有信心加大资金投入建设高标准猪场和使用现代化养殖设施装备等，并不断提升动物疫病防控能力，推动生猪产业素质不断增强。

表 2　2022 年头部企业出栏量及全国占比情况

排名	企业名称	出栏量（万头）	全国占比（%）
1	牧原股份	6 120	8.74
2	温氏股份	1 791	2.56
3	新希望	1 461	2.09
4	正大	1 100	1.57
5	双胞胎	933	1.33
6	正邦科技	845	1.21
7	傲农	519	0.74
8	德康	500	0.71

（续）

排名	企业名称	出栏量（万头）	全国占比（%）
9	扬翔	480	0.69
10	大北农	443	0.63
11	天邦股份	442	0.63
12	中粮	410	0.59
13	海大	320	0.46
14	桂垦牧业	304	0.43
15	山西大象	266	0.38
16	唐人神	216	0.31
17	天康	203	0.29
18	新五丰	200	0.29
19	广西力源	195	0.28
20	佳和	170	0.24
	总计	16 918	24.17

数据来源：根据中国猪业高层交流论坛资料整理。

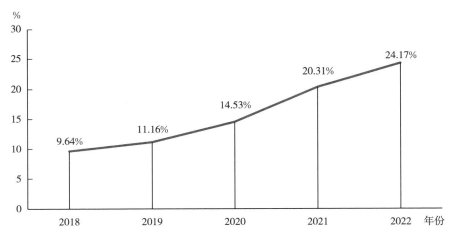

图 5 2018 年以来我国排名前 20 的头部生猪养殖企业全国市场占比变动趋势
数据来源：根据中国猪业高层交流论坛资料整理。

（七）猪肉进口大幅下降，出口保持在较低水平

据中国海关总署数据显示，2022 年我国猪肉进口总量为 176 万吨，较 2021 年同期的 371 万吨，下降 52.6%，降幅较大（图 6）。从月度情况来看，

2022 年我国猪肉月度进口量基本保持在 12 万～20 万吨，处于历史正常水平（图 7）。从进口来源看，西班牙是我国第一大猪肉进口来源国，其次为巴西，第三为丹麦，三个国家猪肉进口量占全国进口总量的比重分别为 27.0%、23.7% 和 11.1%。受非洲猪瘟疫情影响，近几年我国猪肉出口明显下降，2022 年出口量为 2.7 万吨，较 2021 年虽有所增长，但仍保持在较低水平（图 8）。

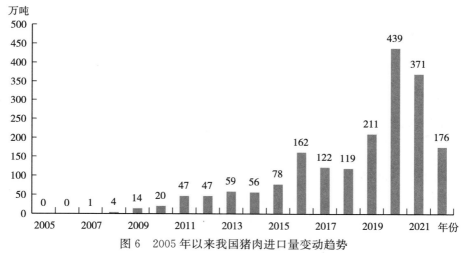

图 6　2005 年以来我国猪肉进口量变动趋势

数据来源：中国海关总署。

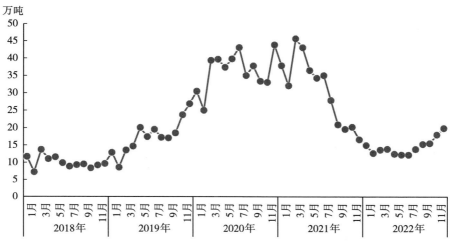

图 7　2018 年 1 月以来我国猪肉月度进口量变动趋势

数据来源：中国海关总署。

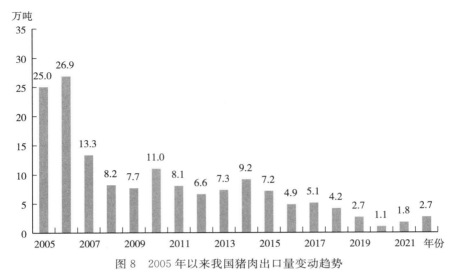

图 8　2005 年以来我国猪肉出口量变动趋势

数据来源：中国海关总署。

二、2023 年生猪市场形势展望

（一）调控机制不断完善，生猪产能仍将保持稳定

受价格上涨、养殖收益较好影响，2022 年 5 月以来，全国生猪产能持续增加。农业农村部监测数据显示，截至 2022 年底，全国能繁母猪存栏量连续 8 个月环比增长；国家统计局数据显示，2022 年底全国能繁母猪存栏量为 4 390 万头，较 4 月份的 4 177 万头，增加 213 万头，增幅 5.1％，为农业农村部《生猪产能调控实施方案（暂行）》所确定的 4 100 万头正常保有量的 107.1％，略高于正常保有量的上限。2022 年，生猪产能调控机制执行有力，农业农村部会同有关部门及时发布相关信息引导养殖场（户）合理安排生产，能繁母猪存栏量整体保持在合理区间。2023 年，随着生猪生产监测体系和产能调控方案的不断完善，按照"长期看母猪，中期看仔猪，短期看中大猪"的分析方法，各地会继续将数据"晴雨表"变为行动"指南针"，确保生猪产能总体稳定在合理区间。

（二）新冠疫情影响减弱，猪肉消费将有所增长

2020 年以来的绝大多数时间，猪肉价格保持在较高水平，叠加新冠疫情

的影响，很大程度上抑制了猪肉消费，使得近几年猪肉消费需求明显弱于疫情前的正常年份。2023 年，随着新冠疫情形势好转，经济复苏带动消费增长将是必然趋势。2022 年 12 月中旬召开的中央经济工作会议也明确提出，要把恢复和扩大消费摆在优先位置。餐饮业作为受新冠疫情影响较大的行业之一，在全力扩内需、促消费的政策引导下，必将向着疫情之前的水平快速恢复。而猪肉作为最重要的肉类蛋白来源，消费需求也必将随之明显增长。

（三）豆粕价格高位回落，生猪养殖成本还有下降空间

2022 年以来，以玉米、豆粕为代表的饲料原料价格上涨明显，饲料成本不断提升，饲料企业多次上调饲料价格，推动生猪养殖成本明显增长。农业农村部监测数据显示，2022 年 5 月开始，全国生猪养殖成本连续 7 个月环比增长，12 月份才出现小幅回调。2022 年 11 月中下旬开始，豆粕价格从每吨 5 700 元的高位持续回落，多家饲料企业也随之调整饲料价格，连续多次降价。2023 年，预计豆粕价格仍将进一步下跌，加上我国粮食"十九连丰"，玉米价格有可能会高位回落，从而带动饲料价格继续下跌，生猪养殖成本必将随之下降。同时，随着疫情形势总体好转，疫病防控进入新常态，生猪生产效率明显改善，也将在很大程度上降低养殖成本。

（四）国内供应充足，猪肉进口量将保持正常水平

2022 年，受上半年猪价持续低迷、进口关税提高、新冠疫情形势严峻等因素影响，猪肉进口量较 2021 年大幅度减少，下降到正常年份水平。2023 年，新冠疫情对冷链外贸的影响将明显减弱，进口冻肉出库和上市流通不畅以及港口货物积压等问题将得到较大程度的缓解，叠加消费复苏对猪肉需求增加等，将为猪肉进口提供有利条件。但是，从"猪周期"的角度来看，2023 年国内生猪市场供应可能会逐步增加，猪肉价格不会太高，猪肉进口利润空间较为有限，进口商订单数量并不会大幅增加，预计全年猪肉进口量仍将保持在正常水平。

（五）供需总体平衡，猪价或呈现出季节性波动规律

从供应来看，农业农村部监测数据显示，截至 2022 年 12 月，全国能繁母猪存栏量已连续 8 个月环比增加，但每月增长幅度相对较小，累计增长 5.3 个百分点。按照正常猪群周转规律推算，在不受其他因素影响的情况下，从 2023 年 3 月份开始，全国可出栏上市的商品猪数量和猪肉产量将持续增加，

这种趋势也将持续到下半年，但全年整体增加幅度有限。从需求来看，新冠疫情形势好转将促进猪肉消费有效恢复，需求对猪价的支撑力有所增强。因此，2023 年猪肉市场或呈现出供需双增并总体保持平衡的局面。考虑到 2023 年一季度为猪肉消费淡季，加上前期积压大猪在春节前未完全消化，预计一季度猪肉市场供需形势相对宽松，在没有异常因素影响情况下，猪价将维持低迷态势。随着前期积压大猪完全消化和消费需求的回暖，预计二季度开始猪价将有所反弹。2023 年下半年为消费旺季，猪肉需求增加幅度或超过市场供应的增加幅度，将带动猪价季节性上涨，但供需双增使得猪价不具备大幅上涨基础。总体来看，排除异常因素影响，2023 年生猪市场供需总体平衡，猪价波动幅度将明显趋缓。

2023 年中国肉鸡产业形势
分析研讨会综述

辛翔飞[1]　王　潇[1]　吕新业[1]　肖红波[2]

张　怡[3]　王旭贞[4]　王济民[1,5]

（1. 中国农业科学院农业经济与发展研究所；

2. 北京农学院经济管理学院；

3. 青岛农业大学经济管理学院（合作社学院）；

4. 山西省畜牧兽医学校；

5. 农业农村部食物与营养发展研究所）

2023 年 12 月 23 日，国家肉鸡产业技术体系产业经济岗位在北京召开了"2023 中国肉鸡产业形势分析研讨会"。会议由国家肉鸡产业技术体系产业经济岗位科学家、农业农村部食物与营养发展研究所副所长、中国农业科学院战略研究中心主任王济民研究员主持。国家肉鸡产业技术体系首席科学家、中国农业科学院北京畜牧兽医研究所文杰研究员，农业农村部畜牧兽医局畜牧处王健处长，农业农村部农业贸易促进中心副主任吕向东研究员，农业农村部生猪产业预警首席专家、国家生猪产业技术体系产业经济岗位科学家、中国农业科学院农业经济与发展研究所王祖力副研究员，农业农村部肉鸡产业监测预警首席专家、中国农业科学院北京畜牧兽医研究所郑麦青研究员，中国畜牧业协会副秘书长、白羽肉鸡业分会秘书长李景辉，中国畜牧业协会黄羽肉鸡业分会秘书长高海军，中国畜牧业协会蛋鸡业分会秘书长、白羽肉鸡业分会副秘书长腰文颖，原山东省家禽产业技术体系首席专家、山东省农业科学院家禽研究所宋敏训研究员，山东省家禽体系产业经济岗位科学家、青岛农业大学张怡教授，国家肉鸡产业技术体系部分岗位科学家、试验站站长、岗位和试验站团队成员、部分试验站依托企业负责人，以及相关肉鸡企业代表等近60人参加了此次研讨会。

会议安排了专题报告。文杰、王健和李景辉分别对2023年我国肉鸡产业发展的政策和形势以及现阶段的工作重点进行了总结分析。高海军做了"2023年黄羽肉种鸡生产监测分析"报告，腰文颖做了"2023年白羽肉种鸡生产监测分析"报告，郑麦青做了"2023年肉鸡生产监测分析"报告，王祖力做了"2023年生猪产业发展形势与趋势"报告，吕向东做了"2023年肉鸡贸易形势分析"报告，宋敏训做了"2023年山东肉鸡产业发展形势、问题和对策"报告，黄超做了"2023年广西肉鸡产业发展形势、问题和对策"报告。专题报告之后，会议聚焦2023年我国肉鸡产业发展的多个重要议题进行了充分研讨，并就更好地促进肉鸡产业经济健康发展进行了深入的探讨。

一、2023年我国肉鸡产业发展形势总体研判

文杰、王健和李景辉等在讲话中对当前肉鸡产业发展趋势进行了总体分析。概括而言，我国肉鸡产业发展既面临着新的机遇，也面临着复杂的挑战。

（一）肉鸡产业发展面临的新机遇

王健在发言中谈到，畜禽产品的稳产保供和畜牧业的高质量发展是当前两项核心任务。在当前消费市场不振的背景下，扩大大宗农产品消费的问题被提上议事日程。近期农业农村部市场司牵头，围绕扩大大宗农产品消费问题进行研究，畜牧兽医局推荐了两个产品，一个是牛奶，一个是以鸡肉为主的禽肉。当前，我国肉鸡产业发展呈现出许多积极因素。一是鸡肉健康营养的共识度在提高。以鸡肉为主的白肉消费在健康营养方面优于红肉的观念，已被越来越多的消费者所接受。二是肉鸡产业生产效率高。我国作为一个人均土地资源和饲料资源比较匮乏的国家，发展高效率、集约型畜牧业是必然趋势。从畜牧业结构来讲，肉鸡产业是生产效率最高的产业之一，鸡肉也是动物蛋白来源最大的肉类产品。分析近十年来几大畜禽产业的增长趋势可以看到，生猪生产的增幅是下降的，肉鸡生产的增长是最快的，肉牛、肉羊生产的增速明显低于肉鸡。三是从国际大环境来看，肉鸡产业仍有较大发展空间。多年来禽肉已是世界第一大肉类产品，我国已经成为世界第一大禽肉消费市场，但我们的人均禽肉消费量为17.6千克，还处于较低水平。未来10年我国人均肉类消费量预计会稳定在70千克左右，受人口负增长、人口老龄化等因素影响，增长的空间不会太

大，但肉类消费结构调整优化的问题已经摆在了议事日程上，猪肉消费量可能要降一点，禽肉消费可能还有较大提升空间，牛羊肉消费也有一些增长空间，这是大的背景、大的格局、大的趋势。此外，12月22日FAO（联合国粮农组织）发布的消息中提及碳减排的问题，认为红肉不利于碳减排，还是要大力发展鸡肉消费。

产业的内在规律和整个大的国际背景都对以鸡肉为重点的禽肉发展提出了新的需求，将来调结构要把禽肉消费占比提升上来。在这一背景下，要有一些促进禽肉消费的行动措施。实际上，行业协会每年也在做相关工作，但还要加大力度取得更明显的效果。扩大鸡肉等禽肉消费，更应该做一个长期的活动安排。比如说搞一个宣传周或者宣传月，把科研单位的力量、行业协会的力量、国家肉鸡产业技术体系的力量、全国畜牧总站以及地方畜牧部门的力量集中起来，集中开展一些促进禽肉产品消费的活动，提振行业的消费信心。提高鸡肉消费比重不是一朝一夕的事情，这是一个长期的过程，方向目标确定了以后我们就要坚持下去。从长期来讲，做一些正面宣传非常有必要；在做好正面宣传的同时，也要处置好行业的一些负面舆情。

此外，对于黄羽肉鸡活禽交易市场究竟开不开的问题也需要做进一步的研究。现在大的一线城市的活禽市场基本上已经全部关闭，但是二三线城市的活禽市场要不要开还未形成一致的观点。从需求看，特别是城乡结合部，活禽市场可能还是有必要的。活禽市场关闭这个事情不是短期内，也不是十年八年能解决的问题。活禽消费是一个传统的消费习惯，而且这一消费习惯不能简单地用行或者不行进行评定。

李景辉在讲话中，通报了中国畜牧业协会白羽肉鸡分会正在开展的几项工作，并分析了当前肉鸡产业发展的有利因素。其一，中国畜牧业协会正在统计2023年全国白羽肉鸡屠宰量，预计1月中旬可以完成相关统计。在统计方法上，一是通过采集各个屠宰场的屠宰量数据进行加总，二是通过各省统计部门采集的各省屠宰量数据进行加总，然后两个统计路径的数据再进行交叉验证，如果部分地区差异较大，则再做第三方印证。其中，对于第一大主产省山东，是以地级市为单位，即山东省每个地级市作为一个统计单元，也是从两个统计路径进行统计。这一方式接近于全口径的统计。需要说明的是，在这一套统计方法中，未被包括进来一小部分就是小刀鸡屠宰量，是指小城市周边的农贸市场的屠宰量，其总体规模较小，每年屠宰量在千只、万只计量单位上，相较于全国以亿只为计量单位的统计结果，可以忽略不计。其二，中国畜牧业协会将在2024年发布"中国白羽景气度指数"。该指数由白羽肉鸡效益指数和白羽肉鸡效率指数各 50% 的权重后计算得出，其中效益和效率各包含了四个维度的子指数，即总计八个维度子指数合成为我国白羽肉鸡景气度指数。目前，经过了多轮的模拟验证。其三，虽然目前消费市场相对低迷，肉类消费总量可能变化不大，但消费结构会有所调整，大家会选择价格更为便宜的食物进行消费，鸡肉产品具有明显的低价格优势。无论主食、副食、肉食，在经济发展相对缓慢的时期或者收入下降的时期，消费种类会出现便宜化倾向，这是规律。白羽肉鸡分会（过去是白羽肉鸡联盟），一直在着力推动白羽肉鸡促消费的工作，白羽肉鸡分会成立后工作中第一项就是永远持续地宣传白羽肉鸡。近十年肉鸡整体是以每年 3% 的速度在增长，其中白羽肉鸡则是以每年 5% 的速度在增长。肉鸡产业发展有很多优势，便宜、方便、营养等，消费规模还将持续增长。

（二）肉鸡产业发展面临的挑战

文杰在讲话中指出，2023 年肉鸡产业发展总体稳定，也面临着一定困难。一是肉鸡消费增长不及预期。新冠疫情后，经济恢复速度没有预期那么快，消费需求受此影响总体表现疲软。二是生产效益不是太好。中小型企业在这一问题上的表现更突出一些。肉鸡产业集中度仍在进一步提升，温氏、立华、圣农、益生等一些大型企业的生产在继续上升，比重在持续增加。上述这些大型肉鸡企业的效益相对还不错，但一些中小型的企业经营困难，甚至倒闭。三是目前肉鸡企业对生产性能指标的追求有点过于严苛。以白羽肉鸡为例，大家对饲料转化效率的追求到了非常极致的水平。不同的品种之间相差了零点零几就觉得是非常大的问题了。当然，从整体产业规模上来讲，饲料转化效率的确是一个非常重要的数字。但是，如果我们纵向看白羽肉鸡的发展历史，对于生长速度、饲料转化效率、产蛋效能的追求等是肉鸡产业发展的早期和育种的主要目标。现在更注重平衡育种，育种目标至少有 40 项指标。这也反映出一个情况，就是目前国内肉鸡养殖对生产性能的追求有点过于偏重。对于平衡育种的问题，应从多个方面来看：一是要与世界育种肉鸡发展形势上相吻合。二是作为一个企业来讲最终追求是综合效益，不是某一个指标。单独追求生长速度、饲料转化效率、产蛋效能中一个或者几个指标的，大多不是全产业链企业，更多的是父母代或者商品代等单一环节经营企业。但是从肉鸡发展上来讲，全产业链发展肯定是个趋势，目前产业对个别生产指标过度追求的现象还是需要反思的。

二、2023 年我国肉种鸡生产监测

（一）白羽肉种鸡生产形势

腰文颖做了"2023 年白羽肉种鸡生产监测分析"报告，分析了全国白羽祖代种鸡、父母代种鸡生产情况和商品代雏鸡生产情况。

1. 白羽祖代种鸡

祖代种鸡更新。2022 年全年白羽祖代种鸡更新不到 100 万套，2023 年 1—11 月白羽祖代种鸡更新 116.09 万套（表 1）。其中，进口占比 34%，国内自繁占比 66%。国内自繁包括科宝（国内生产）和 3 个国产新品种。从全年看，祖代更新数量充裕有余。2023 年 11 月以来，我国白羽肉鸡主要引种的地区美国亚拉巴马等州相继暴发禽流感，白羽祖代雏鸡引种再次中断，对未来一段时间进口品种更新势必会造成影响。因为强制换羽是产业调剂产能的常规办法，因此引种受阻导致强制换羽增加（表 2），2022 年祖代强制换羽 25.43 万套，达到祖代强制换羽统计以来最高量，2023 年 1—11 月强制换羽量也比较多，达到 20.92 万套。

表 1　2022—2023 年全国白羽祖代种鸡更新数量（引种＋自繁）

单位：万套，%

引种时间	2022 年		2023 年	
	当月	年度累计	当月	年度累计
1 月	12.46	12.46	8.60	8.60
2 月	3.68	16.14	7.60	16.20
3 月	15.60	31.74	13.48	29.68
4 月	13.19	44.93	11.05	40.73
5 月	0.00	44.93	9.84	50.57
6 月	7.97	52.90	9.39	59.96
7 月	3.84	56.74	9.05	69.01
8 月	6.59	63.33	20.74	89.75
9 月	12.36	75.69	9.44	99.19
10 月	5.82	81.51	7.60	106.79
11 月	4.70	86.21	9.30	116.09
12 月	10.13	96.34	—	—

表2 2022—2023年全国白羽祖代种鸡强制换羽数量

单位：万套，%

转入后备时间	2022年		2023年	
	当月	年度累计	当月	年度累计
1月	0.00	0.00	1.10	1.10
2月	3.50	3.50	3.78	4.88
3月	2.29	5.79	3.11	7.99
4月	2.97	8.76	0.00	7.99
5月	3.13	11.89	1.10	9.09
6月	4.81	16.70	3.20	12.29
7月	0.00	16.70	1.73	14.02
8月	0.00	16.70	1.40	15.42
9月	3.73	20.43	0.00	15.42
10月	0.00	20.43	0.00	15.42
11月	3.00	23.43	5.50	20.92
12月	2.00	25.43	—	—

祖代种鸡存栏。2023年1—11月，全国白羽祖代种鸡平均存栏174.14万套，较上年同比下降2.73%；其中，后备祖代种鸡存栏59.32万套，较上年同比增加3.77%；在产祖代种鸡存栏114.81万套，较上年同比下降5.17%。2023年11月，全国祖代白羽种鸡存栏184.13万套，较上年同比增加6.41%（表3、图1）；其中，后备祖代种鸡存栏70.01万套，较上年同比增加69.21%（图2）；在产祖代种鸡存栏114.12万套，较上年同比下降13.33%（图3）。2022年祖代更新量少于2021年，因此2023年年均在产祖代存栏量少于2022年。2023年进口品种在2—10月均有引进，国产品种市场化推广顺利推进，祖代更新量多于2022年，因此2023年年均后备祖代存栏量多于2022年。在产与后备存栏量合计，2023年年均祖代总存栏量略少于2022年，且年内呈增加态势，即2023年初比2022年同期少，年末比2022年同期多。后备存栏量以及祖代总存栏量的高低与祖代更新数量，尤其是进口品种引种是否顺利有一定关系。

祖代种鸡产能。从历年的监测数据可以看到，一套白羽在产祖代种鸡平均每周供应 1.2 套父母代雏鸡，一套白羽在产父母代种鸡平均每周供应 3 只商品代雏鸡。大致匡算，如果在产祖代存栏量为 100 万套，鸡群正常周转且不考虑突发因素，理论上一年可供应 98 亿只商品代雏鸡。2023 年在产祖代存栏约 114.81 万套，远超实际需求量，未来一年产业链产能非常充裕。

表3　2023白羽祖代种鸡存栏同比和环比变动

引种时间	总存栏		后备存栏		在产存栏	
	同比	环比	同比	环比	同比	环比
1 月	−4.51%	1.77%	−33.87%	13.09%	17.86%	−2.28%
2 月	−4.37%	−6.73%	−32.15%	−14.19%	22.45%	1.52%
3 月	−6.16%	−2.04%	−26.33%	3.38%	6.37%	−3.66%
4 月	−3.32%	0.33%	−2.88%	17.52%	−3.55%	−6.88%
5 月	−3.44%	−0.31%	5.13%	5.32%	−7.78%	−3.30%
6 月	−8.10%	0.21%	−12.93%	−5.49%	−5.33%	3.49%
7 月	−9.39%	−1.69%	−0.11%	−5.95%	−13.35%	0.55%
8 月	−0.92%	6.19%	34.07%	16.55%	−13.71%	1.09%
9 月	0.97%	2.84%	52.55%	5.67%	−15.88%	1.23%
10 月	3.43%	1.52%	78.55%	0.90%	−17.05%	1.90%
11 月	6.41%	−0.10%	69.21%	2.73%	−13.33%	−1.76%

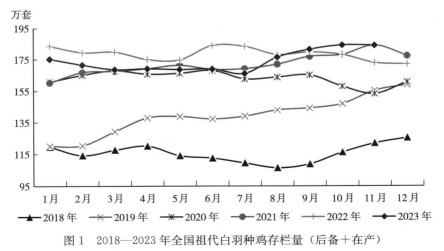

图1　2018—2023 年全国祖代白羽种鸡存栏量（后备＋在产）

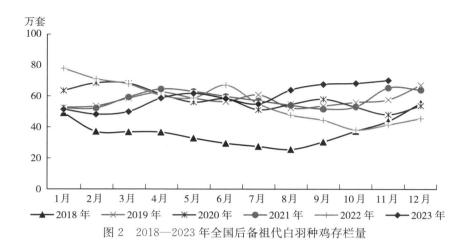

图 2　2018—2023 年全国后备祖代白羽种鸡存栏量

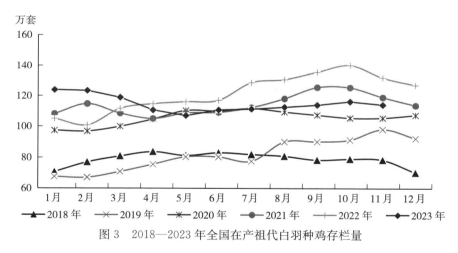

图 3　2018—2023 年全国在产祖代白羽种鸡存栏量

祖代种鸡利用。2019 年白羽祖代种鸡年产能 60.14（即一套祖代种鸡一年提供父母代雏鸡 60.14 套），2020 年为 57.56，2021 年为 56.24，2022 年为 53.77，2023 年为 57.04。相同祖代存栏量，实际供应的父母代雏鸡数量最大可相差 25%（图 4），说明产业具有韧性。从趋势来看，2019 年祖代种鸡利用程度最高，随后逐渐回落，2022 年落至近五年的最低点，2023 年有明显回升，祖代种鸡利用率处于较高水平（图 5）。

父母代雏鸡生产及销售。2023 年 1—11 月，白羽父母代雏鸡累计销售 6 029.99 万套，较上年同比增加 2.45%。2023 年 11 月父母代雏鸡价格为

48.76 元/套，生产成本为 22.33 元/套。预计 2023 全年父母代雏鸡累计销售
6 593.47 万套，较上年同比增加 1.4%，连续 5 年增加。

图 4　2009—2023 年祖代白羽肉鸡产能

注：产能数据为年度均值数据。2023 年为预计数据。

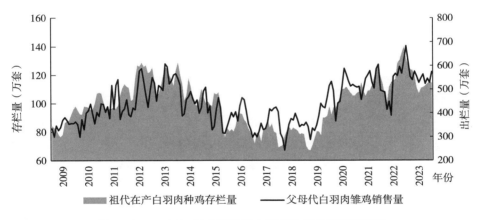

图 5　2009—2023 年全国祖代白羽肉种鸡产能利用情况

　　白羽肉鸡产业链代次划分清晰，父母代种鸡环节承上启下，是继祖代种鸡
之后的产业链的又一个生产部门。研究父母代雏鸡供应及父母代产能规模，对
理解产业运行态势具有重要意义。一是父母代种鸡供应的商品代雏鸡 6 周后能
出栏毛鸡，研究其存栏规模对预判未来半年至一年肉鸡产量具有重要意义。二
是父母代雏鸡供应影响父母代种鸡存栏高低，进而影响商品代雏鸡市场，商品
代雏鸡价格是反映行业产能供给是否过剩，乃至行业景气程度的先行指标。三

是父母代环节生产方式较为灵活，种鸡企业可通过对外售卖、购入种蛋、提前淘汰或强制换羽等方式应对市场变化，因此父母代种鸡存栏既是行业产能的"蓄水池"，还在一定程度上发挥着产能调节"缓冲器"的作用。祖代种鸡是白羽肉鸡产业链产能的"开关"，父母代是白羽肉鸡产业链产能的主要载体。

预计2023全年，白羽父母代雏鸡累计销售6 593.47万套，较上年同比增加1.4%（图6）。一是父母代雏鸡销量2019年以来连续5年增加，使得白羽父母代环节产能实现五连增，父母代环节产能非常充裕。二是当猪肉供给短缺时，白羽肉鸡产能增速加快，当猪肉由供给短缺转向供给过剩时，白羽肉鸡产能增速收窄。三是虽然白羽肉鸡产能增速放缓，但依然在惯性增加，2023年白羽父母代存栏量、商品代雏鸡供应量、毛鸡出栏量较上年同比均有增加。同时，加之猪牛羊肉也在增产，使得2023年肉类总产量再创历史新高（表4）。

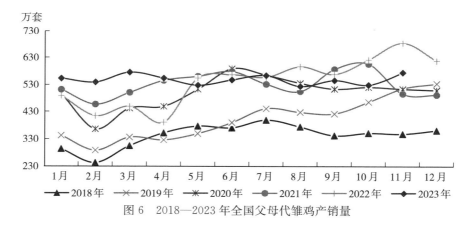

图6　2018—2023年全国父母代雏鸡产销量

表4　白羽父母代雏鸡销量、猪肉产量同比对照表

项　　目	2019年	2020年	2021年	2022年	2023年
白羽父母代雏鸡销量同比	17.51%	24.35%	5.97%	2.14%	1.40%
猪肉产量同比	−21.30%	−3.30%	28.80%	4.60%	3.60%

注：2023年为前三季度数据。

全国白羽父母代雏鸡价格曲线图（图7）和全国白羽祖代种鸡存栏量和父母代雏鸡价格曲线图（图8）反映出雏鸡供给量和价格的反向波动关系，即供给增加价格下降，供给减少价格上涨。总体来看，2023年全国祖代种鸡环节效益向好（图9）。

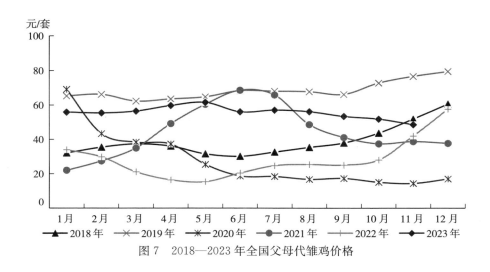

图7　2018—2023年全国父母代雏鸡价格

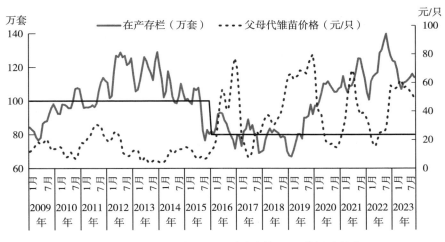

图8　2009—2023年全国祖代存栏与父母代雏鸡价格

2. 白羽父母代种鸡

父母代种鸡存栏。2023年1—11月，全国白羽父母代种鸡存栏8 156.55万套。其中，后备父母代种鸡存栏3 669.81万套；在产父母代种鸡存栏4 486.74万套。预计2023年全年父母代种鸡存栏较上年同比增加约5%～10%，比2023年7月份估计的增幅要小一些。白羽父母代种鸡与祖代种鸡监测有所不同，中国畜牧业协会对于白羽祖代种鸡始终是100%全覆盖地监测，

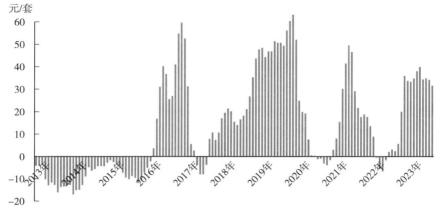

图 9　2013—2023 年全国祖代种鸡生产效益

父母代种鸡监测覆盖率约为 45%。根据所监测的这 45% 的父母代种鸡数据实现对全国数据的准确推算的方法仍在不断优化。

全国商品代雏鸡生产及销售。2023 年 1—11 月，全国白羽商品代雏鸡供应 73.60 亿只，较上年同比增加了 10% 左右。11 月和 12 月商品代雏鸡供应量有所下降，预计 2023 年全年增幅 8%～10%（图 10）。

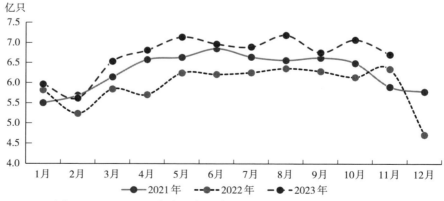

图 10　2021—2023 年全国商品代白羽肉雏鸡供应量（推算数据）

商品代雏鸡及鸡肉价格。2023 年 1—11 月，商品代雏鸡月度平均价格为 3.19 元/只（生产成本为 2.82 元/只），毛鸡月度平均价格为 9.09 元/千克，鸡肉月度平均价格为 10.93 元/千克（图 11）。商品代雏鸡、毛鸡、鸡肉价格始终保持同向趋势（图 12）。从季度统计数据来看，鸡肉价格呈现较为明显的回落趋势，第一季度鸡肉价格为 11.55 元/千克，第二季度为 11.32 元/千克，第三季度为 10.63 元/千克，第四季度为 9.85 元/千克。第四季度采用的是 10 月和 11 月的价格，如果算上 12 月的价格，比目前的数据还要低。2023 年鸡肉价格出现了比较罕见的长时间的环比下降。鸡肉价格在春节之后短暂辉煌了一段时间，3 月下旬以来的连续 17 周，即连续四个月的时间内，基本上每周都在下降，到了 7 月初出现短暂的好转，之后在 8 月初再次出现长时间的持续环比下降，一直持续到 12 月份。鸡肉价格持续走低时间之长较为罕见。如果不考虑熟制鸡肉产品，仅考虑生鲜鸡肉产品，第四季度很多白羽肉鸡企业都陷入亏损，第四季度效益较差，会拉低全年白羽肉鸡产业链综合盈利水平。

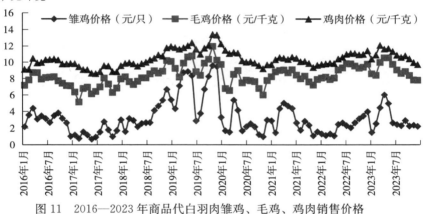

图 11　2016—2023 年商品代白羽肉雏鸡、毛鸡、鸡肉销售价格

图 12　2018—2023 年商品代白羽肉雏鸡销售价格

鸡猪比价。从鸡肉与猪肉的价格走势（图13）来看，鸡肉和猪肉价格变动二者之间的逻辑规律通常表现为：鸡肉价格受猪肉价格影响，二者同向变动。但是，在某些阶段会出现例外，例如在鸡肉供给较为充裕，面临供给过剩风险的形势下，猪肉价格下跌拉低鸡肉价格，但猪肉价格上涨未必带动鸡肉价格上涨。2023年猪肉价格持续低迷，在波动中呈现出先涨后跌趋势，且降幅显著，肉鸡价格也同样呈现出先涨后跌、降幅显著的变动特征。

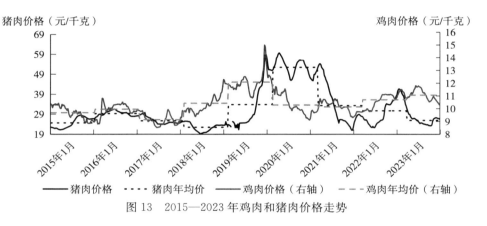

图13 2015—2023年鸡肉和猪肉价格走势

3. 小结

整体来看，2023年白羽种鸡生产呈现以下几个特点：

一是2023年1—11月，祖代雏鸡更新116.09万套，种源供应充足，国产品种市场推广继续推进，国外品种面临美国禽流感暴发导致的引种受阻威胁。

二是父母代种鸡存栏2019—2023年连续5年增加，目前面临产能过剩风险。由于商品代雏鸡价格低迷，父母代环节9—12月出现连续亏损，而且从目前掌握的情况来看，父母代盈利水平仍呈现明显走低趋势。

三是2023年商品代雏鸡供应量和毛鸡出栏量增幅约8%～10%。产量增加，但效益并未改善。肉鸡价格低迷的原因有三方面：一是肉鸡产量增加较快，且猪牛羊禽肉全面增产；二是消费市场低迷；三是进口冲击。

（二）黄羽肉种鸡生产形势

高海军在"2023年黄羽肉种鸡生产监测分析"报告中分析了全国黄羽祖代肉种鸡、父母代肉种鸡、父母代雏鸡、商品代雏鸡的存栏和供应情况，以及毛鸡的效益和产品产量情况，并提出了对未来市场的判断与思考。

1. 黄羽祖代种鸡

不同类型祖代种鸡占比。从黄羽肉鸡快速、中速和慢速型的结构来看，慢速型占比进一步扩大的趋势在 2023 年又得到进一步体现。到目前为止，快速型黄羽祖代种鸡占比为 27.51%，中速型黄羽祖代种鸡占比为 27.21%，慢速型黄羽祖代种鸡占比为 45.28%（图 14）。由于企业品种生产效率逐年提升在监测中没有得到及时体现，以及市场上对于中速型和慢速型黄羽肉鸡没有明确划分，有些品种市场定位存在争议，导致慢速型黄羽肉鸡在实际生产当中有一部分归到了中速型类别。中国畜牧业协会计划 2024 年对接监测企业，对类型、品种和占比进行精准调整，进一步明确黄羽肉鸡各类别标准。

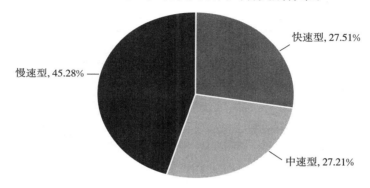

图 14　2023 年黄羽祖代种鸡结构

祖代种鸡存栏。2023 年黄羽祖代种鸡存栏量与往年相比变化不大，全国黄羽在产祖代种鸡平均存栏量为 151.64 万套，相较 2022 年有所增加（图 15）。近几年新冠疫情和市场低迷并未对祖代种鸡存栏量造成很大影响，

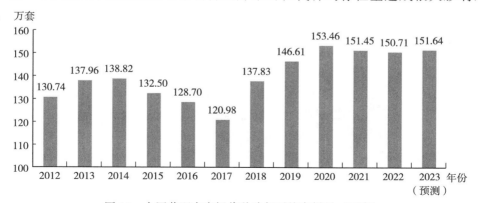

图 15　全国黄羽在产祖代种鸡年平均存栏量（万套）

往年认为 140 万套祖代种鸡足以满足市场需求，因此在当前市场低迷情况下，祖代种鸡 150 万套存栏量十分充足。从月度走势来看，2023 年祖代种鸡变化规律同往年类似，表现为先增后减趋势。

父母代雏鸡供应。黄羽父母代雏鸡供应量与黄羽祖代种鸡类似，变化幅度较小。其中，外销量占比 23%，自用量占比 77%。2023 年父母代雏鸡外销量占比大幅下降，进一步说明企业更加偏向于自用（图 16）。

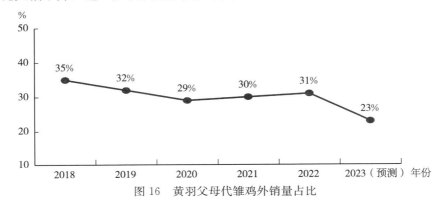

图 16　黄羽父母代雏鸡外销量占比

2. 黄羽父母代种鸡

父母代种鸡存栏。2023 年全国黄羽在产父母代种鸡年平均存栏量 3 758.96 万套，较 2022 年同期减少 4.78%，处于 2019 年以来最低位，与 2018 年基本持平（图 17）。仅从简单的供求关系角度来看，可以看好今后两年的市场行情。从月度走势来看，2018—2019 年父母代种鸡存栏量呈现出持续递增趋势，2020—2023 年呈现出持续递减趋势，2023 年 11 月份存栏量减至 2018 年以来最低水平。

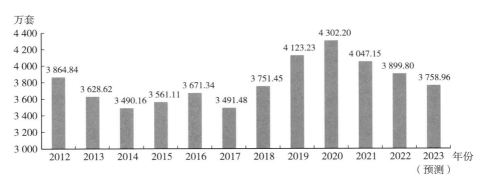

图 17　全国黄羽在产父母代种鸡年平均存栏量（万套）

商品代雏鸡供应。黄羽商品代雏鸡供应量变化趋势与父母代种鸡保持一致。2023 年 1—11 月，商品代雏鸡销售量为 15.35 亿只，较 2022 年同期减少 6.24%（表 5 至表 7）。雏鸡供应同样处于近年来低位；2023 年 1—11 月商品代雏鸡销售价格波动幅度不大，平均为 2.06 元/只（成本 1.99 元/只），较 2022 年同期减少 8.44%。雏鸡效益普遍低迷，仅在 3 月、8 月和 9 月实现盈利，其余月份均为持平或亏损状态。2018 年至今，雏鸡成本逐年上升。相较于 2022 年，2023 年各类型商品代雏鸡盈利水平降低，销售量减少，销售价格下降，中速型和慢速型雏鸡稍有盈利，而快速型雏鸡出现亏损情况。

表 5　快速型商品代雏鸡收益

时间	销售量（万只）	价格（元/只）	效益（元/只）
2022 年 1—11 月	38 437.20	2.31	−0.23
2023 年 1—11 月	37 249.06	2.01	0.13
同比	−3.09%	−12.82%	—

表 6　中速型商品代雏鸡收益

时间	销售量（万套）	价格（元/只）	效益（元/只）
2022 年 1—11 月	49 200.45	2.10	0.30
2023 年 1—11 月	45 603.93	1.96	0.17
同比	−7.31%	−6.51%	—

表 7　慢速型商品代雏鸡收益

时间	销售量（万套）	价格（元/只）	效益（元/只）
2022 年 1—11 月	74 028.63	2.30	0.31
2023 年 1—11 月	70 613.13	2.14	0.14
同比	−4.61%	−6.93%	—

种鸡产能水平。2023 年黄羽祖代及父母代种鸡利用率与 2022 年持平（图 18）。根据现有种鸡规模，结合实际监测种鸡产能测算，行业在未来一年的供雏能力在 45 亿只左右。

3. 毛鸡效益情况及产品产量

商品代毛鸡价格。2023 年 1—11 月，黄羽商品代毛鸡销售均价为 16.08 元/千克，较 2022 年同期减少 8.30%（成本 16.02 元/千克），每只鸡盈利

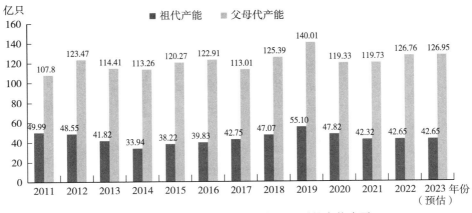

图18 我国黄羽肉种鸡各年度实际监测的产能水平

0.11元，盈利较少。2023年1—7月毛鸡价格较低，出现亏损，2023年8月以后市场虽然有所好转，但其价格增速仍低于2022年下半年增速。从成本方面来看，由于2023年下半年毛鸡成本下降，导致2023年毛鸡成本整体增幅不大，相较于2022年仅增加0.19元。从整体效益来看，2023年1—11月，毛鸡整体效益明显不如2022年。不同黄羽肉鸡毛鸡效益存在差异，生长越快的类型效益越差，慢速型毛鸡每只盈利1.68元，而快速型毛鸡每只亏损0.83元。

黄羽肉鸡产品产量。2023年毛鸡出栏量进一步减至36.79亿只，但由于平均出栏体重有所增加，鸡肉产量增至605万吨。

4. 结论和预判

从三大类型黄羽肉鸡市场情况来看，快速型和中速型占比进一步萎缩，慢速型占比进一步扩大。但中速型和慢速型界限不明确，所占份额存疑，需要进一步验证或修正。

从种源来看，2023年父母代种鸡存栏量依然以逐月减少的趋势为主，当前存栏规模为2018年以来最低水平，但祖代规模未受影响且保持充足。由于未来几年消费降级可能性较小，预计明年将迎来触底反弹。

2023年1—11月，尽管行业规模进一步压缩，但受消费降级影响，黄羽肉鸡行情总体低迷。尽管2023年下半年效益好于上半年，但效益增幅远低于2022年。根据消费趋势、供求关系及外部环境进行综合判断，预计2024年黄羽肉鸡市场将略好于2023年。

5. 问题与思考

在禽肉占比持续上升的大背景下，未来黄羽肉鸡在实现发展新局面后，是否会继续扩大市场空间？能否抢占新的市场？替代其他同类产品？

在产业转型升级的关键阶段，企业必须确保品种质量，加快创新脚步，从而实现优质优价。品种质量是生命线，产品创新是生命力。一些企业在育种过程中选择牺牲肉质以追求效益，短期内可能会使市场有所好转，企业效益增加，但实则有损行业长期发展，使黄羽肉鸡丧失其优质、美味、安全的核心竞争力。在产品创新方面，应围绕其肉质出色、味道鲜美、营养价值丰富、文化底蕴深厚等自身特色进一步打造行业中的爆款单品。

与十年前相比，黄羽肉鸡屠宰交易占比无大的突破，目前市场交易仍以活禽交易为主。由于黄羽肉鸡活禽交易全面取缔不易实现，因此更应侧重于活禽交易的管控。可以在二三线城市保留一定活禽交易市场，将禁止活禽交易改为限制活禽交易，进一步满足行业、企业以及消费者的需求。

肉鸡种类划分一直较为模糊，尤其是黄羽肉鸡、肉杂鸡和小白鸡的名称愈加混乱，导致肉杂鸡当做黄羽肉鸡出售的情况时有发生，有损消费者权益。因此，进一步规范肉鸡种类划分和肉鸡名称有助于维护消费者权益，使产品定位明确，进而减少服务部门和管理部门工作难度。

在行业发展困难之际，可通过融合发展以突破企业自身发展瓶颈。企业融合发展能够解决单兵作战无法解决的技术、资金和市场等问题，更好地开展产品宣传推广工作，共御市场风险，整合行业资源，推动行业技术进步，进而带动整个行业竞争力的提升。

三、2023 年我国商品代肉鸡生产监测

郑麦青在"2023 年肉鸡生产监测分析"报告中基于中国畜牧业协会对种鸡的监测数据基础，并结合农业农村部对商品鸡养殖场户的监测数据，对2023 年肉鸡生产进行分析。概括来讲，2023 年，白羽肉鸡消费增长，产量激增，目前出现了阶段性的供过于求；黄羽肉鸡消费萎缩（或者说消费转移），产能缓降，仍明显供过于求。

（一）白羽肉鸡生产形势

1. 产量

2023 年，全国白羽肉鸡预计累计出栏 69.7 亿只，较上年增长 14.4%

（表 8）；鸡肉产量为 1 387.2 万吨，较上年同比增长 16.5%（表 9）。到 2022 年，白羽肉鸡出栏量已经实现连续四年增长，预计 2023 年产量增长，2024 年也仍将继续保持增长趋势。由于整体上消费空间在扩充，市场在扩容，且落后产能在 2022 年底有大量出清，2023 年肉鸡产能出现了三波高峰，11—12 月出现了回落迹象。此外，从后备种鸡的存栏情况看，预计 2024 年会出现第四个高峰，至于会不会再出现第五高峰和第六高峰，是一浪高过一浪，还是在第四高峰之后逐渐下降，还要再观察产业的情绪。

表 8　2023 年肉鸡出栏量

单位：亿只

阶段	白羽肉鸡			黄羽肉鸡			合计		
	2022 年	2023 年	同比	2022 年	2023 年	同比	2022 年	2023 年	同比
一季度	16.2	14.7	−9.1%	9.0	9.1	1.3%	25.2	23.8	−5.6%
二季度	15.2	17.0	11.7%	9.1	8.8	−3.1%	24.3	25.8	6.2%
三季度	15.0	18.6	24.4%	9.1	9.1	−0.9%	24.1	27.7	14.9%
四季度	14.6	19.4	33.2%	10.0	8.9	−10.5%	24.6	28.3	15%
上半年	31.4	31.7	1.0%	18.1	18.0	−0.9%	49.5	49.7	0.4%
下半年	29.5	38.0	28.7%	19.1	18.0	−5.9%	48.6	56.0	15.2%
全年	60.9	69.7	14.4%	37.2	36.0	−3.5%	98.1	105.7	7.7%

表 9　2023 年肉鸡产量

单位：万吨

阶段	白羽肉鸡			黄羽肉鸡			合计		
	2022 年	2023 年	同比	2022 年	2023 年	同比	2022 年	2023 年	同比
一季度	311.5	291.9	−6.3%	113.6	121.3	6.8%	425.1	413.2	−2.8%
二季度	293.8	331.4	12.8%	115.2	115.1	−0.1%	409.0	446.5	9.2%
三季度	297.4	371.0	24.7%	115.0	113.5	−1.3%	412.4	484.5	17.5%
四季度	288.3	392.9	36.3%	127.4	117.6	−7.7%	415.7	510.5	22.8%
上半年	605.3	623.2	3.0%	228.7	236.4	3.4%	834.0	859.6	3.1%
下半年	585.8	764.0	30.4%	242.3	231.1	−4.6%	828.1	995.1	20.2%
全年	1 191.0	1 387.2	16.5%	471.0	467.5	−0.7%	1 662.0	1 854.7	11.6%

从白羽商品代肉鸡出栏量方面来看，2022 年月度出栏量比较平均，2021

年月度出栏量波动较大，2023 年月度出栏量波动最大，2023 年 10 月达到了出栏量峰值为 85 273.73 只（图 19）。

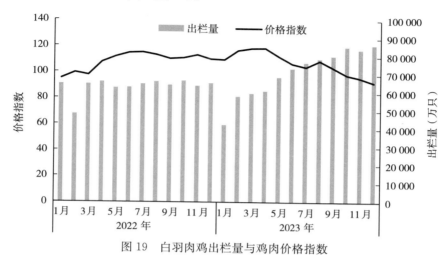

图 19　白羽肉鸡出栏量与鸡肉价格指数

2023 年，国内鸡肉产量预计较上年增长 16.5%，上市公司鸡肉销量较上年增长 8%，都呈显著增长态势。从 2020 年以来的数据看，圣农发展和仙坛股份两家上市公司于 2023 年 10 月达到鸡肉销售量峰值，分别为 14.62 亿只和 5.41 亿只（图 20）。

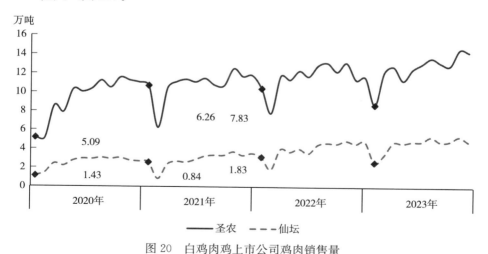

图 20　白鸡肉鸡上市公司鸡肉销售量

此外，从中国畜牧业协会对屠宰量端的监测数据来看，2023 年 1—11 月白羽肉鸡累计屠宰量大概 75.57 亿只，较上年同比增长了 11%；从全年来看，2022 年全年屠宰量 74.77 亿只，基于此可以大致估算出 2023 年白羽肉鸡屠宰量。

2. 价格

总体来看，2023 年白羽肉鸡鸡肉价格先涨后跌，在 4 月 1 日达到年内高点，4 月 2 日之后价格大幅下行，11 月已经跌进近两年的最低价（图 19）。

从上市公司来看，鸡肉价格也大致呈现上述变动趋势。以圣农发展和仙坛股份为例，2023 年初鸡肉销售价格达到近两年高点水平，之后在波动中大幅下跌（图 21）。

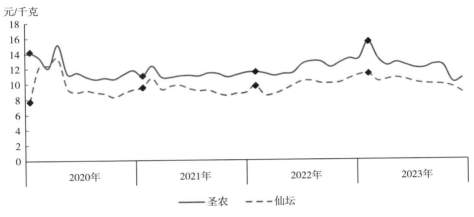

图 21　白羽肉鸡上市公司鸡肉销售价格

2023 年，毛鸡与鸡肉价格走势基本同步，也是年内先涨后跌。从 2021—2023 年近三年数量来看，白羽商品代肉鸡毛鸡价格总体呈现波动下降的趋势，具体表现为：2021 年价格有所下降，2022 年波动上升，2023 年先升后降，2023 年 4 月达到年内价格最高点 10.56 元/千克后持续波动下降（图 22）。

3. 产能

（1）种鸡

2023 年，白羽种鸡产能从年初的供应相对偏紧，逐渐转向偏松（图 23）。白羽父母代种鸡在产存栏在 2 月回到年均线以上，产能呈现增长走势。年内白羽父母代种鸡在产存栏量有三个峰值，分别是 4—5 月、7—8 月、10 月底，三个峰值越来越高，其中，7—8 月的第二个峰值达到 4 728.7 万套，超过了 2021 年 6—7 月的历史最高峰值 4 600 万套（图 24）。

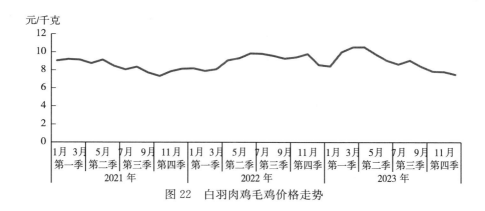

图 22　白羽肉鸡毛鸡价格走势

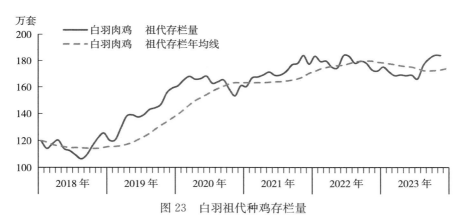

图 23　白羽祖代种鸡存栏量

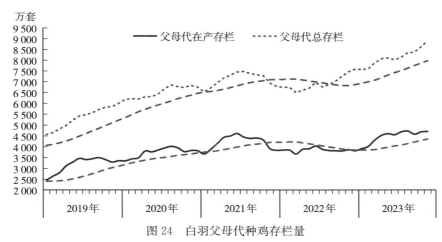

图 24　白羽父母代种鸡存栏量

此外，白羽祖代种鸡国外引种价格在最近几年持续提高，了解到的价格是，2020年35美元/套左右，2021年是39美元/套左右，2022年是45美元/套左右，2023年是53美元/套左右，已经谈妥的2024年初价格是55美元/套左右，有消息称2024年最终的目标价格是上涨到70美元/套，届时将与东南亚地区的价格大致相当。

（2）商品代雏鸡

商品代雏鸡价格与鸡肉、毛鸡价格走势近似。2023年，商品代雏鸡供应量呈现明显的跳跃性、快增长特征。一季度的商品代雏鸡供应量基本上压缩至7亿只以内，到4月份突破了7亿只，整个4月份就开始大幅度跳涨。随着产量上升，上市公司雏鸡销售价格呈现横向波动特征，3月达到高点6.29元/只，之后横向波动。总体来看，全国雏鸡供应量增幅16.5%，上市公司销量增加8.8%（图25和图26）。

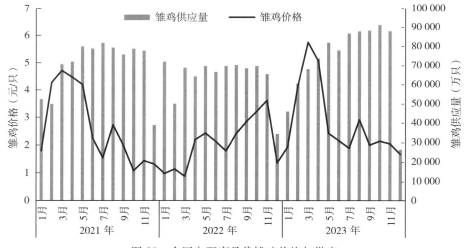

图25　全国白羽商品代雏鸡价格与供应

4. 总体判断

从大周期来看，2023年白羽肉鸡产业的综合收益呈现上升趋势。从小周期来看，到2024年一季度白羽肉鸡产业收益呈现下降趋势。从各个环节上来看，2022年和2021年是哑铃形状，两头大，中间弱，即屠宰和父母代的产能都比较大，商品代肉鸡养殖基础产能相对偏弱。近几年，商品代肉鸡养殖的收益相对来讲不错，而屠宰和父母代养殖收益偏少。2023年商品代肉鸡养殖的产能也在快速增加的过程中。

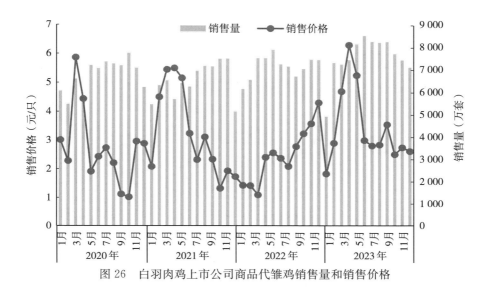

图 26　白羽肉鸡上市公司商品代雏鸡销售量和销售价格

　　2023 年，白羽肉鸡鸡肉产量预计增长 16.5％，出栏量增长 14.4％，白羽肉鸡出栏量已经实现连续五年增长。预计 2024 年整体产量仍将继续保持增长，至少 2024 年上半年仍将保持增长，下半年会持平，但 2024 年全年出栏量将保持增长。由于消费空间在扩充，市场在扩容，落后产能在 2022 年底有大量出清，因此，2023 年肉鸡产能出现了三波高峰，但 11—12 月出现了回落迹象。

（二）黄羽肉鸡生产形势

1. 集贸市场

　　从农业农村部集贸市场鸡肉产品交易量和鸡肉价格的监测数据可以看到，肉鸡产品交易量在 2020 年初严重萎缩，主要是受新冠疫情影响，肉鸡产品交易量降至 4 021.9 吨，最近几年鸡肉产品交易量大都在年均线上下波动，2023 年回升至年均线之上，并在年均线之上波动，说明有向好的趋势，但回升的趋势显得较为微弱和缓慢，较 2017 年和 2018 年有 15％的减幅。此外，虽然总体交易量没有明显的变化，即波动并不是太大，但是鸡肉价格呈现持续下降的趋势。

2. 毛鸡市场

　　2023 年 1—11 月，全国黄羽肉鸡出栏量为 33.1 亿只，较上年同比下降 2.7％；上市公司出栏量为 15.4 亿只，较上年同比增长 10.6％，其中 11 月份的出栏量达到了 15.4 亿。2023 年上市公司与全国黄羽肉鸡总体出栏变动趋势相反，上市公司黄羽肉鸡出栏量约占全国黄羽肉鸡总出栏量的 45%（图 27 和图 28）。

图 27　上市公司黄羽肉鸡出栏量和销售价格

图 28　黄羽肉鸡出栏量和出栏价格

3. 雏鸡市场

2023 年 1—11 月，黄羽商品代雏鸡供应量较上年同比下降 6.3%。2023 年黄羽商品代雏鸡价格处于低位。2022 年黄羽商品代雏鸡价格有过一个小高峰，2023 年仅仅是在旺季的时候价格稍微上涨一点但又降下来了。2023 年整体上与过去的 2019 年、2020 年、2021 年，甚至 2022 年相比，都处在低位

（图 29）。总体来看，2023 年雏鸡市场是量缩价减，低位运行。

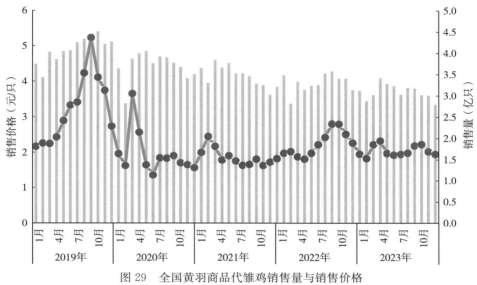

图 29　全国黄羽商品代雏鸡销售量与销售价格

4. 种鸡生产

近年来，黄羽祖代种鸡存栏量基本保持相对平稳，黄羽父母代种鸡存栏量则呈现持续下降趋势。黄羽祖代种鸡存栏量自 2018 年以来一直保持在 1 300 万只左右的水平，波动幅度较小。黄羽父母代种鸡存栏量自 2019 年之后持续下降，近两年长期处于年均线下。尤其黄羽父母代种鸡产存栏更明显，几次试图贴近年均线回升就被压制，且 2023 年连续几个月在年均线下呈现持续性下降。2023 年黄羽父母代种鸡在产存栏和总存栏量都与 2018 年大致相当，甚至比 2018 年还要低，但目前的下降趋势可能仍将继续，并没有降到最低。因为，从单套父母代每月供雏能力这一指标来看，2018 年全国平均单套黄羽父母代种鸡每月产能是 10.5～11 只商品代雏鸡，而目前每月产能全年平均不到 8.5 只商品代雏鸡，这一情况已经持续了两三年。也就是说，目前黄羽在产父母代种鸡有 15％的潜力是尚未用到的，所以，当市场行情一旦好转，这 15％的种鸡产能会马上释放。从目前情况看，黄羽种鸡产能目前还是相对较多，后续市场预计有可能在 2024 年"五一"之后会有一个转机。

5. 总体判断

2023 年，黄羽肉鸡预计累计出栏 36.0 亿只，较上年下降 3.5％（表 8）；鸡肉产量 467.5 万吨，较上年下降 0.7％（表 9）。到 2022 年，黄羽肉鸡出栏量已经连续三年下降，2023 年黄羽肉鸡出栏量较 2022 年仍将进一步下降，预计 2024 年出栏量仍将保持低位，或有一定回升。2023 年黄羽肉鸡鸡肉产量可能与 2022 年基本持平。总体来看，2023 年黄羽肉鸡消费空间明显受到挤压，挤压主要包括两大方面：一是消费的转移，主要是部分消费从黄羽肉鸡转换成小白鸡；二是销售渠道的减少，导致大企业持续破产，小企业和养殖场户也受到挤压。

从大周期来看，2023 年黄羽肉鸡产业收益呈下降趋势。自 2015 年以来，黄羽肉鸡产业收益就一直呈现逐年下降趋势，预计 2024 年产业仍将延续下降趋势，但 2024 年收益降幅有可能有所减缓。从小周期来看，目前是处于下降阶段。后面会不会出现拐点，即在春节前是否会有小的峰值，还需要再继续观察。近几年，父母代是竞争最为激烈的种业环节，收益最低。

四、2023 年我国肉鸡贸易形势

吕向东在"2023 年我国农产品贸易形势"报告中，介绍了我国农产品贸易情况，并重点分析了肉鸡贸易形势。

（一）农产品贸易影响因素

国际农业生产供需形势：全球粮食产量再创新高。2023 年全球农业生产供需形势比较乐观。FAO 在 12 月份的最新报告显示：2023 年全球谷物产量 28.23 亿吨，较上年同比增长 0.9％，较 2021 年的历史最高纪录增长 1 030 万吨。预计 2024 年全球谷物库存量较期初水平增长 2.7％，创历史新高；全球谷物库存量与消费量之比预计为 30.8％，2024 年全球粮食等农产品供需形势仍较为宽松。

国际农产品价格：国际农产品价格持续下行。2023 年粮农组织食品价格指数平均为 124，较上年大幅下降 14％，略低于 2021 年水平。分产品来看，谷物、植物油、奶类价格大幅下降，肉类价格基本持平，食糖价格大幅上涨。2022 年由于俄乌战争等因素的不确定性增加，2022 年全年价格明显要高于前几年水平。2022 年进口和出口贸易额都在增加，大约都是 8％～10％的增长水平，这是一个虚增，因为这一增长主要是由价格引起的。很多产品的进口量和贸易量是下降的，但因为价格上涨了百分之十几，所以 2022 年的贸易额是增加的。

汇率水平：人民币汇率贬值 5％左右。2023 年人民币平均月度汇率与

2022 年相比大约贬值 5%。由于 2023 年价格下降，虽然以人民币计算的贸易总额不变，但贸易量整体较 2022 年有所上升，大宗农产品进口量和出口量都有一定的增长。此外，贸易额如果以美元计算，我国大宗农产品的贸易额有大约 5% 的增长。汇率变动，使得以人民币和以美元计算的贸易额存在明显不同的变动走势。

（二）农产品贸易形势

1. 农产品贸易总体形势

国家统计局发布的信息中提到，之后公布我国进出口贸易额将采用人民币单位。以人民币单位计算和分析我国农产品进出口贸易是完全没有问题的，但是在进行国际比较的时候还是需要用到美元单位。

用美元计算，2023 年 1—11 月我国农产品进出口贸易额稳量增。进出口贸易总额 3 030 亿美元，较上年同比增长 0.4%；进口贸易总额 2 134 亿美元，较上年同比增长 0.2%；出口贸易总额 895 亿美元，较上年同比增长 0.7%；贸易逆差 1 239 亿美元，较上年同比缩小 0.1%。

用人民币计算，2023 年 1—11 月我国农产品进出口贸易量额齐增。进出口贸易总额 21 255 亿元，较上年同比增长 5.7%；进口贸易总额 14 969 亿元，较上年同比增长 6.0%；出口贸易 6 286 亿元，较上年同比增长 6.6%；贸易逆差 8 683 亿元，较上年同比扩大 5.3%。

2. 分类农产品贸易形势

（1）主要进口农产品

2023 年我国谷物、油籽、植物油、水果、肉类和水产品进口量较上年有所增加，棉花、食糖和奶类进口量较上年有所下降。从出口产品来看，2023 年我国蔬菜水果出口量较上年有所增加，谷物和茶叶出口量较上年有所下降。

2023 年谷物进口量总体小幅增加。1—11 月，谷物进口 5 122 万吨，较上年同比增长 2%。其中，大米进口量为 240 万吨，较上年同比下降 58%；小麦进口 1 149 万吨，较上年同比增长 29%；2023 年玉米进口 2 218 万吨，较上年同比增长 12%；大麦进口 967 万吨，同比增长 83%；高粱进口 487 万吨，同比下降 52%。大米方面，由于印度出台了禁止出口大米的政策，2023 年我国大米进口量出现较大幅度的下降。小麦方面，连续 3 年突破 963.6 万吨的进口配额。玉米方面，主要有两大特征，一是 2020 年以来连续 4 年进口超过关税配额量（720 万吨），二是 2023 年放开巴西和南非的玉米进口，上半年进口量没有明显变化，但全年来看，巴西超过美国和乌克兰（前几年我国玉米主要进口来源地为美国和乌克兰），跃升为我国第一大玉米进口来源地，1—11月我国从巴西进口的玉米量约900万吨，此外，虽然目前从南非进口玉米量不大，但南非一直紧盯我国的玉米市场。高粱方面，由于2022年美国的干旱造成其高粱产量下降，导致2023年我国高粱进口出现较大幅度下降。归纳来讲，谷物进口方面有以下几个特点值得关注：2023年我国小麦和玉米连续超配额进口，小麦已经连续三年都突破了进口配额；玉米从中美贸易摩擦以后第一阶段的协议执行以来就一直扩大进口，每年增发配额，目前已经连续四年超配额进口，2023年又放开了从巴西和南非的进口，目前巴西已经成为我国第一大玉米进口来源地。

2023年食用油籽进口量大幅增加。1—11月，食用油籽进口9 802万吨，较上年同比增加17.6%。其中，大豆进口8 963万吨，较上年同比增长13%；油菜籽进口475万吨，较上年同比增长236%；花生进口66万吨，较上年同比增长2%；芝麻进口85万吨，较上年同比降低18%。预计2023年底进口量将突破1亿吨。年底为了数据的调节，也可能会有一些入关报关延迟的情况。

2023年食用植物油进口大幅增长。1—11月，食用植物油进口937万吨，较上年同比增长48%，植物油进口的增长属于恢复性增长，大致恢复到正常年份水平。通常，每年我国植物油进口量为1 000万吨左右，但由于2022年印度尼西亚采取限制出口的措施，导致2022年我国植物油进口量相当于正常年份的一半多一点。因此，2023年食用植物油进口量增长属于恢复性增长。其中，棕榈油进口520万吨，较上年同比增长18.3%；菜籽油进口213万吨，较上年同比增长1.3倍；葵花油进口140万吨，较上年同比增长2.1倍；豆油进口35万吨，较上年同比增长25.1%。

2023年食糖和棉花进口下降。1—11月，食糖进口348万吨，较上年同比下降27%；棉花进口176万吨，较上年同比下降5%。食糖方面，走私进口对我国食糖进口的影响较大，按照以往年份的贸易数据，我国食糖进口量为300多万吨，但由于新冠疫情期间对走私管控较为严格，正规贸易渠道的食糖进口达到了500多万吨。在2023年7月份我们的研讨会上也提到过，2023年食糖的一部分走私可能又恢复了，这使得我国经正规贸易渠道的食糖进口出现了一定幅度的下降。棉花方面，以往年份我国棉花进口量在200万～300万吨，近几年受美国的新疆法案，尤其是国内纺织业转移的影响，我国棉花进口下降明显。

2023年畜产品进出口额下降。1—11月，畜产品进口419亿美元，较上年同比下降 11%；出口 55 亿美元，较上年同比下降 5%。肉类进口略增，为 682 万吨，较上年同比增长 1.8%。其中，猪肉进口 145 万吨，较上年同比下降 6%，大致恢复至疫情前的水平；猪杂碎进口 102 万吨，较上年同比增长 7.4%；牛肉进口 250 万吨，较上年同比增长 2%；羊肉进口 39 万吨，较上年同比增长 19.4%，羊肉进口增长，主要受新冠疫情管控放开后需求恢复，以及山东淄博烧烤火爆拉动消费增长等因素影响；禽肉产品进口 123 万吨，较上年同比增长 1.2%，出口 60 万吨，较上年同比增长 4%。乳品进口下降，其中奶粉进口 96 万吨，较上年同比下降 22%。

（2）主要出口农产品

我国主要的优势出口产品是水产品、水果和蔬菜。目前蔬菜是我国出口贸易中最大的优势产品，水果和水产品均为贸易逆差。

2023 年水产品出口下降，持续保持逆差态势。1—11 月，水产品出口 186 亿美元，较上年同比下降 11%；进口 219 亿美元，较上年同比增长 1.6%；贸易逆差 33 亿美元。实际上我国国内的水产品养殖，尤其是淡水养殖的优势较大，但由于近几年受新冠疫情以及出口供应链的影响，水产品的出口优势堪忧，自 2022 年以来持续保持国际贸易逆差态势。

2023 年水果出口持平、进口增长，逆差扩大。1—11 月，水果出口 61 亿美元，较上年同比增长 0.7%；进口 172 亿美元，较上年同比增长 19%；贸易逆差 111 亿美元，逆差增幅较大。我国水果进口大幅增加，主要是由于国内的消费升级引致。我国进口水果主要是东南亚的热带水果以及美洲樱桃等。

2023 年蔬菜出口大幅增长。1—11 月，蔬菜出口 169 亿美元，较上年同比增长 10%；进口 9 亿美元，较上年同比增长 8%；贸易顺差 160 亿美元。目前我国大部分大宗产品均为贸易逆差，而蔬菜是平衡贸易逆差的主要品种。

（三）肉鸡产品贸易形势

2023 年我国鸡肉产品出口下降、进口增长、逆差扩大。1—11 月，鸡肉产品出口额 16 亿美元，较上年同比下降 4.5%，出口量 50 万吨，较上年同比增长 2.5%；进口额 39 亿美元，较上年同比增长 4.7%，进口量 122 万吨，较上年同比增长 1.7%；贸易逆差 23 亿美元。非洲猪瘟疫情在很大程度上改变了我国鸡肉贸易格局。非洲猪瘟疫情之前，我国猪肉产品是净出口，是唯一呈贸易顺差的畜产品。目前，猪肉进口已经恢复到非洲猪瘟疫情前的正常水平，但受消费结构、消费习惯的改变等因素影响，鸡肉消费潜力提升，鸡肉进口仍继续增加。随着我国鸡肉产品疫病防控以及质量安全水平的提升，鸡肉将成为我国畜产品中与西方发达国家相比最有竞争力的产品。

我国鸡肉进口来源国主要为巴西、美国、泰国、俄罗斯和白俄罗斯，最主要集中在巴西、美国、泰国。近两年俄罗斯的鸡肉也进入到我国市场，贸易量目前与泰国大致相当（表10）。冻鸡爪和冻鸡翼是最大的两类鸡肉进口产品，冻鸡爪主要来自美国、巴西和俄罗斯等，冻鸡翼主要来自巴西和泰国等。2023年1—11月，冻鸡爪总计进口额21.1亿美元，较上年同比下降11.4％；进口量49.1万吨，较上年同比下降19.3％（表11）；冻鸡翼总计进口额11.8亿美元，较上年同比增长20.7％；进口量33万吨，较上年同比增长11.1％（表12）。

表 10　2023 年鸡肉产品主要进口来源国

国家	进口额（亿美元）	进口额同比（％）	进口量（万吨）	进口量同比（％）
合计	39.3	4.7	121.5	1.7
巴西	18.0	29.6	62.9	22.5
美国	8.0	−29.7	23.8	−25.0
泰国	4.8	41.0	11.1	44.1
俄罗斯	4.1	18.3	12.0	2.4
白俄罗斯	2.7	48.5	6.7	44.1

注：统计数据为 2023 年 1—11 月份贸易数据。

表 11　2023 年冻鸡爪主要进口来源国

国家	进口额（亿美元）	进口额同比（％）	进口量（万吨）	进口量同比（％）
合计	21.1	−11.4	49.1	−19.3
巴西	6.3	31.9	16.3	8.3
美国	6.0	−42.2	11.5	−48.9
俄罗斯	2.8	10.1	7.5	−2.2
泰国	2.5	27.5	5.0	22.8
白俄罗斯	2.3	58.6	5.8	52.4

注：统计数据为 2023 年 1—11 月份贸易数据。

表 12 2023 年冻鸡翼主要进口来源国

国家	进口额 （亿美元）	进口额同比 （％）	进口量 （万吨）	进口量同比 （％）
合 计	11.8	20.7	33.0	11.1
巴西	7.8	15.1	21.3	12.0
泰国	1.7	59.3	4.0	53.3
俄罗斯	1.2	44.8	4.2	14.0
美国	0.3	175.4	1.3	174.5
阿根廷	0.3	1.0	0.7	−15.6

注：统计数据为 2023 年 1—11 月份贸易数据。

我国鸡肉产品出口去向主要为日本和中国香港（表 13）。出口产品主要是加工鸡肉（包括罐头）和冷鲜整鸡。2023 年 1—11 月，加工鸡肉总计出口额 10.7 亿美元，较上年同比下降 7.5％；出口量 27.5 万吨，较上年同比下降 3.3％（表 14）；冷鲜整鸡总计出口额 2.3 亿美元，较上年同比下降 6.9％；出口量 6.2 万吨，较上年同比下降 4.7％（表 15）。冷鲜整鸡主要供我国港澳地区，之前是活禽供给我国港澳地区，目前活禽贸易大幅减少，主要为冷鲜整鸡。

表 13 2023 年鸡肉产品主要出口市场

国家/地区	出口额 （亿美元）	出口额同比 （％）	出口量 （万吨）	出口量同比 （％）
合 计	16.1	−4.5	49.9	2.5
日本	6.6	−15.4	16.0	−12.1
中国香港	4.6	−3.4	14.9	0.2

注：统计数据为 2023 年 1—11 月份贸易数据。

表 14 2023 年加工鸡肉产品主要出口市场

国家/地区	出口额 （亿美元）	出口额同比 （％）	出口量 （万吨）	出口量同比 （％）
合 计	10.7	−7.5	27.5	−3.3
日本	6.6	−15.4	16.0	−12.1
中国香港	1.3	−1.4	3.4	−1.4

注：统计数据为 2023 年 1—11 月份贸易数据。

表 15　2023 年冷鲜整鸡主要出口市场

国家/地区	出口额 （亿美元）	出口额同比 （％）	出口量 （万吨）	出口量同比 （％）
合计	2.3	−6.9	6.2	−4.7
中国香港	2.0	−8.5	5.4	−6.0
中国澳门	0.3	5.1	0.8	6.5

注：统计数据为 2023 年 1—11 月份贸易数据。

（四）农产品贸易展望

从目前形势来看，我国大宗粮食产品、油料产品的生产以及畜产品生产近两年均呈现增长趋势。进口方面，从整个国内的供需来讲，在国内生产增长的情况下，如果没有严重疫情或重大突发事件，我国进出口贸易量近两年将保持相对稳定。其中，谷物、油籽、油脂等进口继续维持高位；棉花、食糖、肉类进口波动相对平缓；鸡肉进出口保持稳定。出口方面，水产品、水果出口形势依然严峻，预计仍将持续保持贸易逆差态势。其中，水果已经多年处于逆差态势，在水果初始出现贸易逆差时，没有给予足够重视和应对措施，导致贸易逆差一直持续；水产品也呈现出口逐步下降、进口逐步越多的趋势，如果没有相应的有效的出口促进措施，其作为优势出口产品的地位也将逐步减弱。

五、2023 年我国生猪产业发展形势

生猪产业当前及未来发展形势在很大程度上决定着畜牧业的整体发展形势，并在很大程度上影响着肉鸡产业的发展。基于当前的趋势和对于后市的研判，王祖力在"2023 年生猪产业发展形势及趋势"专题报告中分析了 2023 年生猪产业形势、未来行情趋势以及主要不确定因素可能带来的影响。

（一）生猪产业发展总体形势

2023 年生猪产业总体形势可以概括为五个要点：第一，生产惯性增长；第二，消费恢复乏力；第三，行情持续低迷；第四，贸易恢复正常；第五，产能缓慢回调。

生产惯性增长。国家统计局数据显示，2023 年前三季度猪肉产量 4 301 万吨，较上年同比增长 3.6％。根据农业农村部监测的全国生猪屠宰量月度数据

显示，2023 年 1—11 月屠宰量明显高于 2022 年和 2021 年同期水平。2023 年 1—11 月全国共屠宰生猪 3.04 亿头，较 2022 年同比增长 19.69%，较 2021 年同比增加 29.91%。2023 年生猪屠宰量明显高于 2022 年水平，主要是由于 2023 年生猪产量在惯性增长，这种惯性增长趋势从 2022 年 3—4 月开始，一直延续到年底，2023 年是 2022 年产能的一个释放期。尽管 2023 年生猪产量呈现惯性增长，但 2023 年生猪产能是缓慢下降的。

消费恢复乏力。农业农村监测的全国 200 多个集贸市场的猪肉交易量可以作为反映猪肉消费的指标。2023 年 1—11 月猪肉消费指数较 2022 年同比增长了 3%。但需要注意的是，消费量增长的这 3 个百分点，是在猪价下跌了近 20% 的情况下实现的增长。如果按照消费量和价格之间的正常对应关系，价格如果下跌 20%，消费量应该增长约 5 个百分点。增长 3 个百分点的实际值与增长 5 个百分点的理论值相比，增幅明显偏弱。2022 年末和 2023 年初，大家一直期待在新冠疫情防控政策放开后，消费将会有明显的恢复性增长，但 2023 年的实际数据表明，2023 年的消费表现相对较弱，2023 年的消费恢复预期总体上未能实现。

行情持续低迷。一是猪价低。2023 年行业平均养殖成本大约为 16 元/千克，虽然 2023 年猪价在个别时间段达到 16 元/千克以上，但绝大部分时间都维持在 16 元/千克以下。二是成本收益低。2023 年 1—11 月生猪养殖成本和销售价格对应关系显示，有 9 个月出现亏损，仅 8 月和 9 月盈利。若按 1—11 月数据的加权平均计算，平均每头亏损大约为 70 多元。从目前情况看，12 月大概率也是亏损的。因此，2023 年可能是自 2014 年以来首个全年亏损的年份，2023 年生猪产业行情确实较差。三是企业资产负债率高。截至 2023 年三季度末，生猪产业代表性的头部上市公司由于持续亏损，承压巨大，现金流和资金链均面临严重挑战，负债率已经严重到资不抵债的程度。其中，正邦科技的资产负债率超过 160%，傲农和天邦接近 90%，新希望、新五丰等超过 70%，还有不少企业的资产负债率超过 60%。此外，考虑到 10 月、11 月和 12 月也出现亏损，预计全年许多企业的资产负债率水平会进一步提高。有自媒体对企业资产负债率较高、现金流和资金链压力较大的情况进行了分析，认为这些企业如今普遍采取断臂求生策略，在想办法找资金，要么转让资产，要么转让股权，要么寻求国资的收购支持。

贸易恢复正常。国家海关统计数据显示，2023 年 1—11 月猪肉进口量为 146 万吨，全年预计在 150 万~160 万吨，与过去正常年份的进口水平大致相当。正常年份猪肉进口 100 多万吨，全国每年猪肉消费总量大约为 5 500 万吨，100 多万吨的进口量约占总消费量的 2 个百分点，这是一个常规占比份额，所以说 2023 年的猪肉贸易恢复到了正常水平。前几年受到非洲猪瘟疫情的冲击，猪肉进口量大幅下降，甚至降至正常进口量的 90％左右，而现在已经恢复到 97％左右，这是正常水平。我国猪肉出口量非常少，每年仅有一两万吨的规模。

产能缓慢回调。从 2021—2023 年能繁母猪存栏量变动趋势来看，从 2022 年末的 4 390 万头降至 2023 年 11 月的 4 159 万头，下降了 200 多万头。虽然 2023 年猪肉产量整体上在惯性增长，但由于行情持续低迷，产能一直逐渐减少。

（二）生猪产能去化进度评价

1. 基于绝对量和相对量两个维度评估生猪产能去化进度

回顾 2023 年的生产形势并展望 2024 年，其中核心问题是如何评估当前产能去化的进度。尽管 2023 年一直在讨论去产能问题，但目前普遍的结论是产能去化的速度较慢。能繁母猪存栏量从 2022 年末的 4 390 万头降至 2023 年 11 月份的 4 159 万头，减少了 231 万头，降幅为 5.3％，产能去化进展缓慢、幅度有限。具体可以从绝对量和相对量两个维度进行评估。

第一个维度：绝对量水平。全国能繁母猪的合理保有量水平为 4 100 万头，这一水平能够确保产业保持正常的盈利水平。然而，最近两三年的能繁母猪存栏量一直高于 4 100 万头。尽管 2023 年能繁母猪存栏量在持续下降，但 11 月份仍较正常的 4 100 万头高出 59 万头。因此，从绝对量维度来看，11 月份的能繁母猪存栏量超过了市场需求，而 11 月份释放的猪肉产量需要 10 个月的生产周期到达市场端。如果 2024 年 9 月份消费保持在正常水平，其时的猪肉供应仍然处于过剩状态。基于此，对于 2024 年上半年的消费淡季，市场预期较为悲观。

第二个维度：相对量水平。能繁母猪存栏量从 4 390 万头降到 4 159 万头，降幅为 5.3％。如何评估这 5.3％呢？可以借鉴历史上几轮周期的情况，因为每一轮周期价格都出现了大幅波动。一般情况下，价格出现大幅波动背后的原因是产能大幅度回调，最终导致产量大幅减少，从而推动价格上涨。在 2007—2008 年的周期中，由于 2006 年的蓝耳病疫情导致当年能繁母猪存栏量下降了 20％，最终带来了 2007—2008 年猪肉价格上涨了 183.1％。而且，此涨幅为按月度平均价格计算数据。按时点价格计算，涨幅可达 200％。但是，在上一轮周期中，非洲猪瘟疫情导致产能下降了 31.1％，最终月度均价涨幅为 251.5％（按时点价格计算的涨幅可达 300％），生猪价格从 10 元/千克涨至 40 元/千克，涨幅达到了 300％。因此，由过去几轮周期可以总结出一个规律，即产能下降 10 个百分点，基本上可以对应新一轮周期价格实现翻番的涨幅。换言之，产能下降 20％，价格能涨 200％；产能下降 30％，价格能涨 300％。这是产能与价格的一个基本逻辑关系。

2. 生猪产能去化进度对生猪价格的影响

从历史上类似的对应关系，我们可以大致评估一下目前能繁母猪存栏量的 5.3％ 的降幅意味着什么。按照过去的规律，如果产能下降 10 个百分点，价格能够实现翻番。因此，当前的 5.3％ 意味着未来的价格可能会较行业低谷期的水平大约有 50％ 的涨幅。假设 2024 年上半年是行业的低谷期，2023 年上半年的最低价格大约是 14 元/千克，行业普遍认为 2024 年上半年的价格低点肯定会比 2023 年更低，所以估计 2024 年上半年的价格低点可能会达到 12 元/千克左右。如果 2024 年消费旺季有大约 50％ 的上涨潜力，那么 12 元/千克上涨 50％ 将达到 18 元/千克。

通过评估目前的产能去化进度，可以大致估计它可能支撑未来价格上涨的幅度。从这一角度看，如果 2024 年的最高价格能够涨到 18 元/千克左右，并且是在消费旺季达到这个水平，这就意味着 2024 年的低迷期价格必定低于生猪养殖的成本线，全年的均价水平可能维持在成本价左右，即大约 16 元/千克左右。全年最高价达到 18 元/千克左右，而最低价可能在 12～13 元/千克，低迷期和高峰期的价格存在着较大差异。综合考虑，根据当前的产能去化进度来看，支撑 2024 年价格反弹的峰值水平似乎并不太理想，在成本为 16 元/千克的情况下，即使在消费旺季价格达到 18 元/千克，市场行情仍然可能无法明显好转。

3. 生猪产能去化进度缓慢的原因

产能去化进度缓慢的原因主要有三个方面。第一，目前规模化水平大幅提升，使得规模养殖场相对较稳定，去产能化变得相对困难。第二，2023 年初市场经营主体普遍对下半年市场预期较好，产能去化的意愿不高。第三，2023 年以来，现金流资金链的压力并没有市场普遍预期的那么严重。当猪价低至 14 元/千克左右时，这基本上相当于一头出栏生猪的成本价格，即除固定资产折旧费用后的现金成本。因此，2023 年的亏损可能只涉及折旧部分，甚至折旧这一块都没有出现实质性亏损。2023 年一头猪亏损 70 多元，但实际上一头猪的折旧在 150～200 元，因此企业并没有感受到严重的现金流压力。上市公司的负债率较高，是因为其养殖成本远高于行业平均水平。就整体而言，行业并没有普遍感受到严重的资金链压力。

综合评估产能去化进度，整体情况仍是市场行情持续低迷，但产能去化进展依然缓慢。到 2023 年 11 月份，生猪产能仍然高于正常合理的保有量水平，这意味着在正常的消费水平下，至少到 2024 年 9 月份，猪肉市场的供需关系仍将处于供大于求的状态。

（三）行情趋势展望及不确定性因素可能产生的影响

1. 行情趋势展望

从大的猪周期角度来看，由于 2023 年 1 月产能已经开始下降，意味着到了 2023 年 11 月份市场的出栏供应量将开始下降。2023 年 1—11 月产能的持续下降，意味着从 11 月开始，市场供应量可能会进入 2023 年初以来产能持续下降的兑现期，即 11 月之后供应量可能会持续下降。

如果在正常消费情况下，价格应该是呈现上涨趋势的。然而，当前时间节点非常不利，因为即将迎来春节。在春节之前，价格可能会有一定上涨空间，但春节之后就会迅速进入消费淡季，届时消费量相较春节前可能会下降 20%～30%。与此同时，由于产能累计下降了 5 个百分点，其对应的出栏量也将下降 5 个百分点。如果 2024 年的消费量下降 20%～30%，价格必定会大幅下跌。因此可以确定，2024 年上半年的市场行情一定不会好。随着 2023 年生猪产能持续下调将带来 2024 年生猪出栏供应的持续减少，2024 年下半年供应量仍将持续减少。生猪产能截至目前仍在下调，但 2024 年下半年的消费需求会季节性增长，因此，2024 年下半年的价格从大趋势上应该是上行的。

总体来看，2024 年大的行业趋势是上半年不乐观，而下半年则在产能去化的进度、产能的绝对量以及相对量等方面进行谨慎评估后认为可能较为乐观。根据目前的产能去化进度评估出的价格高位水平，预计价格峰值可能达到 18 元/千克左右。这一高位水平是基于目前情况评估的，均价可能会在成本线的 16 元/千克左右，甚至可能低于 16 元/千克，具体情况还取决于其他因素的影响。

2. 几点不确定性因素可能对产业带来的影响

一是非洲猪瘟等动物疫情的影响。很明显地看到市场不太正常，尽管当前正值消费旺季，但猪肉价格仍然维持在 14 多元/千克，这并不是正常的价格表现。这种情况很可能是市场出现了一定程度的超卖，导致价格呈现出超跌状态。超卖的主要原因在于非洲猪瘟等动物疫情，特别是中东部地区动物疫情一直在持续。2023 年疫情的风险相较前两三年更加突出。2023 年全年行业都处于亏损状态，可以说是行业发展的低迷期。历史经验表明，行业低迷期一般都是疫病高发期。需要注意的是，2023 年的动物疫情形势与前两年大不相同，表现较为复杂。每年 12 月、1 月、2 月都是蓝耳病和仔猪腹泻等疫病高发期，尤其是春节前后。2023 年是否会进一步恶化？这种可能性是存在的，也需要根据总体形势进行研判。

二是消费市场景气度的影响。短期来看，2024 年消费情况可能与 2023 年差不多，很难出现实质性好转。若经济形势有好转，2024 年市场行情可能会比预期稍好，这主要取决于消费情况。但从目前的形势来看，短期内消费可能不会出现明显好转。

三是生猪市场情绪的影响。市场情绪可能会影响猪周期的节奏变化。目前市场很容易形成一致性的预期。过去两三年，猪价的波动让人普遍觉得不太正常，大家普遍觉得价格应上涨时，价格未涨反而一路下跌。这主要是由一致性预期所带来的影响。目前大多数人形成了相似的预期，认为 2024 年下半年将开启新一轮上行周期，届时市场行情可能会相对乐观。然而，在预期好的情况下，去产能可能变得难以继续。

四是猪肉冻品库存的影响。目前，猪肉冻品库存依然处在高位。贸易商反馈称在春节前猪肉冻品预计不会完全出库，因此可能会延至 2024 年上半年。2024 年上半年，生猪冻品出库的压力仍然非常大。与 2023 年上半年相比，2024 年上半年的入库需求可能相对较少，需求侧支撑相对较弱。2024 年上半年价格的低位可能会比 2023 年上半年更低。

五是能繁母猪生产效率的影响。截至目前，生猪产能已经相比高位去了 5 个百分点。如果生产效率提升幅度较大，那么目前的产能去化进度可能要再打一个折扣。假如生产效率提升了 2~3 个百分点，现在产能的量只降了 5 个百分点，那实际的产能去化可能只有 2 个百分点。由于目前缺乏能够准确评估 2023 年度母猪生产效率提升幅度的良好指标，养殖企业可能需要根据自身和周边养殖场的情况，准确评估产能去化的实际进展情况。

六、2023 年主产省份肉鸡产业发展形势

（一）山东肉鸡产业发展形势

宋敏训做了"2023 年山东肉鸡产业发展形势、问题和对策"报告。报告主要分为三部分：一是目前山东省肉鸡产业形势，二是山东省肉鸡产业面临的主要问题，三是山东省肉鸡产业发展的对策。

1. 山东省肉鸡产业发展形势

山东省肉鸡产业发展开始于 20 世纪 80 年代，伴随着改革开放 40 多年来的持续发展，山东省肉鸡产业快速发展，长期居于全国肉鸡产业发展的首位。产业的规模、技术等都引领着全国肉鸡产业发展的方向。

（1）饲养规模大，规模化、标准化程度高，饲养模式领先

从历年数据来看（表 16 和表 17），山东省禽肉产量远远地领先于其他省份。

山东省家禽养殖规模化、集约化程度高，2022 年规模化率为 99.56%（表 18）。产业发展进程中，新型经营主体不断涌现，小户散户基本退出，目前都是规模化程度比较高的企业和养殖场户。

山东省肉鸡饲养品种。白羽肉鸡饲养品种包括 AA、科宝 500、哈伯德利丰和罗斯 308。黄羽肉鸡（地方肉鸡），多为肉蛋兼用，主要有汶上芦花鸡、琅琊鸡、莱芜黑鸡、沂蒙鸡和三黄鸡等地方品种，以及青脚麻鸡、黄脚麻等培育品种。小型白羽白鸡（肉蛋杂交鸡）饲养品种有 817 肉鸡、益生 909 和沃德 168。

山东省肉鸡饲养方式。饲养方式有地面散养、地面平养、网上平养和立体笼养多种。目前立体笼养（或者称为多层立体平养）是肉鸡养殖的主要模式。尤其是临沂地区近年来发展很快，临沂市目前肉鸡出栏量近 10 亿只，基本上为立体笼养方式。立体笼养有很多优点：一是节省人力、土地，单位面积饲养量成倍增加；二是饲料转化率高，养殖效益高，饲料转化率已经突破 1.4；三是鸡不与粪便直接接触，不易发生球虫等寄生虫病；四是粪便干燥，易于处理；五是传送带及时将粪便运出鸡舍外，粪便在鸡舍停留时间短，不易发酵产生氨气，没有氨味；六是舍内饲养环境优良，鸡不易发病，药费大幅下降。目前立体笼养大部分是三层笼养，但也在逐渐向四层笼养转变。部分企业仍然维持地面平养、网上平养，例如凤祥集团、诸城外贸等，但也都在向立体笼养方向转变。此外，817 肉鸡目前还主要是网上平养。

2022 年白羽肉鸡情况。2022 年全国祖代种鸡更新数量 96.2 万套，较 2021 年同期减少 20% 多，祖代种鸡在产存栏 126.6 万套。山东祖代种鸡更新数量 35 万套，祖代种鸡在产 30 多万套，其中，烟台益生祖代种鸡更新数量 30 万套，诸城外贸祖代种鸡更新数量 4.2 万套。2022 年全国父母代种鸡存栏 6 497.4 万套，其中，山东省存栏 3 000 万套，占全国的 46% 以上。2022 年全国白羽肉鸡出栏 75 亿只，其中，山东省出栏 21.7 亿只，屠宰量为 34.69 亿只。全国共 5 家白羽肉鸡上市公司，其中，山东烟台就有 4 家，分别为民和股

份、益生股份、仙坛股份和春雪食品，市值近 400 亿元，超过全国白羽肉鸡上市公司市值的一半。

2023 年山东省肉鸡产量估测。通过对企业调研，了解到 2023 年山东省祖代种鸡更新数量 18 万套，其中，烟台益生 15 万套，诸城外贸 3 万套；祖代种鸡在产存栏量 35 万套，其中，烟台益生 28 万套，诸城外贸 7 万套。山东省父母代种鸡存栏量有所下降，但仍维持在 2 500 万～3 000 万套（其中，烟台益生父母代达到 600 多万套，其在山东省以外还有 300 万套，在山东省产能统计时仅统计在山东省域内的实际产能）。全年肉鸡出栏 30 亿～35 亿只，其中，白羽肉鸡 20 亿～25 亿只，小型白羽肉鸡 8 亿～9 亿只，地方鸡出栏 1 亿只左右。白羽肉鸡、地方肉鸡，加上 817 肉鸡，2023 年出栏总量高于 2022 年，产能仍维持在高位。

表 16　2017—2021 年全国主要省份禽肉产量排名

单位：万吨

排序	2017 年		2018 年		2019 年		2020 年		2021 年	
	省份	产量	省份	产量	省份	产量	省份	产量	省份	产量
1	山东	320.55	山东	315.10	山东	333.69	山东	357.10	山东	364.90
2	广东	151.73	广东	153.25	广东	176.24	广东	195.27	安徽	183.40
3	安徽	145.02	安徽	150.68	安徽	174.59	安徽	181.10	广东	182.19
4	广西	141.96	广西	138.83	广西	162.85	广西	179.90	广西	169.15
5	福建	130.82	福建	136.76	河南	145.24	辽宁	154.60	辽宁	156.20

数据来源：国家统计局。

表 17　2022 年全国部分省份禽肉产量情况

省份	数量（万吨）	同比	占全国比率
山东	375.90	3.00%	15.39%
安徽	191.80	4.60%	7.85%
广东	189.48	4.00%	7.76%
广西	164.08	−3.00%	6.72%
辽宁	162.80	4.20%	6.66%
河南	154.63	3.10%	6.33%
江苏	126.60	5.90%	5.18%

数据来源：国际畜牧网。

表18　山东省规模化产能及其占比情况

畜禽产品	规模化率	产量（万吨）
猪肉	67.66%	249.26
禽肉	99.56%	374.20
牛肉	65.02%	39.27
羊肉	56.43%	19.02
奶类	93.92%	285.89
鸡蛋	95.10%	416.62
总计	—	1 384.26

（2）肉鸡种业国产化进程加快

益生股份育成的新品种"益生909"小型白羽肉鸡获得国家畜禽新品种认定。这是山东省首个通过国家认证的小型白羽肉鸡品种，目前月销量为700多万羽。该品种具有如下较为突出的优势特征：一是增重速度快，料肉比低，饲养40～45日龄体重可达1.5千克以上，料肉比在1.5～1.7；二是作为纯系种鸡，垂直传播疾病净化得比较彻底，雏鸡健康，成活率高（尤其是沙门氏菌和支原体高度净化），抗病力强；三是鸡体肉质紧密（致密性高），白条出肉率高，深受养殖户和冷藏加工厂喜爱；四是适合平养、笼养多种饲养方式，可活禽销售，也可屠宰分割；五是饲养同样天数的条件下，较817肉杂鸡体重多0.25千克左右，经济效益显著。

山东省家禽体系试验站山东纪华家禽育种有限公司"东禽麻鸡1号"获得国家畜禽新品种认定。"东禽麻鸡1号"配套系适应性良好，其体型外貌特征、生产性能、肉质特性适合北方地区尤其是黄淮地区饲养。该品种以琅琊鸡为基本素材，利用杂交合成、基因导入、品系选育等方法，导入国外优秀育种素材的有利基因，培育出生产性能优良、肉质和体型外貌符合市场需求、高效节粮的黄羽肉鸡配套系。雏鸡能够通过胫色和羽色识别雌雄。在生产性能方面，66周龄入舍母鸡产蛋数181.5个，入舍母鸡产合格种蛋数170.0个，种蛋受精率95.0%，受精蛋孵化率92.3%，健雏率98.8%。"东禽麻鸡1号"这一品种适合养公鸡，因为山东临沂地区消费者喜欢吃炒鸡，需求量一年大约在1亿只，目前的供应量还满足不了炒鸡消费的需求，所以也有省外的部分鸡进入到临沂地区。地方鸡在炒鸡烹饪这方面发展得很好。

（3）环保意识增强，废弃物资源化利用水平提高

山东省养殖企业环保意识增强，无论养殖规模大小，废弃物都得到了很好

的处理。山东省畜牧局制定了《山东省病死畜禽无害化处理工作实施方案》，建设了病死畜禽无害化处理系统，健全监管体系，完善政策保障，从 2020 年开始，将家禽等畜禽品种一并纳入无害化处理补助范围，养殖县建立了病死畜禽无害化处理中心，解决了养殖场病死畜禽处置难题，养殖公司都有专用设备，对病死畜禽和粪污进行无害化处理。

（4）自动化、智能化等新设备、新技术提升加快

肉鸡自动化、智能化设备更新快，自动喂料、自动饮水、自动通风、自动环控、自动清粪、自动捡蛋、自动消毒技术普及程度高。体温监测系统，环境监测、预警、控制系统，智能化饲喂系统，巡检机器人，"哨兵鸡"等智能化、自动化养殖设备广泛使用。

空气能热泵调节舍内温度技术在白羽肉鸡养殖上得到广泛应用。该技术起源于山东省，通过空气能调整温度，减少了煤炭使用，或者不使用煤炭供热。此外，"太阳能＋空气能"技术，也在很多鸡场得到了推广应用，能有效节能减排，精准控温，智能控制，优化环境，提高产能，解决畜牧业能源消耗和环境污染等问题。"太阳能＋空气能＋热回收"已纳入 2022 年山东省畜牧业主推技术。

早期免疫在防病防控方面发挥重要作用。早期免疫，特别是 1 日龄雏鸡免疫，包括灭活疫苗免疫、活疫苗免疫，成为山东省肉鸡产业发展中疫病防控的重要技术。

发酵饲料使用广泛、效果明显。山东的胶东一带雏鸡价格最贵的是海阳鼎立公司，价格贵的原因是养殖成活率高、小鸡抗病能力强，发酵饲料的使用是雏鸡品质高的重要原因。山东海阳鼎立公司对于发酵料的作用效果做了如下总结：一是提高生产性能。全期使用发酵料，在育雏育成期，可提高成活率 2～3 个百分点（97.5% 以上）；产蛋期产蛋率可提高 2～3 个百分点（高峰蛋率 92%～93%），80% 以上高峰蛋率维持周龄可达 20 周以上；到 60 周入舍鸡只产健雏数可达 140 只以上，较原来多产 15～20 只。二是提高抗应激能力、增强抗病力。发酵料中所含的微生物直接参与动物肠道的屏障作用，补充动物肠道内有益微生物的种群与数量，形成"优势有益菌群"，阻止病原微生物的生长繁殖，维护动物肠道内的微生态平衡，从而提高动物免疫力和抗病能力，使动物少得病（单只药费可节省 3～5 元）。三是提高饲料利用率。截至 60 周，鸡只累计耗料量可节省 3～5 千克，通过洗粪发现，使用发酵饲料的鸡群粪便没有料渣，而不使用发酵料的鸡群粪便则含有较多料渣。四是改善鸡舍环境。使用发酵料的鸡群粪便中含有的益生菌具有除臭、除氨、改善环境等效果。应

用发酵料，种鸡不再投用球虫疫苗和球虫药。同时，在冬季等气温较低季节，可更大限度降低通风量，保证鸡舍温度，节约能源。

（5）产品深加工快速增长、质量稳步提高

山东省熟食品加工企业快速增长，禽肉深加工产品（熟食及调理品）比例大幅提高，鸡肉产品的深加工比例为 20％左右，有的企业高达 60％。山东省每年出口鸡肉及制品 20 多万吨，主要销往欧美、日韩等市场。全省能够出口的禽肉加工企业有 13 家，出口量占全国总量的 60％以上。肉鸡重点龙头企业有山东凤祥、青岛九联、诸城外贸、山东春雪、青岛正大、山东凯加、龙大食品、山东日冷等。

（6）重视学术体系建设、技术创新和推广

山东省重视体系建设，在全国处于领先地位。山东省建有家禽产业技术体系，设有 12 个岗位专家和 11 个试验站。山东省畜牧协会、山东省兽医协会等行业协会的相继成立，为企业技术交流提供平台和技术支撑。山东省畜牧兽医学会家禽、水禽、禽病等学术分会为产业技术创新提供理论支持和经验分享。

（7）产业链完整，产业结构不断优化

山东省肉鸡产业链覆盖良种繁育、商品养殖、投入品供给、设施装备、屠宰加工、冷链物流配送等环节，每个环节都有大型企业引领，育引繁推整体推进。加工产品丰富，有冷冻产品、调理品、熟食制品等，市场支撑较强。饲料、兽药、生物制品行业同步快速发展，为产业发展提供服务。

2. 山东省肉鸡产业发展面临的问题

（1）产能维持高位，行业自我调控能力弱，外部因素影响大

与全国总体情况类似，山东省肉鸡产业发展目前面临的最关键的问题是产能过剩。受 2019 年肉鸡产业超高行情影响，2019—2020 年山东肉鸡产能大幅增加，明显超过市场需求，价格低迷，行业亏损严重，产能下降不够明显，至今仍然维持高位，行业缺乏调控产能的有效机制和措施。此外，经济下行、消费不足，饲料成本仍处于高位，生猪行情不见好转、肉鸡价格不振，国外政治、经济因素等都影响山东省肉鸡产业的发展。

（2）产品深加工水平偏低，产品高度同质化

山东省禽肉加工产业尽管在畜牧产业中处于相对较高水平，但与国外相比仍然存在较大差距。深加工率、机械化程度仍偏低。多是沿袭传统加工工艺，关键工序依赖经验，产品工艺参数模糊、质量不稳，缺乏有特色、色香味俱全、档次高、形成消费时尚、深受不同层次消费者喜爱的品牌禽产品。出口产品主要还是以熟食为主，活禽产品还不能出口，肉鸡出口市场主要是日本、韩

国等东南亚市场，份额有限。精深加工是短板，产品同质化严重，与消费端衔接较弱，国内市场以提供原材料为主，处在产业链、价值链中低端，溢价能力低，制约着产业链各个环节的利润。

（3）品牌化程度低

随着消费者收入的增加和生活水平的提升，消费者对品牌禽产品需求越来越大。目前山东省养殖规模化程度在逐步提高，但品牌化程度依然很低，目前70％以上的肉鸡养殖场没有建立自己的品牌，大部分无品牌产品在市场上同场竞技、无序竞争，缺乏品牌意识以及品牌建设和运营所需的人才，效益未得到有效提高。

（4）雏鸡质量不稳，种鸡依赖国外严重

对种鸡疫病净化不够重视，商品代雏鸡质量有所下降。白羽肉鸡的种鸡仍然严重依赖国外，一旦国外品种有波动，就会对国内价格造成较大影响。国产白羽肉鸡新品种近年来起到了很好的替代作用，但是国产品种在产品的稳定性上还有些不足，需要进一步加力提升。此外，小型白羽肉鸡存在制种门槛低、不规范的问题。

（5）疫病防控难度加大

山东省动物饲养量大、各种家禽饲养量大，给肉鸡疫病防控增加了压力。饲养管理不当、生物安全措施不到位很容易导致疫病发生。种源净化不够重视，种禽质量问题造成垂直传播疫病、免疫抑制病增多。新的疾病不断出现，原有疾病病原不断变异，宿主范围扩大，致病性出现新特点。多种病原共存造成混合感染、多重感染，协同致病增多。细菌病发生增加，细菌耐药性增强，有效的疫苗、抗体等生物制品缺乏。山东省肉鸡主要疫病包括 H9 禽流感、传染性支气管炎、传染性贫血病、传贫、滑液囊支原体、腺病毒病、呼长孤病毒病等。

3. 山东省肉鸡产业发展的对策建议

（1）科学调控适度规模和产能

山东省肉鸡产业形势长期趋势向好，禽肉产量将继续增长。家禽养殖具有饲料报酬高、碳排放低的优势，同时禽肉具有高蛋白、低脂肪、低热量、低能量的"三低一高"营养优势和显著的低价位优势，有助于山东省肉鸡产业发展。与国外发达国家相比，我国人均禽肉消费量仍然偏低，仍有较大上升空间。但目前产能过剩，科学调控产能非常必要。国外禽流感频发，白羽祖代种鸡引种量明显减少，父母代雏鸡价格具备较为坚挺的支撑，同时国产种鸡替代进展顺利，在产父母代存栏量、商品代雏鸡和出栏量仍处高位。2024 年上半年仍然面临供给压力，价格上升困难，下半年产业链供需会有所改善。随着经济好转，肉鸡消费有望迎来增长，白羽肉鸡市场价格及产品售价或将出现上行趋势。因此要科学控制产能，苦练内功、挖潜消费市场，实现高质高效发展。

（2）更加重视产品质量安全

产品质量关系到产业的生存和发展，绿色、安全、无抗成为社会的普遍共识。要逐步建立和健全产品追溯体系，进行质量溯源，规范和严格控制生产过程。科学的饲养管理、优良的饲养环境、先进的设备和饲养模式是提升产品质量安全的关键。提升产品质量安全的重点是兽药残留、饲料、饮水安全。要推行养殖减抗，提高生物安全，强化免疫效果，减少疫病发生，使用先进的养殖模式、设施设备，创造良好的养殖环境，合理、科学使用抗生素，重视抗生素替代品的使用。

（3）更加重视环境友好、绿色环保的产业发展模式

山东省要重视种养结合、农牧循环的发展方式，实现高产、高效、优质、安全、生态发展。目前环境保护的要求日益严格。未来相当长一段时期内，严峻的环保约束是肉鸡养殖发展面临的新常态。国内肉类消费刚性增长，养殖总体规模还将进一步扩大，粪便资源化利用的压力长期存在。要加强畜禽粪污相关政策、法律法规宣传，养殖主体要自觉转变思想观念，积极适应环保政策要求。加快禽粪有机肥等相关标准制定，出台有机肥使用的价格补贴政策，加强有机肥市场监管，促进有机肥市场化良性运转；重视有机肥的质量，做好肥料的熟化；推动农牧循环，加快发展绿色。通过采用现代装备、低蛋白日粮、改进饮水工艺、科学应用微生态制剂等减量化技术和产品，实现粪污减排。创新粪污处理设施设备，加快研发处理时间快、使用简便，价格经济适宜的设备。

（4）产业发展更加依靠创新

一是种质创新，满足多元化需求。要以市场为导向，在满足消费数量的基础上，重视消费者对鸡肉品质及多样化需求。加快家禽品种本地化、多样化进程。保护优良地方家禽品种资源、挖掘优良性状的遗传基因，发掘良好育种素材。推动产学研协同合作与创新，走商业化育种的道路。

二是饲料调控技术创新。国际粮食供需随时会处于紧张状态，饲料原料供应长期依赖进口，要加快低蛋白、低能量日粮的研发，加强新型饲料来源的研究，促进豆粕替代品的研制、杂粮的高效利用，重视饲料发酵，这将会有助于提高利用率、改善肠道健康、提高机体免疫力（菌酶结合是方向）。饲料营养调控技术是节能降耗、提高养鸡效益的重要研究方向。加强饲料钙磷调控，重视氨基酸平衡，应用精细化营养配制技术。促进加工技术的改进，包括杂粮类

物质的前处理、热敏物质喷涂、制粒技术的改进等。根据地域、品种、季节、环境等因素的不同，实施精准营养设计，向料肉比更低的方向发展，追求风味、口感，提高动物福利，饲养天数、料肉比或有增加。

三是疫病防控技术创新。要全方位关注生物安全措施，包括有效隔离、消毒及科学评价等；要重视应激和呼吸道、消化道、泌尿生殖道健康和保健；注重先天性免疫、黏膜免疫、气雾免疫和早期免疫；重视疫情检测、病原检测和免疫监测，重视抗体水平的整齐度；要严格监控科学减负；应用禽病的快速、特异、简便诊断技术，重视混合感染、继发感染；实施禽病的有效治疗措施，关注敏感的药物、足够剂量和疗程；研发安全、有效的多价疫苗、多联疫苗及新型疫苗和抗体。要控制舍内外环境，保证足够的氧气和尽可能减少有害气体、粉尘和病原微生物。加强种鸡管理，提升雏鸡质量。山东省主要推广了白血病净化新技术，荧光 PT－PCR 法。烟台益生和诸城外贸等一些企业推广了这种方法，敏感性比原来的方法高 100～1 000 倍。

四是深加工创新，提升产品附加值。不断提高家禽的深加工产品比例，刺激拉动消费。未来易保存、易流通的禽肉制品将会越来越受青睐，要应用不同调料、配方，适应煮、蒸、煎、炸、烘焙、西餐等不同烹饪方式，满足不同地区、不同民族、不同年龄等消费群体的差异化需求，研发适合现代生活节奏需求的简便、快速加工食品和即食型熟食品。重视副产物的深加工和综合利用，以血液、内脏、骨架、鸡皮、头脖为主要对象，利用独特加工技术，研发新颖的产品。与食品化学（风味、色泽）、生化制药、食品生物技术、食品添加剂等学科相结合，实现高效利用和效益倍增。抓住肉禽类预制菜发展契机。随着饮食结构由温饱型消费转向膳食平衡型消费，并在消费者追求便利化用餐的趋势下，对肉类和预制菜的需求呈现上升趋势。要研发以禽肉为原料，配以各种辅料，采用现代化标准集中生产的成品或者半成品，包括即食、即热、即烹、即配等食品。

五是养殖设施设备创新。目前人工短缺，土地减少，养殖规模和数量大幅增加，倒逼企业进行设备升级。数字技术、物联网、人工智能等前沿技术在养殖业中的快速推进，推动养殖过程全面数字化、智能化，有助于降低养殖成本，提高养殖效益。以各类传感器替代人的感官，以自动化装备和养殖机器人替代人的身体，以智能化养殖中央大脑和算法替代人脑，实施全方位实时准确监控，快速传输，多因素指标科学融合、分析和决策，实现及时有效的控制。

（二）广西肉鸡产业发展形势

黄超在"2023 广西肉鸡产业发展形势、问题和对策"报告中，从企业视角分析了 2023 年黄羽肉鸡的发展形势及未来趋势。

1. 国家肉鸡产业技术体系南宁实验站肉鸡养殖情况

受近几年新冠疫情和行情低迷影响，南宁实验站出栏的肉鸡数量逐年减少。2023 年广西利源集团年肉鸡出栏量为 7 000 万只左右，南宁试验站的产能结构与利源集团相似。通过南宁试验站的养殖情况可在一定程度上反映出广西的黄羽肉鸡产业发展的总体形势。2023 年 1—11 月南宁试验站肉鸡出栏量 419 万只，2022 年出栏量 522 万只，2021 年出栏量 586 万只，产量呈逐年减少趋势。2023 年 1—11 月肉鸡出栏量较 2022 年减少 20％，较 2021 年同期减少 28％（图 30）。

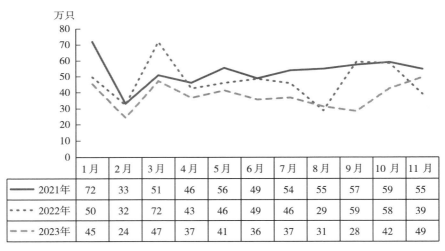

	1月	2月	3月	4月	5月	6月	7月	8月	9月	10月	11月
2021年	72	33	51	46	56	49	54	55	57	59	55
2022年	50	32	72	43	46	49	46	29	59	58	39
2023年	45	24	47	37	41	36	37	31	28	42	49

图 30　南宁试验站黄羽肉鸡出栏数量

2023 年黄羽肉鸡养殖类型仍以中速型为主，快速、中速、慢速型黄羽肉鸡出栏量占比分别为 25％、57％、18％（图 31）。中速型为主的生产结构与黄羽肉鸡屠宰上市的销售模式有很大关系。中速型黄羽肉鸡在体重和经济性能上比较适合屠宰，包括口感风味也结合了慢速型的优势，所以中速型黄羽肉鸡比例逐步增加。快速型黄羽肉鸡受 817 肉鸡的冲击，占比逐渐减少。慢速型黄羽肉鸡受饲料成本增长和消费市场萎缩的双重压力，出栏量和市场占比也逐渐减少。

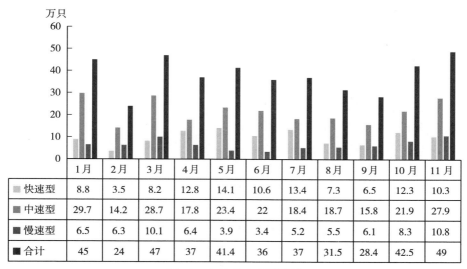

	1月	2月	3月	4月	5月	6月	7月	8月	9月	10月	11月
快速型	8.8	3.5	8.2	12.8	14.1	10.6	13.4	7.3	6.5	12.3	10.3
中速型	29.7	14.2	28.7	17.8	23.4	22	18.4	18.7	15.8	21.9	27.9
慢速型	6.5	6.3	10.1	6.4	3.9	3.4	5.2	5.5	6.1	8.3	10.8
合计	45	24	47	37	41.4	36	37	31.5	28.4	42.5	49

图 31　各品种鸡出栏数量

2023 年快速、中速和慢速所有类型黄羽肉鸡出栏体重都有所提高（图 32）。往年，快速型、中速型黄羽肉鸡是 2～2.1 千克，慢速型是 1.8 千克左右，2023 年均有所提升。一是受 2022 年底新冠疫情管控开放的影响，养殖场户普遍对市场持乐观判断，前期压栏肉鸡在一季度集中出栏，出栏体重较

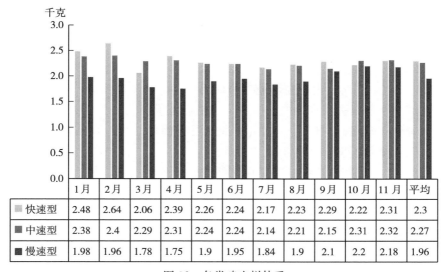

	1月	2月	3月	4月	5月	6月	7月	8月	9月	10月	11月	平均
快速型	2.48	2.64	2.06	2.39	2.26	2.24	2.17	2.23	2.29	2.22	2.31	2.3
中速型	2.38	2.4	2.29	2.31	2.24	2.24	2.14	2.21	2.15	2.31	2.32	2.27
慢速型	1.98	1.96	1.78	1.75	1.9	1.95	1.84	1.9	2.1	2.2	2.18	1.96

图 32　各类鸡出栏体重

大。二是受养殖成本增加与市场行情低迷的影响，销售困难的问题较为突出。三是增加了长日龄公鸡的饲养（特别是慢速型），导致体重较前几年有较为明显的增加。

饲料原料价格连续 5 年居高不下，饲养成本持续维持在高位。2023 年快速型和中速型黄羽肉鸡饲养成本变化不大，基本上与上年持平，主要是因为黄羽肉鸡出栏体重增加（图 33）。慢速型黄羽肉鸡饲养成本增长较多，饲料成本增加以及出栏时间增加是主要原因。

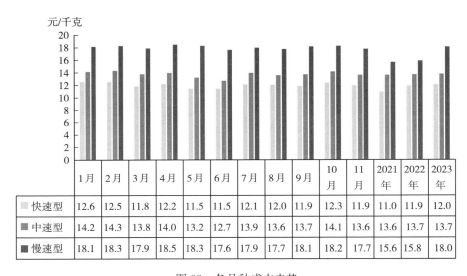

元/千克

	1月	2月	3月	4月	5月	6月	7月	8月	9月	10月	11月	2021年	2022年	2023年
快速型	12.6	12.5	11.8	12.2	11.5	11.5	12.1	12.0	11.9	12.3	11.9	11.0	11.9	12.0
中速型	14.2	14.3	13.8	14.0	13.2	12.7	13.9	13.6	13.7	14.1	13.6	13.6	13.7	13.7
慢速型	18.1	18.3	17.9	18.5	18.3	17.6	17.9	17.7	18.1	18.2	17.7	15.6	15.8	18.0

图 33　各品种成本走势

2023 年一季度黄羽肉鸡价格最低。2023 年 1 月快速型黄羽肉鸡价格仅为 7.67 元/千克，同时，由于在新冠疫情期间黄羽肉鸡总体销量低迷，因此在一季度大部分企业以去库存为主，销量与价格都处于较低水平。二季度之后，黄羽肉鸡价格逐渐回升，但由于总出栏量并没有明显减少，且市场消费没有恢复，所以价格并不稳定（图 34）。

2023 年，快速型黄羽肉鸡只有 9 月份处于盈利状态，其他月份始终处于亏损状态（图 35）。1 月份快速型黄羽肉鸡亏损高达 12 元/千克，主要是受 817 肉鸡的影响。817 肉鸡的成本和售价均比快速型黄羽肉鸡低，屠宰后胴体外观较美观，在市场上对黄羽肉鸡冲击较大，导致快速型黄羽肉鸡出栏量逐渐减少。中速型黄羽肉鸡也连续亏损，只有 8 月、9 月份有盈利（图 36）。中速型黄羽肉鸡的成本和销售都比较灵活，适合屠宰，因此，很多企业逐渐增加中

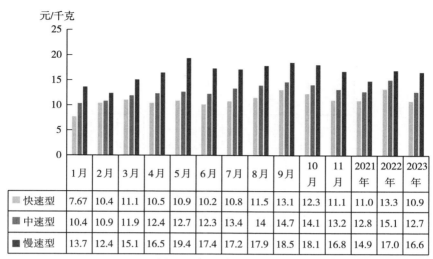

图 33　各品种价格走势

速型黄羽肉鸡的养殖量，例如温氏、利源、德康等大型黄羽肉鸡养殖企业，中速型黄羽肉鸡占比达到了 60% 左右，也造成了中速型黄羽肉鸡供大于求的局面。慢速型黄羽肉鸡 2023 年盈利水平最差，由于其养殖周期长，饲料转率较高，所以更容易受饲料价格波动的影响。慢速型黄羽肉鸡二、三、四季度价格逐渐回升，在 5 月份出现盈利，是 2023 年黄羽肉鸡中最早出现盈利的品种（图 37）。

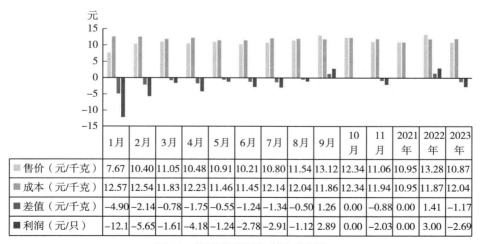

图 34　快速型黄羽肉鸡盈利水平

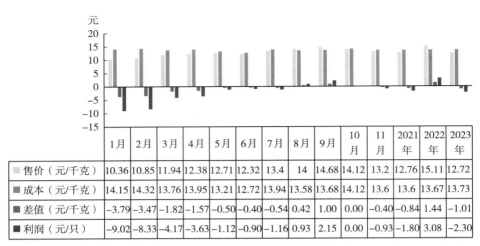

	1月	2月	3月	4月	5月	6月	7月	8月	9月	10月	11月	2021年	2022年	2023年
售价（元/千克）	10.36	10.85	11.94	12.38	12.71	12.32	13.4	14	14.68	14.12	13.2	12.76	15.11	12.72
成本（元/千克）	14.15	14.32	13.76	13.95	13.21	12.72	13.94	13.58	13.68	14.12	13.6	13.6	13.67	13.73
差值（元/千克）	-3.79	-3.47	-1.82	-1.57	-0.50	-0.40	-0.54	0.42	1.00	0.00	-0.40	-0.84	1.44	-1.01
利润（元/只）	-9.02	-8.33	-4.17	-3.63	-1.12	-0.90	-1.16	0.93	2.15	0.00	-0.93	-1.80	3.08	-2.30

图 35　中速型黄羽肉鸡盈利水平

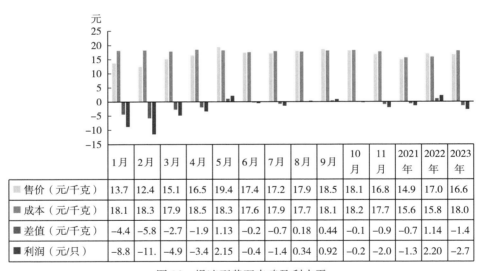

	1月	2月	3月	4月	5月	6月	7月	8月	9月	10月	11月	2021年	2022年	2023年
售价（元/千克）	13.7	12.4	15.1	16.5	19.4	17.4	17.2	17.9	18.5	18.1	16.8	14.9	17.0	16.6
成本（元/千克）	18.1	18.3	17.9	18.5	18.3	17.6	17.9	17.7	18.1	18.2	17.7	15.6	15.8	18.0
差值（元/千克）	-4.4	-5.8	-2.7	-1.9	1.13	-0.2	-0.7	0.18	0.44	-0.1	-0.9	-0.7	1.14	-1.4
利润（元/只）	-8.8	-11.	-4.9	-3.4	2.15	-0.4	-1.4	0.34	0.92	-0.2	-2.0	-1.3	2.20	-2.7

图 36　慢速型黄羽肉鸡盈利水平

2. 黄羽肉鸡产业发展形势分析

（1）黄羽肉鸡全年普遍亏损，产业处于转型升级阶段

近年来肉鸡养殖原料价格始终处于高位，养殖成本居高不下，同时新冠疫情结束不但没有带来消费的增加，反而始终处于低迷阶段。大型养殖企业黄羽肉鸡产量增加明显，其中，上市公司温氏股份 2023 年 1—11 月累计上市黄羽肉鸡 10.8 亿只，较上年增加 9.91%，预估 2023 年整体上市黄羽肉鸡将近 12

亿只；立华股份 1—11 月累计上市黄羽肉鸡 4.15 亿只，较上年同比增加 12.18%；湘佳股份 1—11 月累计上市黄羽肉鸡 4 118 万只，较上年同比增加 7.5%。其他中小肉鸡企业由于 2022 年 12 月以来市场行情持续低迷，导致资金紧张，逐渐减产，很多企业减产量超过 20%。综合来看，中小肉鸡企业与上市公司一消一涨，市场供应量并没有减少，叠加市场消费景气度仍未恢复，价格持续低迷。

在资金方面，中小肉鸡企业融资困难且亏损严重，所以被迫主动减产。然而，大企业资金实力雄厚，产能不断增加。在大企业的引领下，黄羽肉鸡养殖向集约化转型，逐步向规模要效益，大部分散户在新冠疫情和市场行情双重冲击下退出市场。黄羽肉鸡 2019 年暴利之后，2020—2021 年持续亏损，2022 年有所好转，大部分企业能够盈利，但是 2023 年持续亏损比较严重。总体来看，近几年黄羽肉鸡养殖企业面临的压力较大。

温氏、立华、利源等大型肉鸡养殖企业目前都在推广双层平养模式。在此模式下，栏舍占地 1 600 平方米左右，每一层大概养 15 000～16 000 只鸡，双层养殖规模约为 3 万只。按照以前黄羽肉鸡传统的养殖模式，同等养殖面积养殖规模仅约为 1 万只，双层平养模式的养殖效益比传统模式提升了 3 倍。在双层平养模式下，鸡肉在肉质和口感风味上会有所降低，但对比并不明显。从整体的养殖成绩来说，这一模式大大提升了养殖效益，可能是黄羽肉鸡养殖未来的发展趋势。

黄羽肉鸡继续向中速型集中。从养殖结构上看，中、大型养殖企业一般以养殖中速、慢速型品种为主；部分中型企业和小企业以快速型和慢速型为主；散户基本上是以慢速型为主，且数量在持续减少。虽然黄羽祖代种鸡数量不断扩大，但可能有部分用于中速型黄羽肉鸡的配套系统，使得最终肉鸡品种结构出现调整。另外，部分黄羽肉鸡企业开始养殖 817 肉鸡，一方面是由于上市品种配置的需要，另一方面是屠宰的需要。由于黄羽肉鸡屠宰数量相对较少且不稳定，配置一部分 817 肉鸡可以减少屠宰经营的风险，且在养殖成本上 817 肉鸡也有较大优势。

（2）黄羽种鸡产能去化不足，亏损与产能过剩并存

自 2019 年之后，单一做黄羽种鸡板块的企业大部分处于亏损状态，甚至有部分黄羽肉鸡种苗企业濒临破产。由于没有效益以及市场量的压缩，种苗企业的后端客户量不断减少，所以单纯做种苗的企业难以生存。大企业有完整的产业链，都能够独立实现产业的一条龙经营，但种鸡企业主要面向中小养殖公司和个体养殖户，但这部分市场萎缩严重，饲料成本居高不下，基本是全年全

行业亏损。目前种鸡企业虽然均处于亏损状态，但各企业种鸡存栏量基本处于高位状态，种鸡去产能不够，供过于求，亏损与产能过剩并存。

（3）后疫情时代消费市场低迷，快大型黄羽肉鸡所受冲击最大

2022年底新冠疫情管控放开之后，企业对2023年黄羽肉鸡的行情普遍持乐观态度，但结果并没有带来消费量和价格的提升，甚至带来了较大的亏损。第一季度，由于企业乐观预判，推迟肉鸡出栏，然而存栏大幅增长使得市场出现塞车现象，企业亏损严重。在疫情防控期间，消费习惯的改变使得黄羽肉鸡销售模式从活鸡销售转变为屠宰销售，对黄羽肉鸡行业冲击较大，出栏量和市场需求持续萎缩，其中快大型黄羽肉鸡所受到的冲击最大。

3. 黄羽肉鸡产业发展趋势预判

（1）肉鸡市场逐步去产能，市场行情有望恢复和稳定

经过2023年的持续亏损，很多肉鸡企业的经济状况尤其是资金状况无法长期坚持，肉鸡企业已经在逐渐去产能，逐渐改变供大于求的局面。目前价格在成本线之下徘徊，预计2024年上半年黄羽肉鸡价格稳中有升，但并不会有太高的盈利点，下半年恢复盈利，但盈利水平不会太高。

目前饲料原料价格不断降低，有利于养殖企业降低成本，帮助养殖企业恢复信心。近几年黄羽肉鸡企业、白羽肉鸡企业，甚至生猪企业，成本增长主要是饲料原料成本上升所导致，饲料原料价格下降可以较大程度上降低肉鸡养殖企业的经营成本。另外，国内转基因种子的推广，有利于饲料原料的供给。2024年国内饲料原料的生产总量，特别是玉米、大豆等预计将会有大幅增长，这对畜禽养殖企业非常有利。

慢速型黄羽肉鸡市场，由于亏损时间较长，且经营主体以中小企业和个体养殖户为主，去产能比较彻底，市场恢复较快，2024年盈利能力可能是黄羽肉鸡中最好的一个类型。

（2）种苗市场供过于求，部分企业退出市场或调减产能

目前黄羽种鸡企业皆没有满负荷生产，且市场还处于供过于求的阶段，但各企业怕错过市场的红利期，仍然一直在储备青年鸡。因为，在市场红利期来临的阶段，企业充足的产能带来的红利可以弥补前几年的亏损，反之，如果没有充足的产能，将错过短暂的红利期。部分种鸡企业将退出市场，这有利于其他种鸡企业发展。另外，部分育种公司减少了黄羽父母代种鸡的供应，直接或者间接地减少了市场上雏鸡的供应，这对于整个种鸡市场运行来讲是利好消息。

（3）冰鲜鸡推广面临较大阻力，活禽与冰鲜销售并存仍将持续

冰鲜鸡推广仍受到不小阻力，推广省市的效果并不理想。发达区域，例如

广东、江苏、云南等省份推广了多年，但现在这些地区有可能恢复开放活禽销售。因此，预计黄羽肉鸡将出现活禽与冰鲜销售并存的现象，而且这会是一个较为持久的过程。基于行业规范的角度和消费习惯转变，冰鲜鸡市场仍会慢慢扩大，这对于企业和市场都是一个漫长的考验。随着黄羽肉鸡屠宰上市的推广，种禽企业品种选育将屠宰后的性状作为选育目标，这是今后黄羽肉鸡品种发展的主要方向，也是一个长期的发展方向。

七、关于肉鸡产业发展相关问题的讨论

（一）肉鸡平衡育种

国家肉鸡产业技术体系平谷综合试验站团队成员、思玛特（北京）食品有限公司研发中心主任李冬立认为，肉鸡育种应强化平衡育种观念，着眼于全产业链的盈利指数。平谷综合试验站依托企业——北京市华都峪口禽业有限责任公司，是从做蛋鸡育种起家的，蛋鸡培育了 8 个品种，肉鸡从"沃德168"第一个培育品种开始也陆续培育了多个品种，其中"沃德188"是目前我国白羽肉鸡三大自主培育新品种之一。在调研过程中我们发现，前几年在肉鸡育种、养殖等板块，可能与食品企业和消费端对接的比较少，养殖管养殖的，食品管食品的，没有充分地进行信息的互通和分享。近几年，一些育种企业、养殖生产企业开始注重与食品企业，以及整个行业产业链进行充分对接。峪口禽业目前的育种工作就是以市场需求为导向培育肉鸡品种的。

李冬立谈到，文杰首席前面提到了白羽肉鸡平衡育种问题，峪口禽业在做白羽鸡育种过程中其实也是持同样观点。但对单纯的养殖企业来说，可能就只管养殖这一阶段，不管后面的屠宰和出品率，或者熟肉制品的出品率，主要关心生长速度和料肉比，所以一说起国产育种，大家首先考虑的就是生长速度和料肉比这两个指标。现在随着整个白羽肉鸡行业的产业化、集约化程度越来越高，大型肉鸡企业占比越来越高，所以在育种过程中也会考虑以全产业链的盈利指数为导向的平衡育种，会综合全面地去看成活率、出品率，也包括做熟食的出品率、冻品解冻后的失水率等，这些指标都影响着后端屠宰和加工的盈利水平。

河北美客多食品集团股份有限公司总经理李长生就育种和生产的平衡问题分享了自己的看法。李长生谈到，从自身的理解来看，白羽肉鸡的经营可以分为两大类别：一个是仅从事养殖的企业或者养殖场户，不会太多关心平衡育种问题，另一个是从引种到熟食生产的一条龙企业，会关心平衡育种的问题，因为要关心出品率的问题，就会关心育种对加工的影响。从反向推演得出的逻辑来说：美客多做熟食（包括半熟和全熟）要用到胸肉，希望熟食的出品率高，就会要求胸肉的厚度不能太薄，这个厚度取决于品种，以及饲料的组成、饲料的营养浓度。假如希望翅膀稍微大一点，腿稍微大一点，胸肉不要太大（在美国屠宰加工希望品种胸肉较大，例如科宝），那么公司对每一批出栏的毛鸡，尤其是对"圣泽 901"等新品种，在屠宰端都会统计胸部、腿部、大胸、小胸、爪等每个部位的产出率并进行跟踪测算，比较同样饲养条件、同一体重的出栏毛鸡哪个品系综合效益最高。有的品种可能是在养殖环节料肉比稍微高一点，成本稍高一点，但是屠宰加工后期价值也更高一点。

关于出栏体重的问题，现有品系可能比较适合养到 2.4 千克、2.5 千克左右，会实现效率最高、成本最低，如果养到 3 千克可能就没有优势了，因为后期料肉比太高。国外引进品种，如罗斯、科宝、AA＋（原来的 AA）等都有相关的一线数据，但是现在国内的几个品类还缺乏一线数据。白羽肉鸡品种之间的口味差异并不明显，除非特别大的日龄与特别小的日龄相比较会有明显的差异，所以主要看加工原料选择的时候需要哪个部位的鸡肉，依此选择哪个品种会有更好的综合效益，这也是一条龙企业特别关注平衡育种问题的原因。

北京农学院肖红波副教授谈到，一方面要注重品种的研发，怎么样研发出更高性能的产品，另一方面，也要注重通过养殖技术和管理水平的提升，来实现生产性能的提升，这是降低生产成本的重要路径。

（二）肉鸡产业发展前景

江苏省肉鸡产业经济岗位团队成员、南京农业大学林慧琪博士谈到，我国肉类消费结构正在进行调整，相对于红肉来讲，白肉对于人的身体健康优势显著，所以我们对未来肉鸡产业发展前景看好。国家肉鸡产业技术体系济南综合试验站站长、山东省农业科学院家禽研究所研究员曹顶国谈到，肉鸡产业发展前景乐观，除了营养健康优势、生产效率优势外，肉鸡产业的环保优势也较为显著，肉鸡的废弃物排放量明显小于生猪、肉牛和肉羊废弃物排放量，建议国家在政策上加大对肉鸡产业发展的支持力度。

黄超谈到，近几年小型白羽肉鸡在南方地区的接受程度也越来越高，为小型白羽肉鸡产量的迅速上升提供很大助力。小型白羽肉鸡冲击较大的最主要还是黄羽肉鸡，其对白羽肉鸡的冲击并不太大。小型白羽肉鸡因为羽色为白色，在活禽销售方式下并不被消费者接受。之所以小型白羽肉鸡能在南方地区有一定的市场接受度，是因为屠宰之后从胴体上很难被肉眼识别分辨。小型白羽肉鸡屠宰之后通常作为三黄鸡销售，而且其屠宰之后的胴体外观看起来比较圆润，毛孔比较小，比黄羽肉鸡好看很多。小型白羽肉鸡屠宰之后主要流向一些集体食堂这类消费终端，而且其价格也相对较低，非常有竞争力。从口感方面讲，品种之间可能并没有那么明显的界限，主要还是养殖日龄在很大程度上影响口感。养殖周期越长，鸡肉里面含的脂肪等风味沉积会更好。如果同样的养殖日龄，口感方面区别不大，中速、慢速型黄羽肉鸡养殖超过 60 天、70 天，甚至 100 多天，养殖时间久了口感自然就出来了。小型白羽肉鸡养殖周期通常在 50 多天，甚至有的更早上市，用于制作不同的食材，所以其口味相比长日龄的黄鸡来说不具有可比性，但是与等日龄的快速型黄羽肉鸡相比相差不大。同样的养殖周期，黄羽肉鸡养殖成本略高于小型白羽肉鸡。由于小型白羽肉鸡的优势主要是在前期，当其出栏体重再增加，养殖周期再增加的时候，就不具备养殖优势了。因此，小型白羽肉鸡主要冲击的是黄羽肉鸡中的快速型，受此影响，现在快速型黄羽肉鸡的养殖量下降较为明显。

李长生补充谈到，之前也做过 817 肉鸡的口味测试，包括生肉、熟肉，盲测结果显示，不同品种之间同日龄的鸡肉在口味上基本上没太多差异，但鸡肉的口味与使用的饲料有很大关系。饲料中菌类等特殊原料添加剂会对鸡肉的口味有影响。肯德基的产品里有用到白羽肉鸡，也有用到 817 肉鸡，消费者很难分辨出来。

在肉鸡产业中，近年来 817 肉鸡等小型白羽肉鸡发展势头越来越好，曹顶国在会上介绍了 2023 年 817 肉鸡的发展情况。一是从监测种鸡场数据来看，2023 年 817 肉种鸡存栏量下降了 0.84％，比 2022 年有所减少。在 2023 年 8 月 17 日召开的第五届 817 肉鸡产业发展论坛上，受邀参会企业的种鸡存栏量达到了 1 440 万只，如果按产能算的话，能超过 30 亿只，这个规模非常大。尤其是，现在行业内多为大型养殖企业，与原来行业内的小散户占较大比例的市场特征不同。小散户生产调整非常灵活，行情不好就不养，行情好就养，导致行业养殖整体规模变动较大；大企业无论行情好坏，都一直按计划生产，养殖整体规模相对稳定。2023 年 817 肉鸡商品代出栏量增长率预计在 10％左右。二是从商品代雏鸡销售来看，2023 年的数据也发生了很大的变化，主要特征是自养数量提高了 9.2％，说明一体化企业经营规模更大了，对外销售（即行业内俗称的向社会销售）数量反而下降了 3.1％，说明散户减少了，整体来看是产业集中度提高了。此外，817 肉鸡与近年来其他新培育的益生 909 等小型白羽肉鸡相比，由于生产特性存在一定差异（新培育小型白羽肉鸡品种生长速度相对更快），雏鸡价格和成本也存在一定差异。建议后续统计过程中进行分类统计，而不是目前将总体样本取平均数，以能够更为客观地反映小型白羽肉鸡的雏鸡价格。三是从商品代养殖环节来看，2023年也是比较特殊的一年，商品鸡养殖环节是亏损的。817肉鸡这一品种最主要的竞争优势是雏鸡价格低，虽然817肉鸡的毛鸡价格比白羽肉鸡要贵0.6～0.8元/千克，且生产效率低于白羽肉鸡，但其通过雏鸡成本低实现了与白羽肉鸡大致相当的经济效益水平。未来，如果新培育的小型白羽肉鸡品种生长速度无限地接近白羽肉鸡的话，一方面雏鸡成本会相对较高，另一方面出栏毛鸡价格也不一定能够实现比白羽肉鸡贵0.6～0.8元/千克，所以新培育的小型白羽肉鸡品种的发展走势还是需要市场的检验。目前，817肉鸡分为大、中、小三种类型，大型的817肉鸡能够替代一部分快速型黄羽肉鸡。大型的817生长速度比较快，如果出栏体重在1千克以内，817肉鸡在成本收益上讲是最具有竞争力的，其最重要的体现就是雏鸡成本相对较低。四是从肉鸡产品的加工来看，圣农、立华等白羽肉鸡加工企业也开始加工817肉鸡，百盛、华莱士等快餐用量也一直在提升，通过深加工来促进817肉鸡行业的转型升级是非常重要的路径，能够对未来817肉鸡的发展起到巨大的推动作用。

（三）肉鸡产品消费

林慧琪谈到，在经济不及预期的背景下，如何提振消费从而促进产业发展，是需要思考的一个方向。圣农等企业通过网络直播的方式带动企业发展是一个较好的案例。此外，肉类产品消费，除了受习惯的影响，也受认知的影响。消费者对于现在的肉鸡品种的认知，仅局限于它只是一只鸡，但对于肉鸡的种类、基本特征，消费者基本上是缺乏了解的。当前肉鸡养殖都已经是工厂化大规模生产了，但是部分消费者还是停留在过去比较老比较旧的生产方式认知上，信息的不对称可能也会导致消费者对于肉鸡产品的消费存在一种担忧或者质疑。通过打破信息的不对称，提高消费者的认知水平，有利于提振肉鸡的消费，促进肉鸡产业的发展。

关于肉鸡品种和产品认知，李冬立结合团队对消费者和食品企业的调研结果谈到，在肉鸡品种上，不仅是消费者认知水平低，而且食品企业对肉鸡品种的认知也不高。大家分不清楚什么叫白羽肉鸡、什么叫黄羽肉鸡、什么叫小型白羽肉鸡（俗称小白鸡），不知道自己要找的是什么品种，也不知道每个品种有什么差异，更分不清快速型黄羽肉鸡、中速型黄羽肉鸡、慢速型黄羽肉鸡。目前，背后有资本力量想要做上市企业的食品公司，品种问题对于它们是很大的一个困惑。如果说消费端、食品加工端，对于我们的品种没有这么多足够的认知，仅是行业相关主体自己讲品种的差异性，就无法打通供给侧和消费侧之间的通道。所以建议国家肉鸡产业技术体系和相关协会对肉鸡的品种宣传和消费引导方面要多做一些推广工作。

黄超就黄羽肉鸡品种的消费群体特征做了补充。黄羽肉鸡的快速、中速、慢速型各自有各自的消费群体。其中，慢速型是以家庭为主，以宴席为主，还有高档餐厅都会选用慢速型品种。中速型消费范围比较广一些，企业、事业、学校的餐厅食堂，以及很多中央厨房、预制菜企业，比较喜欢用中速型品种，因为中速型的口感跟经济价值的性价比来说是比较合适的。快速型一般是一些工厂食堂使用比较多。以前也有一些学校用快速型，但现在基本上都偏向于中速型为主，教育和政府部门对此也是有要求的，所以用中速型。

李冬立在调研过程中还发现，消费力其实分两个方面：第一个是团体的消费力，第二是个体的消费力。很多人都认为疫情结束以后该旅游旅游，消费力很容易就上来了。其实不然，个体消费力在整个消费力中的占比不是特别大。在整个消费力里面，团体的消费力占比非常大，比如说民营企业和国有企业的食堂、事业单位的食堂以及其他各种团餐，这才是拉动鸡肉消费的主力军。调研过程中发现，消费力下降并不是说我们个体消费者吃鸡肉吃少了（可能也会有一些影响，但是影响相对较小），影响最大的是近两年工厂的倒闭、停产、停工以及招聘工人数量的减少导致团餐鸡肉用量的大量减少，这是真正造成整个肉鸡行业消费力下降的主要原因。目前山东省屠宰场的冻品库存难消化，年后还要再消化一段时间。这是我们近期调研的结果。随着经济的好转，团队消费的恢复将促进鸡肉消费市场的景气度提升。

国家肉鸡产业技术体系大兴综合试验站站长、北京市农林科学院畜牧兽医研究所耿爱莲副研究员谈到，我们作为行业的从业者来说，对肉鸡产业、鸡肉产品有了解，但是对于真正去市场消费购买的人群，实际上并不了解。而且，当我们作为一个消费者，很多时候去了超市我们自己都不知道怎么选择，普通消费者就更不知道。超市能够经常看到购买者在柜台前徘徊，选择困难。因为有不同产地的、不同品种的、不同饲养方式的、不同名称的，各种各样琳琅满目。有两个方面应当予以重视，一方面，我们从业者对科普宣传重视程度要提高，不同品种、产地的肉鸡特征要让消费者了解；另一方面，从产品市场的监管角度讲，应建立产品分级制度。例如，可以根据饲养时间长短进行产品分级，这样在消费者眼里市场就不会很乱。市场没有定级的标准，产品价格不一，是引起消费者困惑的重要原因。很多消费者不是不想买，而是不知道该买哪一个。此外，优质肉鸡产品在北京等一线城市不是养殖端的问题，也不是产品方面的问题，主要是宣传推广的问题，是销售渠道的问题。

曹顶国谈到，影响鸡肉消费的因素除了经济因素以外，还有人口因素。虽然经济恢复不及预期，但现在消费者还是能够拿出钱买肉和蛋。特别是现在肉和蛋价格处于低位。消费却一直上不去，非常重要的一点还是人口出生率的下降，新生儿出生数量减少，结婚人口也减少（2018 年为 1 013.9 万对，2022 年降至 685.4 万对），办宴席的数量大大减少，而无论城市还是农村宴席都是鸡肉、猪肉等用量大的场合。未来这方面的问题可能会更为突出。

张怡教授谈到，地方特色肉鸡在扩大消费方面要走自己的特色路子。山东琅琊鸡原产于黄岛区南部沿海的琅琊、寨里、泊里、信阳等一带，是珍贵的地方品种资源。青岛禽之宝琅琊鸡育种有限公司龚玉波总经理从 1994 年就开始承担琅琊鸡的遗传资源的保护工作，在一些相关部门的帮助支持下，也花费了大量的时间到民间去收集一些素材，但他对琅琊鸡这个品种未来的发展前景感到担忧，主要是产品市场的拓展存在难度。一方面，开发新产品的加工难度也比较大，主要是因为琅琊鸡本身的特色，肉质风味很好，传统的做法就是蒸和炖，最能体现出它的风味来。如果进行工业加工的话，可能就会掩盖琅琊鸡本身的肉质特色。另一方面，琅琊鸡本身的个头也比较小，但是生长周期很长，所以养殖成本高。如果做成烤鸡、烧鸡等，在个头上不占优势，在价格上也不占优势。所以现在基本上处于两难的境地。如果不开发新产品，使用原生态蒸炖法的消费者越来越少；如果开发新产品又难以完全保留琅琊鸡天然的肉质风味，且不具备价格优势。

国家肉鸡产业技术体系大兴综合试验站团队成员、北京市农林科学院畜牧兽医研究所谷洪昌助理研究员谈到，扩大消费应抓住消费者消费倾向的新变化。随着消费转型升级，消费者对鸡肉产品消费的关注多元化了。消费者不仅仅是购买一块肉的问题，还要关注买到的这块肉它营养是什么样的，口感是什么样的，对身体的益处是什么样的。所以从业人员要对消费者所关注的产品口感、肉质、营养等方面的问题予以回应。

（四）肉鸡产能调控

李长生谈到，河北美客多食品公司是一个规模不太大的一条龙肉鸡企业，经营范围从前端的父母代种鸡一直到后端熟食加工，目前保持一天 8 万只左右的白羽肉鸡屠宰量。另外，企业还有一个项目，是与北京农林科学院合作进行北京油鸡的饲养经营。从其个人在白羽肉鸡行业工作 30 多年的经历来看，可以说，至少从 2000 年之后，2023 年肉鸡产业发展的这种形势是几乎没遇到过的，全产业链上下游都亏损，包括熟食的板块也不太好做。

目前受大经济、大消费影响，肉鸡消费端的确面临市场不景气的问题，但同时供给端也的确存在产能过剩的问题。白羽肉鸡屠宰板块，从屠宰设备投入来看，包括进口和国产，仅 2022 年一年大概有 13~14 条的生产线在紧锣密鼓地增加投资，而且现在的生产线起步就是 13 500 只/小时的屠宰链速，基本在 15 000 只/小时以上，扩充速度非常快。

养殖板块，白羽肉鸡种源以前是依赖进口，如果引种受阻会造成无鸡可养，现在国产种源已经占到了 66%，虽然性能与国外品种相比有一些差异，但是至少有鸡可养。从东北到山东，最近几年鸡舍的建设速度也非常快，而且养殖场规模越来越大，年出栏七八十万只、四五十万只的比比皆是，而且现在也开始从三层笼往四层笼发展。所以，产业发展上种鸡不缺、养殖硬件不缺、屠宰硬件不缺，当下最需要重视的是产能调整。

之前白羽联盟的多次会议都谈到去产能，从企业来看，一去产能可能成本就增加了，谁都不愿意先去。生猪产业可能也是这样的问题，大资金进入到行业中来，大家都有一个共同的心理：明天可能天就亮了，今天再挺一晚上。

通过在一线的观察，最近肉鸡养殖端整体在加大减产力度，很多都放弃了年前这一批鸡的养殖，也开始有毁雏的，最近两三个月的产能比预期减得要快一些。11 月份参加行业会议，当时看整体上减量大概在 3%，现在可能会超过 10% 或者 15%，如果连续减两三个月，那么到 2024 年二季度白羽肉鸡行情可能会有更好的恢复。

2000 年以来，白羽肉鸡市场行情有三次大的波动（好的行情），分别是在 2007 年、2011 年和 2019 年，基本都是伴随着生猪的减产。产能调整，一是生猪产能调整，二是肉鸡自身产能调整，对肉鸡产业经营效益有重要影响。产能过剩也会造成资金、资源的浪费，因此建议加强消费研究，大致确定我国每年消费多少猪、消费多少鸡，为生产方面制定计划提供支撑。此外，在我们的消费统计上，需要考虑一个产品利用率的问题，现在白羽肉鸡以及小型白羽肉鸡，只要属于工厂化屠宰，不管是自动还是手动，其中大概应该有 15%~20% 的产品是没有被人使用的。现在的产品结构已经发生了变化，例如相当一部分鸡骨架（包括头）、肝、皮类都加工成蛋白粉了，做动物饲料用（生猪的部分下脚料也会处理做动物饲料用）。比如以前的鸡架，很多地方都有人吃烤鸡架，现在机械化生产鸡架子没什么肉了，剩下都拿到肉粉厂了。例如在河北、东北等地都有很大的一年加工几万吨的肉粉企业。总体来看，不作为食用的这部分比例越来越大了。

（五）养殖废弃物资源化利用

曹顶国谈到，从家禽产业内部来看，鸡粪的资源化利用更为容易，鸭粪的资源化利用难度大。受饲料原料影响，鸭粪脂肪含量高，受生物特性影响，鸭粪水分含量也高。由于鸭粪会对土地的透气性产生不利影响，鸭粪还田在数量上受到约束，不能多用。鸡粪比较受欢迎，山东的蔬菜等经济作物比较多，鸡粪用量比较大，很多种植户会到鸡场去拉回鸡粪进行发酵处理后利用。现在养殖场规模都很大，在鸡场完全发酵不太可能，难度也大。发酵罐等设施设备养殖场都有，但是维护费用太高，因此生产出来的有机肥成本太高，只有花卉等经济价值高的高端种植业才能用得起。最终，绝大部分的鸡粪等畜禽粪便还是要进入大田，种玉米、种小麦。仅靠发酵罐等，循环农业无法大范围发展推行。此外，多数与会专家和企业代表提到了发酵罐有机肥生产成本过高的问题（设备购置成本高、设备维护成本高、设备电费成本高等），高成本下产出的高售价有机肥没有销售市场，从而导致设备闲置的现象较为突出。

李长生谈到了养殖方式的变化对鸡粪资源化利用的影响。无论是还田，还是作为燃料发电，平养稻壳垫料模式下的鸡粪更受欢迎。平均来讲，一只鸡使用成本为0.1元的稻壳垫料，产出的鸡粪能够销售0.2元。目前，白羽肉鸡养殖模式从平养向多层笼养转变，更多情况下，鸡粪通过养殖场免费赠送、使用方（包括有机肥场）负责运输的方式进行资源化处理。此外，运输成本高是有机肥场在进行鸡粪资源化利用过程中面临的一个较为突出的问题。在部分地区有机肥厂采用设置分厂的方式，应对将各养殖场鸡粪均运回主厂处理产生的高运输成本问题。同时，畜禽粪污资源化利用社会化服务单位能够实现合理的经营效益，实现其可持续发展，是未来促进畜禽粪污资源化利用持续推进的一个重要问题。

曹顶国谈到，大田作物畜禽粪便资源化利用方面，目前存在的主要制约因素是大田作物施肥的季节性太强，有机肥施用在技术上也存在难度。小麦方面，小麦播种之前，通过政策的引导用上有机肥、粪肥，这是比较重要的一个消纳环节，对小麦生长有很大益处。此外，现在免耕技术对有机肥的使用影响较大。原来有机肥、秸秆还田都是通过深耕把有机肥和秸秆翻埋下去，能从根本上解决问题。玉米方面，玉米长到30～50厘米是施有机肥的时候，但现在玉米地很难实现。畜禽粪便资源化利用的关键问题是耕地和养殖脱节的问题，如果根据耕地消纳能力配建养殖场，就不会再出现粪便过剩、无处消纳的问题。黄超补充谈到，养殖场结合耕地面积配套建设的方式很好，在国外推行的效果也非常好，但国内由于土地配套不足的原因可能在推广上会有困难，建议在国家层面加强顶层设计，统筹谋划种养布局。

黄超谈到，从自己企业处理鸡粪的感受来看，把鸡粪发酵成有机肥这条路子是非常可行的，但是罐式发酵的方法成本太高，每吨七八百元，导致生产出来的有机肥价格高，与种植户能够接受的每吨三四百元的价格差距悬殊。尤其是对于种植效益并不是很高的作物来讲，种植户不会使用成本太高的有机肥。

另外还有一种模式，南宁试验站也在尝试，即利用养黑水虻进行鸡粪资源化处理。将新鲜鸡粪找一个场地放置，将黑水虻幼虫放下去吃鸡粪，大概7～10天，就会把鸡粪里面的营养物质吃完，吃完后虫也长大了，然后把虫收集出来做成蛋白质。因为黑水虻的生长分几个阶段：卵、幼虫、蛹，最后变成虫，所以是要利用黑水虻在幼虫的生长阶段来消化鸡粪，最终形成两种产品，黑水虻变成动物蛋白质产品，黑水虻吃出来的鸡粪就变成虫砂，虫砂再通过膜覆盖的形式生产有机肥，黑水虻吃过之后的鸡粪水分会降低很多，便于发酵，做成有机肥的成本也不高。

八、会议简要总结

会议最后，王济民简要总结了本次会议形成的共识，并提出了产业发展需要进一步思考关注的问题。

（一）会议共识

一是产业发展坚持数量和质量并重。过去一段时期，我国畜产品生产特点主要表现为数量型增长。未来，在全面建成小康社会背景下，畜产品生产将主要呈现量的适度增长与质的全面提升并重的特点。

二是肉鸡等家禽产业发展前景广阔。鸡肉产品，不管是从民族的角度、宗教的角度讲，还是从文化的角度、饮食的角度讲，应该是在世界上任何国家和地区都没有发展限制的产业。鸡肉产品，穷人也爱吃，富人也爱吃，穷人爱吃是因为价格便宜，富人爱吃是因为营养健康，并且老少皆宜。此外，从国际消费来看，草原畜牧业发达国家也不只是消费牛羊肉，例如新西兰、澳大利亚等他们的鸡肉消费也很多。所以说肉鸡产业或者家禽产业是个朝阳产业，至少还有较大的潜力。另外，我国禽肉人均消费量大约是17千克，将来翻一倍达到30～35千克的增长潜力还是有的。所以大家应该满怀信心，不用有什么怀疑，世界各国的经验都已证明了这一点。

三是当前产业主要特点。其一，"白"扩"黄"缩。白羽肉鸡仍然在扩张，黄羽肉鸡持续在收缩。其二，种源有保障。黄羽肉鸡，祖代种鸡完全可以满足需求。白羽肉鸡，引种品种加上国内三个自主品种也是够的。农业农村部对于三个国内品种和三个国外品种的盲测结果表明，国内三个自主品种在产蛋率、肉料比等方面与国外品种没有明显差别。817肉鸡雏鸡成本低，国内自主育种的三个白羽肉鸡雏鸡成本也低，除此之外，国内自主培育品种在本土流行病的抗性方面可能会更强，只不过目前还没有深入发掘。其三，供过于求。在总量上，国内生产量加上进口量远远超过了消费需求量，所以导致的结果就是价格下跌，盈利水平下降。简单说就是，产能过剩，供过于求，价格下跌，盈利下降。

（二）肉鸡产业发展需要进一步思考关注的问题

一是高度重视产能控制问题。从目前来看，整个肉鸡产业发展呈现出了"新四化"特征：规模化、企业化、立体化、智能化。企业都在扩张规模，大企业更是持续在扩张。现在连黄羽肉鸡养殖也立体化了，也上楼房了，从一层上到两层；白羽肉鸡则是更进一层，从三层上到四层。因此，下一步需要注意的就是去产能问题。怎么去产能也难，大家谁都不愿意带头去产能，越是大的企业越不愿意带头去产能，大企业的目标就是把自己做大，即便现在不盈利。

二是要继续推进标准化建设和药残治理。目前肉鸡养殖标准化建设还存在许多难点。包括白羽肉鸡笼养到底三层好还是四层好，一栋标准化鸡舍养一万只好还是养两万只好。现在看，基本上由经营主体心情决定，有的喜欢把鸡舍建更大些，有的喜欢把鸡舍建更高些。从精准饲养的角度讲，这也是有问题的。大家在选择品种上斤斤计较，对产蛋率、死亡率斤斤计较，其实更应当对鸡舍里面的通风和其他的自动控制、智能控制的参数斤斤计较。鸡舍建设要花钱，通风不好鸡得了病也要花钱，里里外外都是钱。设想一下，如果我们所有的白羽肉鸡养殖都像美国一样，一栋鸡舍两万只，全国都统一了，科学家搞科学研究也省心了，全部的科学家就研究一栋鸡舍两万只，到底怎么通风、怎样光照，就都有标准了。现在是五花八门，很多技术研究成果根本都没用。所以肉鸡养殖标准化的问题，仍然是重要的事情，我们不能随心所欲想怎么干就怎么干。如果说由于土地等因素无法实现全国统一标准化，也建议大企业要有自己的标准化，自己内部定一套规矩，测一套标准的参数，使用一套标准调控的方法、调控的模型，这是可以做到的，这也能够节省很大成本。关于药残治理问题，近几年取得明显成效，但仍要继续努力，一方面，要自律，打铁必须自身硬，另一方面，还要加强监管，要查了再查，建议政府还是要大张旗鼓地查药残。

三是要加强消费教育和研究。我们在这方面做得很弱，目前我国缺少消费管理和研究，消费者管理、消费者教育、消费者权益保护等都是一条链上的内容，但现在是分散到各个部门去管，最后谁也没管，造成了目前管理层面重生产、轻消费的状况。

四是要积极"走出去"。现在畜牧业走出去的步子不大，包括生猪、包括肉鸡，都应该尝试走出去，要有全球视野，看看哪里发展空间比较大。因为我们毕竟也是经历了从吃不到肉，到现在全面小康的过程，知道人们在这个过程中消费需求变化的大概规律。以前说农村是广阔天地，现在世界也一样，包括共建"一带一路"国家，包括非洲都可以去琢磨，别全部总在国内这一个地方内卷了，卷下去大家都很难受，卷下去能不能生存下来都还不知道，说不定走出去另有新的世界。从手机产业的发展也能够看到，知名品牌都是走国际化路径，不局限于国内。所以说，将来畜牧企业走出去或许是可选择的路径。

2023 年中国肉鸡产业
经济分析研讨会综述

辛翔飞[1]　王　潇[1]　吕新业[1]　许少成[2]
毕思恺[2]　王旭贞[3]　王济民[1,4]

（1. 中国农业科学院农业经济与发展研究所；
2. 青岛农业大学经济管理学院（合作社学院）；
3. 山西省畜牧兽医学校；
4. 农业农村部食物与营养发展研究所）

2023 年 7 月 22 日，国家肉鸡产业技术体系产业经济岗位在北京召开了"2023 年中国肉鸡产业经济分析研讨会"，会议通过视频直播在山东设置分会场。会议由国家肉鸡产业技术体系产业经济岗位科学家、农业农村部食物与营养发展研究所副所长、中国农业科学院战略研究中心主任王济民研究员主持。国家肉鸡产业技术体系首席科学家、中国农业科学院北京畜牧兽医研究所副所长文杰研究员，农业农村部畜牧兽医局畜牧处处长王健，农业农村部农业贸易促进中心副主任吕向东研究员，中国畜牧业协会副秘书长宫桂芬研究员，中国畜牧业协会副秘书长、白羽肉鸡分会秘书长李景辉，山东省畜牧协会秘书长逯岩研究员，中国畜牧业协会黄羽肉鸡业分会秘书长高海军，中国畜牧业协会蛋鸡业分会秘书长、白羽肉鸡业分会副秘书长腰文颖，农业农村部肉鸡产业监测预警首席专家、中国农业科学院北京畜牧兽医研究所郑麦青研究员，农业农村部生猪产业预警首席专家、国家生猪产业技术体系产业经济岗位科学家、中国农业科学院农业经济与发展研究所王祖力副研究员，国家肉鸡产业技术体系南宁试验站站长、广西金陵农牧集团有限公司育种总监陈智武，辽宁禽产业联盟主席、沈阳波音饲料有限公司董事长赫勇，郑州商品交易所助理经理刘春鹏，国家肉鸡产业技术体系部分岗位科学家、试验站站长、岗位和试验站团队成员、部分试验站依托企业负责人，以及相关肉鸡企业代表等100 余人参加了此次研讨会。

会议安排了专题报告。文杰、王健、逯岩、宫桂芬和李景辉分别对 2023

年上半年我国畜牧业、肉鸡产业发展的政策和形势以及现阶段的工作重点进行了总结分析。高海军做了"2023 上半年黄羽肉种鸡生产监测分析"报告，腰文颖做了"2023 上半年白羽肉种鸡生产监测分析"报告，郑麦青做了"2023 上半年肉鸡生产监测分析"报告，刘春鹏做了"鸡肉期货上市意义及规则设计思路"报告，王祖力做了"2023 上半年生猪产业发展形势与趋势"报告，吕向东做了"2023 上半年畜产品贸易形势分析"报告，陈智武做了"黄羽肉鸡生产形势、问题及对策"报告，赫勇做了"白羽肉鸡生产形势、问题及对策"报告。专题报告之后，会议讨论分析了 2023 上半年我国肉鸡产业经济形势及存在的问题，并就更好地促进肉鸡产业经济健康发展进行了有益的探讨。

一、关于肉鸡产业发展面临的形势和任务

（一）关于肉鸡产业发展面临的形势

文杰在发言中谈到，近几年我国肉鸡产业总体上保持着稳定发展态势，取得了很大成就，尤其是养殖的设施化发展比较快速。例如，立体笼养立体配套技术，以白羽肉鸡为主再向黄羽肉鸡和小型白羽肉鸡延展，这是一个好的发展趋势。同时，也感受到近两年肉鸡产业发展面临着较大的挑战。新冠疫情这三年对肉鸡产业产生的影响还是比较深远的。最主要的，新冠疫情的影响体现在消费端。新冠疫情三年大家居家办公、学习，团体消费、集团消费受到很大抑制，目前还没有完全恢复起来。另外，俄乌战争引发的饲料价格上涨也对肉鸡产业发展带来新的困难。再者，近两年，欧洲、美洲禽流感多发，对我们来说既是挑战，也是机遇。影响我国家禽种源进口这是一个挑战，包括蛋鸡、肉鸡的种源进口；同时，对国产品种发展来说也是一个机遇，国产品种还处于开端阶段，虽然遇到这样那样的问题，但国外品种引种难对国产品种的推广应用确实是一个有利的机遇。从全球来看，猪肉和鸡肉的市场占比这两年也波动较大。根据联合国粮农组织统计数据，2019 年、2020 年鸡肉和猪肉占比的差距达到了比较高的水平，鸡肉比猪肉高两个点左右（分别为 35% 和 33%）。2021 年的时候，鸡肉和猪肉的市场占比缩小到了 0.3，鸡肉仅比猪肉略多一点。这说明了两个问题：第一，鸡肉依然是全球第一大肉类产品，但地位还不够稳固；第二，全球整体状况很大程度上受我国肉类生产结构影响，主要是国内非洲猪瘟造成的猪肉生产波动带来的影响，我国肉类生产和消费结构一变，国际上就跟着变，这说明我国的猪肉生产对世界猪肉生产的变化以及世界肉类生产格局的变化都有非常大的影响。

王健在发言中谈到，2023 年我国畜牧业整体生产形势比较特殊。生猪、蛋鸡、肉鸡、肉牛、肉羊、奶牛六大畜种，肉、蛋、奶三大产品产量总体上是稳步增长的，畜产品在稳产保供方面做出很大贡献。2023 年的肉鸡产业还是不错的，环比是增长的，同比下降的幅度也不是很大，其中肉鸡产业中的祖代种鸡企业、父母代种鸡企业，特别是祖代种鸡企业效益大都比较好。

宫桂芬在发言中谈到，从总的趋势来看，肉鸡产业在种源上是有充分保障的。从产能上看，这几年有一些大起大落，但总的产能是过剩的。回顾这一段时间，从 2019 年的非洲猪瘟疫情以及 2020 年的新冠疫情，到现在已经五年了，这五年对我国畜禽业的影响非常大，特别是生猪产业的发展，不单是数量上发生变化，还有模式上也发生了变化。由此，生猪产业也带动了家禽产业，包括肉鸡产业的快速发展。2019 年猪肉产量下降以后，禽肉的替代发展是很快的，不单是肉鸡，还有肉鸭等，从数量上、模式上、结构上都有一些变化。大白鸡、小白鸡、黄羽肉鸡、817 肉鸡等一系列，这几年的波动都比较大。2023 年畜牧业整体行情上，家禽应该是个"小年"，所以效益不是那么好，大部分企业亏损比较多。但是我们的发展现在是追求质量和全方面发展，尤其是家禽这方面，部分小禽种 2023 年的效益是很好的。比如肉鸽，2023 年肉鸽的形势特别火，数量上升，效益也特别好。消费者追求质量，对肉鸽的定位是药食同源的肉禽，所以从消费者的心理和健康的角度，其既有营养作用，也还有保健作用。

李景辉在发言中谈到，2023 年上半年白羽祖代种鸡、父母代种鸡两个环节都好于 2022 年。2023 年上半年，我国白羽肉鸡一条龙企业每只鸡盈利都超过 1 元，净利润在 5％以上，毛利超过 10％。初步预测，2023 年下半年行业延续盈利的走势不变，2023 年全年白羽肉鸡比 2022 年全年利润向好。数量上，根据中国畜牧业协会的统计，2023 年白羽肉鸡出栏数量会在 2022 年的 75 亿只的基础上增长到 80 亿只，增加 5 亿只，鸡肉产量也是稳定增长的，增长率预计可达到 4％～5％。

李景辉还认为，目前禽肉的数量明显被低估。从各省来看，山东省和辽宁省的数据低估情况最为突出。以下数据可以研究参考：据山东省统计局的统计数据，2022 年山东省生猪配合饲料 1 100 万吨，肉禽配合饲料 2 700 万吨，肉禽饲料是生猪饲料的 2.5 倍还要多。但山东省的肉类报表中，2022 年禽肉是370 万吨，猪肉是 365 万吨，猪肉和禽肉产量大致相当，这与肉禽和生猪饲料2.5 倍比值的数据相差悬殊。山东省统计局的禽肉产量是 365 万吨，出栏数量是 27 亿只，与中国畜牧业协会的统计仅白羽肉鸡出栏 36 亿只就存在巨大差距。辽宁省统计局的报表也是存在同样的问题，禽肉产量被严重低估。特别希望所有畜牧工作者认真对待所在的单位、行业、企业的生产数据，真实地反映当地生产实际，为国家决策提供客观正确的依据。根据中国畜牧业协会的统计方法得出的数据，2022 年我国禽肉总产量是 3 700 万吨，国家统计局的数据是 2 400 万吨。国家统计局对生猪、肉禽、蛋鸡的统计是利用定点抽样系数法，不是全口径法。国家统计局对马、牛、骡是 100% 的统计，不是抽样，所以马、驴、肉牛数据不存在偏差。但由于对猪、禽是定点抽样系数法，方法不一样，相关的数据存在偏差的可能。中国畜牧业协会白羽肉鸡分会的数据来源，是 200 多家屠宰场全年屠宰的肉鸡数量加总。

逯岩在发言中介绍了山东省肉鸡产业发展的基本状况。山东高度重视肉鸡产业发展，山东省畜牧局对山东畜牧业发展提出了要求，要实现规模化、集约化、融合化、品牌化、绿色化，争取早日实现山东畜牧业的现代化。通过近年到各地市以及各企业看，山东肉鸡产业发展整体上都非常重视产品的质量和效益问题。特别是在种鸡饲养方面，基本上都是规模化、智能化、智慧化、大平台的管理模式，同时也使用了一些节能、高效的生产技术。山东的雏鸡质量有了很大提高，几大种禽公司在雏鸡质量把控上高度重视，严格净化程序，保证质量，使山东肉鸡产业得到健康发展。

（二）关于肉鸡产业发展的主要任务

王健在讲话中强调，应在党的二十大报告提出的高质量发展的大背景下，研究肉鸡产业量和质的关系问题，要实现量的合理增长和质的稳步提升。

第一，要抓住机遇推动肉鸡产业加快发展。习近平总书记多次强调保障粮食和主要农产品安全稳定供给，是现代农业的头等大事。畜牧业发展的首要任务是保供。肉鸡产业已成为畜产品稳定保供的重要方面。近十年，我国六大畜种中产量年均增速最快的是肉鸡，达到 3% 左右，其他几个畜种年均增速在 1%～2% 区间，生猪还是负值。鸡肉占整个肉类总产量的比重稳步提升。猪肉以前是 60% 以上，近几年下降到 59%、60%，现在鸡肉占整个肉类总产量的比重达到 26%，比之前有很大提升。当然我国跟发达国家相比，确实还有一定的差距，但是从中长期发展来看，今后产量增长还有较大空间。从大的背景形势来说，我国城镇化率现在是 65.2%，中等收入群体大概是 4 亿左右；从发展趋势来讲，到 2035 年城镇化率预计超过 70%，中等收入群体的比重还会上升，这对整个畜产品的需求具有向上的拉动作用。

2022 年中央农村工作会议习近平总书记提到红肉和白肉的问题，实际上也是对我们提出了一些要求，或者说在工作上要做出一些思考。人均红肉的摄入量已经超过了国家营养膳食标准的两倍，这意味着什么呢？是不是从数量上看红肉产业在发展上已经到了一定水平阶段，这对于白肉是不是一个发展机遇？今后一个时期，禽肉产业发展究竟会呈现怎样的增长趋势？这是一个新的课题，需要大家共同研究。鸡肉产量近十年的年均增速是3%，那么未来5～10年会不会延续3%的年均增速？会不会到1%、到2%？在做"十三五"生猪产业发展规划的时候提到了"1"时代，肉鸡产业会是怎样的发展趋势？这也是各位企业家和专家需要研究的新课题。

第二，确保质的有效提升。习近平总书记指出，保障粮食和重要农产品稳定安全供给是现代农业的头等大事。2023年我国畜产品产量全面增长，在保供给上做出很大贡献。保供的前提是质能得到有效提升，这关系到稳产保供的根基能不能牢固，关系到我国能不能可持续地实现禽肉产品的稳产保供。这其中有几个关键要素。一是种的问题。我国白羽肉鸡在育种方面已经实现了突破，有了自己的品种。白羽肉鸡品种"有没有"的问题解决了，"好不好"的问题还是要交给市场去检验，要放在市场经济的大舞台下与国外品种同台竞技，在竞争的市场中取得发展的主动权，这样才能促进白羽肉鸡产业更好的发展。今后，肉鸡种业发展的着力点应该从"有没有"向达到"最好"或者"更好"的目标努力。二是饲料利用效率的问题。饲料的利用效率在肉鸡产业发展中，特别是在白羽肉鸡产业发展中，提升潜力还有一定的空间。目前养殖水平高的地区和养殖场（户）料肉比已经到了1.4：1。

第三，要提高疫病防控水平。疫病确实是养殖业一个很大的隐患。多少年前，我们因为禽流感吃过苦头，当时国家和地方拿了很多钱进行补贴。当然，我国现在有优势，因为我们有疫苗。近几年，在周边国家禽流感暴发的大背景下，我国肉鸡产业能够保持良好的发展势头，与我国在疫病防控方面的工作有力是分不开的。当然，因为疫病的不确定性因素，对行业影响的隐患始终是存在的，对此要有充分的忧患意识。肉鸡产业要借鉴生猪产业近几年在非洲猪瘟防控方面的巨大变化和成效。经过这一轮的非洲猪瘟防控，生猪产业最大的变化就是生物安全的意识深入人心，某种程度上已经做到了无以复加的程度。这方面带来的可喜变化，养殖企业是有切身体会的，以前它们用了很多疫苗和药物，现在在生物安全措施做到位以后，它们觉得很多疫苗和药物都不需要了，因为养殖场环境改善了，生猪健康水平也提高了，也就是说在没有药物或者疫苗的情况下，也能把猪养好。对肉鸡来说，也可以通过提高生物安全水平把鸡养好。这不仅是一个防范风险的问题，也是提高效益的问题，降低风险可以减少损失。

第四，要积极探索和推进生产方式的变革。我们对肉鸡产业发展是有信心的，包括鸡肉产量增长，包括禽肉占肉类总产量比重的上升，包括规模化发展。目前肉鸡养殖规模化率是86%，近几年生产方式不断变化，早些年是地面平养、网上平养，现在开始立体养殖。近期，农业农村部发布《肉鸡立体养殖技术指导意见》。现在，畜牧业发展的环境约束越来越大，耕地保护的压力越来越大，用地难的问题越来越凸显，将来在哪儿养是一个非常难的问题。立体养殖的效率高，这也是一个生产方式的变革。从组织形式上来说，我国肉鸡产业更领先于畜牧业的其他部门。肉鸡产业最主要的是"公司＋农户"产业发展方式和企业自主经营的垂直一体化发展方式。整个畜牧业当中，肉鸡产业的"公司＋农户"的订单生产在"联农带农"方面做得是最好的。奶牛方面，加工企业和奶农关系经常因压价出现问题；生猪方面，正邦科技事件出现之后，为正邦科技代养生猪的养殖户还面临着代养费被拖欠的难题。肉鸡方面，"公司＋农户"在长期的发展中总体上是稳固的，表现出了良性发展态势，现在订单养殖率达到70%。国家层面强调产业链的韧性问题，在这一背景下看，肉鸡产业发展的可持续性更强一点。

总体上看，尽管我们在肉鸡产业发展尤其是质量提升上还面临许多问题和挑战，但是我们肉鸡产业更有信心、更有理由在推进乡村振兴、现代农业、畜牧业现代化、设施农业发展这个大背景下，更快地往前走一步，率先实现现代化。

宫桂芬在讲话中围绕肉鸡产业的高质量发展提出了希望和建议。宫桂芬认为，肉鸡产业在规模上发展速度很快，要按照二十大要求，坚持高质量发展，由数量型增长转变到质量型增长。在这个过程中，要以消费者的需求和追求为目标。现在消费者消费心理，首先考虑的是产品的安全问题，考虑吃哪个品牌安全、吃什么安全，其次会考虑营养和风味，好吃不好吃。所以，鸡肉产品的发展要是全方位的高质量的发展。要尊重市场规律，创新发展模式。现在很多人认为高质量发展是作为一个口号提出来的，但实际上高质量发展是实实在在的要求。肉鸡发展到这个阶段，需要重视发展的质量。高质量发展也是长期的，是一个循序渐进的过程，需要政府主管部门、行业协会，以及所有从业人员长期持之以恒地做下去。

二、2023 年上半年我国肉种鸡生产监测

（一）黄羽肉种鸡生产情况

高海军在"2023 上半年黄羽肉种鸡生产监测分析"中分析了黄羽祖代种鸡存栏、父母代雏鸡供应、父母代种鸡存栏、商品代雏鸡供应情况，结合商品

代毛鸡效益与产量情况，剖析了黄羽肉鸡生产与市场形势，并对行业发展前景作出预判。

1. 黄羽祖代种鸡存栏

2023 年上半年，鸡肉产量充足，人均消费量以及鸡肉占肉类消费比重均是稳步增长。近几年，白羽肉鸡养殖效益与规模不断增长，发展势头良好，但黄羽肉鸡养殖效益处于相对低迷状态。

祖代种鸡结构。2016—2023 年上半年，快速型种鸡占比下降，由 33.50% 下降至 26.09%；中速型占比基本保持不变；慢速型占比上升，由 40% 上升至 47.16%，已经接近祖代黄羽种鸡的一半（图 1）。

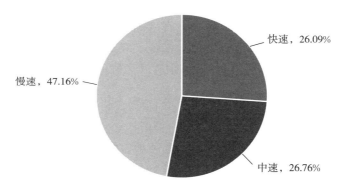

图 1　2023 年上半年不同类型祖代黄羽肉种鸡占比

祖代种鸡存栏。2012 年以来，黄羽祖代种鸡存栏量持续小幅减少。2023年上半年，全国黄羽在产祖代种鸡平均存栏量 149.57 万套（图 2），较上年同

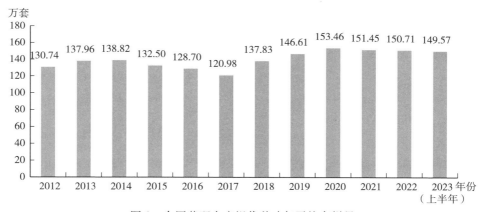

图 2　全国黄羽在产祖代种鸡年平均存栏量

比减少 0.76%，延续了 2021 年、2022 年持续减少的趋势，但实际存栏量超过 140 万套，高于行业标准值，供应能力较充足。

中国畜牧业协会监测数据显示，2023 上半年黄羽祖代种鸡存栏变化规律与往年有所差异，主要体现在二季度。一般来说，往年二季度都会有季节性增长的趋势，但 2023 上半年由于市场行情异常低迷，超出了业内的普遍预期，因此二季度黄羽祖代种鸡存栏规模并没有如往年一样保持增加。

2. 黄羽父母代种鸡

父母代种鸡存栏。与祖代种鸡类似，近几年黄羽在产父母代种鸡存栏规模也持续递减。2023 上半年，黄羽在产父母代种鸡平均存栏量为 3 803.69 万套（图 3），较上年同比减少 2.46%，存栏量低于行业警戒值（3 900 万～4 000 万套），处于 2019 年以来最低位，供应偏紧。

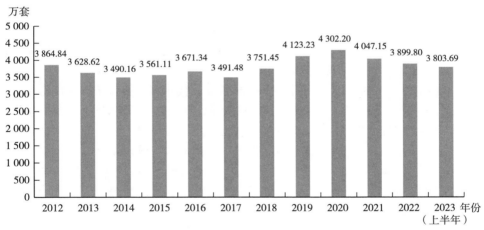

图 3　全国黄羽在产父母代种鸡年平均存栏量

从父母代种鸡存栏走势来看，2018—2019 年，父母代在产种鸡存栏持续递增，2020—2022 年持续递减，2023 上半年父母代种鸡存栏继续维持递减趋势，同比减少 3.6%，尤其是 6 月份存栏水平已降至 2018 年以来同期最低水平。

父母代种鸡供应。从黄羽父母代雏鸡供应情况来看，2023 年上半年黄羽父母代雏鸡供应量较上年同比减少 5.20%，处于历史同期较低水平。在监测过程中，中国畜牧业协会分别统计了外销量与自用量，其中外销量是行业重点关注环节。近几年父母代雏鸡外销量保持递减趋势，其占比分别为：2018 年 35%、2019 年 32%、2020 年 29%、2021 年 30%、2022 年 31%、2023 年 24%（图 4），尤其是 2023 年上半年降幅较大，企业更多将父母代雏鸡留作自用，一定程度上体现了行业的低迷状态。

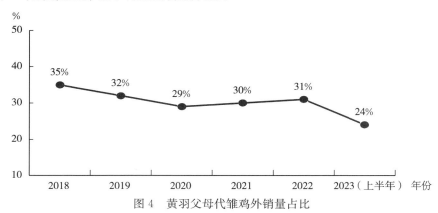

图 4　黄羽父母代雏鸡外销量占比

3. 黄羽商品代种鸡

商品代种鸡供应。据中国畜牧业协会监测数据，2023 年上半年监测企业黄羽商品代雏鸡销售量为 8.50 亿只，较上年同比减少 2.15%，雏鸡供应能力处于近年低位水平，尤其 6 月份供应减幅比较明显，低于往年同期水平。

商品代种鸡价格。2023 年上半年，黄羽商品代雏鸡销售价格波动范围不大，平均价格为 2.05 元/只（成本 2.01 元/只），较上年同比上升 2.96%。具体来看，2023 年上半年只有 2 月、3 月价格在成本线以上，1 月、4 月、5 月、6 月的价格均在成本线以下。另外，近年来商品代雏鸡生产成本持续增加，其成本分别为：2018 年 1.64 元/只、2019 年 1.68 元/只、2020 年 1.83 元/只、2021 年 1.91元/只、2022 年 1.97 元/只、2023 年 2.01 元/只，尤其是 2023 年上半年生产成本进一步增加，再次挤压了商品代雏鸡的效益空间。结合商品代雏鸡销售价格与生产成本来看，尽管 2023 年上半年雏鸡价格同比上升，但总体效益不容乐观。

商品代雏鸡收益。从黄羽商品代雏鸡收益情况来看，总体上各类型雏鸡效益相差不大，普遍比较低迷。分类型来看，尽管 2023 年上半年的快速型商品代雏鸡价格较上年同比上涨了 7.1%，增幅高于其他两种类型的雏鸡，但快速型雏鸡效益依然最差，实际效益依然为负（表 1 至表 3）。

表 1　快速型商品代雏鸡收益

时间	销售量（万只）	价格（元/只）	效益（元/只）
2022 年上半年	21 254.27	1.91	−0.15
2023 年上半年	20 792.49	2.05	−0.13
同比	−2.17%	7.10%	—

表 2 中速型商品代雏鸡收益

时间	销售量（万套）	价格（元/只）	效益（元/只）
2022 年上半年	26 838.37	1.83	0.04
2023 年上半年	25 545.60	1.93	0.13
同比	−4.82%	5.55%	—

表 3 慢速型商品代雏鸡收益

时间	销售量（万套）	价格（元/只）	效益（元/只）
2022 年上半年	38 735.63	2.13	0.10
2023 年上半年	38 625.70	2.11	0.11
同比	−0.28%	−0.89%	—

商品代毛鸡价格。从毛鸡价格与成本走势看，2023 年上半年，毛鸡销售均价为 15.65 元/千克，较上年同比下降 1.97%。分月度来看，2023 年上半年中只有 5 月份毛鸡价格在成本线以上，其他月份均在成本线以下，个别月份的毛鸡价格甚至比雏鸡效益差。毛鸡市场行情低迷走势与 2022 年相似，预计 2023 年下半年毛鸡市场行情有较大反弹。

商品代毛鸡效益。近年来毛鸡成本持续上升，其成本分别为：2018 年 12.72 元/千克、2019 年 13.47 元/千克、2020 年 13.94 元/千克、2021 年 14.75 元/千克、2022 年 15.83 元/千克、2023 年 16.14 元/千克。从价格表现来看，2023 年上半年中只有 5 月份毛鸡的价格在成本线以上，其他月份毛鸡价格均在成本线以下。对比 2022 年，2023 年上半年毛鸡价格持续走低，成本持续增加，进一步挤压效益空间，平均每只鸡亏损 0.96 元。

从不同类型的黄羽肉鸡毛鸡来看，2023 年上半年各类型毛鸡效益全面亏损。相对而言，慢速型毛鸡效益略高于快速型与中速型毛鸡，亏损较少（表 4）。2023 年上半年，全国黄羽肉鸡出栏量为 18.01 亿只，鸡肉产量为 285 万吨（产肉量采用半净膛率测算）（表 5）。

表 4 2023 年上半年不同类型商品代毛鸡收益

类型	价格（元/千克）	成本（元/千克）	效益（元/只）
快速型	11.85（+2.38%）	12.70（+9.02%）	−1.70
中速型	13.74（−2.29%）	14.70（+3.45%）	−1.87
慢速型	18.50（−1.48%）	18.61（+2.47%）	−0.22

注：（）为与上年同比增幅。

表 5　2018—2023 年上半年黄羽肉鸡产品产量

年份	出栏数量（亿只）	肉重（半净膛率 81.04%）（万吨）
2018	39.63	571
2019	45.59	693
2020	44.32	674
2021	40.42	639
2022	37.46	592
2023（上半年）	18.01	285

注：2023 年上半年按照黄羽肉鸡平均出栏体重为 1.95 千克/只、出栏率 95% 进行测算。

4. 黄羽肉种鸡产能

中国畜牧业协会根据监测得出各年度祖代种鸡与父母代种鸡的实际产能水平（图 5）。2023 年上半年，祖代种鸡利用率同比下降 7.15%，父母代种鸡利用率则基本持平（+0.4%），种鸡的利用水平较 2022 年有所下降。根据现有种鸡规模，结合实际监测的种鸡产能测算，预计行业在未来一年的供应雏鸡能力为 48.29 亿只。需要说明的是，上述结果测算的为比较理想的数据，当然最终行业实际供应能力肯定不能满足理想结果。

图 5　黄羽种鸡实际监测的产能水平

5. 结论和预判

种鸡规模呈持续递减趋势，祖代充足。父母代已减至 2018 年以来低位水平，预计下半年种鸡规模以触底回弹趋势为主。

2023 年黄羽肉鸡的养殖成本继续上升，进一步挤压效益空间。雏鸡效益与上年同期相当，较为低迷；毛鸡效益恶化，全面亏损。根据当前形势，预计下半年种鸡市场回暖空间较大。

2023 上半年黄羽肉鸡消费未及预期，消费恢复仍需要一定时间。上半年行情低迷叠加种鸡存量小幅减少导致消费乏力，但综合各方面形势及市场规律来看，黄羽肉鸡市场有希望在未来一年迎来红利期。

行业现阶段的主要问题，依然在于"产品转型"与"替代竞争"。一方面，黄羽肉鸡在过去几年遭遇了产品转型压力，另一方面，消费乏力加剧不同鸡肉产品间的竞争。如何在此背景下深入挖掘自身潜力，需要全行业的共同努力，期待黄羽肉鸡早日突破瓶颈，迎来新一轮发展机遇。

（二）白羽肉种鸡生产情况

腰文颖做了"2023 上半年白羽肉种鸡生产监测分析"报告，从祖代种鸡、父母代种鸡等方面分析了上半年白羽肉鸡产业形势。总体来看，目前白羽肉鸡祖代环节存栏非常充裕，存栏同比增幅较大，并且在强制换羽的加持下，祖代白鸡的更新数量也同比增加，充裕的种鸡产能也会对雏鸡供应形成稳定支撑，上半年的雏鸡供应增幅超过 10％，也很好地印证了这一点（图 6）。

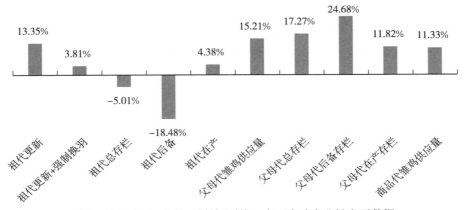

图 6　2023 年 1—6 月（累计/平均）白羽肉鸡产业链主要数据

1. 白羽祖代种鸡存栏

祖代种鸡更新。2023 年 1—6 月，祖代雏鸡累计更新 59.96 万套（表 6）。其中，国外引进占比 35％，国内自繁占比 65％，总量充足，国产占比进一步提高。如果全年祖代雏鸡更新至 120 万套，便可以满足产业链的需要。由于引种受阻，祖代种鸡的强制换羽数量明显增加，也会对产业链的产能构成实际影响。据中国畜牧业协会监测数据，2022 年白羽肉鸡祖代强制换羽达 25.43 万套，处于有监测数据以来的最高水平。2023 年上半年换羽数量仍然较多，达到 12.29 万套（表 7）。

表 6　2022—2023 年全国白羽祖代种鸡更新数量（引种十自繁）

单位：万套

引种时间	2022 年		2023 年	
	单月	累计	单月	累计
1 月	12.46	12.46	8.60	8.60
2 月	3.68	16.14	7.60	16.20
3 月	15.60	31.74	13.48	29.68
4 月	13.19	44.93	11.05	40.73
5 月	0.00	44.93	9.84	50.57
6 月	7.97	52.90	9.39	59.96
7 月	3.84	56.74	——	——
8 月	6.59	63.33	——	——
9 月	12.36	75.69	——	——
10 月	5.82	81.51	——	——
11 月	4.70	86.21	——	——
12 月	10.13	96.34	——	——

表 7　2022—2023 年全国白羽祖代种鸡强制换羽数量

单位：万套

转入后备时间	2022 年		2023 年	
	单月	累计	单月	累计
1 月	0.00	0.00	1.10	1.10
2 月	3.50	3.50	3.78	4.88
3 月	2.29	5.79	3.11	7.99
4 月	2.97	8.76	0.00	7.99
5 月	3.13	11.89	1.10	9.09
6 月	4.81	16.70	3.20	12.29
7 月	0.00	16.70	——	——
8 月	0.00	16.70	——	——
9 月	3.73	20.43	——	——
10 月	0.00	20.43	——	——
11 月	3.00	23.43	——	——
12 月	2.00	25.43	——	——

祖代种鸡存栏。2023 年 1—6 月，全国祖代白羽肉种鸡平均存栏 170.46 万套，较上年同比下降 5.01%；后备存栏 54.68 万套，较上年同比下降 18.48%；在产存栏 115.78 万套，较上年同比增加 4.38%。2023 年 6 月，全国祖代白羽肉种鸡存栏 169.10 万套，较上年同比下降 8.10%；后备存栏 58.32 万套，较上年同比下降 12.93%；在产存栏 110.78 万套，较上年同比下降 5.33%（表 8）。白羽祖代种鸡存栏规模仍然较高，明显高于非洲猪瘟疫情之前的 2018 年水平（图 7—图 9），种源充足。同时，从月度的环比变化来看，2023 年上半年祖代存栏波动也不是很大。

表 8 2023 白羽祖代种鸡存栏同比和环比变动

月度	总存栏		后备存栏		在产存栏	
	同比	环比	同比	环比	同比	环比
1 月	−4.51%	1.77%	−33.87%	13.09%	17.86%	−2.28%
2 月	−4.37%	−6.73%	−32.15%	−14.19%	22.45%	1.52%
3 月	−6.16%	−2.04%	−26.33%	3.38%	6.37%	−3.66%
4 月	−3.32%	0.33%	−2.88%	17.52%	−3.55%	−6.88%
5 月	−3.44%	−0.31%	5.13%	5.32%	−7.78%	−3.30%
6 月	−8.10%	0.21%	−12.93%	−5.49%	−5.33%	3.49%

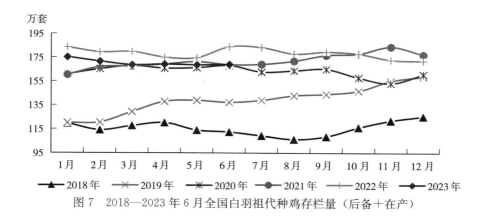

图 7 2018—2023 年 6 月全国白羽祖代种鸡存栏量（后备＋在产）

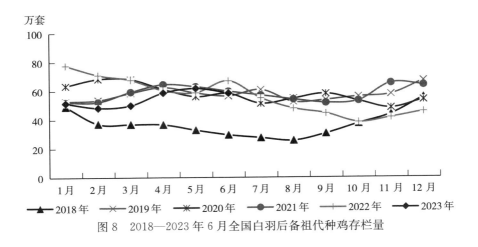

图 8　2018—2023 年 6 月全国白羽后备祖代种鸡存栏量

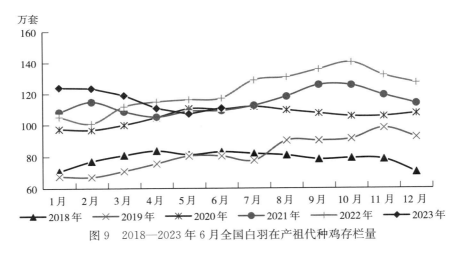

图 9　2018—2023 年 6 月全国白羽在产祖代种鸡存栏量

　　祖代种鸡产能利用。2019 年白羽祖代种鸡年产能 60.14（即一套祖代种鸡一年提供父母代雏鸡 60.14 套，下同），2020 年为 57.56，2021 年为 56.24，2022 年为 53.77，祖代生产性能趋于提升（图 10）。从变化方向来看，祖代种鸡利用程度有很大变动，相同祖代存栏，实际供应的父母代雏鸡数量最大可相差 25%，说明产业具有韧性。从趋势来看，父母代销售量与祖代在产存栏的走势基本吻合，两者具有高度相关性，2019 年祖代利用程度最高，随后逐渐回落（图 11）。

图 10 2009—2022 年祖代白羽肉鸡产能

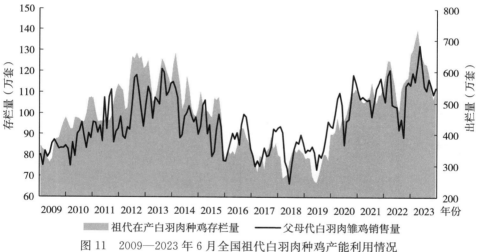

图 11 2009—2023 年 6 月全国祖代白羽肉种鸡产能利用情况

父母代雏鸡生产及销售。对白羽肉鸡产业链而言，父母代雏鸡产量是一个承上启下的重要指标，2019—2022 年已经保持了 4 年的增长趋势。2023 年 1—6 月，父母代产量继续保持增长，累计销售 3 296.50 万套（图 12），较上年同比增加 15.21%。从价格表现来看，近几年父母代雏鸡效益较好，6 月父母代雏鸡价格 56.18 元/套，生产成本 22.02 元/套（图 13）。

从在产祖代存栏量与父母代雏鸡价格的走势来看（图 14），2019 年以来，祖代白羽肉鸡效益持续向好（图 15），祖代产能与父母代雏鸡价格也基本反映了反向波动的关系。

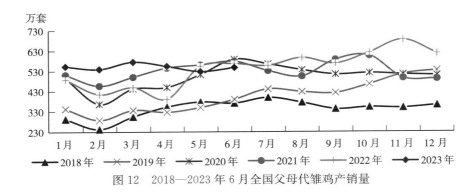

图 12 2018—2023 年 6 月全国父母代雏鸡产销量

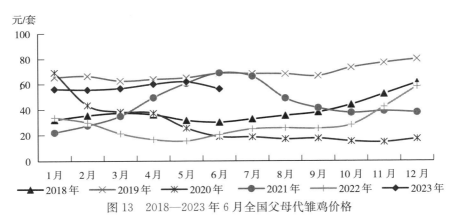

图 13 2018—2023 年 6 月全国父母代雏鸡价格

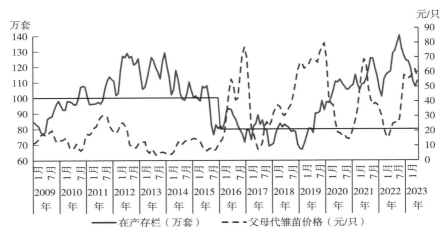

图 14 2009—2023 年 6 月全国祖代存栏与父母代雏鸡价格

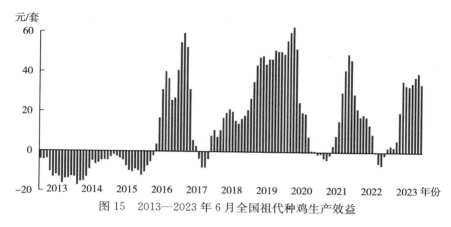

图 15　2013—2023 年 6 月全国祖代种鸡生产效益

2. 白羽父母代种鸡

父母代种鸡存栏。2023 年上半年，全国父母代平均存栏 7 875.81 万套，较上年同比增加 17.27%；后备存栏 3 551.33 万套，较上年同比增加 24.68%；在产种鸡存栏 4 324.48 万套，较上年同比增加 11.82%。2023 年 6 月，全国父母代存栏 7 990.57 万套，后备存栏 3 436.34 万套，在产种鸡存栏 4 554.23 万套。父母代雏鸡产量 2019—2022 年连续四年增加。2023 上半年父母代种鸡产能非常充裕（表 9）。

表 9　白羽父母代种鸡存栏同比和环比变动

单位：%

月度	总存栏		后备存栏		在产存栏	
	同比	环比	同比	环比	同比	环比
1 月	12.33	−0.12	26.36	−2.90	1.78	2.62
2 月	12.79	0.37	23.86	−1.99	4.46	2.58
3 月	21.22	3.61	25.77	−0.62	17.70	7.38
4 月	22.17	2.45	30.23	−0.54	16.52	4.92
5 月	20.93	0.43	25.31	−1.23	17.81	1.74
6 月	14.55	−1.50	17.03	−1.94	12.75	−1.16

从 2021—2023 年父母代总存栏的变化情况（图 16 至图 18）可以看出，2022 年上半年的基数较低，主要是此阶段雏鸡供应过剩导致行情低迷，行业内有一些去产能操作，此后产能缓慢上升；2023 年上半年雏鸡供应达到 39.02 亿只，较上年同比增加了 11.33%。

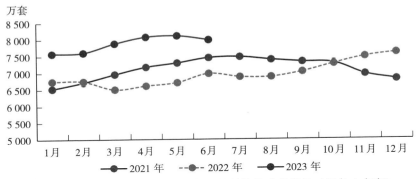

图 16　2021—2023 年 6 月全国白羽父母代种鸡存栏量（后备＋在产）

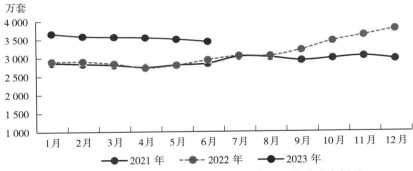

图 17　2021—2023 年 6 月全国白羽后备父母代种鸡存栏量

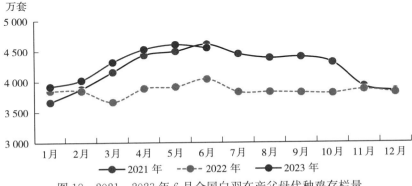

图 18　2021—2023 年 6 月全国白羽在产父母代种鸡存栏量

商品代雏鸡生产及销售。2022 年，全国商品代雏鸡累计供应 71.12 亿只，较上年下降 5.61%。2023 年 1—6 月，全国商品代雏鸡供应 39.02 亿只，较上年同比增加 11.33%（图 19）。

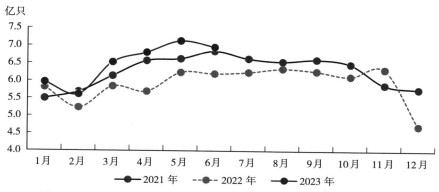

图 19　2021—2023 年 6 月全国商品代白羽肉雏鸡供应量（推算数据）

商品代雏鸡及鸡肉价格。2023 年 1—6 月，雏鸡价格 3.84 元/只（成本 2.90 元/只），实现微利；毛鸡价格 9.73 元/千克；鸡肉价格 11.43 元/千克，较上年同比增加 11.29%。鸡肉价格之所以较 2022 年出现较大增幅，有 2022 年基期价格较低的原因。2023 年 6 月，雏鸡价格 2.44 元/只（成本 2.72 元/只），毛鸡价格 9.07 元/千克，鸡肉价格 10.89 元/千克（图 20 和图 21）。全产业链效益方面，一条龙企业由于产品渠道和经营等方面的优势，上半年实现盈利。可见，随着白羽肉鸡产量增加，加上消费增加，推动鸡肉价格同比上涨。但是，由于第一季度存在新冠疫情解封后的报复性消费，所以鸡肉价格上涨主要集中于此阶段，进入第二季度，鸡肉价格运行至下跌区间，连续 12 周

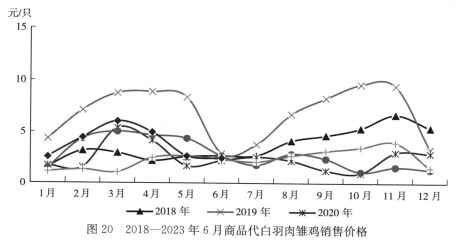

图 20　2018—2023 年 6 月商品代白羽肉雏鸡销售价格

下降，可能进入 7 月份，价格环比会增长一点。从鸡肉价格走势来看，与宏观经济走势大抵一致，基本上都是消费有所恢复，但恢复程度未及预期，叠加猪肉价格下降的替代效应（图22），在此情况下，鸡肉消费内需的后劲如何，仍然需要密切关注。从雏鸡价格情况来看，白羽商品代肉雏鸡、毛鸡、鸡肉销售价格之间的相互传导性表现较为明显。

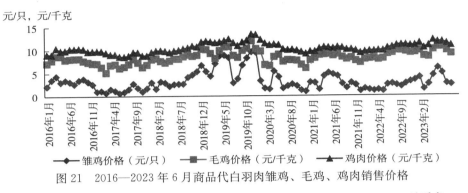

图 21　2016—2023 年 6 月商品代白羽肉雏鸡、毛鸡、鸡肉销售价格

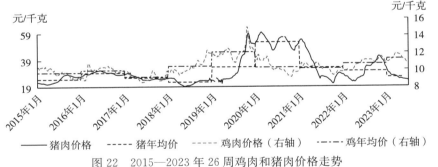

图 22　2015—2023 年 26 周鸡肉和猪肉价格走势

三、2023 年上半年我国商品代肉鸡生产监测

郑麦青在"2023 年上半年肉鸡生产监测分析"中对白羽肉鸡生产形势、黄羽肉鸡生产形势进行了分析，并对未来发展趋势进行了预判。

（一）白羽肉鸡生产形势

鸡肉市场价格情况。总体来看，鸡肉价格呈现先涨后跌的趋势，2023 年 1 月 1 日鸡肉价格出现最低点，随后逐渐回升，到 4 月初达到年内高点，恰逢一季度临界值的交叉点。之后，连续 3 个月下跌，6 月中旬已回到年初水平，

7月7日—9日下跌至最低点。从上市公司鸡肉价格数据来看，也是在年初达到近年来的高位，从1月以来基本上呈现振动下降的走势。

毛鸡市场价格与供应情况。毛鸡市场跟鸡肉市场价格高度相关，均呈倒V形结构，年内先涨后跌。7月上旬毛鸡价格起底反弹，且毛鸡价格与鸡肉价格高位点、低位点基本保持一致。从销售公司价格来看，毛鸡价格在4月初达到年内高点，之后连续3个月下跌，7月上旬触底回升；从全国肉鸡出栏量来看，2023年1月份白羽肉鸡月度出栏量最低，之后呈现上升趋势（图23），若按照周出栏量进行分析，基本上与价格的波动吻合，且全国产量和上市公司销量呈增长态势。推算得出，2023年上半年出栏量一周大约1.4亿只，至7月初，周出栏量上涨至1.8亿只，增幅为0.4亿只。到7月中下旬，由于价格上涨，周出栏量从1.8亿只回落1.65亿只，价格波动基本符合产量波动。综合来看，2023年一季度毛鸡供给相对偏紧，到二季度毛鸡供给相对偏松。

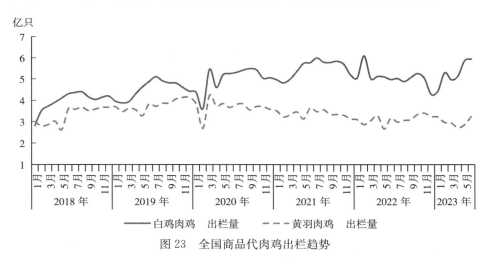

图23　全国商品代肉鸡出栏趋势

雏鸡市场价格与销售量情况。雏鸡价格年内的走势与肉鸡极为近似，从5月下旬至今，保持在成本线附近波动，在6月底、7月初雏鸡价格出现极度低峰值。可能的原因是季节因素：白羽肉鸡在高温期间饲养密度下降8%～10%；加上各地出现热死鸡的报道，养殖场在高温减密的基础上下调5～7个百分点，综合来看2023年养殖场饲养密度下调了15%；由于养殖密度下降，补栏储量减少，所以出现小场雏鸡崩盘现象，价格极度低迷。但随着温度的降低，雏鸡价格趋于稳定，雏鸡销售量同比增5.6%，上市公司销售量同比增9.4%。综上所述，种鸡的产能供给，从2023年一季度偏紧转向二季度偏松。

祖代种鸡存栏、父母代种鸡存栏。从祖代存栏量来看，祖代存栏平稳，进口量保持低位；2023 年祖代更新约 60 万套，国产占比 65%，进口占比 35%。父母代种鸡存栏 5 月创新高，其中在产存栏接近 2021 年峰值，为 4 608 万套，6 月回落；但按照周数据来看，7 月中旬父母代种鸡在产存栏数已超过 4 600 万套，预计 7 月份能达到 4 700 万～4 800 万套，将创历史新高。

白羽肉鸡收益。从大周期收益来看，收益处于上升阶段。除 2015 年外，祖代种鸡收益保持较好水平，而父母代在 2020—2022 年处于亏损状态，2023 年开始盈利；由于市场行情变化较多，商品代肉鸡收益呈现收益与亏损来回波动，但从 2021 年开始，商品代肉鸡收益稳定保持盈利状态，且 2023 年收益高于 2022 年；而屠宰收益已连续亏损两年；从产业综合收益来看，除 2015 年处于亏损状态外，综合收益保持较好且经历先上升后下降的波峰波谷期，且 2023 年上半年与 2022 年相比，产业综合收益增加，这意味着 2023 年将可能形成新一个的峰值。

从小周期收益来看，收益下降。2023 年 4—5 月份产业综合收益是下降的，6 月份饲料价格与收益开始回升，预测 2023 年第三季度比第二季度养殖收益将会增加。

白羽肉鸡增长趋势预判。2023 年上半年白羽肉鸡出栏量比 2022 年上半年出栏产量同比略增，根据目前生产形式和相关数据预计 2023 年全年白羽肉鸡出栏产量预计增长 9%（表 10 和图 24）。2022 年，产量连续四年增长后出现短期调整（图 25）。整体来看，因 2022 年底和 2023 年初新增加产能，预计 6—7 月达到产量峰值；而商品代肉鸡在 2023 年上半年出栏量的峰值提前到 6 月份，目前来看，下一个峰值将可能出现在 8 月中旬到 8 月底，这时商品代肉鸡出栏量出现的高点可能会超过 6 月底 7 月初时的高点。

表 10　2022—2023 年白羽肉鸡出栏量和产量

阶段	白羽肉鸡出栏量（亿只）			白羽肉鸡产量（万吨）		
	2022 年	2023 年	同比	2022 年	2023 年	同比
一季度	16.2	14.7	−9.2%	311.5	291.9	−6.3%
二季度	15.2	17.0	11.8%	293.8	331.2	12.7%
三季度	15.0	17.5	16.7%	297.4	341.4	14.8%
四季度	14.6	17.2	17.8%	288.3	336.9	16.8%
上半年	31.4	31.7	1.0%	605.3	623.1	2.9%
下半年	29.5	34.7	17.6%	585.8	678.3	15.8%
全年	60.9	66.3	8.9%	1 191.0	1 301.4	9.3%

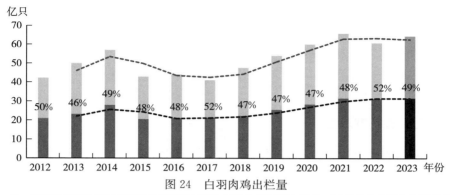

图 24　白羽肉鸡出栏量

注：柱状浅色部分和深色部分分别代表年度出栏量和半年度出栏量。两条虚线分别为年度趋势线（上）和半年度趋势线（下）。图中百分比数值为当年上半年出栏量占全年出栏量的份额。2023 年为预计数。

图 25　白羽肉鸡产量

注：柱状浅色部分和深色部分分别代表年度产量和半年度产量。两条虚线分别为年度趋势线（上）和半年度趋势线（下）。图中百分比数值为当年上半年产量占全年产量的份额。2023 年为预计数。

从白羽肉鸡产量来看，2023 年一、二季度产量呈增长趋势，5—6 月份产能预计达到阶段性峰值，之后开始回落或者盘整，6—7 月份商品肉鸡出栏达到阶段性或全年高点，8—10 月份震荡回落，年底趋于平稳，全年较 2022 年增加 7%～8%。从白羽肉鸡价格来看，2023 年一季度上升，二季度回落，三季度底部震荡，四季度上升，全年均价上涨。从白羽肉鸡收益来看：2023 年收益预期好于 2022 年；祖代鸡养殖场盈利好转，父母代种鸡养殖场收益较好，商品代养殖场收益持平或小幅增加，屠宰场收益持平，产业综合收益增加。从祖代种鸡来看，全年祖代种鸡更新仍以国内自繁为主，国外供应仍存在不确定因素，全年更新量估计为 100 万～110 万套，与 2022 年相比，供应量持平或

有小幅增长。从父母代种鸡供应来看，2023 年上半年基本平稳回归至
500 万～600 万套的正常值水平，全年更新量减少，尤其四季度安伟捷系列父
母代种鸡供应会较为紧张；全年均价上涨，估计在 40～60 元/套区间。从商品
代雏鸡供应来看，2023 年上半年呈持续增加走势，8 月份之后开始逐渐减少；
全年均价 3～4 元/只。

（二）黄羽肉鸡生产形势

毛鸡市场价格与供应情况。从黄羽商品代毛鸡价格来看，1—5 月缓慢上涨，6
月回落，总体价格并未明显上涨（图 26 和图 27）。从黄羽肉鸡出栏价格来看，2022
年出栏价格从 4 月份开始上涨，一直上涨至 11 月份，12 月份开始下降，出栏量也
开始调整，2023 年上半年出栏量同比环比均下降，5—6 月份开始回升（图 23）。
黄羽肉鸡上市公司肉鸡出栏量同比增、环比减，但价格走势相同（图 28）。

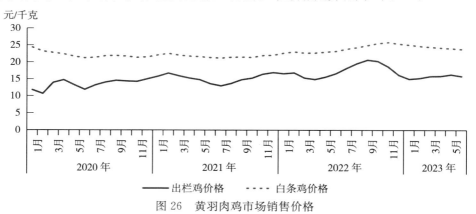

图 26　黄羽肉鸡市场销售价格

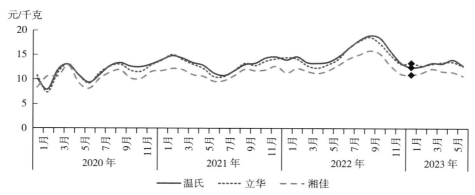

图 27　黄羽肉鸡上市公司肉鸡价格变化

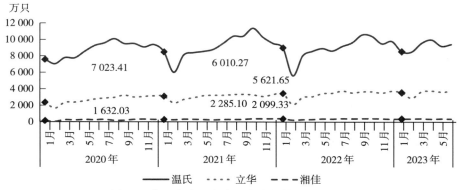

万只

图 28 黄羽肉鸡上市公司肉鸡出栏量变化趋势

温氏 　立华 　湘佳

雏鸡市场销售量情况。雏鸡市场处于持续低迷状态，销售量在 2020 年上半年达到 4 亿只，到 2023 年上半年减至 3 亿只，雏鸡销售量较上年同比减少 2.5％，2019 年来连续 4 年同比下降；但雏鸡价格并未随着销售量的下降而变化，而是保持平向的稳定状态，即产能下降但价格未见上涨，雏鸡市场总体上呈现持续低迷状态（图 29）。

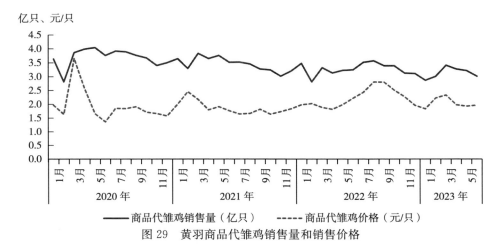

亿只、元/只

商品代雏鸡销售量（亿只） 　商品代雏鸡价格（元/只）

图 29 黄羽商品代雏鸡销售量和销售价格

祖代种鸡存栏、父母代种鸡存栏情况。2018—2023 年上半年，黄羽祖代种鸡存栏量平稳震荡。父母代种鸡存栏量在 2020 年 4 月份达到最高值之后，呈持续下降态势，在产存栏低位震荡，2019 年黄羽肉鸡月度在产存栏量均值超过 4 000 万套，月均每套种鸡将会提供 9.5～10 只商品代雏鸡，而 2023 年上半年月度在产存栏量均值在 3 800 万套左右，月均每套种鸡将会提供 8.3 只商品代雏鸡，单位产能保持低位。此外 2023 年上半年父母代更新量较上年同比减 5.2％，为 2018 年以来最低。整体来看，虽然存栏量保持低位，但产能仍显富裕。

黄羽肉鸡收益。近年来，黄羽祖代种鸡收益保持较好，一直处于盈利状态；父母代种鸡收益在 2019 年保持较高水平，2020 以来连续四年在较低价格波动，几乎处于亏损状态；商品代肉鸡收益起起落落，但养殖收益能够在一定程度上得到保证；产业链综合收益在 2023 年 1 月份呈现增加的状态，但与 2022 年相比增长速度明显放缓，预计下半年肉鸡价格涨幅不大。

黄羽肉鸡增长趋势预判。2019 年以来，黄羽肉鸡出栏量持续下降（图 30）。2023 年黄羽肉鸡出栏产量预计减少 3％，但由于 2023 年肉鸡体重增加，肉鸡产量可能会处于一个持平状态（表 11 和图 31）。在这种情况下，造成销售渠道缩窄，市场减量。从出栏量来看，分割鸡消费的出栏量与整只鸡消费的出栏量接近 1∶1。目前，在整只鸡消费中主要包括黄羽肉鸡与小型白羽肉鸡，由于整只鸡消费市场没有缩减，但小型白羽肉鸡大量挤占黄羽肉鸡消费市场，使黄羽肉鸡消费减少，产能缩减，利用率不足；三季度产量保持下降态势，业内竞争加剧。

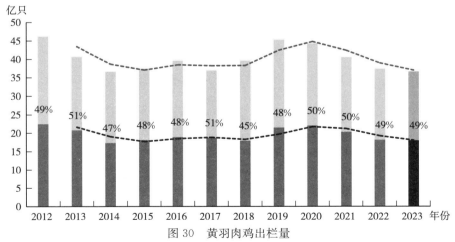

图 30　黄羽肉鸡出栏量

注：柱状浅色部分和深色部分分别代表年度出栏量和半年度出栏量。两条虚线分别为年度趋势线（上）和半年度趋势线（下）。图中百分比数值为当年上半年出栏量占全年出栏量的份额。2023 年为预计数。

表 11　黄羽肉鸡出栏量及产量

单位：亿只，%

阶段	黄羽肉鸡出栏量			黄羽肉鸡产量		
	2022 年	2023 年	同比	2022 年	2023 年	同比
一季度	9.0	9.1	9.1%	113.6	121.3	6.8%
二季度	9.1	8.8	−3.3%	115.2	115.1	−0.1%
三季度	9.1	9.0	−1.1%	115.0	117.1	1.8%
四季度	10.0	9.2	−8.0%	127.4	119.1	−6.5%
上半年	18.1	18.0	−0.1%	228.7	236.4	3.4%
下半年	19.1	18.3	−4.2%	242.3	236.2	−2.5%
全年	37.2	36.2	−2.7%	471.0	472.6	0.3%

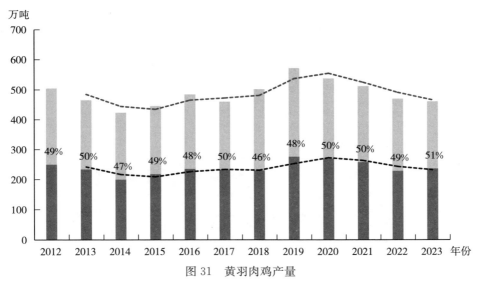

图 31　黄羽肉鸡产量

注：柱状浅色部分和深色部分分别代表年度产量和半年度产量。两条虚线分别为年度趋势线（上）和半年度趋势线（下）。图中百分比数值为当年上半年产量占全年产量的份额。2023 年为预计数。

　　从黄羽肉鸡生产来看，2023 年前三季度产量呈震荡态势，第四季度产量或有增长；全年较 2022 年出栏量减少 1%～3%（表 11）。从黄羽肉鸡价格来看，2023 年 1—5 月呈上升态势，6—8 月震荡不定，预计 9—11 月或可上升，全年价格呈下降趋势。从黄羽肉鸡收益来看，2023 年预期收益低于 2022 年；

父母代种鸡场基本盈亏平衡，商品代鸡场养殖收益减少，产业综合收益为历史中等水平。

四、2023 年上半年我国肉鸡贸易形势

吕向东在"2023 上半年畜产品贸易形势分析"报告中，分析了 2023 年上半年我国畜产品贸易形势、我国肉鸡贸易特征，并对未来我国畜产品贸易进行展望。

（一）2023 年上半年我国农产品贸易形势

1. 国际农产品供需偏紧格局缓解

新冠疫情对国际农产品贸易的影响减弱。在美国、巴西等农作物主产国丰产的预期下，国际农产品供需偏紧格局得到缓解。全球粮食产量较上年同比有所增长，库存消费比处在历史高位（表 12）。

表 12　国际粮食产品供需平衡预测表

单位：100 万吨

项目	FAO（联合国粮农组织）7 月预测		USDA（美国农业部）6 月预测		国际谷物理事会（IGC）6 月预测	
	2022/2023 年度	同比	2022/2023 年度	同比	2022/2023 年度	同比
产量	2 921.3	2.3%	2 954.2	4.7%	2 923.0	2.9%
供给	3 761.3	1.7%	3 793.2	3.0%	3 697.0	2.0%
消费	2 897.0	1.6%	2 912.4	2.5%	2 922.0	2.5%
贸易	601.1	−0.2%	638.6	3.7%	593.0	−0.8%
期末库存	866.3	3.1%	878.2	4.7%	776.0	0.3%
库存消费比	29.9%	—	30.2%	—	26.6%	—

2. 国际农产品价格下行

2022 年 6 月粮农组织食品价格指数平均为 122.3 点，环比下跌 1.4%；与 2022 年 3 月的历史高点相比下跌 37.4 点，下降 23.4%。谷物、植物油、乳制品和食糖指数环比分别跌 2.1%、2.4%、0.8% 和 3.2%。肉类指数环比基本持平。

2023 年上半年，我国农产品进口再创新高，出口形势严峻，贸易逆差进一步扩大。2023 年上半年，我国农产品贸易总额 1 717.6 亿美元，较上年同比增长 6.4%；进口额 1 240.5 亿美元，较上年同比增长 8.3%；出口额 477.1 亿美元，

较上年同比增长 1.7%；逆差 763.3 亿美元，较上年同比扩大 12.9%。

总体看，进口方面，我国农产品进口总体呈增长态势，主要产品走势分化。小麦、大麦、大豆、油菜籽、食用植物油、猪肉及猪杂碎、水产品量额齐增；大米、高粱、棉花、食糖、奶粉量额齐降。前五大进口来源地为美国、巴西、东盟、欧盟、加拿大。出口方面，我国农产品出口增速明显回落，在外需疲软和东南亚竞争替代等因素影响下，上半年我国农产品出口额增速跌至 1.7%，为近三年最低。果茶鱼等传统优势农产品出口额下降，其中水产品维持上年逆差态势，水果逆差进一步扩大。我国前五大出口市场为东盟、中国香港、欧盟、日本、美国。

3. 谷物进出口量总体下降

2023 年上半年，谷物进口总体下降，达 2 945.3 万吨，较上年同比下降 8.4%。其中，小麦增六成、大米降五成、玉米降一成。

大米进口 180.6 万吨，下降 49.6%。小麦进口 801 万吨，增长 62.1%，达关税配额量的 83%。自澳大利亚进口小麦 506 万吨和加拿大进口小麦 133 万吨，分别增长 69.5% 和 1.9 倍。2021 年、2022 年小麦进口量连续两年突破 963.6 万吨的进口配额。玉米保持高位，进口 1 203.3 万吨，下降 11.5%，玉米进口量于前 3 个月超过关税配额量。2023 上半年进口量连续三年超过 1 200 万吨；2021 年同期为历史峰值。2023 年起自巴西、南非进口玉米分别达 221.5 万吨和 10.9 万吨，巴西跃升为我国第三大玉米进口来源地。大麦进口 509.6 万吨，增长 35.3%。高粱进口 222 万吨，下降 63.1%。

4. 食用油籽进口大幅增加

2023 年上半年，食用油籽进口 5 803.2 万吨，较上年同比增加 19.7%。主要油料作物大豆进口 5 257.5 万吨，增长 13.6%；油菜籽进口 337.1 万吨，增长 4.3 倍；花生进口 58.9 万吨，增长 51.8%；芝麻进口 43.8 万吨，下降 35.4%。

2023 年上半年，食用植物油进口大幅增长，超过 2022 年全年总量。食物油进口 464.8 万吨，增长 1.2 倍。棕榈油 216.4 万吨，增长 96.4%；菜籽油 118 万吨，增长 1.2 倍；葵花油 94.4 万吨，增长 2.9 倍；豆油 18 万吨，增长 40.2%。

5. 食糖棉花进口大幅下降

2023 年上半年，食糖进口 109.7 万吨，较上年同比下降 37.7%。棉花进口 60.7 万吨，较上年同比下降 49.9%。

6. 畜产品进口量增额稳、出口量稳额减

2023 年上半年，畜产品进口 242.2 亿美元，同比略降 0.8%；出口 30.3

亿美元，下降 4.2％；贸易逆差 211.9 亿美元，缩小 0.3％。肉类进口增一成：进口 380.7 万吨，增 10.2％。其中猪肉 93.3 万吨，增 16.9％；猪杂碎 55.9 万吨，增 7.9％；牛肉 123 万吨，增 6.8％；羊肉 23.4 万吨，增 23.7％；禽产品 71.4 万吨，增 5.5％。

乳品进口降幅超过一成：进口 153.7 万吨，降 12.9％，奶粉 63.5 万吨，降 21.9％。

7. 水产品持续贸易逆差态势

2023 年上半年，水产品出口 101.5 亿美元，同比下降 11.4％；进口 123 亿美元，增长 20.6％；贸易逆差 21.5 亿美元。墨鱼及鱿鱼出口 18.6 亿美元，降 28.8％；鳕鱼出口 8.6 亿美元，增 0.5％；鳗鱼出口 6.6 亿美元，降 10.7％；罗非鱼出口 4.8 亿美元，降 29.1％；对虾出口 4 亿美元，降 19.6％；对虾进口 31.3 亿美元，增 29.1％。

8. 蔬菜进出口均增、顺差扩大

2023 年上半年，蔬菜出口 90.9 亿美元，同比增长 13.4％；进口 6.1 亿美元，增长 30.2％；贸易顺差 84.8 亿美元，扩大 12.3％。加工蘑菇出口 11 亿美元，增 38.4％；鲜大蒜出口 8.9 亿美元，增 4.3％；加工番茄出口 7.1 亿美元，增 63.4％；干辣椒出口 5 亿美元，增 36.5％；干蘑菇出口 2.8 亿美元，降 6.4％；生姜出口 2.8 亿美元，增 62.5％。

9. 水果出口下降、进口增长、逆差扩大

2023 年上半年，水果出口 28.2 亿美元，同比下降 1.4％；进口 106.9 亿美元，增长 11.3％；贸易逆差 78.7 亿美元，扩大 16.6％。出口端：柑橘 5.7 亿美元，增 11.1％；苹果 4.1 亿美元，降 12.1％；梨 2 亿美元，降 0.8％；葡萄 1.2 亿美元，增 50.9％。进口端：榴莲 38.3 亿美元，增 55.4％；樱桃 21.1 亿美元，降 4.2％；香蕉 6.3 亿美元，降 13.3％。

（二）2023 年上半年我国肉鸡产品贸易形势

1. 全球肉鸡生产市场贸易形势

据 USDA 2023 年 7 月预测数据显示，2023 年全球鸡肉产量将达 1.04 亿吨，较上年增长 1.4％（表 13）。2023 年，全球鸡肉贸易量预计达 1 379.3 万吨，较上年增长 2.0％（表 14）。主要出口国巴西因其产品价格优势、满足多样化市场需求等特征，对中东地区和亚洲其他市场出口增长显著。泰国对日本、中国、韩国等亚洲国家鸡肉出口有所增长。

表 13 2023 年主要国家（地区）鸡肉产量

单位：万吨，%

国家（地区）	产量	同比
全球	10 352.4	1.4
美国	2 139.0	1.9
巴西	1 487.5	8.5
中国	1 430.0	0.0
欧盟	1 105.0	0.7

表 14 2023 年主要国家（地区）鸡肉贸易量

单位：万吨，%

国家（地区）	出口量	同比	进口量	同比
全球	1 379.3	2.0	1 113.1	0.2
巴西	482.5	8.5	107.0	−2.8
美国	335.8	1.3	97.5	6.6
欧盟	167.5	−2.9	90.0	−0.2
泰国	109.0	6.8	75.5	7.2

2. 2023 年上半年我国肉鸡产品贸易情况

2023 年上半年我国肉鸡产品出口下降、进口增长、逆差扩大。出口 24.8 万吨，8.2 亿美元，较去年同期分别下降 3.6% 和 8.4%；进口 70.8 万吨、22.9 亿美元，较去年同期分别增长 5.8% 和 25.0%；逆差 14.7 亿美元，较去年同期扩大 57.3%（表 15 至表 21）。

表 15 2023 年上半年肉鸡产品主要进口来源地

单位：亿美元，万吨，%

进口来源地	进口额	同比	进口量	同比
合计	22.9	25.0	70.8	5.8
巴西	10.1	42.9	35.4	18.4
美国	4.5	−26.9	13.8	−29.7
泰国	2.6	110.5	5.8	82.5
俄罗斯	2.3	50.9	6.5	9.5
白俄罗斯	1.7	163.4	4.1	107.3

表 16 2023 年上半年肉鸡产品主要出口市场

单位：亿美元，万吨，%

出口市场	出口额	同比	出口量	同比
合计	8.2	−8.4	24.8	−3.6
日本	3.4	−20.6	8.0	−17.9
中国香港	2.5	1.3	7.9	4.3
英国	0.4	40.9	1.0	30.3
荷兰	0.3	−15.0	1.0	−4.5
中国澳门	0.2	4.6	0.7	8.0

表 17 2023 年上半年肉鸡产品进出口情况

单位：万美元，吨，%

项　目	进口额	同比	进口量	同比	出口额	同比	出口量	同比
种鸡，重量≤185 克	1 049.7	−25.8	0.6	−97.4	—	—	—	—
其他鸡，重量≤185 克	—	—	—	—	86.3	27.5	75.5	34.1
整只鸡，鲜或冷的	—	—	—	—	12 352.7	−2.8	32 963	−1.4
整只鸡，冻的	447.9	−13.3	2 911	−12.3	446.7	12.2	1 425	14.8
鲜或冷的带骨鸡块	—	—	—	—	332.4	−2.8	826	0.9
鲜或冷的其他鸡块	—	—	—	—	13.3	−55.5	31	−55.7
鲜或冷的鸡翼（不包括翼尖）	—	—	—	—	1.0	−66.7	2	−71.4
鲜或冷的其他鸡杂碎	—	—	—	—	26.8	13.6	72	9.1
冻的带骨鸡块	25 192.8	52.6	190 288	26.7	1 988.3	4.4	10 635	3.2
其他冻鸡块	387.2	284.9	1 898	295.4	11 531.3	1.5	58 674	7.0
冻的鸡翼（不包括翼尖）	65 874.4	32.9	185 995	20.0	408.1	−41.7	1 300	−35.3
冻鸡爪	126 687.6	15.8	284 135	12.4	5	−73.5	23	−61.0
其他冻鸡杂碎	8 223.9	70.2	39 311	21.0	241.2	36.9	2 290	17.4
冷、冻的鸡肫（即鸡胃）	542.1	−0.0	2 330	−18.5	—	—	—	—
鸡罐头	—	—	—	—	2 056	6.1	8 123	8.0
其他制作或保藏的鸡胸肉	0.8	−65.2	1	−0.75	18 040.9	2.1	50 727	4.4
其他制作或保藏的鸡腿肉	—	—	—	—	21 500.9	−23.2	51 818	−19.9
其他制作或保藏的鸡肉及食用杂碎	—	—	—	—	13 174.5	−8.7	28 912	−8.3
总计	228 736.5	25.1	707 521	5.8	82 214.1	−8.4	247 898	−3.6

表 18　2023 年上半年冻鸡爪主要进口来源地

单位：亿美元，万吨，%

进口来源地	进口额	同比	进口量	同比
合计	12.7	15.8	28.4	−12.4
美国	3.6	−34.9	6.5	−51.2
巴西	3.5	77.4	8.7	5.8
俄罗斯	1.5	217.0	3.9	148.2
白俄罗斯	1.5	41.5	2.6	4.2
泰国	1.4	111.5	1.2	69.0

表 19　2023 年上半年冻鸡翼主要进口来源地

单位：亿美元，万吨，%

进口来源地	进口额	同比	进口量	同比
合计	6.6	32.8	18.6	19.9
巴西	4.2	16.3	11.5	13.8
泰国	0.9	105.0	2.1	79.1
俄罗斯	0.7	79.0	2.4	22.9
阿根廷	0.3	35.5	1.3	−4.0
白俄罗斯	0.2	16.2	0.4	−13.3

表 20　2023 年上半年加工鸡肉产品主要出口市场

单位：亿美元，万吨，%

出口市场	出口额	同比	出口量	同比
合计	5.5	−11.7	14.0	−8.4
日本	3.4	−20.6	8.0	−17.9
中国香港	0.7	−3.3	1.8	−3.7
英国	0.4	40.9	1.0	30.3
荷兰	0.3	−15.0	1.0	−4.5
韩国	0.1	36.0	0.4	34.8

表 21　2023 年上半年鲜冷整鸡主要出口市场

单位：亿美元，万吨、%

出口市场	出口额	同比	出口量	同比
合计	1.2	−2.8	3.3	−1.4
中国香港	1.0	−3.7	2.9	−2.3
中国澳门	0.2	3.2	0.4	4.6

（三）2023 年下半年我国农产品贸易展望

1. 粮食等刚需农产品进口维持高位

受主产国出口禁令和厄尔尼诺的影响，大米进口回落配额内，小麦再破配额，玉米高位稳定，棉花进口减少，油脂油料恢复性增长，大豆进口或将再创新高，食糖进口回落。

2. 果茶鱼等传统优势农产品出口形势不容乐观

水果出口增长乏力，预计连续第三年负增长、第六年逆差，水产品出口增速或将首次由正转负，蔬菜出口有望创历史新高。

五、2023 年上半年我国生猪产业发展形势及趋势

王祖力在"2023 上半年生猪产业发展形势与趋势"报告中分析了 2023 年上半年我国生猪市场供需形势、未来行业趋势展望及主要不确定性影响因素。

（一）2023 年上半年生猪市场供需形势

2023 年上半年以来，我国猪价持续低迷，处于成本线以下，大部分时间在 14～15 元/千克的价位水平。7 月 3 日，国家发展改革委发布信息显示，生猪价格近期继续低位运行，6 月 26 日—30 日当周，全国平均猪粮比价低于 5∶1，进入《完善政府猪肉储备调节机制 做好猪肉市场保供稳价工作预案》确定的过度下跌一级预警区间，冻猪收储的措施对市场的提振效果有限，形势严峻。

从养殖成本比较高的企业来看，2023 年上半年亏损严重。头部企业养殖成本高于行业平均水平，价格普遍达到 18～20 元/千克，近两个月行业平均出栏一头商品猪的亏损额为 200 元左右，养殖成本高的企业亏损达到 500～700 元/头。

结合 19 家上市公司 2023 年一季度末的资产负债率情况看，头部企业平均达到 65％。例如，正邦处于严重资不抵债情况，天邦、傲农的负债率也处于较高水平。

从产能来看，全国每月能繁母猪存栏量下降幅度较小。2023 年 5 月与 2022 年 12 月相比，能繁母猪存栏累计降幅 3％。目前为止，全国能繁母猪正常保有量 4 100 万头，处于合理水平。第二季度末能繁母猪存栏量为 4 296 万头，相较正常水平高出 5％左右，去产能困难。目前去产能困难的原因主要有

以下几个方面：第一，之前去产能顺畅的一个重要原因是市场主体为小散户，小散户占有绝大部分的市场份额，但经历了包括上一轮非洲猪瘟疫情冲击在内的几轮波动，小散户大量退出，行业格局已发生颠覆性变化，规模场成为市场的主体（图32），规模场生产节奏紧密，产能处于相对稳定状态，相较小散户去产能较为困难。第二，目前的散户经历了市场行业的大幅波动，市场风险、疫病风险的抵抗力与以往散户相比较更高，去产能意愿不强。第三，行业对2023年下半年猪价上涨仍有预期。第四，头部企业虽然亏损严重、负债率高，但企业融资能力强，可依靠资金渡过行业低迷期。第五，行业产能仍处于惯性增长阶段，企业投产较不投产亏损较少。第六，行业现金流状况良好，压力不大。总体看，行业的低迷期持续时间较长。

图 32　TOP20 养猪企业产能占全国市场份额

目前猪周期的规律和形态与以往猪周期相比，发生变化。而且，变化难以用猪周期的规律简单地进行经验性判断。前期产能变化对应之后价格变动的趋势，同时存在季节性异常的波动，但行业大趋势是由产能周期所决定。从产能变动和猪价变动的相关关系来看，产能的连续下降，对应的就是价格连续上涨，产能连续的恢复对应的就是价格趋势性下跌，时间上大概会有 10 个月的滞后期。从大的猪周期视角而言，由于 2022 年 5—6 月开始增长的产能，2023年 3—4 月开始处在下行周期过程。如果产能很难有效去掉，未来价格在相对低位的水平上会持续很长时间。

2023 年上半年行情持续低迷。一是供给大于需求，因为最近几年的供给处于相对过剩状态，上半年消费处于淡季。二是库存压制，2022 年下半年行业压栏导致活猪库存积压，后期消费低下，上半年仍在消化 2022 年的库存。

三是周期的力量，下行周期的力量压制猪价。

（二）未来行业趋势展望

大周期视角猪价下行，但小周期视角猪价上行。下半年阶段性上涨，明年行业依然会面临挑战。所以从大周期的视角来讲，猪价下行。小周期上行的原因是消费淡季向消费旺季转换，拉动猪价上涨。从 2022 年下半年产能增长的幅度来看，2023 年市场的供应链到年底可能会持续增长，但增长幅度有限。从消费需求看，下半年的消费旺季与上半年的消费淡季相比，正常年份有 20％～30％的增长。从大的形势来判断，下半年供应增加 5 个百分点左右，但是消费需求能增 20％～30％。综合而言，下半年消费需求增长的速度是快于供应增长的速度，所以可以支撑猪价下半年上行。但是从大的判断来讲，下半年的上涨可能也是阶段性、季节性的增长，2023 年上半年依然有可能再跌到 2022 年上半年的状态。因为 2022 年虽然是持续的亏损，但是上半年累计的头均亏损也就 120 元，亏损的深度不深，预计 2024 年上半年猪价大概率会跌破 14 元/千克。所以行业连续半年持续低迷，继续面临考验。

（三）主要不确定性因素分析

疫情形势仍不稳定，市场情绪亦有可能出现转折。非洲猪瘟疫情没有根除，目前疫情形势依然比较严峻，市场上西南、南方几个省份疫情似乎有所反复，对市场行情的波动存在威胁，市场情绪可能会出现转折。6 月下旬端午节期间，市场期待已久的猪价反弹依然未能如期出现，养殖端出栏意愿明显增强，生猪价格进一步下跌，6 月末跌破 14 元/千克。

经济复苏仍有痛点和难点，消费恢复不及预期。CMF（中国宏观经济论坛）研究团队认为，不同于以往经济周期，在经历了三年新冠疫情管控之后，本轮我国经济复苏需经历社会秩序与交易修复阶段、资产负债表修复阶段、常态化扩展阶段等三个不同阶段。当前我国经济复苏正处于从第一阶段向第二阶段转换的关键期，是各种潜在风险显化和矛盾的集中爆发期。

经济复苏的痛点与难点集中表现为"五个 20％"，即青年群体调查失业率突破 20％，工业企业利润总额同比下降 20％，地方土地出让收入同比下降 20％，房地产新开工面积同比下降 20％，消费者信心指数的缺口高达 20％。这"五个 20％"表明相关领域压力已经突破自我修复能力。据文化和旅游部数据中心综合测算，端午假期期间全国国内旅游出游 1.06 亿人次，较上年同比增长 32.3％，按可比口径恢复至 2019 年同期的 112.8％；实现国内旅游收

入 373.10 亿元，较上年同比增长 44.5%，按可比口径恢复至 2019 年同期的
94.9%，端午收入恢复仍然偏慢，从宏观上印证了消费的疲软。

冻品库存处于历史高位，或压制后市猪价涨幅。没有公开统计数据，但有
观点认为，上半年一直在累库，当前冻猪肉库存可能处在很高水平，而且还在
缓慢增长（有进有出摊低成本）。外租商业库的情况明显比往年多，大多数屠
宰企业冻品库存量偏高。由于亏损，售卖意愿不高，期望 7 月开始生猪上涨行
情启动，衔接中秋前后消费需求明显好转。年前剩余时间窗口越来越少，10—
11 月是龙头企业抛货时间，部分小规模贸易商可能熬到 8 月、9 月亏本出清。

（四）建议

一是认清形势。2023 年上半年持续亏损，行情持续低迷，周期并没有见
底，2024 年形势可能依然严峻。二是备足粮草。确保资金链、现金流不断裂。
三是防好疫病。目前疫病风险较高，行业的低迷期也是疫病的高发期。四是练
好内功。降低成本，行业可能进入微利时代，企业至少将成本降到行业水平。

六、2023 年上半年基于企业视角的黄羽肉鸡形势分析

陈智武在"黄羽肉鸡生产形势、问题及对策"报告中从企业视角分析了
2023 年上半年我国黄羽肉鸡产业发展形势、存在问题及未来趋势。

（一）2023 年上半年南宁实验站养殖情况

1. 南宁试验站监测企业出栏情况

2023 年 1—6 月南宁试验站监测企业的黄羽肉鸡出栏量逐渐减少。2023 年
上半年，监测企业黄羽肉鸡出栏量为 230 万只，2022 年出栏量 290 万只，
2021 年出栏量 306 万只，产量呈逐年减少趋势，2023 年上半年黄羽肉鸡出栏
量相比 2022 年同期减少 21%，较 2021 年同期减少 35%（图 33）。而且，由于
南宁试验站监测企业大多为中规模企业，因此整个黄羽肉鸡行业的出栏量可能
减少幅度更大。

2. 各品种鸡出栏数量

2023 年上半年，出栏黄羽肉鸡仍然以中速型为主，监测企业中的快速、
中速、慢速型黄羽肉鸡占比分别为 24%、60%、16%（图 34）。养殖趋势逐渐
向中速型倾斜，这与黄羽肉鸡屠宰上市的形势和趋势有较大关系，中速型黄羽
肉鸡在体重和经济性能上较适合屠宰，比例逐步增加。慢速型黄羽肉鸡（业内

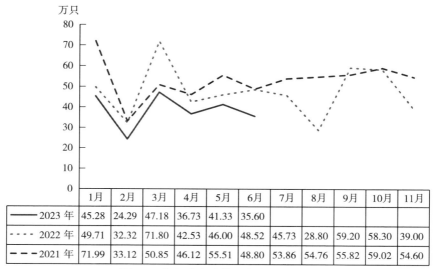

	1月	2月	3月	4月	5月	6月	7月	8月	9月	10月	11月
2023年	45.28	24.29	47.18	36.73	41.33	35.60					
2022年	49.71	32.32	71.80	42.53	46.00	48.52	45.73	28.80	59.20	58.30	39.00
2021年	71.99	33.12	50.85	46.12	55.51	48.80	53.86	54.76	55.82	59.02	54.60

图33　南宁试验站黄羽肉鸡出栏数量

俗称优质鸡）基本110天左右上市，出栏体重是1.6~1.7千克，现在出栏体重已经达到1.8~1.9千克。在经济性能上，根据2023年的监测数据，中速型是有盈利的，而慢速型盈利较少，甚至出现了亏损。另外，2023年上半年，一些散户及小企业在肉鸡产能过剩的背景下开始去产能，而中大型企业由于规

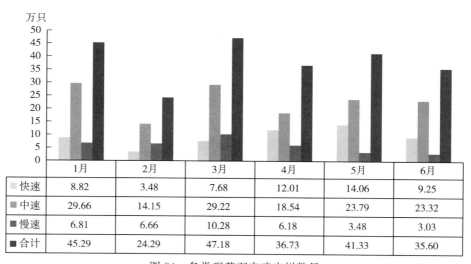

	1月	2月	3月	4月	5月	6月
快速	8.82	3.48	7.68	12.01	14.06	9.25
中速	29.66	14.15	29.22	18.54	23.79	23.32
慢速	6.81	6.66	10.28	6.18	3.48	3.03
合计	45.29	24.29	47.18	36.73	41.33	35.60

图34　各类型黄羽肉鸡出栏数量

模较大，去产能较困难，且中大型企业主要以养殖中速型黄羽肉鸡为主，间接导致了养殖结构向中速型靠拢。快速型黄羽肉鸡受 817 肉鸡的冲击，占比逐渐减少。慢速型黄羽肉鸡受饲料成本和消费市场萎缩的双重压力，总出栏量和市场占比逐渐减少，对以慢速型为主的中小养殖企业和散户养殖带来更大的打击。

3. 各类鸡出栏体重

2023 年黄羽肉鸡个体出栏体重有所提高，主要是中速型和快速型提高较快，这与 817 肉鸡的冲击有很大关系（图 35）。817 肉鸡对快速型母鸡的冲击程度最大，因为两者出栏体重和出栏时间相似，而且 817 肉鸡相对快速型母鸡来说更有优势，因此快速型黄羽肉鸡只能通过增加体重进行差异化生产，以提高快速型黄羽肉鸡的竞争优势。817 肉鸡基本上在 1.6～1.75 千克上市，而快速型母鸡是 2 千克以上再上市，这也成为快速型黄羽肉鸡的发展趋势。此外，中速型黄羽肉鸡的出栏体重也在增加，目前大都是屠宰之后再上市。慢速型黄羽肉鸡的出栏体重有所降低。由于一部分慢速鸡已经转变到中速鸡的市场上，原来一部分慢速型黄羽肉鸡养到 110 天左右出栏，体重 1.9～2 千克，现在这些慢速型黄羽肉鸡大都向快速型转变，比较优质的能够养到 1.8～1.9 千克上市，导致慢速型黄羽肉鸡的出栏体重有一定程度的降低。

总体来说，2023 年黄羽肉鸡出栏体重的增加，一是受屠宰政策的影响，

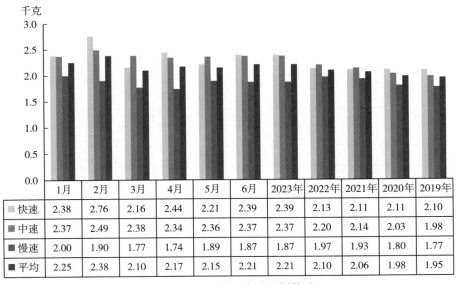

	1月	2月	3月	4月	5月	6月	2023年	2022年	2021年	2020年	2019年
快速	2.38	2.76	2.16	2.44	2.21	2.39	2.39	2.13	2.11	2.11	2.10
中速	2.37	2.49	2.38	2.34	2.36	2.37	2.37	2.20	2.14	2.03	1.98
慢速	2.00	1.90	1.77	1.74	1.89	1.87	1.87	1.97	1.93	1.80	1.77
平均	2.25	2.38	2.10	2.17	2.15	2.21	2.21	2.10	2.06	1.98	1.95

图 35　各类型黄羽肉鸡出栏体重

因为屠宰后体重较大的品种屠宰率高，损耗少，成本也相对较低；二是受市场行情影响，随着新冠疫情管控政策的调整，养殖户对市场行情过于乐观，雏鸡投放量比较大，但实际上疫情结束并没有带来需求的大幅增长，黄羽肉鸡销售困难，压栏严重，人为地造成了出栏体重的增加。

4. 各品种成本走势

2023年4—6月饲料价格尤其是豆粕价格虽然有所降低，但实际上饲料成本依然维持在高位。受饲料价格影响，养殖成本持续维持在高位。快速型和中速型黄羽肉鸡养殖成本变化不大，主要是因为出栏体重增加，其次是其饲料转化率相对较好。慢速型黄羽肉鸡成本增加最快，由15元/千克增长到18元/千克（图36），一方面是因为一部分出栏体重较大的慢速鸡归入中速鸡市场，同时受市场影响，出栏时间增加，饲养成本随之增加；另一方面是因为慢速型黄羽肉鸡的饲料转化率较高，饲料成本较高。据了解，慢速型黄羽肉鸡的饲料转化率在3.6～4区间，养殖成本大约为18元/千克。温氏集团中速型黄羽肉鸡的养殖成本在14元/千克左右，6月份的成本下降到12元/千克。快速型黄羽肉鸡的成本与817肉鸡类似，或者更高一些。

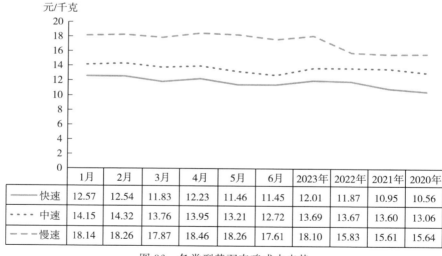

元/千克

	1月	2月	3月	4月	5月	6月	2023年	2022年	2021年	2020年
—— 快速	12.57	12.54	11.83	12.23	11.46	11.45	12.01	11.87	10.95	10.56
···· 中速	14.15	14.32	13.76	13.95	13.21	12.72	13.69	13.67	13.60	13.06
‐‐‐ 慢速	18.14	18.26	17.87	18.46	18.26	17.61	18.10	15.83	15.61	15.64

图36　各类型黄羽肉鸡成本走势

5. 各品种价格走势

肉鸡价格逐渐回升，但并不稳定，主要是总出栏量并没有大的减少，市场消费没有恢复，企业仍有去库存的压力。2023年1—2月黄羽肉鸡价格最为惨淡，疫情结束后的红利期并没有出现，3月份有所增加，而4月份又出现下降趋势（图37）。现在，黄羽肉鸡价格有所好转，逐渐改变了成本和售价倒挂的现象，开始出现盈利。慢速型黄羽肉鸡在2022年是盈利最差的品种，且养殖户大多为中小企业和散户，因此慢速型黄羽肉鸡去产能最彻底，预计2023年下半年价格会持续增长。

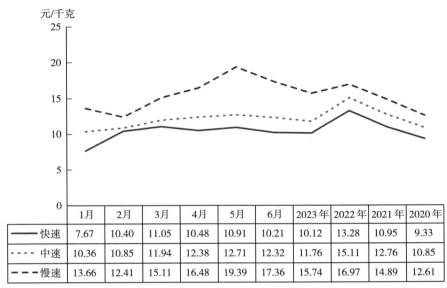

元/千克	1月	2月	3月	4月	5月	6月	2023年	2022年	2021年	2020年
快速	7.67	10.40	11.05	10.48	10.91	10.21	10.12	13.28	10.95	9.33
中速	10.36	10.85	11.94	12.38	12.71	12.32	11.76	15.11	12.76	10.85
慢速	13.66	12.41	15.11	16.48	19.39	17.36	15.74	16.97	14.89	12.61

图37 各类型黄羽肉鸡月度及年度价格走势

6. 各品种盈利水平

快速型黄羽肉鸡。快速型黄羽肉鸡始终处于亏损状态。在817肉鸡的冲击下，快速型黄羽肉鸡价格波动较大，出栏量逐渐减少。2023年1—6月，快速型黄羽肉鸡全部处于亏损状态，平均每只亏损4.62元。5月份亏损相对减少，6月份价格又出现下降，亏损持续增加（图38）。

中速型黄羽肉鸡。中速型黄羽肉鸡也连续亏损。由于屠宰需求增加和上年中速型鸡相对盈利水平较高，企业逐渐将养殖转入中速型鸡方面，市场占比提高到60%，也造成了供大于求的局面。据了解，立华公司平均一只鸡亏损2元以上，一季度只均亏损3.8元；温氏集团一季度只均亏损3元，二季度出现好转。总体来看，中速型鸡二季度亏损开始减少，基本上能做到盈亏平衡（图39）。一些大的企业，如温氏、立华等企业出现了盈利；一些较小的企业由于其综合成本较高，仍处于亏损状态，但每只鸡大概亏损不到1元，基本上实现了盈亏平衡。

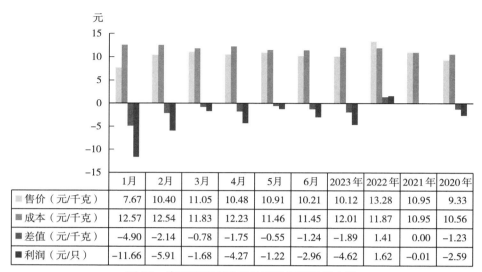

	1月	2月	3月	4月	5月	6月	2023年	2022年	2021年	2020年
▨售价（元/千克）	7.67	10.40	11.05	10.48	10.91	10.21	10.12	13.28	10.95	9.33
▨成本（元/千克）	12.57	12.54	11.83	12.23	11.46	11.45	12.01	11.87	10.95	10.56
▨差值（元/千克）	-4.90	-2.14	-0.78	-1.75	-0.55	-1.24	-1.89	1.41	0.00	-1.23
▨利润（元/只）	-11.66	-5.91	-1.68	-4.27	-1.22	-2.96	-4.62	1.62	-0.01	-2.59

图 38　快速型黄羽肉鸡月度及年度盈利水平

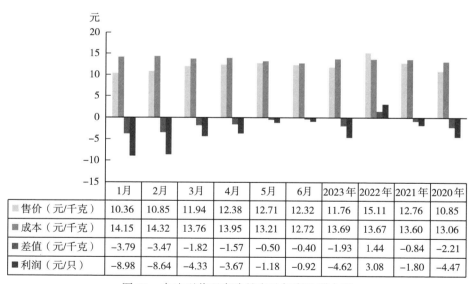

	1月	2月	3月	4月	5月	6月	2023年	2022年	2021年	2020年
▨售价（元/千克）	10.36	10.85	11.94	12.38	12.71	12.32	11.76	15.11	12.76	10.85
▨成本（元/千克）	14.15	14.32	13.76	13.95	13.21	12.72	13.69	13.67	13.60	13.06
▨差值（元/千克）	-3.79	-3.47	-1.82	-1.57	-0.50	-0.40	-1.93	1.44	-0.84	-2.21
▨利润（元/只）	-8.98	-8.64	-4.33	-3.67	-1.18	-0.92	-4.62	3.08	-1.80	-4.47

图 39　中速型黄羽肉鸡月度及年度盈利水平

　　慢速型黄羽肉鸡。慢速黄羽肉鸡由于 2022 年是盈利最差的品种，并且出栏时间长，饲料转化率差，更容易受饲料价格的影响。2023 年上半年，慢速型黄羽肉鸡出栏量显著降低，价格逐渐回升，也是最早出现盈利的品种。2023年 5 月份开始出现盈利，6 月份又出现了亏损，在慢速型黄羽肉鸡去产能比较彻底的背景下，预计 2023 年下半年盈利水平有望提升（图 40）。

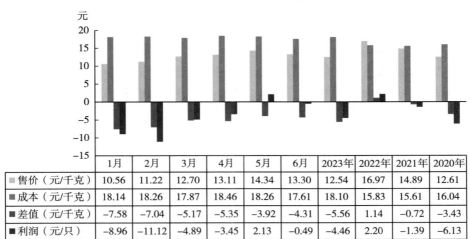

	1月	2月	3月	4月	5月	6月	2023年	2022年	2021年	2020年
■售价（元/千克）	10.56	11.22	12.70	13.11	14.34	13.30	12.54	16.97	14.89	12.61
■成本（元/千克）	18.14	18.26	17.87	18.46	18.26	17.61	18.10	15.83	15.61	16.04
■差值（元/千克）	−7.58	−7.04	−5.17	−5.35	−3.92	−4.31	−5.56	1.14	−0.72	−3.43
■利润（元/只）	−8.96	−11.12	−4.89	−3.45	2.13	−0.49	−4.46	2.20	−1.39	−6.13

图 40　慢速型黄羽肉鸡月度及年度盈利水平

　　总体来看，2023 年上半年，黄羽肉鸡企业普遍处于亏损状态，也是最近几年亏损最严重的阶段。南宁试验站监测企业上半年出栏 230 万只鸡，亏损高达 1 000 多万元。据历年数据可以看到，2019 年行情最好，经历 2019 年的行业高潮后，从 2019 年 11 月开始出现亏损，2020—2023 年，整个黄羽肉鸡养殖行业持续亏损。虽然 2022 年是盈利的，这是因为没有 2022 年 12 月的数据，否则整体来看 2022 年也是亏损的状态（图 41）。

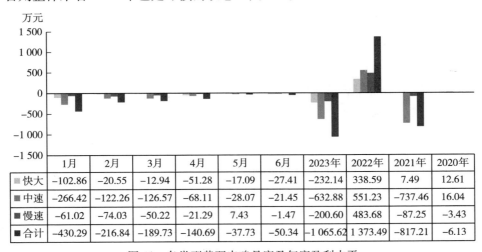

	1月	2月	3月	4月	5月	6月	2023年	2022年	2021年	2020年
■快大	−102.86	−20.55	−12.94	−51.28	−17.09	−27.41	−232.14	338.59	7.49	12.61
■中速	−266.42	−122.26	−126.57	−68.11	−28.07	−21.45	−632.88	551.23	−737.46	16.04
■慢速	−61.02	−74.03	−50.22	−21.29	7.43	−1.47	−200.60	483.68	−87.25	−3.43
■合计	−430.29	−216.84	−189.73	−140.69	−37.73	−50.34	−1 065.62	1 373.49	−817.21	−6.13

图 41　各类型黄羽肉鸡月度及年度盈利水平

（二）2023 上半年黄羽肉鸡产业形势分析

1. 成本升高，售价下跌，黄羽肉鸡普遍亏损

近年来肉鸡养殖原料价格始终处于高位，养殖成本始终居高不下，同时新冠疫情结束并未带来消费的增加，反而始终处于低迷阶段。

大型养殖企业黄羽肉鸡产量增加明显，其中，上市公司立华股份 2023 年上半年上市黄羽肉鸡 21 270 万只，2022 年同期上市 18 898 万只，2023 年较 2022 年同比增加 12.5%；温氏股份上市黄羽肉鸡 55 327 万只，2022 年 48 833 万只，2023 年较 2022 年同比增加 13.3%。立华股份的策略是每年的产量大概提高 10%，相当于 4 000 万只黄羽肉鸡，温氏股份是每年增加 5%，相当于 5 000 万只黄羽肉鸡的产量，这两家上市公司增加的产能就达到近 1 亿只。然而，近几年市场上黄羽肉鸡总产量并没有增加，反而不断下降，出栏量从 45 亿只减少到 42 亿只，2023 年预计出栏量不到 38 亿只。黄羽肉鸡总产量下降，主要是由于中小企业或者个体养殖户的产量在不断下降。对于中小肉鸡企业，由于 2023 年 12 月份以来市场行情持续低迷，导致资金紧张，被迫逐渐减产，监测企业黄羽肉鸡减产在 20% 以上。综合来看，黄羽肉鸡市场供应相对减少，但同时消费景气度仍未恢复，价格持续低迷。黄羽肉鸡企业，包括大型上市公司，普遍处于亏损状态。小企业由于综合成本相对较高，单位亏损更加严重，被迫主动和被动减产。大企业由于资金实力雄厚，仍在增加产能。黄羽肉鸡是否会像白羽肉鸡一样，产能逐渐集中在少数企业手中？这一趋势的变动对黄羽肉鸡今后市场的发展，具有特定的意义。

在品种方面，养殖结构继续向中速型集中，是由于中、大型养殖企业一般以养殖中速品种为主，且产量变动不大，快速型和慢速型一般是中小企业或散养户养殖较多，这部分实际是持续在减少。黄羽肉鸡企业开始养殖 817 肉鸡，一方面是由于上市品种配置的需要，另一方面是屠宰的需要。国家政策支持黄羽肉鸡企业建屠宰场，由于黄羽肉鸡屠宰数量相对较少且不稳定，而屠宰场必须达到一定的屠宰量才能有盈利，配置一部分 817 肉鸡可以减少屠宰经营的风险。例如立华、温氏等企业，都在养殖 817 肉鸡进行屠宰销售，这是未来的发展方向。

2. 黄羽种鸡产能去化不足，种鸡企业持续亏损

大企业一般都有完整的产业链，种鸡企业主要面向中小养殖公司和个体养殖户，由于这部分市场萎缩严重，专门做种苗的企业的雏鸡需求量降低。另外，饲料成本居高不下，种鸡企业上半年基本是全行业亏损。

种鸡存栏基本处于高位状态，种鸡去产能不够，雏鸡供过于求。通过对

2022年整个父母代种鸡市场的分析，预计2023年下半年雏鸡供应仍然是供过于求的状态，2024年上半年可能有所好转。

饲料成本有所降低，但玉米和豆粕主要原材料价格不稳定，使得成本高于售价，所以预计2023年下半年种苗企业也是亏损的。

3. 后疫情时代消费市场低迷，快速型黄羽肉鸡所受冲击最大

新冠疫情管控放开之后并没有带来消费量和价格的有效提升，特别是在新冠疫情结束的第一季度，由于企业对2023年上半年黄羽肉鸡市场的乐观预判，存栏增加较快，造成"堰塞湖"现象，企业亏损更加严重。

屠宰上市的影响逐渐显现，对快速型黄羽肉鸡的冲击加大，快速型黄羽肉鸡出栏量和市场需求持续萎缩，市场面临较大的不确定性。广西和广东两广地区消费以快大型母鸡为主，而现在这些企业改成主要养殖817肉鸡。因为817肉鸡屠宰出来比较美观，肉质与快速型黄羽肉鸡相似，所以其对快速型黄羽肉市场冲击较大。

（三）2023下半年黄羽肉鸡形势预判

1. 肉鸡市场逐步去产能，市场行情有望恢复和稳定

由于2023年上半年的持续亏损，肉鸡企业去产能力度较大，很多公司去产能已经达到了50%。因此，2023年下半年，黄羽肉鸡供应端数量可能会减少，黄羽肉鸡价格稳中有升，恢复盈利。其中，慢速型黄羽肉鸡市场由于亏损时间较长和以中小企业和个体养殖户为主，去产能比较彻底，市场恢复会比较快，2023年下半年慢速型黄羽肉鸡盈利能力可能是黄羽肉鸡中最好的一个类型。此外，主要饲料原材料价格基本稳定，养殖成本有所降低，有利于畜禽养殖企业恢复信心。

2. 种苗市场供过于求，部分企业调减产能

种苗市场仍处于供过于求阶段，7—10月原本是传统的旺季，但预计2023年7—10月市场不会太好。传统的旺季种苗市场可能会涉及一些脱温鸡，有一部分是散养的，养殖规模大概为几十只到几百只，一部分自家消费，一部分外销到市场上。这个市场的旺季为每年的1—3月、7—9月（东北地区是4—6月），预计2023年这种传统旺季的行情也不会太好，只是可能比5—6月淡季的行情好一些，雏鸡价格目前有些恢复，但还没有达到盈亏平衡。8月份以后种鸡企业可能面临较大的压力。如果7、8月份种鸡价格依然走低，依然无法盈利，这些企业则会很快去产能，雏鸡市场可能会在10月份迎来好转。7—10月的雏鸡市场也间接影响2024年的市场行情，如果持续低迷，种鸡企业补栏意愿将受到影响。2023 年下半年，如果种鸡企业的补栏意愿不高，企业资金压力大，企业可能会减少投苗量，2024 年的雏鸡市场供需矛盾将会缓解。

3. 新育种技术逐渐推广，种鸡企业进一步整合

黄羽肉鸡育种投入逐渐增加，新育种技术的应用逐渐推广。之前黄羽肉鸡育种主要重视外观的选择，因为黄羽肉鸡主要是活禽上市。现在在育种指标的选择上，主要包括肉质、饲料转化率和屠宰性能，尤其是在饲料转化率方面。另外，新育种技术，包括芯片，在黄羽肉鸡育种方面逐渐开始应用。随着黄羽肉鸡屠宰上市的推广，以屠宰为目标的品种选育，是今后黄羽肉鸡品种发展的主要方向。由于传统的 817 肉鸡存在一定的局限性，利用黄羽肉鸡技术成果在 817 肉鸡配套应用上也得到推广。817 肉鸡是用白羽肉鸡的公鸡与褐壳蛋鸡配种得到，在早期长速较快，但是后期长速比较慢。传统的 817 肉鸡有两种类型，一种是 30 多天就出栏，主要销售渠道是快餐店，如麦当劳、肯德基等；另一种是 49 天左右出栏，山东的大部分企业都是 49 天出栏，饲料转化率为 1.7～1.8，体重在 1.65 千克左右，其对黄羽肉鸡的消费冲击较小。因为黄羽肉鸡上市体重在 1.9～2.0 千克的销售行情较好，而同等出栏体重下的 817 肉鸡的饲料转化率较小，竞争优势较低。此外，种鸡企业将进一步整合。一些企业由于技术不足和资金投入困难，可能面临退出市场的压力。一些大型肉鸡企业已经在进行收购，如果不进行企业兼并，整个黄羽肉鸡市场很难好转起来，预计今后几年会有很多企业退出市场。

七、2023 年上半年基于企业视角的白羽肉鸡生产形势分析

赫勇在"白羽肉鸡生产形势、问题及对策"报告中从企业视角分析了 2023 年上半年白羽肉鸡生产形势、面临的问题，并提出对策建议。

（一）白羽肉鸡生产形势

禽肉产量及在肉类中的占比都呈增长趋势。1996—2022 年，禽肉产量年均增长率 4.9%，牛羊肉产量年均增长率 3.3%，猪肉产量年均增长率 2.2%；猪肉产量占比减少 13 个百分点，禽肉产量占比增加 10 个百分点。

禽肉竞争优势明显。从肉品经济性、肉品品质、食用便利性等维度看，禽肉在肉品间具有显著的竞争优势。在经济性上，禽肉的生产成本包括两方面，一是原料成本，二是环保成本。禽类所需要的原料相对较少，环保压力小，因

此，禽肉的生产支出成本较少。在肉质品质上，鸡肉脂肪含量较少，蛋白质含量较高。相关数据显示，鸡的胴体脂肪含量为 10％，蛋白质含量能达到 18％；而猪的胴体脂肪含量为 30％，蛋白质含量只占 11％～12％。此外，禽肉在食用便利性以及烹饪时间上都具有较大的竞争优势。

企业投资意愿加强，投资速度明显加快，比如禾丰、昊明、华美、双汇、大成等。禾丰 2023 年上半年收购了吉林慧良，开始在吉林进行产业布局；昊明 2022 年 11 月在辽宁建设的屠宰场竣工投产，2023 年在鞍山海城新建屠宰场，生产规模将达到 2 亿只；华美作为传统的肉鸡屠宰企业，规模不大，2021 年开始在辽阳阜新投资 23 个块地，建设了 23 个养殖场，基本已经完工；双汇也在黑龙江进行投资；大成已经在安徽确定了项目，总投资 13 亿元。总体来看，肉鸡生产形势比较看好。肉鸡养殖具有投入品相对较低、价格较便宜以及污染小等优点，投资者投资意愿较强，投资规模不断增加。

禽肉消费需求不断提升。目前我国人均禽肉消费不到 20 千克，但是美国已经超过了 40 千克，接近 50 千克。美国的人均禽肉消费水平从 20 世纪 70 年代的 20 多千克增长到 90 年代的 40 多千克，禽肉消费量大幅增长，而牛肉和猪肉的消费量却不断下降。上述变动趋势是符合经济学规律的：第一个原因是鸡肉比较便宜，另一个原因是鸡肉味道好吃且食用方便。例如，肯德基、麦当劳等，同时鸡米花等也受到国内年轻人的喜爱。所以，禽肉市场的消费量预计会不断增长，人均禽肉消费量可能会达到 20 千克、25 千克甚至 30 千克。在这种情况下，鸡肉在肉类中的占比会不断增加，猪肉、牛肉、羊肉的占比会不断下降。

肉禽饲料总量不断增长。根据辽宁省农业农村厅统计数据，2023 年上半年，辽宁省肉禽饲料同比增长了 17.4％（表 22），肉禽饲料 10 万吨以上的企业有 10 家，产量合计 167 万吨，占上半年全省肉禽饲料总量的 43.4％。从月度情况来看，肉禽饲料整体也是处于增长趋势。肉禽饲料月产量从 1 月的 51 万吨增长到 6 月的 71 万吨（表 23）。种鸡饲料（波音）一季度增长 21％，二季度增长 43％，剔除新增客户因素，上半年肉和鸡饲料增长 18.6％。

表 22 2023 上半年各畜禽品种饲料总量

单位：万吨

阶段	猪饲料	蛋禽饲料	肉禽饲料	反刍饲料
2023 年 1—6 月	251.7	87.8	385.1	99.6
2022 年 1—6 月	249.9	95.9	328.2	85.9
同比变化	0.74％	−8.4％	17.4％	15.9％

表 23　2023 上半年各畜禽品种饲料月产量

单位：万吨

项目	1 月	2 月	3 月	4 月	5 月	6 月
肉禽饲料	51.74	57.49	66.55	65.96	72.46	71.40
猪饲料	42.02	40.36	43.32	45.76	41.65	38.60
蛋禽饲料	13.89	13.88	15.08	15.69	15.05	14.20

（二）白羽肉鸡产业面临的问题及对策

1. 产业规模增长与产业周期性的矛盾

实现肉鸡产业规模的增长是必然要求。金融行业的问题和肉鸡产业的问题是一致的，都是在产业处于繁荣期时增加规模投入。常规来看，企业的投资逻辑不是在衰退期和萧条期增加投资，也不是在复苏期增加投资，而是在繁荣期快到顶点时开始加大投资，加大种鸡、商品鸡和屠宰场的规模。但是，当产能和人员增长到顶点之后，要经历漫长的下降周期。经济周期是无法避免的，即使理论经济增长曲线是向上倾斜的，但是下一个衰退期和萧条期时并不会比繁荣期好（图 42）。如果盲目地把规模提上来，可能要忍受长时间的亏损，有些企业可能会因此退出市场。因此，目前面临的一个重要问题是企业缺乏经济学的思考。在政策方面，国家希望能够实现哈斯克所描述的状况——自由经济。经济越自由，条条框框越少，竞争越激烈，周期就一定越明确。要积极发挥政府信息发布、宏观调控、行业协会的协调作用，增加企业交流、增强信息透明度、提高企业自控能力。建议政府尽量提供准确的数据，企业也要配合。因为

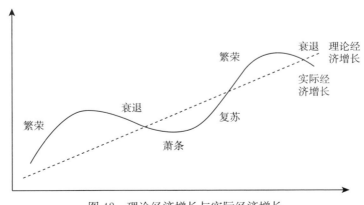

图 42　理论经济增长与实际经济增长

现在许多企业没有上市，不愿公布数据，存在夸大或者瞒报的情况，所以目前数据可能是失真的。另外，希望政府能有信息发布，能有一定的宏观调控。经济学的逻辑就是道路的逻辑，当市场失灵时，就需要"有形的手"，需要政府的宏观调控，包括协会的协调作用，然后增加企业的交流，增加信息的透明度，只有这样才能实现企业有一定的自控力。所以，白羽肉鸡产业要实现相对健康的发展，首先就是要清晰地看到周期性。按照周期性的发展逻辑进行投资，而不是盲目追求高负债率，要提高抵御风险的能力。另外对于一些规模较大、未上市的公司，建议加强市场预警。

2. 企业全产业链发展与各环节深耕、创新的矛盾

企业规模越大越需要稳定、可控，而稳定、可控从来不是创新的土壤。在经济学中，卢梭讲社会契约论，强调社会成员之间相互合作，而如今强调做全产业链，进行一条龙生产，生产的各环节都自己做，各环节的利润都不想被别人占有。肉鸡产业链也有类似的情况，但是一旦出现这样的模式化经营，则各环节的深耕就没有了，创新更是无从谈起。因为企业规模是"特化"来的，最后一定会形成路径依赖，"特化"的企业规模一旦出现，又要进行管理，又要控制，而企业要求的是稳定、可控。创新的本质是一种尝试，无法依靠计划和控制。无论是种源、饲料的创新，还是鸡舍、疫病、肉品的创新，都是一种创新尝试。一旦企业规模变大，就希望稳定，希望赛道不变，一直按照这种逻辑走下去。创新需要系统性地把科学发现在产业中精准实现，但实际上现在很难把科学发现在产业里面精准实现。随着行业的不断发展，大型的公司在规模化的过程中会放弃很多东西，这时候就需要更加专业的企业来做，把科学发现真正地运用到生产过程中。

3. 引种与自主育种的矛盾

自主育种从经济学意义上讲是必由之路。如果我国不自主育种，就可能会面临"卡脖子"问题，国外种鸡企业可能会以供应不足为由故意涨价，另外我国引进的种鸡品种也会面临引种不纯的问题，进而使我国的肉鸡产业处于劣势地位。因此，我国自主育种工作必须尽快去做，但是目前育种工作面临一些问题。我国肉鸡产业种源补贴只对研发企业和研发者进行补贴，新品种研发出来以后，很多国内养殖企业并不认可，还是比较倾向于引进国外肉鸡品种，觉得国外的品种更加安全、准确。因此自主育种需要科学投入，补贴研发，同时推动市场。当前，我国肉鸡产业还没有面临"卡脖子"问题，仍然可以从国外进口种鸡，但我们仍然要坚定信心积极育种。辽宁省部分养殖企业在对肉鸡进行评估时，给出的种鸡品种排序分别为"罗斯""利丰""圣泽""科宝"，可见我们自主育种品牌"圣泽"超过了国外品种"科宝",这表明国内育种水平在不断进步。因此,建议加强我国肉鸡品种的评估,包括在增重速度、抗病性能等方面,然后针对较弱的方面进行改进提升。虽然国外种鸡品种具有先天的优势,且我国种鸡目前大部分为进口,但是我们国内品种也必须有一定的市场占有率,这样才能转变定价权100%在他人手里的局面。从国家层面上来说,需要政府做好调节,给予育种企业更好的经费支持和市场支持,解决好国外引种和自主育种的矛盾。

4. 原料还是食品的矛盾

种、料、养等是我们平时熟悉的畜牧业环节,之后是食品工业与服务业的复杂融合。鸡肉是农业在食品工业中的初级产品,需要与食品工业和服务业进行融合,才能提升鸡肉的价值。辽宁省要打造食品工业大省强省,但是怎么样才是食品工业强省?尽管关于食品深加工有关部门进行过市场调研,有很多想法,但是并没有设计和实现,没有人能真正搞清楚市场上需要什么样口味的、什么韧性的以及什么嚼头的产品。沈阳华美、辽宁赢德都是一条龙企业,对日本出口,但是通过调研发现,它们还是在做最基础的劳动力的工作,当然它们并不想保持这样的状态。所以,国家需要有能力的人才,把肉品做出来,并和肉鸡产业进行对接,只有这样,鸡肉的质量才能提升上来。鸡肉具有经济性、口味好、营养性等优点,这些基础特性具备了,接下来就是要在工业上有所突破。

八、鸡肉期货上市意义及规则设计思路

刘春鹏在"鸡肉期货上市意义及规则设计思路"中介绍了期货市场的整体情况、鸡肉期货上市的意义,并对鸡肉期货规则设计思路进行了说明。

(一)期货市场整体情况

期货定义。期货交易对象是指固定交割地点、固定交割时间和统一交割品种的标准化合约。例如,白糖的交易期货合约中,交易时间需按照期货市场的固定时间规定执行:最后交易日为合约交割月第10个交易日;同时,还规定交易的白砂糖的质量水平,指定具体的交收地点等。期货合约对产品质量、交收时间、地点等清晰规定,使市场参与者对某一类别的标准产品有清晰认识,从而对该产品有一个长期的价格预判(表24)。

表 24　白糖期货成交说明

交易品种	白砂糖（简称"白糖"）
交易单位	10 吨/手
报价单位	元（人民币）/吨
最小变动价位	1 元/吨
日价格波动限制	上一交易日结算价±4％及相关规定
合约交割月份	1 月、3 月、5 月、7 月、9 月、11 月
交易时间	每周一至周五（法定节假日除外） 上午 9：00—11：30，下午 1：30—3：00
最后交易日	合约交割月份的第 10 个交易日
最后交割日	合约交割月份的第 13 个交易日
交割品级	见《郑商所白砂糖期货业务细则》
交割地点	交易所指定交割地点
最低交易保证金	合约价值的 5％
交割方式	实物交割

　　以白糖期货为例，对期货市场的交易情况进行说明。表 25 是 7 月 20 日白糖期货的交易情况，其中白糖 309 表示白糖 2023 年 9 月份的合约；在第二列第一行 6 856 表示的是白糖的价格（元/吨），即从当天交易市场来看，人们预测 2023 年 9 月份白糖的价格为 6 856 元/吨；表格中白糖 311、白糖 401 分别表示白糖 2023 年 11 月份合约、白糖 2024 年 1 月份合约，即期货市场同时列出其未来一年的价格，且这个价格并不是人为规定的，而是市场对未来价格的研判，这就是期货市场在价格发现方面的优势。

　　据统计，世界 500 强企业中有 471 家使用金融衍生工具对冲风险，占比 94.2％；2022 年共有 1 130 家实体行业 A 股上市公司参与期货市场套期保值。

表 25　2023 年 7 月 20 日白糖期货成交情况

合约名称	最新	涨幅	成交量	持仓量
白糖 309	6 856	−0.13％	242 655	388 442
白糖 311	6 689	0.09％	8 515	66 779
白糖 401	6 601	0.11％	129 136	291 136
白糖 403	6 509	0.18％	30 850	283 916
白糖 405	6 477	0.11％	3 017	13 455
白糖 407	6 460	0.47％	44	153

期货市场的整体规模。截至 2022 年底，我国已上市 110 个期货期权产品，覆盖农产品、有色金属、钢铁、能源、化工等国民经济主要领域。从成交规模来看，2022 年我国期货市场成交额 535 万亿元，连续多年保持全球规模最大的商品期货市场地位；从总规模来看，由于外汇市场未完全放开，国外市场依然是最大的衍生品市场，但从商品领域来看，我国是最大的衍生品市场。

期货市场组织结构。期货市场组织结构包括：中国证监会、期货交易所、期货经纪公司、自营机构、自律及服务机构以及各类投资者等。中国证监会是期货市场和证券市场的管理部门，国内期货交易所一共 5 家；期货交易所负责期货品种的研发、上市、运行、维护以及市场的监管。

（二）郑州商品交易所情况

郑州商品交易所（以下简称"郑商所"）是国内首家期货交易所，成交量居国内首位。郑商所成立于 1990 年，是经国务院批准成立的首家期货市场试点单位，也是当前中西部地区唯一的期货交易所。截至 2022 年底，郑商所已上市 23 个期货和 8 个期权品种，覆盖粮、棉、油、糖、果和能源、化工、纺织、冶金、建材等国民经济重要领域。2022 年郑商所成交量 24 亿手，成交额 97 万亿元，居国内第一、世界第八。郑商所已经上市交易的品种涉及多个产业。近年来为响应国家号召，除一些工业品外，还上市了一些区域农产品，比如红枣主要服务于新疆红枣产业的发展，苹果主要服务于山东、陕西苹果产业的发展。

郑商所服务实体经济成效显著。期货价格成为现货贸易定价基准和重要参考。国内 85％以上的重点糖企、80％以上的棉花和菜籽粕现货贸易均采用期货基差定价。另外，郑商所基于期货市场衍生出其他的模式来服务产业的发展。比如"保险＋期货"，通过保险和期货工具的结合服务农户，帮助农户稳定种植或者养殖收益。2016 年"保险＋期货"被写进中央 1 号文件以来，郑商所持续推进"保险＋期货"项目，截至 2022 年底，已惠及 25 万农户，保险理赔数亿元；"买断式回购"等业务，为实体融资超 200 亿元，融资成本降低超 10％。

（三）鸡肉期货上市意义

服务和落实国家战略。上市期货品种是服务国家策略和实体经济的积极举措。相关国家法律法规中对期货市场都有明确的支持和指导。比如 2021 年《乡村振兴促进法》提出"丰富农产品期货品种"；2022 年《期货和衍生品法》

提出"国家采取措施推动农产品期货市场和衍生品市场发展";2021年《中共中央 国务院关于新时代推动中部地区高质量发展的意见》提出"增加郑州商品交易所上市产品";2022年《中共中央 国务院关于加快建设全国统一大市场的意见》提出"加快推进大宗商品期现货市场建设"。历年1号文件屡次提及健全农产品期货交易品种体系、推进农产品期货期权品种上市、发挥"保险+期货"在服务乡村产业发展中的作用等内容。此外,农业农村部公布的畜牧兽医的"十四五"规划里,也提出要稳妥推进猪肉、禽蛋等期货市场的发展。

助力市场主体转型升级。鸡肉期货可以增强发展动能:第一,因为期货市场是全国范围内的市场,对于某些区域性的企业来说,能够扩大交易范围。例如河北的企业,主要销路基本上在河北地区,企业在选择期货市场时,可以选择交到河北,也可以选择交到山东、安徽等地区,因此它实际上扩充了整体区域的交割范围。对于下游买方来说,河南企业可能优先买河南的货,但倘若有货已经注册到河南仓库里,企业可以直接到河南仓库提货,这也拓宽了企业的交收渠道,扩大了企业"朋友圈"。第二,期货市场标准化的仓单金融产品也有一些融资属性,有交易所的背书,在融资方面就能解决融资难、融资贵、融资慢的问题。第三,在成熟的期货品种中,买卖双方定价不再是"一口价"模式,而是在期货上公布的价格上加上运费,改成"期货基差定价",消除了买方不合理或卖方不合理的现象。

促进产业高质量发展。从整个行业层面来看,一个期货品种的上市不是为了服务某一个企业,其实际是服务于整个行业的发展,或者说对行业的发展起到积极促进作用。一是全国统一大市场。期货交易不仅仅是交易平台,还存在交割网络、信息网络和服务体系,有助于完善全国统一鸡肉大市场的基础架构;期货标准体系,有助于推动鸡肉标准化生产,辐射带动现货质量规范,提升交易、流通效率。二是形成价格机制。期货市场能够提供公开、透明、连续、权威和易获得的价格参考,这样的价格设立有利于人们掌握这个品种,或者说预测分析这个品种的价格。相关研究表明,以我国期货市场当前期货价格预测未来3~6个月的现货价格,预测偏差不超过10%,所以通过指定地区、标准商品的期货价格,关联不同区域、不同品质的现货价格,有助于构建起全国"价格网络",更好地发挥价格引导作用。三是引入金融新动能。期货市场有一个重要的功能,即一个期货品种的上市有利于期货、银行、保险、证券、基金等金融力量关注和支持肉鸡产业创新发展。从微观主体方面,期货市场有一个远期连续价格,无论是什么样的企业主体都能获得这个价格,能够参照合理安排生产经营;期货市场为全行业提供风险管理、价格发现工具,有助于提升肉鸡行业发展韧性和竞争力。

（四）鸡肉期货规则设计

1. 鸡肉期货主要交割规则

交割标的。鸡肉期货拟定交易标的是白羽肉鸡冷冻鸡大胸肉，主要原因是白羽肉鸡比黄羽肉鸡、小型白羽肉鸡、淘汰蛋鸡的规模化及标准化程度都高；白羽肉鸡主要分割形式为胸、腿、翅，其中鸡大胸肉是白羽肉鸡主要的分割单品，具有标准化程度高、耐储存、易运输、贸易量活跃等大宗商品特点。此外，鸡大胸肉价格代表性强，与活鸡价格、分割品综合销售价格相关性高，能为产业提供价格发现和风险管理工具。

交割区域。鸡肉期货拟定交割区域为山东、河南、辽宁、福建、河北、江苏、山西、安徽，从产量来看，上述 8 省白羽肉鸡出栏量及鸡胸肉产量占市场的 90％以上，后续将积极扩大鸡肉期货交割区域，服务更多市场主体。

交割方式。期货的拟定交割方式主要是仓库交割和厂库交割并行的方式。厂库，多指屠宰企业，比如，屠宰企业有意愿进行交收，在期货市场上提交了交收申请，就可以在规定的时间以规定的发货速度为下游企业供货，下游企业也可直接到屠宰企业中提货。仓库，多指第三方的仓储企业，比如，有鸡胸肉的相关企业会把鸡胸肉存放在规范的存储企业，未来买卖协议达成，便去指定的地方按流程提货。交易所设立鸡肉期货交割仓库、厂库，便于市场主体在期货市场交收货物。此外，采用仓库和厂库并行交割方式，也符合白羽肉鸡产业生产、贸易特点，期货仓单金融属性更能够为企业融资提供便利。

品牌交割。品牌交割核心是"准入制度"，即经交易所认定的品牌方能进入期货市场进行交割。由于白羽肉鸡行业规模化、标准化程度高，拟将大中型屠宰企业品牌作为交割品牌选择，在确保可供交割量同时，做到产品质量可追溯，引导行业标准化、规范化发展。

2. 鸡肉期货主要交易规则

涨跌幅限制。由于期货市场有一套通行的交易规则，每个品种都一致，但不同品种的规定可能会有不同。例如，类似于证券，每天的涨跌幅有限制，目的是抑制过度投机行为，防止市场出现过分的暴涨暴跌。同时，交易所可根据市场变化调整价格涨跌幅和保证金水平。

保证金制度。交易者需按期货合约价格的一定比率交纳少量资金作为履行期货合约的财力担保，一般最低是 5％起（也会根据市场形势的变化调高或者调减），便可参与期货合约的买卖，有利于保障期货交易的安全，防止交易者出现违约等问题。

当日无负债结算。当日无负债结算制度是以当日交易结束后，交易所按当日结算价对结算会员结算所有合约的盈亏、交易保证金及手续费、税金等费用，对应收应付的款项实行净额划转，相应增加或减少结算准备金为原则的制度，目的是防止出现已经深度亏损还在强行参与交易现象的发生，有利于管控风险。

双向交易、T＋0。T＋0 交易结算是指当天买入的期货合约，在当天即可以卖出，交易者既可以买入期货合约作为期货交易的开端，也可以卖出期货合约作为交易的开端，其目的是使交易更顺畅地进行下去。

3. 鸡肉期货主要风险控制制度

限仓制度。限仓制度是对期货合约最大持仓数量进行要求，防止市场风险过度集中于少数交易者和防范操纵市场行为，对会员和客户的持仓数量进行限制的制度。如果确有持仓需要，可申请套期保值额度。

交易限额制度。交易限额制度是对期货合约开仓数量进行要求，交易所规定会员或者客户对某一合约在某一期限内开仓交易的数量进行限制的制度。套期保值交易的开仓数量可另外申请。

风险警示制度。交易所认为必要时，可分别或者同时采取要求报告情况、谈话提醒、发布风险提示函等措施，以警示和化解风险。

强行平仓制度。交易所有一套专业的监管系统来监控全市场所有交易者的交易情况，当会员、客户违反交易所相关业务规定时，交易所对其违规持有的相关期货合约持仓予以平仓的强制措施。

（五）鸡肉期货研发进程

2015 年，郑商所开始关注鸡肉品种。2019 年，郑商所将鸡肉纳入重点储备研发品种，大力推进研发工作。2020 年，经证监会批准，鸡肉期货成为立项品种，由郑商所负责研发上市。当前，郑商所已完成鸡肉期货研发，正在积极推进品种上市进程。由于期货品种的上市流程比较多，审批比较复杂，所以具体上市时间需要等待相关部委审批的结果。

郑商所赴产销区 10 余省调研 60 余次，调研上百家上下游企业，覆盖白羽肉鸡 80％以上屠宰产能。与国家发展改革委价格监测中心、中国畜牧业协会、中国农业科学院农业经济与发展研究所等单位开展 6 项课题研究，形成 20 余万字研究成果，为肉鸡行业整体发展出谋划策。由于现货市场上相关鸡肉标准中定性标准居多，对于实际贸易定量化要求的指导很少，为此，与农业农村部畜禽产品质量检验中心进行了合作，完成全国范围内 20 余万块冷冻鸡肉质检，制定和发布冷冻鸡大胸肉水浴解冻团体标准，以及研发完成配套的检验设备，解决了当前所有冷冻鸡肉检验的问题。随着鸡肉期货市场的上市，一整套标准取得行业范围内的应用，质检误差从 30% 降到 5%，检验时间从 15 小时缩短到 3 小时，质检成本至少降低 50%，工作效率和质量显著提升。此外，郑商所已召开 10 余次规则论证会和行业座谈会，广泛听取龙头企业、协会、质检机构、科研院所意见建议，获得行业支持。

九、关于会议讨论中的主要意见和建议

（一）关于产业规划问题

国家肉鸡体系快大型肉鸡品种改良岗位科学家、东北农业大学张慧教授谈到，现在家禽有遗传育种规划、遗传改良规划，其他领域也还有很多规划，但是一直没有肉鸡的产业规划。产业规划涉及经济、饲料、用地、环境等各方面。只有编制好总体规划，我们才能对肉鸡这个产业有一个整体的认识，下一步控能才能有一个总抓手。没有总体规划，每一个环节只考虑自己那一个局部，整个产业缺乏有机整合。

（二）关于国产品种推广问题

国家肉鸡体系长春综合试验站团队成员、吉林农业大学秦宁副教授谈到，吉林省种鸡场普遍反映种源存在不足的问题。同时，由于种源不足，强制换羽增多。强制换羽增多之后，雏鸡的质量明显下降。

张慧和秦宁均指出国内自主育成品种在推广上存在难度较大的问题。赫勇谈到，从企业的角度讲，新品种的试养是要有成本的，而且品种转换的成本可能是巨大的。任何品种的创新在初始阶段都是很艰难的。既然是国家层面抓育种，这个时候就需要发声，同时也需要通过经济手段促进一下。

国家肉鸡体系河北综合试验站团队成员、河北飞龙家禽育种公司副总经理张军强谈到，从了解到的情况看，山西大象较早开始养殖圣泽 901，2023 年初的时候种鸡产能、商品鸡的屠宰、饲料转化率等相关数据都出来了。种鸡的产能与国外品种大致相当，但是商品鸡的饲料转化率方面还是存在一些差距。AA、罗斯、科宝都能达到 1.4 左右，但是圣泽 901 是 1.5 以上。山西大象是一条龙企业，从其种鸡饲养、孵化，以及商品鸡饲养、屠宰等整个链条看，圣泽 901 与 AA、罗斯相比一只鸡相差 0.5 元到 0.7 元。河北养殖圣泽 901 的企业也有一致的评价，认为圣泽 901 种鸡产蛋方面是令人满意的，但是商品鸡的生产性能方面还是要做进一步提升。国内品种必须发展好，"卡脖子"问题才能解决好。建议可以通过适度减少一部分种鸡进口的数量，给国内品种足够的时间去进步，实际上国内品种也一直在进步。

（三）关于养殖废弃物资源化利用问题

国家肉鸡产业体系河北综合试验站站长、河北省畜牧兽医研究所王学静研究员谈到，现在粪污处理主要是三种类型：第一种是罐装立体发酵装备，第二种是黑膜覆盖发酵，第三种是种植户拉走直接堆肥。这三种方式每一种方式都有其优缺点：立体发酵方式，运行成本太高，生产出来的有机肥，因为成本高，想卖高价，但种植户不愿意接受对应的高价格，于是部分养殖场就会混进一些煤渣、炭渣，导致有机肥的肥效降低。黑膜覆盖发酵方式，占地面积大。土地资源紧缺，养殖场一分土地一分效益，规模化养殖场建设之处不会将黑膜发酵场地建在养殖场里面，但养殖场之外的场地又不好找，所以这一方式推广空间也不是很大。目前最多的处理方式，就是种植户拉走直接堆肥。在肉鸡养殖量比较小的地方，养殖户还可以通过鸡粪销售获取到一定的盈利，尤其是在春秋冬季。但是，在夏季，多是免费让种植户将鸡粪拉走，因为夏季鸡粪含水量高，而且也不是种植端施肥的季节，所以夏季鸡粪处理难度较大。如果当地养殖规模过大，养殖粪便无法在本地区域全部消纳，养殖粪便的资源化处理就是一个大问题。所以在规模化发展方面，还是应该跟种植很好地结合起来。

种植户在施肥过程中，普遍面临的一个问题就是：粪便发酵到什么程度才适宜？有机肥到底有没有一个真正的标准、达到什么标准就算发酵好了，或者是能达到入地的标准，这也是一个非常重要的问题。再是，因为现在很多种植人员都是中老年人，甚至大部分年纪相对较大，在有机肥施用这方面也面临体力不足的困境，而且在机械化施肥这方面目前尚不支持有机肥或者发酵粪肥，推广难度会越来越大。建议养殖粪便资源化利用的每个环节都要跟进，而且要串联起来，才能够把鸡粪通过正确的发酵、合理科学地用到农田里面。

（四）关于加强科技支撑问题

养殖工艺与工程岗位科学家、河南省农业科学院畜牧兽医研究所李绍钰研究员谈到，现在的肉鸡产业是发展速度非常快的一个大的产业，行业规模化非常高、技术应用非常快，而且总体上资本投入也是非常有序的。2018 年非洲猪瘟发生之后，受国内养猪产业发展改变的影响，肉鸡产业可能会在接下来的几年产生同样的变化。近几年，生猪产业利用金融的力量把行业做得这么大，这是一件好事，但同时也值得警惕。如果肉鸡行业也出现垄断趋势的话，将不利于行业科技的竞争和发展。在当前金融力量太强大的背景下，建议宏观政策上进一步强化科技的力量，减少金融对产业发展的不利影响。如果金融的力量使得产业的发展呈现垄断，会使我们很多的技术束之高阁，或者是大量的人员失业，这是值得重视的问题。要利用科技政策强化科技进步，而且要就金融对肉鸡产业的影响设置制约条件。

李绍钰认为，企业练内功，尤其是提高科技进步水平非常重要。没有好的内功，行情再好也不行。所以，这就需要育种技术、疾病防控技术、环境控制技术相互之间的融合，形成一个综合的支持。在技术层面的领先，是企业取得经济效益非常重要的方面。生产上，单一环节相关的信息非常多，大家都能检索到，但是究竟采用什么技术方案这是另外一个问题，需要各环节之间的沟通、各学科之间的融合，要融合形成一个有效的技术决策。

国家肉鸡产业体系智能化养殖岗位科学家、天津农学院陈长喜教授谈到，农业包括畜牧业都需要用智能化、数字化的技术来实现节本增效，应该进一步加大支持力度。

（五）关于品牌营销问题

国家肉鸡产业体系武汉试验站站长、湖北省农业科学院畜牧兽医研究所申杰副研究员谈到，品牌建设对于肉鸡产业，特别是黄羽肉鸡尤为重要。因为消费习惯不同，湖北的优质鸡（指慢速型黄羽肉鸡，也称地方鸡），要养到300天左右。湖北的白羽肉鸡和黄羽肉鸡大致各占一半。此外，现在817肉鸡对黄鸡市场的挤压很大。小白鸡屠宰了之后在市场上卖冰鲜品，消费者根本无法分辨是小白鸡还是黄羽肉鸡。因此，有城里人想吃一只黄羽肉鸡还要开车跑到乡下买。黄羽肉鸡应在品牌和标识建设上做好文章，这样才能够体现出优质优价。如果没有标识、不做品牌的话，优质黄鸡市场可能会越来越小。

国家肉鸡产业体系信阳试验站团队成员、河南三高农牧股份有限公司种禽事业部总经理助理王庆杰谈到，白羽肉鸡以前是地面平养、网上养殖，现在主要是立体笼养，对养殖疾病这块可以有控制，对养殖规模有提升。但是对于黄羽肉鸡，我们现在还是采用散养模式。因为笼养模式对于黄羽肉鸡还是不能实现的。第一，黄羽肉鸡如果是屠宰的话它跟817没有竞争力。第二，笼养以后它的外观卖相非常差。我们做了一个数据的比较，中速型鸡110天的料肉比是3.5:1，而白羽肉鸡基本上是1.5:1。并且冰鲜上市屠宰的话成本相当高，跟白羽肉鸡没法比。因此，黄羽肉鸡必须走品牌建设的路子，才能实现优质优价，体现出相应的竞争力。

国家肉鸡产业体系信阳试验站站长、河南三高农牧股份有限公司副总经理马翔谈到，黄羽肉鸡产业发展应思考两个问题：第一个是会不会继续减量，第二个是会朝哪个方向走。黄羽肉鸡屠宰冰鲜上市是趋势，屠宰后必须要有成本优势，才能可持续发展。2023 年到四个省份调查后发现，肉鸡消费的总量并没有下降，也不是说消费者不喜欢吃黄羽肉鸡了，只要黄羽肉鸡与白羽肉鸡相比价格上接近或者适当高一点，消费者还是愿意吃黄羽肉鸡的。在这一背景下，未来发展过程中，成本优势是企业生存的根本。所以，快速型黄羽肉鸡，要考虑屠宰后的成本问题，同时，包括育种方向上也需要往屠宰加工这个方向转型。慢速型黄羽肉鸡，或者业内所说的优质鸡，国人的消费习惯有很大的差异，黄羽肉鸡消费的地区以前主要都是两广，现在像西南地区，河南的南部，以及湖北、安徽、湖南、江西也有很大一部分消费群体，这部分消费群体主要是 20 世纪 60 年代、70 年代、80 年代的人，从多年的生活习惯来讲他们还是愿意或者说倾向于消费优质鸡。此外，当前实施国家乡村振兴战略强调的也是"一县一业""一村一品"，就是做特色农业。如果说做白羽肉鸡产业，跟国外比的话，目前没有竞争优势。反而，我们有一些特色的品种，在区域消费市场还是非常受欢迎的。未来通过加强品牌和标识建设，黄羽肉鸡消费的占比会逐步提高。

（六）关于生产与消费关系问题

养殖工艺与工程岗位团队成员、河南省农业科学院畜牧兽医研究所徐彬副研究员谈到，肉鸡产业发展到底是生产端来决定消费端，还是消费端来决定生产端？回过头看，自改革开放以来，整个肉鸡产业的发展逐渐成为一个消费端引领生产端的市场。白羽肉鸡发展初始，我们也是结合肯德基这种西餐或快餐进行引进。同时，在改革开放经济大发展下，学校和企业食堂消费增长，家庭消费力上升等。上述这些因素共同引领了白羽肉鸡的快速发展期。黄羽肉鸡发展，也是在经济发展过程中家庭消费力上来之后，消费量大幅增加，造就了我们企业的发展。但是，从 2020 年新冠疫情以来，消费端受到冲击，虽然 2023 年有所恢复，但距离预期还是存在较大差距。同时，年轻人的消费结构也在变化，90 后、00 后、10 后的消费模式与 60 后、70 后、80 后的消费模式完全不一样。在年龄结构和消费模式变化情况下，我们生产端应该怎样变化是值得思考的问题。

徐彬谈到，现在消费端的变化深度影响着生产端。因此，一是要注意整体产业产品的安全，二是要注意品质的改善，三是要探索如何结合预制菜的快速发展和外卖平台的快速发展对产品的口感进行改善。在这个过程中，养殖企业和销售企业应该有机结合，把肉鸡产品的特点和优势、与其他产品的区别展现给消费者，引导消费者消费。

秦宁谈到，产品的有效宣传和便捷流通对消费有着重要的拉动作用。黄羽肉鸡主要产地是南方，在东北就很少能吃到，在超市几乎也买不到。很多消费者想吃但不知从哪里能买到，这反映出我们的黄羽肉鸡产品存在宣传不到位、引导不到位的问题。80后、90后吃得比较多样，对于好吃的产品有较强的接受意愿，这需要有效的消费宣传和营销。

（七）关于支持肉鸡产业发展问题

李绍钰谈到，资源约束问题、环境污染问题是我国畜牧业发展过程中面临的两大最主要问题。肉鸡产业刚好在这两个方面做的是最好的，能高效地产出优质蛋白，对环境的污染又少，资源利用率非常高，这样的产业是应该鼓励发展的产业。现在，国家对猪、牛、羊的支持力度非常大，而对肉鸡、蛋鸡的支持力度比较小。建议国家在宏观政策上加大对肉鸡产业发展的支持。

（八）关于数据体系和信息化建设问题

中国农业科学院北京畜牧兽医研究所浦华研究员谈到，肉鸡产业的家底不清一直是困扰产业发展的问题。以前是没有禽肉的数据，2012年以后国家统计局第一次公布了禽肉的数据，但国家统计局的数据和产业协会的数据差别较大，而且数据体系不完整。我们现在做产业经济分析研究，会用USDA的数据、FAO的数据，但对数据的可靠性没有把握。除了产量的数据缺失，价格的数据也缺失，做价格分析难度很大，有时根据现有公开的数据进行分析，也会发现与产业实际情况存在较大偏差。希望相关部门完善肉鸡产业的数据体系建设。

陈长喜谈到，建议相关部门重视肉鸡产业数据的采集，通过加强信息化技术的应用，把数据做准确。信息化发展到现在，支撑产业数据的可靠采集肯定是没有问题的。

耿爱莲谈到，信息收集和形势分析对产业来说非常重要，不仅是对政府决策重要，对企业的发展也具有重要作用。作为一个单独的个体或者企业，信息收集或者信息获得都有局限性。建议加强信息体系建设，给企业提供咨询和预警提醒，让企业知道行业什么时候在高峰，什么时候到了低谷，有助于市场供需平衡发展。

十、会议简要总结

王济民对会议进行了简要总结。

禽肉什么时候能成为我国第一大肉类是个关键问题。我国肉类的发展情况已经影响到世界肉类的发展变化，未来我国的肉鸡发展也会影响到禽肉是不是仍能保持全球第一肉类的地位。

量的增长与质的提升要并重。李强总理在《2023 年国民经济和社会发展计划》中强调，量也要增长，质也要提升。山东在我国整个家禽业里面是非常有特色的，无论是发展数量、发展模式，还是发展种类，都是比较特殊的。既有白羽肉鸡，又有黄羽肉鸡，还有 817 肉鸡等小型白羽肉鸡，种类繁多，发展速度快、发展规模大、发展模式多。高质量发展要满足消费者健康营养的需求，这个很关键。肉鸡的数量到底是多少，这也确实是非常重要的问题，事关政府的决策，也事关我们每个企业领导者的决策。如果整个行业太多了，那你的投资就应适当地压缩一点，实在不行你就离开这个行业。这里面不只是政府决策，企业决策也很关键。如果供给端的数量不足，产业发展前景很大，那应当加快投资。产业规模事关未来三四十年的发展战略，所以这个问题确实是个很大的问题。未来，希望我们的企业能实事求是地上报数据，希望政府把肉鸡产业列入统计系统中。肉鸡产业，主要是在禽流感期间受到政府的关注和支持，除此之外基本上是独立发展、自我发展，依靠市场发展。现在，家禽产业第一大需求可能就是信息需求，把鸡的数量、各类家禽的数量"数"得准一点。

产业进入常态化发展。第一，无论国民经济也罢，生猪也罢，基本上摆脱了新冠疫情的干扰，正在向正常的状态恢复。第二，从家禽业或者畜牧业来讲，应该说进入了一个正常的状态。现在这个状态也许反映了真实的状态，过去因为种种困扰，例如因为疫病冲击和各种炒作，使人眼花缭乱，看不清楚问题的本质。也许，目前恢复到常态化的本来面目，显示了发展规律的作用。现在这个形势下，只有家禽业价格还能坚挺，这就显示了问题的本质。所以，我们家禽业未来的发展前景应该说较为乐观。畜牧业的增长速度在逐年下降，过去整个 20 世纪 80 年代、90 年代差不多都是两位数的增长速度，然后到一位数，然后到 8%、5%。到最近十年禽肉的年均增速就是 3%，猪肉是 0.6%。

根据 OECD 的预测，未来在全球的肉类中，禽肉产量增长的速度仍然是领先的。所以当前的常态化发展实际上反映了经济的规律和经济的本质。

地方特色品种发展问题。最主要的不是育种问题，而是营销问题。现在大家都把力气用在育种上，我们的黄羽肉鸡品种已经非常多了。黄羽肉鸡要侧重地方特色，不建议一个地方品种规划做成全国的品牌、世界的品牌，地方特色就是当地找客户，充分挖掘地方消费潜力。例如，北京油鸡，北京市有多少客户就把产业规模做到多大。越是地方品种，就越要注重特色，越是特色的东西越是小而美，如果像白羽肉鸡一样把规模做得过大反而就没有特色了。

2022 年中国肉鸡产业形势
分析研讨会综述

辛翔飞[1]　吕新业[1]　肖彬彬[2]　毕思恺[2]
许少成[2]　王旭贞[3]　王济民[1,4]

（1. 中国农业科学院农业经济与发展研究所；
2. 青岛农业大学经济管理学院（合作社学院）；
3. 山西省畜牧兽医学校；
4. 农业农村部食物与营养发展研究所）

2022 年 12 月 18 日，国家肉鸡产业技术体系产业经济岗位通过线上视频会议形式召开了"2022 年中国肉鸡产业形势分析研讨会"。会议由国家肉鸡产业技术体系产业经济岗位科学家、农业农村部食物与营养发展研究所副所长、中国农业科学院战略研究中心主任王济民研究员主持。国家肉鸡产业技术体系首席科学家、中国农业科学院北京畜牧兽医研究所副所长文杰研究员，农业农村部畜牧兽医局副局长辛国昌，农业农村部农业贸易促进中心副主任吕向东研究员，农业农村部生猪产业预警首席专家、国家生猪产业技术体系产业经济岗位科学家、中国农业科学院农业经济与发展研究所王祖力副研究员，农业农村部肉鸡产业监测预警首席专家、中国农业科学院北京畜牧兽医研究所郑麦青研究员，中国畜牧业协会副秘书长宫桂芬研究员，中国畜牧业协会副秘书长、白羽肉鸡业分会秘书长李景辉，中国畜牧业协会黄羽肉鸡业分会秘书长高海军，中国畜牧业协会蛋鸡业分会秘书长、白羽肉鸡业分会副秘书长腰文颖，山东省家禽体系产业经济岗位科学家、青岛农业大学张怡教授，国家肉鸡产业技术体系光泽试验站站长、福建圣农发展股份有限公司董事长助理、福建圣农发展股份有限公司研究院副院长肖凡，国家肉鸡产业技术体系南宁试验站站长、广西金陵农牧集团有限公司育种总监陈智武，国家肉鸡产业技术体系部分岗位科学家、试验站站长、岗位和试验站团队成员、部分试验站依托企业负责人，以及相关肉鸡企业代表等近 60 人参加了此次研讨会。

会议安排了专题报告。辛国昌、文杰、宫桂芬和李景辉分别对 2022 年我国畜牧业、肉鸡产业发展的政策和形势以及现阶段的工作重点进行了总结分析。腰文颖做了"2022年白羽肉种鸡生产监测分析"报告，高海军做了"2022年黄羽肉种鸡生产监测分析"报告，郑麦青做了"2022年肉鸡生产监测分析"报告，王祖力做了"2022年生猪产业发展形势与趋势"报告，吕向东做了"2022年肉鸡贸易形势分析"报告，张怡做了"2022年国际肉鸡产业发展形势"报告，陈智武做了"2022年黄羽肉鸡产业形势、问题和对策"报告，肖凡做了"2022年白羽肉鸡产业形势、问题和对策"报告。

一、2022年我国肉鸡产业发展宏观环境

（一）畜牧业总体形势

辛国昌在讲话中对我国当前畜牧业形势进行了简要分析。

1. 近几年畜牧兽医工作的新难点

从2018年开始，畜牧业发展进入一个比较艰难的阶段。

一是两大疫情对畜牧业发展影响大。2018年8月非洲猪瘟疫情传入我国，2019年又出现了新冠疫情，这两大疫情对畜禽养殖、对畜牧业产业链、对畜产品消费都带来了很大冲击，产生了深远影响。

二是从上到下对粮食生产和耕地用途的管控持续加力。像现在畜牧业与人争粮、与粮争地的话题重新成为热点。比如2022年5月出现小麦青贮的舆情，实际上它是农业生产资源更加紧张，国际贸易特别是粮食贸易形势更加复杂的一个侧面反映。小麦青贮不是新鲜事物，多年来一直都有，每年10万～20万吨。全国每年1.4亿吨青贮饲料，1.3亿吨是玉米青贮，有1 000万吨是青贮苜蓿、燕麦草、小黑麦等，这其中包括小麦10万～20万吨。被媒体热炒的小麦青贮实际上是经营者在流转饲草地上种的，看待这个问题要实事求是，但这一问题也从侧面反映出社会对粮食和耕地用途的高度关注。现在，对粮食生产和耕地用途管控从上到下都在持续加力，对畜牧业的影响非常大。

三是畜牧业发展与方方面面的关系更加密切。畜牧业发展的政策支持需要国家多部门的综合协调。比如说应对2019年生猪产能下滑的支持政策，出台的恢复生猪生产的19项政策的决策过程涉及国家多个部门。再比如说可做饲料的陈化粮的拍卖，原来只面向国有粮食企业，饲料企业不直接参与，经过协调后，现在饲料企业也可以直接参与饲料粮的拍卖，这对畜牧业发展是一个很大的支持。

四是国际环境更加复杂。世纪疫情与百年变局相叠加，对我国畜牧业发展

产生直接影响。例如，俄乌冲突导致粮价上涨，造成 2022 年豆粕价格高企，豆粕价格最高时候超过了 5 600 元/吨，同比上涨 60%，传导到每头出栏生猪上成本大概增加了 70 元。这些方面的挑战都是以前没有遇到过的。

2. 畜牧业发展主要举措

近年来，针对畜牧业发展面临的新形势、新困难，出台了多项举措。

一是创新思路推进生猪稳产保供。2021 年 9 月出台了《生猪产能调控实施方案》。过去实施的冻猪肉收储，主要着眼于市场端调控。2021 年从生产端做了一个产能调控的实施方案，重点是把能繁母猪存栏目标定为 4 100 万头，把任务分解到省，然后分级建立了 2 万多家生猪产能调控基地，这样就形成了上下联动、响应及时的生猪生产逆周期调控机制。2022 年主要是推进落实，特别是稳定长效性支持政策。从 2021 年 6 月到 2022 年 5 月这一年的时间内，生猪养殖亏损了 9 个月，只有 3 个月是赚钱的。但能繁母猪没有过度淘汰，没有像过往那样大幅度下降，稳住了基础产能，这也说明我们的调控方案总体是有效的。2022 年 6 月以后生猪养殖扭亏为盈，这也是产能调减的结果，预计 2022 年养猪盈利平均达 300 元/头。

二是加大政策支持牛羊生产。主要是实施推进肉牛肉羊发展五年行动方案，同时中央财政积极支持肉牛肉羊增量提质行动，推进北方基础母牛产能和南方牛羊草畜一体化发展。另外，2022 年农业农村部和国家发展改革委共同启动了牧区畜牧业转型升级项目，支持牧区牛羊生产基础设施建设。现在是试点，2022 年支持了 15 个县，每个县大约 4 000 万～5 000 万元。牛羊肉调出大县政策还在实施，包括粮农补贴、支持示范化创建。2022 年牛羊生产增加效果还是比较明显的。根据国家统计局统计，前三季度全国牛肉产量 485 万吨，同比增长 3.6%；羊肉产量 346 万吨，同比增长 1.5%。从价格上看，2022 年前十个月牛肉集贸市场平均价格 87.6 元/千克，同比增长 1.2%，相较近十年年均增长 6.9% 的幅度，2022 年涨幅明显回落；羊肉价格同比下降 1.7%，相较近十年年均增长 4.9% 的幅度，2022 年涨幅也是有明显回落。价格涨幅回落反映出支持牛羊肉生产的成效是比较显著的。

三是推进饲料节粮行动。现在饲料粮的饲料蛋白资源供应是一个很大的风险点。我们做过估算，如果不从国外进口畜产品和饲料粮，完全依靠国内自己来生产，饲用蛋白供应就会严重短缺，国内动物蛋白消费就会回到 1996 年的水平。针对这一情况，我们在饲料节粮方面采取三条措施：其一，提效节粮，推广低蛋白日粮技术。低蛋白不是低品质，低蛋白反而是高品质，通过添加氨基酸，最后使营养均衡。实际上这项工作从 2018 年就开始了，2021 年养殖业消耗的饲料里面豆粕占比从 2020 年 17.7％下降到 15.3％，按照 2021 年 4.5 亿吨饲料消耗量，相当于节约豆粕 1 080 万吨，折合大豆是 1 400 万吨，相当于 1 亿亩耕地的产出。2022 年的统计结果还没出来，估计会进一步降低。豆粕减量有两个好处：一方面，降低成本。按照当前豆粕价格测算，每头猪至少节约了 40 元的成本，对冲了部分价格上涨的影响。另一方面，促进养殖业环境减排。一头猪氮排泄物可以降低 0.5 千克，按全国 7 亿头出栏的大数测算，减少氮的排放量 35 万吨。其二，开源节粮，充分挖掘新型饲料蛋白资源的潜力。例如，餐桌剩余食物饲料化利用试点，现在已在 10 个城市展开。另外，河北、辽宁开展了毛皮动物主体饲料化定向使用试点。再有，支持乙醇缩减蛋白新技术发展应用。即是把一氧化碳、二氧化碳通过乙醇缩减变成蛋白，"无中生有"，由无机物变成有机物，现在已经成功实现工厂化量产。其三，增草节粮。调整结构，包括粮改饲，振兴奶业苜蓿发展行动计划，增加饲草供给，让牛羊多吃草少吃料。我们的测算结果显示，每增加 1 千克优质饲草，大概可以减少 1.2 千克精饲料的消耗。现在牛羊喂精饲料喂得太过了，要增加饲草供给，以草代粮、增草节粮。如果调整好牛羊的饲草料结构，按照 2021 年牛羊肉和牛奶产量计算，可以少消耗精饲料大概 2 400 万吨，这个数字也是很可观的。

四是支持家禽发展和奶业振兴。家禽和奶业这两方面的工作一直都没有放松。家禽发展，2022 年前 10 个月蛋鸡养殖和全产业链的肉鸡养殖都是有钱赚的，当然利润水平也不是很高。奶业振兴，2022 年推出《提高奶业竞争力行动方案》，近两年奶业总体局面比较好，但是面临的困难也很多。近两年牛奶产量增速都在 7％、8％，增速明显提高；单产水平也在提高，2022 年奶牛单产可能达到 9.2 吨，比 2021 年增加了 500 千克，整个增产提质效果明显。现在生鲜乳质量安全抽检合格率 99.9％，达到了较高水平。但是，2022 年奶牛养殖效益是下降的，一头奶牛前 10 个月大概能赚 3 700 元，比 2021 年大约减少 2 000 元。

五是加强动物疫病防控工作。2022 年非洲猪瘟、小反刍兽疫、口蹄疫、高致病性禽流感疫情总体还是比较平稳的。但现在每年直接疫病死亡损失约在 400 亿～500 亿元，疫病带来的生产效率下降，甚至带来生产者无法预期的影响，难以估量。养殖业成败在防疫，疫病防控这一块丝毫不能放松。

六是推动畜牧业转型升级和绿色发展。畜禽养殖综合规模化率，2021 年是 69％，预计 2022 年能超过 70％。兽用抗菌药减量方面，2021 年比 2017 年下降了 23％，减少抗菌药使用量效果比较明显。粪污资源化利用方面，2022 年规模养殖场粪污处理设施的装备配套率可以达到 97％，综合利用率是 76％，都有明显进步。

2022年总体而言，粮食丰收，畜牧业也是一个丰收年，肉蛋奶都增长，预计肉类全年增长3%，禽蛋增长2%，奶增长7%，这是一个好局面。

2023年和今后一个时期畜牧业发展面临的主要挑战如下：

一是资源和生态环境约束更紧，保供任务更加艰巨。一个是养殖用地、一个是饲料资源，包括饲草进口，都存在约束。新增养殖用地困难，特别是在耕地管控严格的背景下，养殖场建设用耕地比以前要难得多。消费需求在增加，保供任务仍然艰巨。

二是市场结构变化对宏观调控的要求更高。生猪生产方面，市场结构发生了变化，原来是完全竞争的市场结构，现在可能变成垄断竞争了。例如。牧原一个企业的生猪出栏量就相当于全国的1/10。动物疫情分区防控，猪贩子不能搞长途贩运了，他们把手头的资金投向二次育肥。大企业，包括搞二次育肥的经营主体，市场话语权更强。市场结构的新变化对政府部门宏观调控的要求更高，值得畜牧经济专家给予关注。

三是国际贸易环境不确定性更加突出。未来，大豆能不能顺利进口，存在不确定性；种畜禽进口能不能顺利进行，也存在不确定性。新西兰从2023年4月30日将禁止海运活畜出口，这意味着届时从新西兰把奶牛海运到我国是不允许的。

2023年，畜牧兽医局常规工作仍旧很多，其中重点工作有三大项：一是不断增强猪肉、奶、牛羊肉等畜产品的稳定供给能力。二是加快破解饲料资源的约束，重点还是实施豆粕减量行动。三是切实加强动物疫病防控，最大程度减少动物疫病对养殖业的影响。

（二）生猪产业发展形势

猪肉和鸡肉是我国两大最主要肉类消费品，生猪产业的供给与需求直接影响着肉鸡产业的发展。王祖力在"2022年生猪产业发展形势及趋势"专题报告中分析了2022年生猪产业形势与未来发展趋势。

1. 2022年生猪产业发展总体形势

近年我国生猪产业发展形势超出预期。不管是生产的波动，还是价格的波动，都可以用超预期来描述。

从生猪产能来看，非洲猪瘟以来生猪产能周期的变动分为四个阶段（图1）。第一阶段，从2018年8月非洲猪瘟疫情发生到2019年第三季度，行业恐慌性去产能；第二阶段，2019年末产能开始恢复，至2021年上半年产能恢复至正常年份水平；第三阶段，2021年下半年到2022年第一季度，产能又呈现下降趋势；第四阶段，从2022年4月、5月开始，产能又开始一路向上。

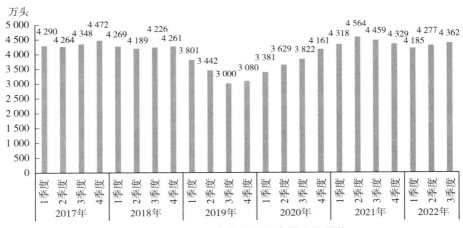

图1　2017—2022年能繁母猪存栏变化趋势

从猪价周期来看，产能周期的变化最终决定了价格周期的变动。去产能过程伴随着价格上涨，价格下跌对应产能恢复。价格表现相较于产能调整有10个月的滞后期。例如，2021年5月、6月产能达峰，产能峰值从理论上对应2022年3月、4月的价格谷底。供应量高峰，在理论上对应着价格谷底。2022年3月、4月价格谷底的位置是由2021年的产能峰值所决定的，从这一峰值开始，产能连续进行10个月调减，一般会产生10个月价格向上的趋势。但实际上价格只经历了4—10月共7个月的上行过程，然后从10月下旬开始一路下跌，价格提前进入下行周期。从最高的接近29元/千克，下跌了10多元，有的地方已经跌至16元/千克。理论上来讲，价格上行周期是没有走完的，但现实市场中，价格开始提前进入了一个下行周期的过程，这是一个比较异常的现象。

从2017—2022年能繁母猪产能与猪价变化趋势来看，当期能繁母猪存栏量所对应的10个月后的猪价两者间体现出明显的负相关关系。具体来看，产能恢复对应的就是价格的一路下跌的过程，而且产能的谷底明确对应的就是理论上10个月后的价格峰值，产能的峰值对应的就是10个月后的价格谷底。从2021年7月到2022年4月，产能一路调减，理论上产能谷底对应的价格峰值需要经历10个月，也就是2023年2月理论上的价格峰值才能出现，但实际价格峰值出现在2022年10月，比预期峰值提前了大概3个月时间。2022年5

月开始受价格上涨、盈利好转影响，产能就一路向上增长，理论上来讲，其对应的是过完春节之后，猪价可能进入到一个下行周期的过程。

从2021年到2022年末生猪产能并没有过剩。从能繁母猪存栏的历年变动趋势来看（图2），2021—2022年生猪产能尚未到达高位，生猪产能处于正常保有量区间，并没有过剩。此外，猪价超跌后，出现了价格的补涨，也说明产能并没有过剩。

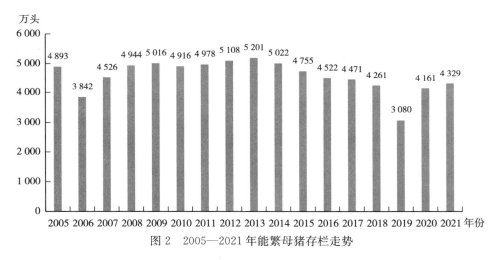

图2　2005—2021年能繁母猪存栏走势

2. 2022年生猪价格异常波动原因分析

从历史正常规律来看，以往正常年份，10月、11月猪价都会下跌，这是由季节性决定的。但是，2022年从8月、9月开始到11月猪价却出现异常上涨，最明显的是9月末到10月20日，猪价最高时10月20日接近29元/千克的价格水平，与以往正常年份的季节性波动趋势背道而驰。这种异常上涨并不是国庆节传统消费拉动，因为往年都有节日效应，并且绝大多数年份的10月都会有下跌趋势。造成猪价异常上涨的重要原因是市场压栏惜售情绪浓厚，包括大量的二次育肥，很大程度上挤占了市场的有效供应，导致价格出现逆势上涨现象。

通过生猪出栏体重指标也可以很好地反映价格的情绪性上涨。2022年生猪出栏体重水平逐步连创新高，出栏时越来越大，体重越来越高。体重水平偏高就意味着两个极端，一是压栏惜售，不到一定的体重水平不舍得卖；二是二次育肥，已经具备标准体重的生猪被养至超重状态，市场供应就会相应减少，10月本应供应市场的生猪被二次育肥，没有形成有效的市场供应，造成价格上涨。当时调研结果显示，市场大概有 20％的出栏的商品猪被二次育肥场买走，即当时 20％数量的有效供应被二次育肥给挤走了。同时也能够看到，对应的时间段市场上饲料销量增长迅速，尤其育肥猪饲料增长幅度明显处于偏高水平。"有多少猪吃多少料"，由此判断市场生猪供应并没有减少，只是没有形成有效供应。一部分压栏，一部分二次育肥，挤占了有效供应量，导致猪价出现一轮异常上涨。进入 2022 年 12 月，猪价一路下跌，原因主要是前期情绪性上涨造成的供应量积压，产生堰塞湖效应，同时生猪体重大幅度增长，也导致现阶段猪价出现逆势下跌。

但 2022 年以来猪价上行过程并不全由情绪性上涨所主导，最主要的原因还是行业基本面。价格上涨背后的原因有五个方面，包含三个主要原因，两个次要原因。三个主要原因是补偿性上涨、周期性上涨和季节性上涨。两个次要原因是情绪性上涨和断档性上涨。

补偿性上涨。补偿性上涨有两层含义：第一层含义是对超跌猪价的一个补偿性上涨。前期的产能没有过剩，但 2022 年 2 月、3 月、4 月价格超跌，超跌之后市场呈现扭曲状态，从 2022 年的 4 月、5 月开始修复，4 月、5 月价格的上涨是对前面超跌这部分猪价的一个补偿性上涨。第二层含义是养猪成本上升的补偿性上涨。2022 年玉米与豆粕价格一直高位运行（图 3），尤其是豆粕从 3 000 多元/吨上涨到 5 000 多元/吨，最高时期突破 6 000 元/吨。豆粕价格的上涨造成养殖成本提升，也推高了猪价。

图 3　饲料原料价格变动趋势图

周期性上涨。前面已经分析了产能调整所带来的价格的周期性变动。从产能调整的角度来看，2022 年 4 月、5 月新一轮猪周期开启，猪价进入上行周期过程。

季节性上涨。季节性上涨是季节性因素导致的价格上涨。例如，正常年份中，过了 4 月、5 月猪价都会上涨。2022 年价格的整体涨幅里，很大一部分也是季节性原因所致。

情绪性上涨。在 2022 年 6 月、7 月，价格从 6 月中旬 16 元/千克很快上涨至 24 元/千克，涨幅接近 50%，此轮猪价上涨主要就是情绪性上涨叠加断档性上涨。情绪性上涨，是指当时市场出现压栏惜售叠加二次育肥，导致价格出现了非常明显的一波涨幅。压栏惜售，就是养殖端舍不得卖猪，猪越养越大，出栏体重水平不断上升。截至 2022 年 11 月末、12 月初，宰后白条猪体重水平已经接近 2021 年上半年极端压栏水平。2021 年上半年极端压栏的原因，是因为很多人听信了 2021 年春节前后非洲猪瘟疫情反复导致生猪生产损失很惨重的误判，并由此预判 2021 年下半年猪价会暴涨，选择非常极端的压栏，使得出栏体重达到了创历史新高的水平。后面从 2021 年 7 月一直到 10 月初，用了三个多月的时间才把前期这种积压效应相对有效地化解掉。2022 年的体重水平没有到达 2021 年的历史最高位，但是已经非常接近。惜售情绪叠加二次育肥共同导致数量积压以及体重增长，数量多和重量高双重压力所形成的堰塞湖效应已经达到较为严重的程度。2022 年 12 月刚开始消化前期形成的堰塞湖效应，如果类比 2021 年用三个多月的时间才消化掉堰塞湖效应，那么 2022 年春节前可能都很难把前期累积的压力给消化掉，春节前市场猪价压力大。2021 年市场预期下半年猪价暴涨，实际结果却是从年初到年末猪价从接近 30 元/千克最终跌至 10 元/千克。2022 年市场普遍预期在 12 月迎来猪价反弹，但实际上猪价却在 12 月暴跌，出现了类似 2021 年的价格走势。综合近两年情况，情绪性上涨对猪价影响强烈。此外，2022 年以来进口减少（图 4）一定程度上缓解了供应压力，1—10 月累计进口量仅相当于 2021 年同期水平的 40% 左右，下降了 60%。

断档性上涨。断档性上涨是指 2022 年 1 月前后的新增小猪数量大幅度地下降，导致后期市场供应量出现断档，造成猪价上涨。由于 2021 年 9 月、10 月猪价一度跌至 10 元/千克，行业接近深度亏损状态，整体配种节奏错乱，因此导致 2022 年 1 月前后的新增仔猪数量大幅下降，环比下降了 8%，对应后面 6—7 月的市场供应量出现断档。所以，这段时间的价格上涨，是情绪性上涨叠加断档性上涨，涨幅高达 50%，价格脱离了正常轨道。超涨之后会有回调，所以，2022 年有两个阶段猪价出现了超涨之后的回调。

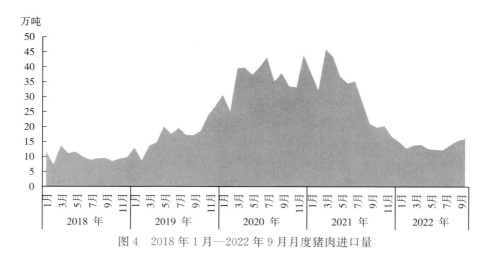

图 4　2018 年 1 月—2022 年 9 月月度猪肉进口量

3. 2023 年生猪产业发展趋势

从理论上讲，2022 年 4—5 月生猪产能到达一个相对低位水平，对应 2023 年 2 月会出现一个价格相对峰值水平，但 2023 年 2 月为春节过后的第一个月份，价格峰值不会出现在 2023 年 2 月，那么 2022 年 12 月或 2023 年 1 月出现价格达峰的概率较大。但是，2022 年 10 月价格异常上涨，积累的数量积压以及体重增长累计压力导致年末旺季不旺，价格反而出现超预期下跌。10 月价格达峰后，11 月开始进入价格下行周期，价格周期转换提前了 2~3 个月的时间，且价格下行周期可能延续到 2023 年全年，产能的快速变化导致行业补栏非常谨慎，预计 2023 年猪价缓慢下行。

与以往周期不同，目前行业补栏较为谨慎的主要原因有三方面：一是行业对 2023 年预期偏悲观。猪价下行周期开启，养殖场担心亏损，补栏意愿不强。二是官方持续释放产能充足的信号。2022 年国务院、各部委对外发布的文件都会提到：生猪产能充足，猪价不具备大幅上涨的基础。信息引导产生了较为明显的抑制养殖端补栏的效果。很多养殖场担心在目前产能充足的状况下补栏将导致产能过剩的状态，不敢补栏。三是养殖企业资金链压力巨大。2021 年下半年到 2022 年上半年整个养殖端都处在亏损的状态，连续亏了将近一年时间，行业从 2022 年 7 月、8 月开始有盈利，对于多数企业来说，仍处于修复资金链阶段，个别企业现在仍面临倒闭、破产的风险，所以对于很多养殖企业而言依然面临很大的资金压力，依然是一个没钱补的状态。上述三个方面因素决定了，虽然 2022 年产能是一个上行的过程，但是这一过程非常缓慢；同时，从大的趋势上来讲，2023年周期下行的趋势相对来说比较缓慢一些。

2023年春节前，国内市场供需表现为：上有供给压力、下无消费支撑，短期来看可能会呈现出猪价超跌状态。上有压力是前期形成的堰塞湖效应，目前刚开始消化，需要较长一段时间才能消化掉；下无支撑是新冠疫情防控政策调整后的消费短时大幅降温，消费到了最为低迷的阶段。2022年12月亏损开始，部分地方猪肉报价已经出现16元/千克的价位水平，行业已经处于亏损状态，这个价位是不正常的。春节前以及春节后都要来消化前期累积压力，消化期结束后，预计猪价会在2023年上半年出现较为明显的补偿性上涨。但由于下行周期的限制，2023年上半年猪价水平总体偏低。

由于2022年生猪产能补得比较慢，对应的2023年下半年猪肉供给的增长速度也会比较慢。2023年下半年消费增长速度可能快于供应增长速度，猪价依然有可能出现一波季节性反弹。因为是处在整个下行周期过程中的季节性反弹，反弹的幅度不会太高。2023年全年总体来看，上半年跌、下半年再涨一涨，全年总体盈利还会不错。

二、2022年我国肉鸡产业发展总体形势

（一）肉鸡产业发展概况

宫桂芬根据中国畜牧业协会监测数据分析了2022年我国肉鸡产业发展总体形势。总体来看，不管是白羽肉鸡还是黄羽肉鸡，2022年在非洲猪瘟和新冠疫情双重影响下，多方面的成本都在提高，但总体形势还是挺不错的。2022年不管是白鸡和黄鸡的出栏，还是价格销售情况，总体的趋势跟2021年相比没有太大变化。白羽肉鸡出栏量在增加，黄羽肉鸡出栏量略有下降，但是效益还都是可以的。从协会会员企业，包括比较大的龙头企业整个发展情况看，2022年都是在稳步发展。对于2023年的形势，总体还是比较看好，因为我们的种源有保障。以往，白羽肉鸡可以说将近100％是进口的；现在，国内育成了三个自主品种，三个白羽肉鸡配套系也通过品种审定，近两年推广情况也不错，产业发展在种源上是有保证的。更重要的是，企业有主动调控产能的意识，能够根据市场的情况主动调控产能。要想收到好的效益，就要把产能控制好，不能出现产能过剩的状况。我们行业在控制产能方面也有一些很好的举措，协会也在产能调控上给予了指导。协会每年都在加强完善数据监测工作，而且特别重视种源的监测。协会每周、每月都能够把种鸡的产量、在产的存栏量和每周的销量数量、销售价格产业信息数据及时提供给相关企业，企业根据

量和价来分析市场走势，决定如何对产能进行调控。在这方面，协会下一步将继续进行完善，以期对企业调控产能起到更好的指导作用。

李景辉在讲话中重点分析了白羽肉鸡发展的总体状况。从利润角度来看，2022 年祖代种鸡环节利润大幅度下降，但是依然盈利。社会父母代种鸡环节 2022 年出现稍微亏损；从"一条龙"企业整个来看，父母代种鸡环节收支打平、略有盈余，优秀的"一条龙"企业盈利依然丰厚，部分运转不好的"一条龙"企业出现亏损。"一条龙"企业，作为白羽肉鸡生产的主力，占据了肉鸡总产量 70％的份额。在引种方面，2022 年白羽肉鸡引种是很特别的一年，整个一年引种 98 万套，但是结构发生了翻天覆地的变化。从美国和新西兰进口祖代种鸡只有 34 万套，占比 35％；另外 65％的祖代种鸡源自国内生产。国内生产分两个单元，其中一个单元是国外品种科宝，其在我国的曾祖代繁育了 27 万套，另一个单元是我国自主育成品种，达到了 36.7 万套。这是我国白羽肉鸡 40 年来从国外引种数量最少的一年。这一情况的出现与美国 2022 年 2 月开始连续不断地发生高致病性禽流感有直接关系。国内祖代种鸡的稳定对整个白羽肉鸡产业的稳定发展起到了至关重要的作用。如果没有国内自我繁育，2022 年产业会更困难。对 2023 年白羽肉鸡发展形势预判主要有如下几点：2023 年祖代种鸡环节的利润将恢复，预计盈利高于 2022 年；社会商品雏鸡这个环节，2023 年也会比 2022 年好，预计会恢复到供需平衡和利润平衡点。2023 年"一条龙"企业产量会继续增加，保产稳供的数量没有问题。白羽肉鸡产业发展面临着重要新机遇，包括新冠疫情之后快餐、团膳的恢复，以及预制菜肴发展带来的家庭烹饪需求量的增长，白羽肉鸡还有很大的发展潜力。白羽肉鸡具有健康营养和生产节能等优势，要通过引导让消费者形成共识，爱吃、想吃，进一步拓展市场空间。

（二）肉鸡消费趋势研判

会议还就提高禽肉消费比重问题进行探讨。

王济民谈到，美国在 20 世纪 90 年代初鸡肉消费成为肉类消费第一大品种。呼吁在农业农村部出台一个家禽翻番计划，因为牛、羊和猪的发展都有总体规划，出台家禽产业规划会使得畜牧业发展规划的布局更全面。从全球发展趋势和规律的视角看，国内禽肉消费翻番是迟早的，我们只是希望这个进程能够快一点，因为鸡肉早一点实现产销量翻番，会减轻牛羊肉和猪肉的供给压力。

辛国昌认为，国内人均资源紧张，大力发展禽肉禽蛋等禽产品肯定是未来的方向。牛羊肉消费量大幅提升不太可能，因为其饲料转化率太低。有限的资源养活这么大体量的人口，就得从结构上进行调整。

三、2022 年我国肉种鸡生产监测

（一）白羽肉种鸡生产形势

腰文颖做了"2022 年白羽肉种鸡生产监测分析"报告，分析了全国白羽祖代种鸡、父母代种鸡和商品代雏鸡的生产情况。总体来看（图 5），2022 年白羽种鸡主要指标变动较为显著的特征是：2022 年祖代种鸡更新比 2021 年明显下降，2022 年祖代种鸡存栏量为 2014 年以来最高；2022 年父母代种鸡存栏量有所下降，雏鸡供应量有所下降。

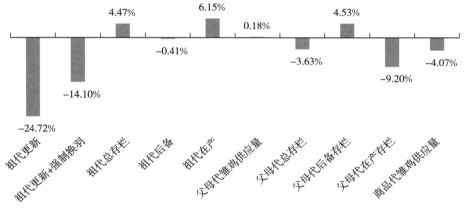

图 5　2022 年 1—11 月白羽肉鸡产业链主要数据（累计/平均）

1. 白羽祖代种鸡

祖代种鸡更新。2022 前 11 个月白羽祖代种鸡更新数量为 86.21 万套，全年预计祖代种鸡更新略少于 100 万套（表 1）。其中，国内自繁比重首次超过一半，约占 65％；此外，从美国引种占 29％，从新西兰引种占 6％。2022 年 1—4 月均有进口祖代雏鸡，5—7 月进口受阻，10—11 月完全没有进口。引种受阻是多种因素叠加导致：一是国际航运未恢复正常，比如中美之间航班数量少且很可能受突发事件影响而导致航班取消；二是美国部分州暴发禽流感。引种少，导致了强制换羽增加（表 2）。2022 年引种受阻对 2023 年父母代种鸡存栏、商品代雏鸡供应和鸡肉供应的影响：由于 2021 年我国引种巨大，2023 年父母代种鸡、商品代雏鸡供应处于 2021 年引种释放产能阶段，且近年来肉鸡纵向一条龙企业的父母代种鸡存栏量饱满，鸡肉供应总量应当充裕；2023 年底父母代种鸡供应可能偏紧，但会通过强制换羽进行一定的调剂；2023 年国产三个新品种的产能投放会快速增加，引种也会向好的方向发展。

表 1 2021—2022 年全国白羽祖代种鸡更新数量（引种十自繁）

单位：万套,%

引种时间	2021 年		2022 年	
	当月	年度累计	当月	年度累计
1 月	9.34	9.34	12.46	12.46
2 月	15.76	25.10	3.68	16.14
3 月	8.77	33.87	15.60	31.74
4 月	11.32	45.19	13.19	44.93
5 月	7.93	53.12	0.00	44.93
6 月	7.36	60.48	7.97	52.90
7 月	3.65	64.13	3.84	56.74
8 月	5.20	69.33	6.59	63.33
9 月	18.67	88.00	12.36	75.69
10 月	19.71	107.71	5.82	81.51
11 月	9.81	117.52	4.70	86.21
12 月	10.10	127.62	—	—

表 2 2021—2022 年全国白羽祖代种鸡强制换羽数量

单位：万套,%

转入后备时间	2021 年		2022 年	
	当月	年度累计	当月	年度累计
1 月	2.07	2.07	0.00	0.00
2 月	0.00	2.07	3.50	3.50
3 月	2.20	4.27	2.29	5.79
4 月	0.00	4.27	2.97	8.76
5 月	2.70	6.97	3.13	11.89
6 月	0.00	6.97	4.81	16.70
7 月	1.90	8.87	0.00	16.70
8 月	3.38	12.25	0.00	16.70
9 月	0.00	12.25	3.73	20.43
10 月	0.00	12.25	0.00	20.43
11 月	0.86	13.11	3.00	23.43
12 月	1.84	14.95	—	—

祖代种鸡存栏。2022 年 1—11 月，全国祖代白羽种鸡平均存栏 179.03 万套，较上年同比增加 4.47％（图 6）；其中，后备祖代种鸡平均存栏 57.17 万套，较上年同比减少 0.41％（图 7），在产祖代种鸡平均存栏 121.07 万套，较上年同比增加 6.15％（图 8）。2022 年 11 月，全国祖代白羽肉种鸡存栏 173.05 万套，较上年同比减少 6.04％；其中，后备祖代种鸡存栏 41.38 万套，较上年同比减少 36.58％，在产祖代种鸡存栏 131.67 万套，较上年同比增加 10.71％。2019 年在产祖代种鸡存栏为 2014 年以来的最高位。受引种不畅的预期影响，父母代雏鸡价格快速上涨。

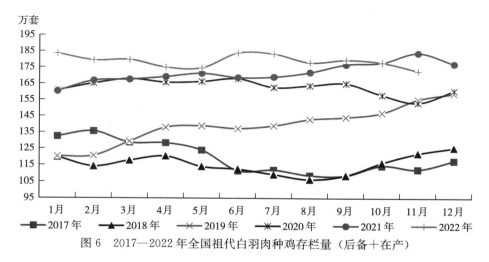

图 6 2017—2022 年全国祖代白羽肉种鸡存栏量（后备＋在产）

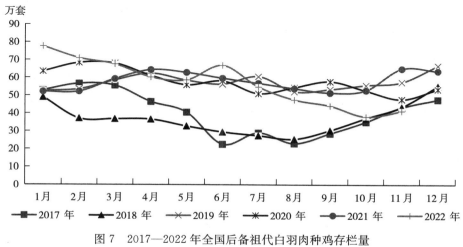

图 7 2017—2022 年全国后备祖代白羽肉种鸡存栏量

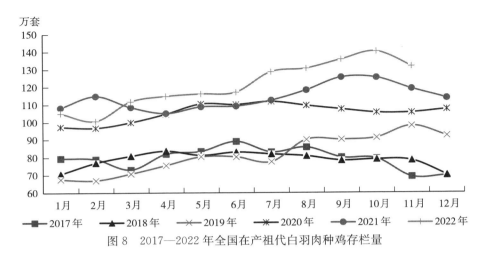

图 8 2017—2022 年全国在产祖代白羽肉种鸡存栏量

祖代种鸡产能利用。2019 年祖代白羽种鸡年产能 60.14（即一套祖代种鸡一年提供父母代雏鸡 60.14 套），2020 年为 57.56，2021 年为 56.24；相同祖代存栏量情况下，实际供应的父母代雏鸡数量最大可相差 25%（图 9）。白羽肉鸡产能弹性较大，即一套祖代种鸡实际供应父母代雏鸡的数量和一套父母代种鸡实际供应商品代雏鸡的数量会根据市场实际需要上下浮动的幅度较大（图 10）。2022 年祖代种鸡产能预计为 53.97。从历史趋势来看，由于受非洲猪瘟影响 2019 年肉类供应总体偏紧，2019 年祖代种鸡利用程度最高，随后逐渐回落。

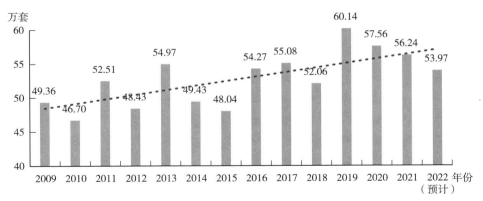

图 9 2009—2021 年白羽祖代种鸡产能

注：产能数据为年度均值数据。2022 年为预计数据。

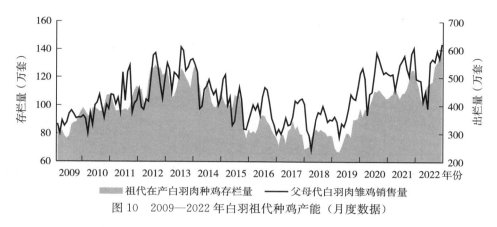

图 10　2009—2022 年白羽祖代种鸡产能（月度数据）

　　父母代雏鸡生产及销售。2022 年 1—11 月，父母代雏鸡累计销售 5 885.63 万套，与 2021 年同期持平（图 11）。预计 2022 全年供应父母代雏鸡约 6 500 万套，同比有小幅增长。2022 年 1—11 月，父母代雏鸡平均价格 25.72 元/套，成本 21.97 元/套（图 12），全年祖代企业有盈利（图 13）。预计 2023 年父母代种鸡存栏仍处于较高水平。2022 年父母代雏鸡销售量比 2018 年多近 60%，2018 年父母代雏鸡 4 110 万套，所以 2023 年雏鸡供应充足。由于进口品种祖代更新减少，2022 年 11—12 月，父母代雏鸡价格快速上涨。11 月价格为 42.05 元/套；进入 12 月 AA（艾拔益加）父母代雏鸡实际成交价突破 70 元/套，全国父母代雏鸡综合售价突破 50 元/套。

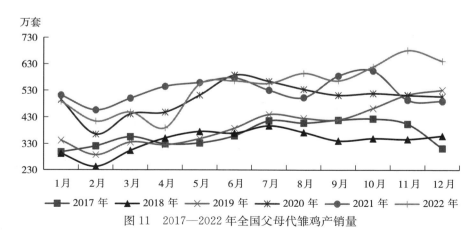

图 11　2017—2022 年全国父母代雏鸡产销量

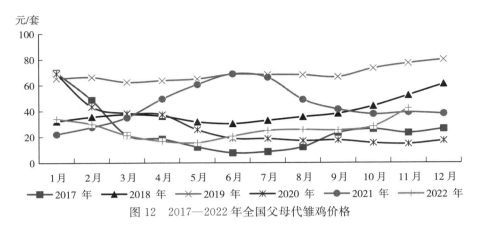

图 12　2017—2022 年全国父母代雏鸡价格

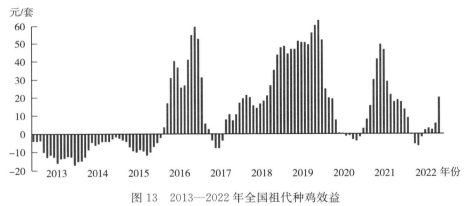

图 13　2013—2022 年全国祖代种鸡效益

2. 白羽父母代种鸡

父母代种鸡存栏。2019—2022 年连续四年白羽父母代雏鸡供应量增加。在产业链上游产能增加的推动下，2021 年白羽父母代种鸡存栏处于有监测数据以来最高水平。进入 2022 年，一方面，2022 上半年雏鸡供大于求，商雏价格低迷，促使在产种鸡存栏向下调整；另一方面，祖代种鸡产能继续向下游释放，5 月以来父母代雏鸡供应增加，推高后备种鸡存栏。2022 年 1—11 月，全国父母代种鸡存栏 6 882.15 万套，较上年同比减少 3.63%（图 14）；其中，后备父母代种鸡存栏 3 025.93 万套，较上年同比增加 4.53%（图 15），在产父母代种鸡存栏 3 856.22 万套，较上年同比减少 9.20%（图 16）。2022 年 11 月，全国父母代存栏 7 476.80 万套，较上年同比增加 7.56%；其中，后备父母代种鸡存栏 3 608.66 万套，较上年同比增加 18.99%，在产父母代种鸡存栏

3 868.14 万套，较上年同比减少 1.28%。

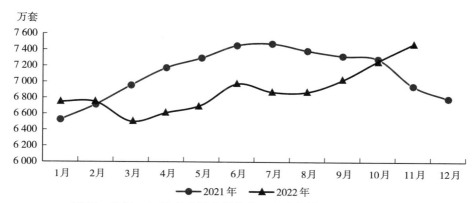

图 14　2021—2022 年全国父母代白羽肉鸡存栏量（后备＋在产）

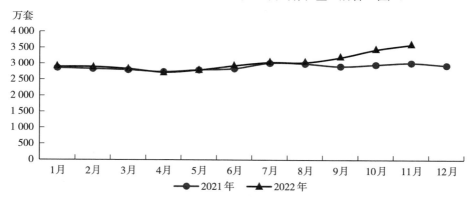

图 15　2021—2022 年全国后备父母代白羽肉鸡存栏量

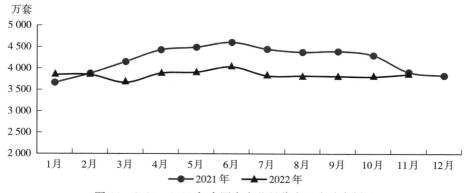

图 16　2021—2022 年全国在产父母代白羽肉鸡存栏量

商品代雏鸡生产及销售。2022年1—11月，全国商品代雏鸡累计供应60.91亿只，同比下降4.07%（图17）。预计2022年全年累计供应约65亿只。

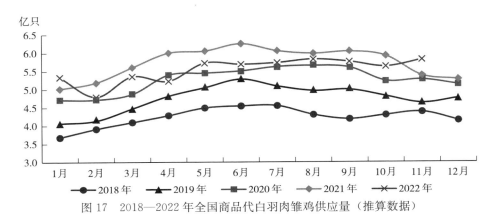

图17 2018—2022年全国商品代白羽肉雏鸡供应量（推算数据）

商品代雏鸡及鸡肉价格。2022年上半年和下半年市场价格差异较大（表3）。2022年上半年，雏鸡、毛鸡和鸡肉价格较上年同比下降；2022年下半年，雏鸡、毛鸡和鸡肉价格较上年同比上涨（图18）。2022年下半年市场行情出现明显好转，最主要的原因是由于社会总需求回暖，带动雏鸡价格回升，种鸡企业也结束了上半年的亏损状态。此外，由于社会总需求回暖，雏鸡价格回升，种鸡企业止亏，另一方面，豆粕价格快速上涨，部分转嫁并推高毛鸡和鸡肉价格。再者，第三季度猪肉价格上涨也带动了毛鸡和鸡肉价格的上涨（图19）。

表3 雏鸡、毛鸡和鸡肉价格及效益

时间	雏鸡（元/只）	毛鸡（元/千克）	鸡肉（元/千克）
2022上半年	1.81	8.74	10.27
	（−51.54%）	（−1.37%）	（−2.10%）
2022下半年	3.05	9.57	11.11
	（67.47%）	（21.78%）	（13.28%）

注：括号内为较上年同比增幅。

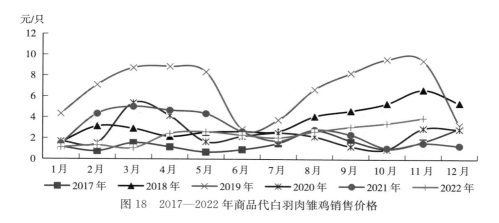

图 18　2017—2022 年商品代白羽肉雏鸡销售价格

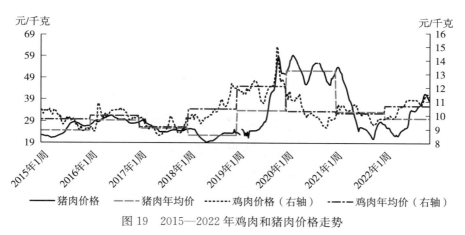

图 19　2015—2022 年鸡肉和猪肉价格走势

（二）黄羽肉种鸡生产形势

高海军在"2022 年黄羽肉种鸡生产监测分析"报告中分析了全国黄羽祖代肉种鸡、父母代肉种鸡和商品代雏鸡生产情况。总体来看，一是祖代及祖代以上种源仍然非常充足。父母代种鸡存栏 2022 年震荡调整后处于近年来相对较低水平，预计 2023 年父母代种鸡规模将有一定增幅，行情也有一定好转。上述判断只是基于行业这几年的经营情况已经达到了一个水平线，面临触底反弹，但是行业所面临的各种困难尚未得到有效解决，反弹的程度可能并不是很大。二是受 2022 年下半年市场回温拉动，全年雏鸡和毛鸡养殖效益均明显好于过去两年，特别是毛鸡销售价格甚至高于 2018 年和 2019 年，但由于养殖成本的持续上涨，毛鸡效益明显不及前几年。三是2022年新冠疫情对黄羽肉鸡消费造成进一步打击，叠加活禽销售管制以及外部竞争环境恶劣等影响，黄羽肉鸡业整体形势不容乐观。黄羽肉鸡下一步发展重点还是行业转型突破。虽然黄羽肉鸡在体量上很难赶上白羽肉鸡，但可以通过供应量的调整以及消费的拓展，提振黄羽肉鸡产业发展势头。

1. 黄羽祖代种鸡

不同类型祖代种鸡占比。从黄羽肉鸡快速、中速和慢速型的结构来看，2022年下半年快速型占比27.51%，较2016年减少了6%左右；中速型占比27.21%，与快速型占比趋于接近；慢速型占比45.28%（图20）。从整体来看，快速型占比进一步萎缩，慢速型占比在扩大。根据监测的实际情况，快速和中速型的界限呈现出越来越模糊的趋势，例如有的监测企业的肉鸡被作为中速型产品在生产，但其定位是快速型。若把快速型和中速型作为一个整体与慢速型进行对比，结构的变化更明显。

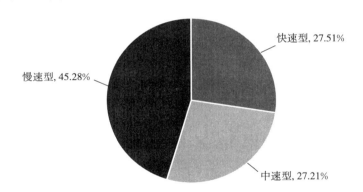

图20　2022年黄羽祖代种鸡结构

祖代种鸡存栏。虽然近三年全国黄羽在产祖代肉鸡平均存栏量逐年下降，但下降幅度很小，且2022年1—11月全国黄羽在产祖代种鸡平均存栏量150.98万套，微幅下降0.80%，依然保持在历史上较高水平的位置，种源配置仍充裕。近几年黄羽祖代种鸡存栏变动不大，均呈现出"先扬后抑"的波动趋势；2022年底黄羽祖代种鸡存栏水平较往年同期更高（图21）。

父母代雏鸡供应。2022年1—11月，监测企业黄羽父母代雏鸡供应量同比变动很小，微幅下降0.82%。监测企业父母代雏鸡供应中（外销量和自用量），外销量占比31.1%，低于2018年的35%和2019年的32%，高于2020年的29%和2021年的30%。

图 21　全国黄羽在产祖代种鸡年平均存栏量

2. 黄羽父母代种鸡

父母代种鸡存栏。2021 年全国黄羽在产父母代种鸡平均存栏量是 4 000 万套多一点，已经处于供需偏紧状态，2022 年又出现进一步下降。2022 年 1—11 月，黄羽在产父母代种鸡平均存栏量 3 906.10 万套，较上年出现了较大减幅，同比减少 3.81%，已经达到同期历史低位水平（图 22）。4 000 万套基本上可以作为黄羽父母代种鸡存栏规模的平衡线，低于 4 000 万套的存栏规模表明行业已经处于供应瓶颈期了。此外，2022 年黄羽父母代种鸡存栏的变化波动趋势与往年不同。以往年份，市场行情好的时候，父母代种鸡存栏则持续递增，市场行情差的时候，则持续递减。2022 年，父母代种鸡存栏出现了震荡调整的情况，上半年由于市场行情比较差，所以递减趋势为主，基本上到 4 月就减到一个特别低的水平；随着市场行情的好转又有所增加，但是增加的幅度并不大，尤其到 10 月以后又开始下降，2022 年新冠疫情对行业造成的消费打击是导致出现上述状况的直接原因。再者，在做 2022 年上半年度报告时，根据种鸡存栏量和当时生产形势做过一个预期，即 2022 年上半年的种鸡量和市场行情已经降到了一个很低的水平，而且当时市场行情低迷的状况已经持续了两年半的时间，综合判断，2022 年下半年的市场行情可能会有一个比较大的起色，而且种鸡量也会持续增加。现在来看，市场价格在下半年是出现了比较大的一个涨幅，但是种鸡的增量并没有预期那么多。这一状况产生的原因包括多个方面：其一，新冠疫情造成消费低迷；其二，活禽销售管理政策没有放开或者是持续收紧等；其三，外部竞争环境也越来越激烈，白羽肉鸡、小白鸡以及猪肉形成的对黄羽肉鸡发展体量上的挤压。

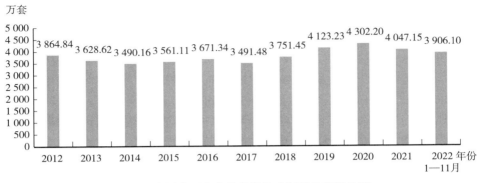

图 22 全国黄羽在产父母代种鸡年平均存栏量图

商品代雏鸡销量。2022 年 1—11 月，监测企业黄羽商品代雏鸡销售量 16.02 亿只，较上年同比减少 5.04%。2022 年商品代雏鸡销售量下降的原因主要为二季度行情最差导致销售量大幅下降。2022 年下半年受行情拉动开始呈现一定的增量，到年底达到与过去两年同期大致相当的水平。总体来讲，除 4—6 月外，2022 年其他月份较 2021 年同期略高。

商品代雏鸡价格。2022 年 1—11 月，黄羽商品代雏鸡销售价格波动较大，平均为 2.25 元/只，同比上涨幅度较大，达到 20.16%；商品代雏鸡平均成本为 1.97 元/只，平均盈利 0.28 元/只。总体来看，2022 年仅有 3、4 月价格低于 1.97 元的成本价格，其他月份都是高于成本价格。从近年来商品代雏鸡成本变动趋势来看，呈现逐年增加的趋势，尤其在 2019—2020 年增幅最大。2018 年商品代雏鸡成本为 1.64 元/只，2019 年为 1.68 元/只，2020 年为 1.83 元/只，2021 年为 1.91 元/只，2022 年为 1.98 元/只。从不同类型商品代雏鸡的销售量、价格和收益来看，较为一致的是，快速、中速和慢速三种类型商品代雏鸡的销售效益大致相当。存在差异的是，其一，销售价格方面，快速型商品代雏鸡价格涨幅最大，达到 33.94%，明显高于中速型和慢速型；2022 年快速型商品代雏鸡价格出现较大涨幅的原因是 2021 年其价格偏低。其二，销售量方面，慢速型商品代雏鸡的销售量增加了 2.18%，而快速型和中速型出现了较大减幅（表 4 至表 6）。

表 4 快速型商品代雏鸡收益

时间	销售量（万只）	价格（元/只）	效益（元/只）
2021 年 1—11 月	40 694.32	1.72	−0.33
2022 年 1—11 月	37 258.93	2.31	0.23
同比	−8.44%	33.94%	—

表 5　中速型商品代雏鸡收益

时间	销售量（万套）	价格（元/只）	效益（元/只）
2021 年 1—11 月	57 684.51	1.78	0.04
2022 年 1—11 月	49 197.46	2.10	0.30
同比	−14.71％	18.02％	—

表 6　慢速型商品代雏鸡收益

时间	销售量（万套）	价格（元/只）	效益（元/只）
2021 年 1—11 月	70 276.60	2.01	0.07
2022 年 1—11 月	71 806.28	2.30	0.31
同比	2.18％	14.79％	—

黄羽种鸡产能。2022 年黄羽种鸡利用率有所上升，高于过去两年水平（图 23）。根据现有种鸡规模，结合实际监测的种鸡产能推算，行业在未来一年内商品代雏鸡供应充足，依然有能力向社会提供 50 亿只以上的商品代肉雏鸡。

图 23　全国黄羽种鸡实际产能水平

商品代毛鸡价格。2022 年 1—11 月，黄羽商品代毛鸡平均销售价格为 17.54 元/千克，较上年同比上升 16.91％；商品代毛鸡平均成本为 15.83 元/千克，平均盈利 3.17 元/只（表 7）。总体来看，2022 年商品代毛鸡的销售价格实际上是处于比较高的一个水平，仅有 3、4 月的价格低于成本，其他月份均高于成本。2022 年全年平均价格已经超过了最好年景 2018—2019 年。2022 年商品代毛鸡生产上的困难还是体现在消费端，主要是由于新冠疫情对其销售量、出栏量产生了阻碍。此外，2022 年商品代肉鸡全年成本比上半年成本高约 0.2 元/千克，对比 2018 年的 12.72 元/千克高 3 元/千克左右，相当于一只黄羽肉鸡的成本上涨 6 元，涨幅较大。成本不仅关乎养殖效益，还关乎产品品质。在应对产品成本上涨的时候，养殖端控制成本的增长主要有三个方面：一是控制生产的各个环节，实行精细化管理，这是养殖企业的基本功；二是靠牺牲质量来控制成本，这是较为极端的情况，也是行业所不希望出现的情况；三是通过转型实现突破，比如黄羽肉鸡育种方面的突破是近年来一直在讨论的重点，通过多种类型产品的开发，通过屠宰端的延展，通过向北方市场的开拓，都可有效节约成本，但近年来一直进展不大。

表 7　2022 年黄羽商品代毛鸡收益

类型	价格（元/千克）	成本（元/千克）	效益（元/只）
快速型	12.95（＋15.53％）	11.79	2.25
中速型	15.87（＋18.48％）	14.35	2.90
慢速型	20.44（＋17.75％）	18.39	3.78
平均	17.54（＋16.91％）	15.83	3.17

注：数据为 2022 年 1—11 月均值数据。括号内为 2022 年 1—11 月较上年同比增幅。

　　黄羽肉鸡产量。2022 年黄羽肉鸡出栏数量为 37.5 亿只，鸡肉产量预计为 562 万吨。较 2021 年下降 8％左右，降幅较大（表 8）。从近几年黄羽肉鸡出栏量来看，2019 年达到较高水平，出栏量为 45.6 亿只，与当年白羽肉鸡出栏量不相上下，甚至还略高于白羽肉鸡；但 2020 年以来黄羽肉鸡出栏量逐年减少，近两年出栏量一共减少了 7 亿只，明显低于白羽肉鸡，且由于单只体重低于白羽肉鸡，黄羽肉鸡鸡肉产量上更是难以与白羽肉鸡抗衡。

表 8　2017—2022 年黄羽肉鸡产量

年份	出栏数量（亿只）	鸡肉产量（万吨）
2017	36.9	531
2018	39.6	571
2019	45.6	693
2020	44.3	674
2021	40.4	639
2022	37.5	562

注：2022 年为预计数据。2022 年上半年按照黄羽肉鸡平均出栏体重为 1.95 千克/只出栏率 95％进行测算。产肉量按照全净膛率按照 81％计算。采用全净膛率，而不是半净膛率，主要考虑白羽肉鸡跟黄羽肉鸡的消费特点存在差异，黄羽肉鸡更多是整鸡消费，用全净膛率计算产肉量可能更贴合行业消费的实际。

四、2022 年我国商品代肉鸡生产监测

郑麦青在"2022 年肉鸡生产监测分析"报告中基于农业农村部跟踪监测数据分析了我国肉鸡养殖收益、产量未来发展趋势。

（一）肉鸡生产概况

2022 年 1—11 月全国肉鸡（白羽肉鸡和黄羽肉鸡，不含小型白羽肉鸡）累计出栏 89.5 亿只，同比减少 8.8％；产量 1 512.2 万吨，同比减少 9.8％。其中，白羽肉鸡在经历了连续四年产量的增长后，产量开始回调，预计 2022 年白羽肉鸡出栏量低于 2021 年、高于 2020 年，2022 年鸡肉产量与 2020 年基本持平；黄羽肉鸡在 2019 年后经历了连续三年产量的下降，预计 2022 年产量处于历史同期低位水平。2022 年预计出栏肉鸡 98.2 亿只，较 2021 年减少 7.7％（表 9）；鸡肉产量为 1 662.0 万吨，较 2021 年减少 8.4％（表 10）。

表 9　2022 年肉鸡出栏量评估

单位：亿只,％

阶段	白羽肉鸡			黄羽肉鸡			合计		
	2021 年	2022 年	同比	2021 年	2022 年	同比	2021 年	2022 年	同比
一季度	14.8	14.2	−4.1	10.0	9.0	−10.4	24.8	23.2	−6.7
二季度	16.9	14.6	−13.5	10.2	9.1	−11.0	27.1	23.7	−12.6
三季度	17.6	16.5	−6.0	10.4	9.1	−12.0	28.0	25.7	−8.2
四季度	16.7	15.6	−6.5	9.8	10.0	2.3	26.5	25.6	−3.3
上半年	31.6	28.8	−9.1	20.3	18.1	−10.7	51.9	46.9	−9.8
下半年	34.3	32.2	−6.3	20.2	19.1	−5.1	54.5	51.3	−5.8
全年	66.0	60.9	−7.6	40.4	37.3	−7.9	106.4	98.2	−7.7

表 10　2022 年肉鸡产量评估

单位：万吨,％

阶段	白羽肉鸡			黄羽肉鸡			合计		
	2021 年	2022 年	同比	2021 年	2022 年	同比	2021 年	2022 年	同比
一季度	290.0	272.0	−6.2	128.8	113.6	−11.8	418.8	385.6	−7.9
二季度	331.0	282.3	−14.7	129.0	115.2	−10.7	460.0	397.5	−13.6

（续）

阶段	白羽肉鸡			黄羽肉鸡			合计		
	2021 年	2022 年	同比	2021 年	2022 年	同比	2021 年	2022 年	同比
三季度	352.7	328.6	-6.9	131.3	114.9	-12.5	484.0	443.5	-8.4
四季度	327.8	310.2	-5.4	123.9	125.2	1.1	451.7	435.4	-3.6
上半年	621.0	554.4	-10.7	257.8	228.8	-11.3	878.8	783.1	-10.9
下半年	680.6	638.8	-6.1	255.1	240.1	-5.9	935.7	878.9	-6.1
全年	1 301.6	1 193.2	-8.3	512.9	468.8	-8.6	1 814.5	1 662.0	-8.4

　　2022 年白羽肉鸡产量减少，黄羽肉鸡市场份额萎缩，小型白羽肉鸡市场份额增加。由于 2022 年国际禽流感疫情蔓延，白羽祖代种鸡国外引种紧缺，带动白羽肉鸡产量逐渐收紧，小型白羽肉鸡的市场份额逐渐增加。黄羽肉鸡方面，活禽销售逐渐从城镇向乡镇移动，屠宰上市数量增加。目前二线城市中的活禽市场数量较少，少量的活禽市场多位于城市相对偏远的地方，而且有明显的休市的规则。在乡镇，可以看到活禽市场的点数、摊位数和销售量是在增加的，表明活禽市场从城镇在向乡镇转移。乡镇中活禽屠宰的上市量是在增加的，但销售形态也发生了变化，即使以前卖活禽的市场，现在必须屠宰之后才销售。

　　整体来看，产业集中度在快速提升，小散户和社会养殖户在不断地减少。不仅白羽肉鸡呈现出上述趋势，而且黄羽肉鸡社会养殖户也在快速大量减少，目前社会养殖户已经降到历史最低水平。

（二）白羽肉鸡生产形势

1. 白羽肉鸡产能

　　2022 年 1—11 月全国白羽肉鸡累计出栏 55.4 亿只，同比减少 8.8%；肉产量为 1 084 万吨，同比减少 9.9%。上市公司鸡肉销量同比增加 20.2%；占全国比重为 16.3%。

　　2022 年 12 月鸡肉价格出现多次波动。12 月初，生猪价格震荡回落，叠加疫情影响，终端需求疲软，导致经销商备货不积极，以消化前期自身库存为主，屠宰厂家库存攀升，产品价格下降。12 月中旬，部分厂家产品价格跌至低位，加之经销商库存也降至偏低水平，备货意愿转好，屠宰厂家销售量增加，库存下降，销售压力随之减轻，产品价格反弹。12 月下旬，部分省份新冠疫情呈现持续蔓延、多点暴发态势，各地管控措施不断加强，终端需求受到明显抑制，加之生猪价格大幅回落，导致经销商对后市信心不足，备货积极性降低，屠宰厂家库存再次攀升，个别屠宰场库存临近"爆库"，造成产品价格下滑。12月底，各类白羽肉鸡产品价格均价高于10月均价2％左右，低于11月最高价5％左右。

关于库存，需要补充说明的是，2019年屠宰场、流通渠道的库存已经基本消耗完毕，降到最低。在2019年之前，流通渠道的库存应该比屠宰场的库存量大。据了解，当时流通渠道的库存是屠宰场库存的3～4倍。到2019年底，流通渠道的库存基本上已经下降到与屠宰场库存持平，即在整体上流通渠道的库存量已经处于历史最低，到目前也没有完全恢复。

近几年白羽肉鸡上市公司销售量持续增加，2022年销售量较上年增加20％。一体化企业养殖规模在市场上的占比越来越高，其中圣农发展、仙坛股份占全国销售量的比重达到15％。

2022年1—11月全国白羽祖代种鸡存栏量低于年均线3.8％，相比2021年，存栏量维持在高位水平；白羽父母代种鸡存栏量高于年均线9.5％，总存栏高位线基本接近2021年水平，处于历史最高位置，且存栏以后备种鸡为主，在产存栏量居于中等偏低位置，约3 800多万套，2022年1—11月商品雏鸡销售量较上年同期降低8.6％（表11）。

表11 白羽肉鸡产能

单位：万套，亿只

时间	祖代			父母代			商品代	
	存栏	累计补栏	在产存栏	存栏	累计补栏	在产存栏	存栏	累计补栏
2022年11月	173.0	86.2	131.7	7 476.8	5 885.6	3 868.1	7.6	58.0
2021年11月	184.2	117.5	118.9	6 951.1	5 874.8	3 918.3	8.6	63.5

2022年1—11月白羽祖代种鸡累计强制换羽23.4万套，更新周期从6月恢复至90.8周，补栏数量较上年同比减少26.6％，每套祖代种鸡平均每月可提供5.2套父母代雏鸡；10—11月父母代雏鸡销售量连创历史新高，约600万套左右（以往达到550万套已经为偏高水平），同比增加0.2％。白羽父母代种鸡更新周期延长至66周，平均每月父母代单位供种能力达到14.7只商品代雏鸡。

白羽父母代种鸡存栏量，在经历了一季度的降低后，二、三季度基本保持在3 800万套上下波动；到8月，父母代种鸡生产环节已经持续一年亏损，直到 9 月才进入盈利期。近期，欧美地区出现有史以来最严重的禽流感疫情，美国的主要祖代生产地区之一的田纳西州也发生禽流感疫情，导致 2022 年白羽祖代引种更为紧张。这一信息刺激了行业对后期种源供应的担忧，同时叠加养殖端补栏积极性上升，推动了商品代雏鸡价格上涨并不断创出年内新高，父母代种鸡补栏积极性同样得到极大提升，10—11 月父母代种鸡补栏量连创新高，后备父母代种鸡存栏量不断增加。近期安伟杰品种的父母代雏鸡报价达到 80 元/套左右。同时，父母代种鸡淘汰减缓。近两年父母代种鸡的更新周期基本上在向 64 周的标准周期靠拢。以前行情相对不好的时期，例如 2017 年、2018 年，最短的时候只有 45 周、46 周的更新周期。2022 年 11 月以来一个多月的时间里父母代种鸡的更新周期在不断延长，当前已经延长到 66～67 周，平均一套父母代一个月能够提供 14.7 只商品代雏鸡。2022 年 1—11 月商品代雏鸡累计销售量达到 58 亿只；上市企业雏鸡累计销售量 7.8 亿只，同比增加 7.9%，占全国总销量的 13.5%。

2. 白羽肉鸡市场收益

2022 年 11 月白羽父母代与商品代雏鸡价格创年内新高，市场价格变动与上市企业价格变动接近，均呈现持续上升趋势（表 12）。2022 年 11 月商品代

表 12　白羽肉鸡各生产环节产品价格

月度	父母代雏鸡（元/套）	商品代雏鸡（元/只）	出栏毛鸡（元/千克）	鸡肉（元/千克）
2021 年 11 月	38.82	1.57	7.82	9.64
2021 年 12 月	37.80	1.32	8.11	9.75
2022 年 1 月	33.98	1.13	8.14	9.81
2022 年 2 月	29.86	1.32	7.84	9.91
2022 年 3 月	21.15	1.06	8.01	9.85
2022 年 4 月	16.48	2.45	9.07	10.42
2022 年 5 月	15.39	2.62	9.25	10.63
2022 年 6 月	20.46	2.30	9.74	11.01
2022 年 7 月	24.79	2.06	9.74	11.11
2022 年 8 月	25.49	2.64	9.54	11.10
2022 年 9 月	25.16	3.11	9.24	10.93
2022 年 10 月	28.08	3.46	9.38	10.99
2022 年 11 月	42.05	3.97	9.73	11.43

雏鸡价格涨后回落，其中山东、辽宁地区雏鸡均价为 3.97 元/只，与 10 月相比，涨幅为 13.75%。11 月上旬、中旬，是年前最后一批商品代毛鸡的补栏时间，此时养殖户补栏积极性较强，推涨雏鸡价格，根据监测数据，山东大场报价从 4.30 元/只涨至 4.70 元/只，中小场主流成交价格也从 3.00～3.50 元/只涨至 4.00～4.30 元/只，为年内最高价格。至 11 月下旬，最后一批毛鸡补栏临近尾声，雏鸡需求量锐减，雏鸡价格随即下降，且月末新冠疫情形势越加严峻，毛鸡价格跌势明显，养殖端出现恐慌，雏鸡价格出现断崖式下行。山东大场报价相对较稳，跌幅不大，但中小场低价已跌至 2.00 元/只左右，跌幅超过50%。至 12 月中上旬，雏鸡市场处于停苗期，市场为无价无市状态。至 12 月中下旬，雏鸡市场恢复交投，预计雏鸡价格将处于偏低水平，其主要原因有以下两点：第一，12 月中下旬的雏鸡量叠加了停苗期的数量，出苗量大，供应量增多，利空市场；第二，养殖端担心养殖期间新冠疫情可能产生不利影响，叠加猪市、鸭市价格低迷，补栏积极性低。

2022 年 1—11 月全国白羽肉鸡累计出栏量同比减少 8.8%；从上市企业看，累计产量同比增加 20.2%。从商品代毛鸡销售量来看，全年保持振荡运行，上半年基本处于供需平衡状态，到 10 月后消费需求相对回升，但 11 月新冠疫情多点暴发一定程度上又阻滞了消费恢复。近半年来，商品代毛鸡月出栏量稳定在 5 亿多只，出栏价格也稳定在 9.5 元/千克左右。按照生产规律，从 10 月中旬开始，商品代毛鸡出栏量将处于减少的趋势；进入冬季，成活率和体重也呈下降趋势；从 11 月至春节前毛鸡出栏数量将保持减少的形势。然而，近期鸡肉市场交易低迷，屠宰场库存高位，11 月下旬商品代毛鸡价格下跌。12 月，如果新冠疫情形势没有好转，毛鸡价格下行压力较大；若新冠疫情形势出现好转，毛鸡价格有回升的可能。

从全年来看，2022 年商品鸡约有 0.8 元/只的收益。上半年产业收益整体亏损，7 月开始持平，进入 8 月、9 月后开始逐渐回升（表 13 至表 14）。

表 13　白羽肉鸡全产业链收益

月度	月度收益 （元/只出栏肉鸡）	年度平均 （元/只出栏肉鸡）
2021 年 11 月	0.27	1.36
2021 年 12 月	−1.00	1.16
2022 年 1 月	−1.47	−1.47
2022 年 2 月	−0.16	−0.83

（续）

月度	月度收益 （元/只出栏肉鸡）	年度平均 （元/只出栏肉鸡）
2022 年 3 月	−2.01	−1.19
2022 年 4 月	1.49	−0.52
2022 年 5 月	0.81	−0.25
2022 年 6 月	0.49	−0.12
2022 年 7 月	0.68	0.00
2022 年 8 月	3.09	0.48
2022 年 9 月	1.78	0.62
2022 年 10 月	2.07	0.77
2022 年 11 月	1.68	0.85

表 14　白羽肉鸡产业链各环节利润

月度	祖代利润 ［元/(套·月)］	父母代利润 ［元/(套·月)］	商品鸡利润 （元/只）	屠宰利润 （元/千克）
2021 年 11 月	78.02	−12.22	0.72	0.08
2022 年 11 月	103.76	16.73	1.09	−0.41
年度平均	18.21	−3.66	1.89	−0.37

3. 白羽肉鸡预期形势

从生产周转规律看，到春节前毛鸡出栏量呈减少的趋势；从消费情况看，四季度是传统餐饮消费旺季，但受疫情影响人员流动减少，大中专院校或提前放假，抑制了鸡肉消费；从生产各环节看，仅屠宰仍在亏损，其他环节保持盈利，但由于饲料价格上涨，全产业链收益较低；从市场形势看，猪价和鸭价都在回落，不利于鸡肉消费增加；从行业情绪看，生产者对后市预期增强，虽然鸡肉价格仍难以上涨，但补栏扩生产的积极性明显提升。综合来看，后续形势为"供需双降"，未来 1～2 个月新冠疫情发展状况是市场价格的主要影响因素，新冠疫情形势好转后，市场价格会有回升。下半年产业转亏为盈，年度为偏低盈利水平。预计全年产量减少 8%～9%。

（三）黄羽肉鸡生产形势

1. 黄羽肉鸡产能

2022 年 1—11 月全国黄羽肉鸡累计出栏 34.0 亿只，同比减少 8.9%，位于历史低位；产量 428.3 万吨，较上年同比减少 9.4％。2022 年 11 月全国黄羽肉鸡出栏量环比增加 1.7％，为年内最大；2022 年 11 月上市黄羽肉鸡企业（温氏股份、立华股份和湘佳股份）出栏量环比、同比均呈减少趋势，累计出栏量同比增幅不到 1％，其中温氏股份累计出栏同比降幅达 2.3％，由于温氏股份出栏量占比大，带动了整体上市企业出栏量的下降。此外，业内普遍认为，2022 年下半年黄羽肉鸡社会养殖户商品肉鸡的养殖体量是 2015 年以来相同季节最小的。

2022 年 11 月黄羽祖代种鸡存栏高于年均线 1.4％。2020 年之前，黄羽祖代种鸡呈现不断上升的趋势，2020 年之后基本上呈大幅度的横向波动，当前比年均线略高，也开始出现一个季节性的下降。祖代在低位徘徊，同时补栏量也降至一个很低的位置，接近 2018 年以来的最低值。

2022 年 11 月黄羽父母代种鸡存栏量低位徘徊，补栏量降至 504 万套，低于年均线 2.1％。2022 年是进入 2020 年之后持续性下降的第三年，且在产存栏量处于历史偏低位置，但并没有达到历史最低。但需要注意的是，黄羽父母代种鸡单位产能水平非常低，低于常规值 15％，这意味着父母代种鸡虽然有当前规模的存栏量，但是每月销售出去的商品代雏鸡数量是比较少的。目前，雏鸡产能处于历史低位，养殖户面对低迷的市场行情，谨慎心理增强，补栏积极性降低，且 11 月父母代种鸡场盈利再度减少，预计至春节前种鸡存栏量会持续低位。2022 年 1—11 月商品代雏鸡销量 36.3 亿只，较上年同比减少5.1％（表 15）。

表 15　黄羽肉鸡月度产量情况

单位：万套，亿只

月度	祖代			父母代			商品代	
	存栏	累计补栏	在产存栏	存栏	累计补栏	在产存栏	存栏	累计补栏
2022 年 11 月	217.3	—	151.9	6 556.9	6 016.3	3 814.9	9.9	36.3
2021 年 11 月	208.9	—	146.1	6 636.4	5 966.7	3 818.1	10.0	38.2
同比（％）	4.0	—	4.0	−1.2	0.8	−0.1	−1.4	−5.1

2. 黄羽肉鸡市场收益

2022 年各地黄羽肉鸡市场毛鸡价格均呈下降走势，华南等主产区毛鸡价格降幅更大，一度击穿成本线。2022 年 11 月全国毛鸡销售价格环比下降 8.1％，同比涨幅为 13.4％；上市企业毛鸡销售价格环比降幅为 14.5％，同比上升9.1%。白条鸡市场价格在持续9个月的横向波动后，近一年稳定上涨，走势与监测数据一致（表16）。至11月底及12月初，各地疫情防控逐渐放开，各地鸡价开始强势回升，个别日涨价达到2元/千克以上，至12月7日各类产品价格都回到成本线以上，近期保持稳定。如果后续疫情状况稳定，预计后续鸡价会保持微幅震荡，上涨的可能性偏低。

表16　黄羽肉鸡各生产环节产品价格

月度	父母代雏鸡（元/套）	商品代雏鸡（元/只）	出栏毛鸡（元/千克）	白条鸡（元/千克）
2021年11月	10.06	1.73	16.42	21.89
2021年12月	10.67	1.83	16.91	22.01
2022年1月	10.34	1.98	16.60	22.60
2022年2月	9.67	2.03	16.81	22.98
2022年3月	8.83	1.89	15.32	22.66
2022年4月	8.86	1.82	14.87	22.67
2022年5月	8.84	1.99	15.56	22.92
2022年6月	8.93	2.22	16.60	23.18
2022年7月	9.56	2.43	18.16	23.80
2022年8月	9.77	2.81	19.55	24.25
2022年9月	9.20	2.80	20.59	24.85
2022年10月	9.25	2.52	20.25	25.45
2022年11月	9.16	2.27	18.61	25.76

从雏鸡交易市场来看，虽然2022年7月以来毛鸡价格处于高位，养殖获利颇丰，但雏鸡价格一直处于偏低位置，在成本线附近徘徊，父母代种鸡场难有收益。11月进入补栏淡季，雏鸡价格再次降低，月均价环比下降9.8%。主要原因，一方面，散户大量减少，有专业人士称"与2021年相比，几乎减少60%以上"，少量仍在进行生产的散户补栏谨慎，市场稍有风吹草动就延缓补栏节奏；近期饲料价格上涨，市场价格震荡，且临近年底，补栏积极性反而降低。另一方面，不同雏鸡销售方式上存在差异，公雏鸡与母雏鸡畅销程度不同，部分鉴别后的雏鸡存在滞销问题，进行打包处理的滞销雏鸡拉低了雏鸡的整体价格；这也是2022年虽然黄羽商品鸡市场盈利较好，但是父母代市场盈利仍然偏低的重要原因之一。

整体来讲，2022 年上半年黄羽肉鸡产业处于亏损状态，而到下半年扭亏为盈（表 17）。2022 年产业利润主要集中在商品鸡养殖板块；祖代与以往水平基本持平，处于低位水平；父母代利润相对较少（表 18）。

表 17　黄羽肉鸡全产业链收益

月度	月度收益（元/只出栏肉鸡）	年度平均（元/只出栏肉鸡）
2021 年 11 月	6.69	4.32
2021 年 12 月	7.91	4.60
2022 年 1 月	8.00	8.00
2022 年 2 月	7.35	7.68
2022 年 3 月	3.55	6.29
2022 年 4 月	3.83	5.63
2022 年 5 月	4.42	5.41
2022 年 6 月	6.11	5.53
2022 年 7 月	9.74	6.13
2022 年 8 月	11.77	6.84
2022 年 9 月	13.40	7.59
2022 年 10 月	11.97	8.07
2022 年 11 月	8.31	8.09

表 18　黄羽肉鸡产业链各环节利润

月度	祖代利润[元/(套·月)]	父母代利润[元/(套·月)]	商品鸡利润（元/只）
2021 年 11 月	20.15	−1.48	6.69
2022 年 11 月	16.32	2.32	7.98
年度平均	17.95	2.49	7.64

3. 黄羽肉鸡后市预期

从种鸡周转规律看，存栏量位于历史中等偏低水平，雏鸡产销量为历史同期低位。从商品养殖场补栏情况看，7 月补栏量开始增加，已高于上年同期，但仍低于 2018—2020 年同期水平，处于逐渐恢复的阶段，至 10 月出栏量有所增加，11 月小幅增加，但仍处于历史同期低位。从生产规律看，12 月出栏量将小幅减少。从生产端各环节盈利情况看，父母代生产已盈利 5 个月，但至 11 月再次减少，目前已接近盈亏平衡点；商品养殖收益大幅下降，在扣除养殖户的基本收益（约 3 元/只）后，生产企业仍有较好收益，但 11 月下旬受疫情影响出现亏损。从消费市场看，往年年底是消费旺季，但 2022 年 11 月受到新冠疫情的影响，需求不振，市场价格至今仍未恢复。此外，近期猪肉和鸭肉价格下降，叠加各地的新冠疫情发展，进一步抑制了消费需求的恢复。综合来看，2022 年 12 月行情持续低迷，预计全年出栏量减幅约为 9%；下半年产业形势较上半年有明显好转，全年有望盈利，产业年度收益好于 2021 年。

五、2022 年我国肉鸡贸易形势

吕向东在"2022 年肉鸡贸易形势分析"报告中，介绍了我国及全球农产品贸易情况，并重点分析了肉鸡贸易形势。

（一）国际农产品贸易形势

1. 国际农产品供应

从国际上来看，2022 年全球粮食生产形势整体上是比较稳定的。虽然新冠疫情和俄乌冲突等产生了一些影响，但是全球粮食产量基本上与 2021 年持平，库存消费比也处于历史高位，高达 29%。巴西、俄罗斯等主产国产量预计创历史新高（表 19）。从历史趋势来看，2022 年全球粮食供给方面还是呈现了一个比较好的形势。

表 19   国际粮食产品供需平衡预测表

指标	FAO（联合国粮农组织）12 月预测		USDA（美国农业部）12 月预测		国际谷物理事会（IGC）11 月预测	
	2022/2023 年度	同比	2022/2023 年度	同比	2022/2023 年度	同比
产量	2 852.1	−0.7%	2 836.9	−1.0%	2 854.3	−0.5%
供给	3 689.9	−0.1%	3 698.1	−1.1%	3 642.6	−0.5%
消费	2 859.9	−0.1%	2 857.9	−0.8%	2 868.8	−0.2%
贸易	596.3	1.7%	615.6	−0.1%	579.3	−0.5%
期末库存	829.8	−0.9%	837.1	−2.8%	773.8	−1.8%
库存消费比	29.0%	—	29.3%	—	27.0%	—

2. 国际农产品价格

2022 年 11 月粮农组织食品价格指数平均为 135.7 点，环比下跌 0.1%，连续 8 个月下跌，接近上年同期水平，其中植物油价格指数已回落至上年同期水平以下。农产品价格，除疫情外，最主要还是受到俄乌冲突的影响，2022 上半年已经到历史最高的水平。乌克兰是重要的玉米、葵花油出口国家，实际占比作用较小，但可能就是由于这种不确定性的预期，增加国际市场对价格、行情的放大作用，导致出现价格暴涨暴跌。黑海粮食外运协议达成以来，乌克兰农产品已累计出口 1 390 万吨。随着乌克兰农产品的外运开启，不确定性的预期因素对国际市场的价格、供需的影响已经逐步消退，当前的价格基本上回到 2021 年俄乌冲突之前的水平。国内大豆价格与国际市场价格涨跌趋势相同，大米、小麦、玉米价格受国际影响不是特别大；虽然国内大米、小麦、玉米价格也有一定的波动，由于我国实行配额管理，国内波动程度没有国际市场剧烈。

（二）我国农产品贸易形势

1. 农产品贸易基本情况

由于农产品价格处于历史新高，价格的增长抑制了贸易量的增长，我国大宗农产品进口量呈现出一个较大幅度的下降。虽然主要农产品进口量较上年下降，但是由于进口价格较高，农产品进口额仍出现增长。2022 年 1—11 月我国农产品贸易总额 3 032 亿美元，较上年同比增长 10.1%；进口 2 139 亿美元，较上年同比增长 7%；出口 894 亿美元，较上年同比增长 18.5%；逆差 1 245 亿美元，较上年同比扩大 0.1%。其中，小麦、大豆、棉花、食糖呈量减额增，玉米、食用植物油、猪肉及猪杂碎等呈量额齐减。2022 年前五大进口来源国为巴西、美国、东盟、欧盟、新西兰；受中美一阶段协议结束影响，自美大宗农产品进口量大幅下降。

2022 年粮棉油糖大宗产品进口量明显下降，并没有导致国内供给短缺。仅仅从植物油来说，2022 年植物油进口实际上比上年少了 40%～50% 的水平，但是国内并没有感觉到植物油短缺。一方面，2022 年进口的回落是受国际市场价格、国内消费市场影响的回落。受新冠疫情影响，居民消费，尤其是户外餐饮，对油或者是肉的需求大幅下降。另一方面，2022 年进口的回落也是基于正常需求下的回落。中美协议 2020 年和 2021 年从美国要多进口农产品，包括玉米、大豆、猪肉，在此背景下，2020 年和 2021 年的贸易额、贸易量要比正常水平要高一些，但不可能年年都增加采购，出现回落是正常趋势。

2022 年我国农产品出口保持快速增长，欧美严重通胀背景下对我国蔬菜、水产品等性价比高的优势出口产品需求增强，拉动我国农产品出口增长。除水果和粮食外所有大类农产品出口均实现增长。我国前五大出口市场为东盟、欧盟、日本、中国香港、美国。

2. 分类农产品贸易情况

谷物贸易情况。2022 年 1—10 月谷物进口 4 704 万吨，较上年同比下降 17%。其中，大米和高粱进口量为 545 万吨和 954 万吨，分别增长 39.9% 和 16.6%；小麦、玉米和大麦进口量为 787 万吨、1 901 万吨和 475 万吨，分别下降 2.6%、27.5% 和 52.2%。2022 年 1—10 月谷物出口 200 万吨，较上年同比下降 8.7%；其中，大米出口 181 万吨，下降 11.9%。

食用油籽和植物油贸易情况。2022 年 1—10 月食用油籽进口 7 668 万吨，较上年同比下降 8.4%。其中，大豆进口 7 318 万吨，下降 7.4%；油菜籽进口 94 万吨，下降 55.8%；花生进口 61 万吨，下降 37.2%；芝麻进口 96 万吨，下降 4.1%。2022 年 1—10 月食用植物油进口 505 万吨，较上年同比降 48.2%。其中，棕榈油进口 345 万吨，下降 34.3%；菜籽油进口 80 万吨，下降 59.6%，葵花油进口 36 万吨，下降 66.7%；豆油进口 22 万吨，下降 79.8%。9 月和 10 月食用植物油进口量均超 2021 年同期。

食糖和棉花贸易情况。2022 年 1—10 月食糖进口 402 万吨，较上年同比下降 13.4%；棉花进口 167 万吨，较上年同比下降 19.8%。

畜产品贸易情况。2022 年 1—10 月畜产品进口 427.7 亿美元，较上年同比下降 3%；出口 53.1 亿美元，较上年同比增长 9.7%；贸易逆差 374.6 亿美元，较上年同比缩小 11.9%。2022 年 1—10 月肉类进口 604 万吨，较上年同比下降 25%。其中，猪肉进口 137 万吨，下降 57.5%；猪杂碎进口 85 万吨，下降 25.5%；牛肉进口 220 万吨，增长 12.9%；羊肉进口 30 万吨，下降 15.7%；禽产品进口 112 万吨，下降 7.6%。2022 年 1—10 月奶粉进口 115 万吨，较上年同比下降 15.8%。

水产品贸易情况。2022 年 1—10 月水产品出口 189.7 亿美元，较上年同比增长 8.7%；进口 192.6 亿美元，较上年增长 34.7%；贸易逆差 2.9 亿美元，首现贸易逆差。其中，墨鱼及鱿鱼出口 39.3 亿美元，增长 23.7%；鳕鱼出口 15.7 亿美元，增长 27.8%；加工鳗鱼出口 8.6 亿美元，下降 12.6%；加工罗非鱼出口 9.1 亿美元，下降 4.7%；对虾出口 8.5 亿美元，下降 18.1%；对虾进口 50 亿美元，增长 68.1%。

蔬菜贸易情况。2022 年 1—10 月蔬菜出口 141.3 亿美元，较上年同比增长 12.8%；进口 8 亿美元，较上年同比下降 15%；贸易顺差 133.3 亿美元，较上年同比扩大 15.1%。其中，加工蘑菇出口 16.1 亿美元，增长 83.9%；鲜大蒜出口 14.8 亿美元，下降 10.8%；干辣椒出口 5.7 亿美元，增长 12.4%；干大蒜出口 5 亿美元，增长 7.4%；干蘑菇出口 5 亿美元，下降 31.4%；生姜出口 2.9 亿美元，下降 43.2%。目前我国优势产品出口仍呈现大幅增长趋势。

水果贸易情况。2022 年 1—10 月水果出口 53.8 亿美元，较上年同比下降 10.1%；进口 135.3 亿美元，较上年同比增长 5%；贸易逆差 81.5 亿美元，较上年同比扩大 18.1%。在出口端，苹果出口 7.9 亿美元，下降 30.3%；柑橘出口 6.6 亿美元，下降 36.7%；葡萄出口 5.4 亿美元，下降 8.9%；梨出口 4.1 亿美元，下降 19.9%。进口端，榴莲进口 35.2 亿美元，下降 13.2%；樱桃进口 22.3 亿美元，增长 21%；香蕉进口 10.1 亿美元，增长 16.9%。自 2019 年来，水果贸易逆差扩大趋势十分显著，尤其像榴莲、樱桃和香蕉等热带水果进口增长显著。

（三）我国肉鸡贸易

1. 全球肉鸡生产市场贸易形势

据美国农业部 2022 年 10 月预测数据，2022 年全球鸡肉贸易量预计达 1 363 万吨，增长 2.6%。受中国、欧盟等需求增长拉动，2023 年全球出口将增长 4%，达到创纪录的 1 410 万吨。主要出口国，巴西出口 463 万吨，增长 9.5%；美国出口 327 万吨，下降 2.7%；欧盟出口 175 万吨，下降 4.8%。主要进口国，日本进口 112 万吨，增长 3.5%；墨西哥进口 92 万吨，下降 0.2%；英国进口 92 万吨，增长 32.8%。

2. 我国肉鸡及产品贸易情况

2022 年 1—10 月我国肉鸡产品贸易出口量 44.6 万吨，出口额 15.5 亿美元，较上年同期分别增长 22.2% 和 22.1%；进口量 110 万吨，进口额 34.2 亿美元，较上年同期分别下降 7.8% 和增长 22.4%；贸易额逆差 18.7 亿美元，较上年同期扩大 22.8%（表 22）。

我国肉鸡产品主要进口来源国仍以巴西、美国为主，两国进口额均有增长，进口量均有减少；此外，从俄罗斯进口量已超过 10 万吨，增长明显（表 20）。冻鸡爪和冻鸡翼是最大的两类进口产品，冻鸡爪主要来自美国、巴西和俄罗斯等，冻鸡翼主要来自巴西和泰国等（表 23 至表 24）。2022 年 1—10 月冻鸡爪总计进口额 21.7 亿美元，增长 45.6%；进口量 56.1 万吨，增长 4.4%；冻鸡翼总计进口额 8.9 亿美元，增长 9.6%；进口量 27.2 万吨，增长 4.6%。

我国肉鸡产品出口市场主要是日本和中国香港，2022 年 1—10 月出口量与出口额均有增长，且与往年相比较为稳定（表 21）。主要出口产品类别为加工鸡肉产品，主要出口市场是日本等（表 25）。出口中国香港地区的鸡肉产品主要为冷鲜整鸡（表 26）。

表 20　2022 年 1—10 月肉鸡产品主要进口来源地

国家（地区）	进口额（亿美元）	进口额同比	进口量（万吨）	进口额同比
合计	34.2	22.4	110.5	−7.8
巴西	12.6	9.3	47.4	−9.7
美国	10.6	19.6	29.7	−20.4
泰国	3.1	12.6	7	−20.2
俄罗斯	3.1	53.8	10.9	11.7
阿根廷	1.7	32.9	6.2	−0.2

表 21　2022 年 1—10 月肉鸡产品主要出口市场

国家（地区）	进口额（亿美元）	进口额同比	进口量（万吨）	进口额同比
合计	15.5	22.1	44.6	22.2
日本	7.2	9.5	16.8	16.1
中国香港	4.3	0.9	13.3	3
荷兰	0.62	84.4	1.7	50.2
马来西亚	0.57	84.6	2.2	76.6
英国	0.56	186.4	1.5	152.4

表 22　2022 年 1—10 月肉鸡产品进出口数量及金额

项　　目	进口额（万美元）	进口额同比（%）	进口量（吨）	进口量同比（%）	出口额（万美元）	出口额同比（%）	出口量（吨）	出口量同比（%）
种鸡，重量≤185 克	1 690	−51.4	29	−55.8				
其他鸡，重量≤185 克	—	—	—	—	129	−23	112	−19.1

（续）

项　　目	进口额 （万美元）	进口额 同比 （%）	进口量 （吨）	进口量 同比 （%）	出口额 （万美元）	出口额 同比 （%）	出口量 （吨）	出口量 同比 （%）
整只鸡，鲜或冷的	—	—	—	—	22 097	1.5	58 352	−1.5
整只鸡，冻的	891	44	5 486	25.1	756	12.1	2 454	16.4
鲜或冷的带骨鸡块					566	4.4	1 372	3
鲜或冷的其他鸡块					47	6.3	111	0.2
鲜或冷的鸡翼（不包括翼尖）					4.3	−27.1	10	−29.4
鲜或冷的其他鸡杂碎					46	−26.7	129	−26.8
冻的带骨鸡块	22 772	−24.7	204 796	−29.8	3 482	−13.4	18 781	−0.7
其他冻鸡块	112	−91.2	527	91.9	19 720	50.2	96 053	53
冻的鸡翼（不包括翼尖）	89 394	9.5	272 221	4.6	1 190	70.9	3 242	98.5
冻鸡爪	216 604	45.6	560 532	4.4	21	523.3	72	188.9
其他冻鸡杂碎	9 921	−21.6	55 900	−39.1	330	78.8	3 489	156.4
冷、冻的鸡肫（即鸡胃）	1 084	−11.6	5 138	−16.8				
鸡罐头	6.2	428.9	15	278	3 690	26	14 263	23.7
其他制作或保藏的鸡胸肉	2.3	—	3.6	—	30 282	31.7	82 860	26
其他制作或保藏的鸡腿肉					48 407	28.3	112 030	24.8
其他制作或保藏的鸡肉及食用杂碎					24 358	11.3	53 049	7
总计	342 476	22.4	1 104 649	−7.8	155 124	22.1	446 379	22.2

表 23　2022 冻鸡爪主要进口来源地

国家（地区）	进口额 （亿美元）	进口额同比 （%）	进口量 （万吨）	进口额同比 （%）
合计	21.7	45.6	56.1	4.4
美国	9.7	28.4	21	−11
巴西	4.2	38.1	13.7	−0.3
俄罗斯	2.3	83.8	7.1	25.7
泰国	1.8	25.7	3.7	−18.1
白俄罗斯	1.3	334.8	3.3	164.8

表 24　2022 年冻鸡翼主要进口来源地

国家（地区）	进口额（亿美元）	进口额同比（%）	进口量（万吨）	进口额同比（%）
合计	8.9	9.6	27.2	4.6
巴西	6.2	9.1	17.3	7.9
泰国	0.97	17.1	2.3	10.3
俄罗斯	0.8	12.3	3.5	2.3
阿根廷	0.44	−9.1	2.4	−11.1
白俄罗斯	0.31	40.1	0.82	27.9

表 25　2022 年加工鸡肉产品出口市场

国家（地区）	出口额（亿美元）	出口额同比（%）	出口量（万吨）	出口额同比（%）
合计	10.3	24.7	24.7	20.9
日本	7.2	19.5	16.7	16.1
中国香港	1.2	−0.5	3.1	0.2
荷兰	0.62	84.4	1.7	50.2
英国	0.56	186.4	1.5	152.4
韩国	0.22	38.7	0.56	32.5

表 26　2022 年出口鲜冷整鸡和市场

出口市场	出口额（亿美元）	出口额同比（%）	出口量（万吨）	出口量同比（%）
合计	2.2	1.5	5.8	−1.5
中国香港	2.0	2.5	5.2	0.6
中国澳门	0.2	−5.1	0.64	−7.7

（四）我国农产品贸易特点

　　整体来看，2022 年我国农产品贸易较为突出的一个特点是农产品出口首破千亿元。受农产品价格上涨影响，全年出口额将接近或超过 1 000 亿美元。

　　大米：进口量创历史新高。随着国际玉米和小麦价格回落，大米作为替代饲料的优势逐渐下降，且印度一度出台禁止碎米出口、征收大米出口关税等限制措施，预计我国大米进口增长将有所放缓，全年进口量在 600 万吨左右。由于年初进口量有部分为上年订单到港，所以本年度配额实际进口量应在配额范围内。继玉米、小麦之后，三大主粮都实现了高配额完成率。

小麦：进口量接近配额量。2022 年国际小麦价格下行，我国加大了采购力度，10 月进口量显著回升，达 124 万吨，环比增长 2.4 倍。预计后续小麦到港量也将保持较高水平，全年进口量将在 963.6 万吨的配额量左右。

玉米：进口多元化水平提高。随着生猪存栏量回升，我国玉米饲用需求稳中有增。但受美国、欧盟等预期减产影响，国际玉米价格将保持高位运行，抑制我国玉米进口增长，预计全年进口约 2 100 万吨。进口来源方面，2022 年我国开放了自缅甸和巴西玉米进口，玉米进口多元化水平进一步提高。

大豆：进口量较为平稳。2022 年下半年以来，由于国际大豆价格下行，国内生猪产能回升带动豆粕消费需求和企业补库需求增长，我国加大了大豆采购力度。11 月我国大豆进口量 734.2 万吨，预计 12 月大豆到港量将增至 1 000 万吨，全年大豆进口量在 9 100 万吨左右。

食用植物油：进口量减少四成。国内新冠疫情形势持续紧张，餐饮消费低迷，食用油需求不振，预计第四季度食用植物油进口增长幅度有限，全年进口 700 万吨左右，比上年减少近四成。

猪肉：全年进口量大幅下降。第三季度我国生猪价格环比大幅上涨，带动国内生猪存栏量和饲料需求提高。国内猪价回暖与年底猪肉消费旺季相叠加，共同拉动猪肉进口继续增长，预计全年进口 170 万吨。

六、2022 年国际肉鸡产业发展形势

张怡在"2022 年国际肉鸡产业发展形势"报告中，分析了国内外肉鸡贸易发展的形势，以及经济政策研究进展情况。

（一）国际肉鸡供需形势

1. 国际肉鸡生产

根据 USDA（美国农业部）的预测分析数据，2022 年全球肉鸡产量为 10 093.1 万吨，保持了持续增长的趋势，但受全球粮价上涨、新冠疫情及全球多地禽流感疫情的影响，全球肉鸡产量增长幅度较小，增长率由 2021 年的 1.26% 下降至 0.42%。USDA 预测数据显示，2023 年全球肉鸡产量可能达到

10 273.6 万吨，增长率为 1.79％。

从主产国来看，四大肉鸡主产国（地区）依然是美国、巴西、中国和欧盟。四大主产国（地区）的肉鸡产量在 2022 年达到 6 046.5 万吨，产量占世界总产量的 59.91％。从新兴市场经济体国家来看，排名前四位的是俄罗斯、墨西哥、泰国和阿根廷。

美国和欧盟尽管受到高致病性禽流感和高投入价格的影响，但其肉鸡产量仍然随着国内需求的增加保持了一个相对稳定的增长态势。我国由于产能去化、饲料价格上涨，导致养殖成本上升，叠加国内生猪产能恢复的影响，中国肉鸡生产比 2021 年减少了 40 万吨，下降 2.72％。虽然巴西国内对禽肉消费需求依然强劲，但是受到天气的影响，巴西饲料作物有所减产，肉鸡产量受到轻微的影响，比 2021 年下降了 0.69％。

在新兴市场经济体国家中，俄罗斯由于从欧盟引进了大量的雏鸡和孵化蛋，肉鸡产量增长至 475 万吨，增长率达到 3.26％。哥伦比亚、土耳其、墨西哥等国受其国内需求增长的影响，肉鸡生产也有所增长，保持了一个相对较高的增长率。

2. 国际肉鸡贸易

2022 年世界肉鸡出口量为 1 363 万吨，增长 2.57％。进口量达到 1 101.3 万吨，增长 1.65％。USDA 预测，2023 年世界肉鸡的进口量和出口量都将继续增长，出口量预计增长至 1 413.4 万吨，增长率为 3.7％；进口量将达到 1 148.8 万吨，增长率为 4.31％。世界肉鸡出口国前四名依然是巴西、美国、欧盟和泰国。

结合出口增长率来看，2022 年第一大出口国巴西出口量是继续增长，增长率达到 9.47％。由于巴西肉鸡的价格具有竞争力，以及欧盟市场的准入放宽，拉动了巴西肉鸡的出口增长。美国和欧盟受高致病性禽流感大范围暴发的影响，以及禽流感导致的鸡肉价格大幅上涨，在一定程度上抑制了美国和欧盟的肉鸡出口。虽然美国和欧盟的肉鸡出口的总量仍然位列第二名和第三名，但是出口量上都有所下降，分别比上年下降了 2.65％和 4.79％。新兴市场经济体国家中，土耳其、泰国、阿根廷和俄罗斯保持了一个相对较高的增长率。

从进口量来看，前四名分别是日本、墨西哥、英国和欧盟。日本以 111.5 万吨的进口量仍然位列世界肉鸡进口国第一名。结合进口增长率来看，英国和欧盟因受高致病性禽流感疫情冲击，肉鸡生产受限，进口量大幅上涨。2022 年，英国肉鸡进口量是 91.5 万吨，增长率达到 32.8％，成为全球肉鸡进口增长率最高的国家，与墨西哥并列为肉鸡进口国的第二名。欧盟的进口量是

77.5 万吨，增长了 20.16%。美国国内肉鸡产量虽然增长，但是受到国内消费需求的拉动，进口也保持了 22.22% 的高增长率。受中国国内肉鸡需求下降的影响，还有沙特阿拉伯实施了进口限令的影响，中国和沙特阿拉伯肉鸡进口明显下降，中国下降了 17.62%，沙特阿拉伯下降了 18.7%。

（二）我国肉鸡生产与贸易概况

1. 我国肉鸡生产量和消费量

根据 USDA 的预测分析数据，2022 年我国肉鸡产量小幅缩减为 1 430 万吨，比 2021 年减少 40 万吨，下降了 2.72%。肉鸡的消费量为 1 440 万吨，比上年减少 63.2 万吨，下降了 4.2%。生产量消费量下降原因：一方面是因为 2022 年国内肉鸡饲养成本居高不下，叠加行业产能去化的影响，肉鸡产量有所下降。另一方面是国内生猪产能恢复、猪肉消费回暖，取代一部分肉鸡消费需求。随着后期猪价阶段性上涨，以及我国新冠疫情防控进入新阶段，都将提振国内肉鸡的消费需求。

2. 我国肉鸡进口量和出口量

2022 年我国肉鸡进口量继 2021 年持续下降，降至 65 万吨，降幅达到 17.62%；出口量继 2021 年持续增长，增至 55 万吨，增幅高达 20.35%。进口量下降的原因，主要是由于部分需求转向猪肉消费、国内需求下降，导致肉鸡的进口受到影响。出口量增长原因：一方面，因为我国没有发生大规模的禽流感，而且新冠疫情得到有效控制，所以拉动国际市场对我国肉鸡的需求。另一方面，受俄乌冲突的影响，我国对肉鸡出口结构进行了调整，加大了对东亚和东南亚地区的出口比例。

（三）国际肉鸡产业技术与经济政策研究进展

遏制禽流感蔓延成为重中之重。2022 年国际新一轮禽流感病毒大规模暴发，世界很多国家的家禽产业都受到了不同程度的影响，美国、日本、欧盟等国家和地区因为禽流感而捕杀的家禽数量基本上都达到了历史最高水平，欧洲已经有 37 个国家受到禽流感疫情的影响。严重的禽类生产危机也倒逼多个国家升级管控手段。例如，科威特采取了区域化管理模式，荷兰养殖户被强制限制家禽饲养的规模，英国所有家禽都要实行禁闭养殖。

多重创新助力雏鸡肠道健康。2022 年 10 月 30 日至 11 月 1 日，WATT 家禽技术峰会在美国亚特兰大举行，OPTUM 免疫公司和 AGRITX 公司分享了促进雏鸡肠道健康的创新方法。一是用蛋黄饲料添加剂降低肉雏鸡的死亡率，提高生产性能；二是营养蛋涂层改善肠道健康；三是口服灭活疫苗，预防家禽肠道病原体。

新技术改善家禽球虫病防控困境。2022 年 11 月，美国 TARGAN 公司在球虫病防控方面取得了一项最新进展，即采用传送带式鸡只球虫病疫苗接种系统，能够同时给雏鸡接种球虫病疫苗、新城疫疫苗。目前首批商用系统已安装到位用于试验，有效地改善了球虫病防控困境，未来将广泛应用。

智能化赋能肉鸡福利养殖。2022 年 6 月，美国食品与农业研究基金会（FFAR）积极推动新的肉鸡福利解决方案的应用实施。新的解决方案使用了基于视觉和音频的应用技术进行检测，向养殖者预警肉鸡养殖潜在的问题，更有利于追踪动物福利的量化进程，从而更好评估肉鸡福利养殖水平，提高肉鸡养殖者的生产效率。

智能工厂助力肉鸡屠宰加工。2022 年 9 月，佐治亚理工学院启动"未来家禽工厂"战略计划，开发能够远程操作机器人的 VR 技术，用于在家禽产品屠宰加工过程中的切割和操作功能。这一屠宰新模式的应用可有效实现实时监控，改善员工健康状况和工作条件。从长远来看，人工智能和机器人技术应用将会在家禽屠宰加工新模式中扮演重要角色。

人造肉提供肉类替代品新可能。2022 年 11 月，人造肉生产商 Upside Foods 制造的细胞培养鸡肉通过了 FDA（美国食品药品监督管理局）审查。细胞培养鸡肉经由活体动物细胞培育而成，与传统鸡肉产品相比，更富矿物质元素，可有效节约生产资源。根据元哲资讯数据，全球肉类替代品市场预计在 2018—2023 年以 7.4％的复合增长率增长，到 2025 年植物性肉类市场价值将达到 83 亿美元。绿色健康的肉类替代品一定程度上能缓解庞大的肉类需求压力，发展前景广阔，但未来势必会与传统肉类制品形成竞争局面。

（四）我国肉鸡产业技术与经济政策研究进展

力促畜禽种业振兴。新修订的《中华人民共和国畜牧法》规定了列入畜禽遗传资源目录的基本条件，完善了资源保护、种畜禽生产经营许可管理等相关规定。2022 年 11 月，国家育种联合攻关工作推进会强调把主要粮食与畜禽育种攻关摆在突出位置。在一系列育种政策组合的引导下，我国畜禽良种繁育推广工作取得突破进展。2022 年我国白羽肉鸡自主品种市场推广速度远超预期，良种繁育工作取得的坚实成果也为实现现代畜牧业高质量发展提供了有力支撑。其中，圣农集团目前已经具备 1 750 万套父母代的供种能力，在其"十四五"规划中，产能将从 5 亿羽增加到 10 亿羽，祖代种鸡产能将占国内市场的

40%，并进军国际白羽肉鸡原种市场。新广农牧有限公司在 2022 年父母代种鸡的订单达到 20 万套，在其"十四五"规划中，白羽祖代种鸡供种能力将达到 20 万套，父母代种鸡 2 000 万套，市场占有率达到 10%。

种源疾病净化机制进一步优化。在种源疾病净化方面，哈尔滨兽医研究所的检测试剂盒技术获得国家一类新兽药证书，被中国动物疫病防控中心指定为我国种源性禽白血病检测专用试剂盒，为良种繁育的种源安全提供了强有力的保证。2022 年 9 月 14 日，农业农村部印发《全国畜间人兽共患病防治规划（2022—2030 年）》，强调实行人病兽防、关口前移，预防为主、预防与控制净化消灭相结合的动物疫病管控方针。农业农村部持续推进养殖标准化示范场建设，加强引导种源疫病净化规范场建设。

推进兽药综合治理。在兽药综合治理方面，2022 年 11 月 21 日，农业农村部组织召开全国兽用抗菌药综合治理工作会议。会议指出，"十三五"以来，兽药综合治理"双降"（兽药用药总量和单位动物产品产出用药量）、"双增"（兽药产值和质量抽检合格率）成效显著。中国畜牧业、兽药、肉类等 6 个协会联合发出《全产业链共同实施兽用抗菌药使用减量化行动倡议书》，倡导各部门联动破解产业链重点兽药监管难题，形成部门合力共同推进兽药综合治理工作，为促进兽药用药规范提供了坚强的政策引领。

畜禽粪污治理长效发展。2022 年 6 月 24 日，农业农村部、生态环境部联合制定了《畜禽养殖场（户）粪污处理设施建设技术指南》（以下简称《指南》）。《指南》提出按照畜禽粪污减量化、资源化、无害化处理原则，通过清洁生产和设施装备的改进，减少用水量、粪污流失量、恶臭气体和温室气体产生量，提高设施装备配套率和粪污综合利用率。提倡采用新型清粪工艺，逐步淘汰水冲粪工艺，以合理控制清粪环节用水量。

指南规范，卤味预制菜蓬勃发展。2022 年 6 月 2 日，农业农村部食物与营养发展研究所等共同参与起草的行业标准指南《预制菜》正式发布，有序引导预制菜产业逐渐向更规范、更标准、更健康的方向发展。截至 2022 年，"速冻""预制菜""半成品食品"等相关预制菜企业达到 7.2 万家，其中禽肉预制菜产品取得了不俗的发展。预制菜的蓬勃发展也将促使消费潜力进一步释放。

七、2022 年基于企业视角的肉鸡产业发展形势

肖凡和陈智武在专题报告中分别从企业视角分析了 2022 年白羽和黄羽肉鸡产业发展形势、存在问题及未来趋势。

（一）基于企业视角的白羽肉鸡产业发展形势

1. 白羽肉鸡养殖及屠宰情况

屠宰场产能。通过对比2021年和2022年白羽肉鸡屠宰场的年屠宰量，可以发现实际屠宰量增幅有限（表27）。2021年屠宰场设计日屠宰肉鸡量约为3 037万只，实际日屠宰肉鸡量约为2 405.5万只；2022年设计日屠宰肉鸡量约为3 110万只，实际日屠宰肉鸡量约为2 477万只。2022年屠宰场整体的产能利用率仍低于80%（表28）。

表27　2021年屠宰产能及正常屠宰量

地区	设计产能		正常屠宰量		屠宰产能利用率（%）
	产能（万只/天）	占比（%）	屠宰量（万只/天）	占比（%）	
山东	1 248	41.1	1 001	41.6	80.2
辽宁	699.5	23.0	553.5	23.0	79.1
东北（含辽宁）	886.5	29.3	701.5	29.3	79.1
河南、河北	317	10.4	243.5	10.1	76.8
江苏、安徽	163.5	5.5	132	5.5	80.7
福建、两广	219.5	7.2	183.5	7.6	83.6
山西、湖北	137.5	4.5	105	4.4	76.4
其他	65	2.1	39	1.6	60.0
总计	3 037	100.0	2 405.5	100.0	79.2

表28　2022年屠宰产能及正常屠宰量

地区	设计产能		正常屠宰量		屠宰产能利用率（%）
	产能（万只/天）	占比（%）	屠宰量（万只/天）	占比（%）	
山东	1 305.5	42.0	1 052	42.5	80.6
辽宁	734	23.6	585	23.6	79.7
东北（含辽宁）	911	29.3	725.5	29.3	79.6
河南、河北	336	10.8	254.5	10.3	75.7
江苏、安徽	145.5	4.7	127.5	5.2	87.6
福建、两广	219.5	7.1	183.5	7.4	83.6
山西、湖北	127.5	4.1	95	3.8	74.5
其他	65	2.1	39	1.6	60.0
总计	3 110	100.0	2 477	100.0	79.7

屠宰场开工率。2021 年全国重点屠宰企业（样本监测）的开工率为 72％。2022 年（截至 12 月 11 日）全国重点屠宰企业（样本监测）的开工率为 70％，下降的主要原因是 2022 年 4—5 月开工率偏低。

屠宰场经营模式。白羽肉鸡行业的屠宰模式主要有三种：一是"一条龙"企业，二是"半条龙"企业，三是社会鸡企业。这三种模式中半条龙的模式占比较大，为 51.60％；社会鸡企业占比 32.81％；"一条龙"企业为 15.59％（图 24）。其中，"半条龙"企业以自养鸡为主，也会接收部分合同放养鸡，还有一部分社会鸡。

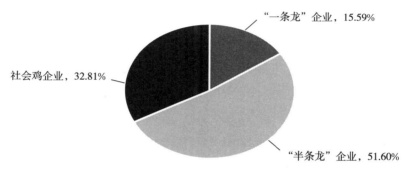

图 24　不同模式屠宰产能占比情况

屠宰场鸡源。屠宰场鸡源大部分来源自养，即自养自宰，还有一部分鸡源来自合同鸡，再有一部分是社会鸡。这其中社会鸡占的比重较大，为 46.5％（表 29）。在屠宰产能出清的约束下，为了保证屠宰量，越来越多的企业开始养种鸡，并与养殖户合作，通过绑定、担保的方式为养殖户贷款建养殖场，这壮大了"半条龙"企业的队伍。未来一段时间内，自养种鸡、与养殖端绑定的屠宰模式占比将会越来越大，并逐渐成为行业主流。

表 29　国内不同类型鸡源量

类别	出栏量（万只/天）	占比（％）
自养量	679.1	28.20
合同量	611.4	25.40
社会鸡量	1 121.0	46.50
总计	2 411.5	100

屠宰场规模。全国白羽肉鸡屠宰场的数量约 114 家，除去影响力特别弱的

企业后,不足 100 家。日屠宰量在 35 万只以上的企业数量为 20 家,正常屠宰量占比为 59.8%。日屠宰量在 50 万只以上的企业数量由 2021 年的 9 家上升为 11 家,正常屠宰量占比由 41.5% 上升至 45.0%。总体来看,屠宰场的规模化程度有所提高。

屠宰场利润。整体来看,截至 2022 年 12 月 11 日,鸡肉综合售价 10 751 元/吨,较上年同比上涨 715 元/吨,涨幅约 7.12%,价格上涨动力较强,然而由于饲料价格高企,行业盈利基本处于盈亏线上,盈利水平不及 2021 年。

商品代肉鸡养殖利润。2022 年商品代肉鸡养殖的平均利润(含设备折旧、人工成本、财务成本等)为 0.03 元/只,而 2021 年的平均利润是 −0.54 元/只,养殖盈利稍有好转。影响肉鸡养殖的利润主要有两个因素:一个是销售端的毛鸡价格,二是饲养成本。饲养成本主要由饲料价格决定,截至 2022 年 12 月 11 日,全国饲料均价为 4.36 元/千克,较上年同比上涨 0.56 元/千克,涨幅 14.74%,而毛鸡价格涨幅却不足 10%,由此可见高涨的饲料价格严重压缩了行业盈利空间(表 30)。

表 30　2021—2022 年白羽肉鸡行业盈利测算

时间	行业鸡肉综合售价(元/吨)	折合毛鸡价格(元/千克)	行业成品饲料价格(元/千克)	雏鸡成本价格(元/羽)	行业盈利水平(元/只)
2021 年一季度	10 647	8.68	3.70	2.65	2.406
2021 年二季度	10 390	8.46	3.72	2.70	1.733
2021 年三季度	9 697	7.82	3.84	2.75	−0.360
2021 年四季度	9 410	7.58	3.92	2.80	−1.305
2022 年一季度	9 690	7.82	4.10	2.85	−1.419
2022 年二季度	10 839	8.86	4.14	2.90	0.984
2022 年三季度	11 172	9.16	4.40	2.95	0.725
2022 年四季度	11 303	9.28	4.70	3.00	−0.131

2. 2023 年白羽肉鸡行业展望

种鸡供给数量起伏不定。2022 年上半年白羽肉鸡种鸡供给偏紧,下半年供给量较为宽裕。具体来看,2021 年 9 月,白羽祖代种鸡引种频繁,到 2022 年上半年也是如此,但是到 2022 年下半年引种量却出现下降的趋势。随着后续祖代种鸡的补充,预计到 2023 年下半年父母代引种量会有所提升。

终端消费给预制菜发展提供机会。随着新冠疫情的好转,经济增长迎来复苏的可能，这给新兴的预制菜产业带来了重要机遇。相关数据表明，2019—2021年我国预制菜市场规模从2 445亿元增加到3 459亿元，年均复合增长速度为18.9％，预计到2026年，预制菜市场份额会超过1万亿元。作为一个新的增长点，预制菜产业拥有广阔的蓝海空间，大型企业正加紧谋划市场阵地。

饲料成本高推高养殖成本。目前肉鸡养殖业面临的最大成本就是饲料成本。2020—2022年新冠疫情持续，加剧供应链危机，粮食阶段性供应紧张。2022年俄乌战争爆发，原油价格冲高，乌克兰种植面积减少、俄罗斯化肥出口受限，黑海谷物运输协议反复，引发全球"粮食危机"。2020—2021年美元量化宽松带来的全球通胀，导致进口原料价格走高，带动化肥价格攀升，种植成本大幅增加。上述因素对饲料影响的具体表现为玉米、豆粕价格的集体高位。国内玉米供应紧平衡，养殖需求逐步恢复，预计2023年玉米价格依旧坚挺。受到巴西的丰产预期以及人民币汇率下降的影响，2023年的全球豆粕价格会有一定程度回调。此外，气候因素不容忽视，其中的拉尼娜现象可能会造成南美大豆减产，估计豆粕价格仍然维持高位水平，较2022年小幅回调。

（二）基于企业视角的黄羽肉鸡产业发展形势

1. 国家肉鸡产业技术体系南宁试验站监测企业2022年养殖情况

从近三年产量走势情况来看，南宁试验站监测企业黄羽肉鸡产量呈逐年减少趋势。2022年1—11月黄羽肉鸡出栏522万只，2021年出栏量为584万只，2020年出栏量为1 055万只。2022年1—11月黄羽肉鸡出栏量较2021年同比减少11％，较2020年同比减少51％（图25）。

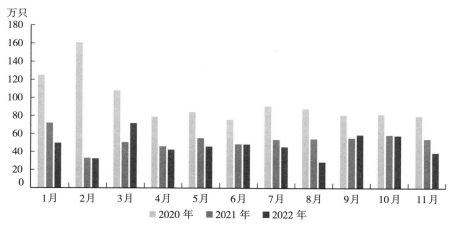

图25 南宁试验站监测企业黄羽肉鸡出栏量

　　2022 年黄羽肉鸡养殖类型以中速型为主，快速、中速和慢速型黄羽肉鸡分别出栏了 116 万只、264 万只和 141 万只。与 2021 年相比，快速型出栏量占比变化不大，中速型占比减少，慢速型有所增加，慢速型占比由 2021 年的 16.5％上升到 27％（图 26）。从饲养时间来看，快速型黄羽肉鸡没有变化，而中速型和慢速型饲养时间都在缩短。从出栏体重来看，2019—2022 年黄羽肉鸡平均出栏体重逐渐升高。其中，快速型基本不变，中速型和慢速型出栏体重在增加。目前，快速、中速和慢速型三个品种都在 2 千克左右（表 31）。出栏体重的变化与屠宰上市有很大关系，因为屠宰的适当体重是 2 千克左右，屠宰后体重较大的品种屠宰率高、损耗少，成本也相对较低。慢速型出栏体重呈现出向中速型靠拢的趋势。

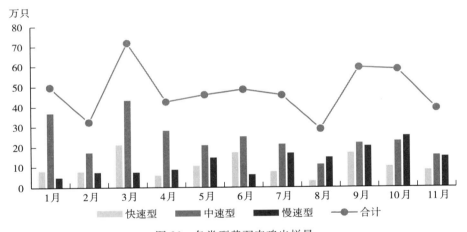

图 26　各类型黄羽肉鸡出栏量

表 31　各类型黄羽肉鸡出栏体重

单位：千克/只

月度	快速型	中速型	慢速型	平均
2022 年 1 月	2.11	2.18	1.80	2.03
2022 年 2 月	2.24	2.25	1.86	2.12
2022 年 3 月	2.11	2.18	1.75	2.01
2022 年 4 月	2.14	2.29	1.80	2.08
2022 年 5 月	2.13	2.19	1.89	2.07
2022 年 6 月	2.07	2.12	1.98	2.06

（续）

月度	快速型	中速型	慢速型	平均
2022 年 7 月	2.00	2.13	2.02	2.05
2022 年 8 月	2.15	2.06	2.18	2.13
2022 年 9 月	2.15	2.18	2.13	2.15
2022 年 10 月	2.11	2.33	2.20	2.21
2022 年 11 月	2.16	2.31	2.07	2.18
2022 年 1—11 月平均	2.13	2.20	1.97	2.10
2021 年 1—11 月平均	2.11	2.14	1.93	2.06
2020 年 1—11 月平均	2.11	2.03	1.80	1.98
2019 年 1—12 月平均	2.10	1.98	1.77	1.95

2022 年黄羽肉鸡养殖成本走势整体高位运行。养殖成本较高，主要是因为饲料价格上涨（图 27）。相比 2021 年，中速型和慢速型养殖成本变化不大，但快速型养殖成本上涨明显。由于中速型和慢速型的生长周期都在缩短，中速型从原来通常的 13～14 周的出栏时间缩短到 12 周出栏，慢速型从原来通常的 16～17 周（110～120 天）的出栏时间变到 15 周左右（100 多天）出栏，超过 15 周出栏的黄羽肉鸡比例逐渐降低，因此成本变化不大。快速型养殖时间和出栏体重没有太大的变化，随着饲料价格的上涨，养殖成本出现较为明显的上涨。

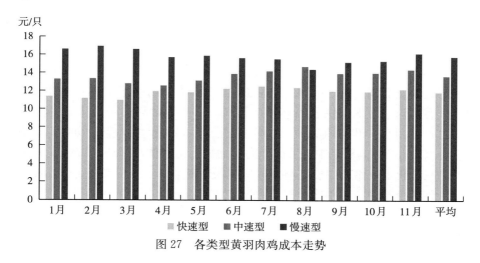

图 27　各类型黄羽肉鸡成本走势

2022 年黄羽肉鸡价格全年总体平稳。其中 2 月、3 月和 4 月价格相对较低。随着出栏量的减少，价格也呈回升趋势，5 月价格开始逐渐上升，从 6 月开始快速、中速和慢速型均全面盈利。11 月价格转而下跌，主要原因可能是来自新冠疫情的影响。

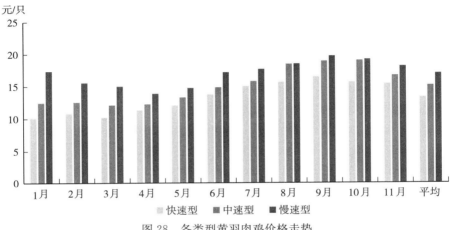

图 28　各类型黄羽肉鸡价格走势

2022 年黄羽肉鸡总体盈利。各月盈利情况来看：根据监测企业数据，2022 年 1—11 月，尽管黄羽肉鸡出栏量有所下降，饲养成本继续攀高，但由于市场总出栏量降低，价格维持较高水平，平均每只盈利 2.64 元。其中，10 月后，价格回落较快，主要与广东新冠疫情影响消费有关。随着新冠疫情造成的封控解除，价格开始上涨，全年将保持盈利。从不同类型来看：其一，出栏日龄为 50～60 天的快速型黄羽肉鸡。价格从 5 月开始上升，平均每只盈利 1.6 元左右（表 32）。利好因素主要是新冠疫情促成屠宰鸡需求上升，但同时在一定程度上受到了 817 肉鸡的竞争影响。817 肉鸡与快速型黄羽肉鸡市场有部分重叠，包括屠宰和快餐等环节。其二，中速型黄羽肉鸡。从 5 月开始盈利，也是盈利水平最高的品种。据监测数据，2022 年中速型平均每只盈利 3 元左右（表 33），主要是中速型出栏时间缩短，出栏体重适合屠宰，饲料转化比好。在售价上，由于中速型与慢速型市场逐渐重叠，消费者在屠体外观上也很难区别两个品种，故中速型售价和慢速型鸡的差距逐渐缩小。其三，慢速型黄羽肉鸡平均每只盈利 2.2 元（表 34）。慢速型前期亏损时间过长，进入 6 月盈利水平好转。由于慢速型出栏体重逐渐接近中速型，但是饲养周期较长，只均盈利能力较中速型差。另外慢速型受旅游影响较大，新冠疫情造成人员往来减少，对其消费影响较大。

表 32　快速型黄羽肉鸡盈利水平

月度	售价（元/千克）	成本（元/千克）	利润（元/只）
2022 年 1 月	10.06	11.36	−2.82
2022 年 2 月	10.78	11.16	−0.82
2022 年 3 月	10.18	10.98	−1.68
2022 年 4 月	11.32	11.96	−1.40
2022 年 5 月	12.03	11.85	0.38
2022 年 6 月	13.74	12.24	3.01
2022 年 7 月	14.97	12.52	4.93
2022 年 8 月	15.60	12.40	6.53
2022 年 9 月	16.42	12.01	9.60
2022 年 10 月	15.62	11.94	7.77
2022 年 11 月	15.36	12.20	6.79
2022 年 1—11 月平均	13.28	11.87	1.62
2021 年 1—11 月平均	10.95	10.95	−0.01
2020 年 1—11 月平均	9.33	10.56	−2.59

表 33　中速型黄羽肉鸡盈利水平

月度	售价（元/千克）	成本（元/千克）	利润（元/只）
2022 年 1 月	12.46	13.28	−1.88
2022 年 2 月	12.55	13.35	−1.77
2022 年 3 月	12.12	12.81	−1.54
2022 年 4 月	12.26	12.58	−0.70
2022 年 5 月	13.29	13.15	0.30
2022 年 6 月	14.83	13.90	1.92
2022 年 7 月	15.77	14.21	3.34
2022 年 8 月	18.43	14.72	7.70
2022 年 9 月	18.88	13.97	10.09
2022 年 10 月	19.00	14.02	10.03
2022 年 11 月	16.66	14.39	4.89
2022 年 1—11 月平均	15.11	13.67	3.08
2021 年 1—11 月平均	12.76	13.60	−1.80
2020 年 1—11 月平均	10.85	13.06	−4.47

表 34　慢速型黄羽肉鸡盈利水平

月度	售价（元/千克）	成本（元/千克）	利润（元/只）
2022 年 1 月	17.36	16.61	1.54
2022 年 2 月	15.56	16.94	−2.91
2022 年 3 月	15.01	16.61	−3.33
2022 年 4 月	13.86	15.73	−3.53
2022 年 5 月	14.74	15.89	−2.26
2022 年 6 月	17.16	15.65	2.97
2022 年 7 月	17.63	15.55	3.84
2022 年 8 月	18.46	14.41	7.13
2022 年 9 月	19.68	15.21	9.01
2022 年 10 月	19.15	15.34	6.43
2022 年 11 月	18.08	16.19	3.43
2022 年 1—11 月平均	16.97	15.83	2.20
2021 年 1—11 月平均	14.89	15.61	−1.39
2020 年 1—11 月平均	12.61	16.04	−6.13

2. 2023 年黄羽肉鸡产业形势分析

（1）行业发展形势总体判断

2022 年黄羽肉鸡产业发展形势的主要特征可以概括为：饲养量减少，价格上涨，肉鸡企业盈利。

2022 年由于原料价格持续高位，养殖成本高企，消费低迷，除少数大规模养殖企业外，多数肉鸡企业减产意愿强烈，中小养殖户基本处于停产或减少养殖批次和养殖量的状态，导致市场供应相对减少，价格基本维持在较高水平，企业盈利能力增强。

受华南新冠疫情的影响，广州等大城市封城，11 月开始市场价格急速下降，解封后价格又快速反弹，随着疫情的缓解与饲料原料价格的回调，预计后期市场比较乐观。此外，肉鸡企业的增产意愿不强，补栏相对比较理智，肉鸡产量短期内不会有较大增幅。随着饲料原料价格回调，肉鸡价格稳定，预计一部分中小散养户会进入市场，市场供应将会逐渐增加，疫情缓解形成的市场需求回暖，因此后期一段时间内肉鸡价格相对稳定。

分品种来看，快大型鸡饲养量相对稳定，主要是饲养周期短，饲料转化比低，在高价饲料的情况下具有成本优势。快速型黄羽肉鸡与 817 肉鸡相比，出栏体重占据优势，但由于部分市场重叠的情况，因此发展空间受限，需要在育种技术上有所突破，补全短板，才能有更大的发展空间。中速型和慢速型肉鸡在出栏体重上都有所增加，出栏时间也相对缩短，传统优质鸡出栏体重在1.6～1.7千克，现在肉鸡上市体重基本在1.8～1.9千克，慢速型达到这样的出栏体重，主要是为了降低饲料转化比和生产成本，以适应屠宰市场需求。

（2）行业发展面临的问题和挑战

种鸡企业仍处于全面亏损状态。尽管肉鸡企业盈利，但总体上市肉鸡量减少，特别是中小肉鸡企业肉鸡养殖量减少，因此专业雏鸡供应企业仍处于亏损状态。具体来看，中小种鸡企业基本退出市场，但2019年和2020年累积的产能扩张，仍使雏鸡的供应处于高位，市场相对过剩。饲料价格一直处于高位，特别是豆粕价格高企，叠加部分屠宰市场重叠的影响，导致黄羽肉鸡企业受到817肉鸡冲击较大，很多黄羽肉鸡养殖户改养817肉鸡，由此带来了一些市场混乱的问题，如假冒"三黄鸡"充斥市场等。

新冠疫情对行业冲击大。2022年新冠疫情对旅游业与餐饮业冲击较大，慢速型黄羽消费因此受到较大影响。例如云南，8月、9月的气候较为适宜，旅游放开，客流量上涨带动肉鸡价格上涨，最高涨至20元/千克；而新冠疫情反弹后，肉鸡价格又回调至13～14元/千克的水平。例如广州，封控期间，肉鸡价格短期跌了50%左右；解封后，肉鸡价格又快速上涨。

屠宰上市对行业发展带来挑战。屠宰上市基本形成常态，短期内对黄羽肉鸡形成较大影响。尽管主要大中城市都禁止活鸡上市，但在批发市场仍以活鸡销售为主，并且外观等性状仍是黄羽肉鸡的主要经济性状，在市场屠宰交易中仍作为消费者评判产品质量的重要标准。此外，817肉鸡等低成本小型白羽肉鸡占据一部分原来的低中端市场，但由于传统的黄羽肉鸡屠宰市场大多需要2千克左右的肉鸡，817肉鸡在体重上不占优势，消费市场受到一定的限制。产业销售方式的变化对817肉鸡企业和黄羽肉鸡企业在育种方面提出了要求。同时，在新形势下小型白羽肉鸡和黄羽肉鸡选择各有特色的发展路径是值得探讨的问题。

3. 2023年黄羽肉鸡形势预判

市场挺过最低迷期，有望恢复。一方面，在理想情况下，新冠疫情将在2023年3月后有所好转，经济逐渐回归正常，人员往来和餐饮业消费逐渐恢复，对黄羽肉鸡的消费会有一定的促进作用。另一方面，2022年市场供应基本稳定，价格没有出现极端的大起大落，今后一段时间仍会比较平稳，随着需求端的增加，市场供应也会逐渐增加。此外，主要饲料原料价格有可能回落，养殖企业的成本压力得到缓解，盈利能力提高，种鸡企业和肉鸡企业盈利的可能性较大。

黄羽肉鸡企业逐渐适应屠宰上市。经历几年的适应期后，黄羽肉鸡屠宰上市逐渐普及。一方面，活鸡进入批发市场，客户选好后现场屠宰，基本满足了大部分消费者对现宰的需求。另一方面，接踵而来的新冠疫情对黄羽肉鸡冲击较大，客观上也加速了市场整合。此外，屠宰上市要求肉鸡的体重相对较大，817肉鸡对黄羽肉鸡的冲击在细分市场的情况下，已经进入一个相对稳定期，中速型肉鸡占比将会逐渐增加。

黄羽肉鸡种苗市场逐渐好转。2023年种鸡存栏量下降较大，淘汰母鸡价格高位运行，市场供应有限。随着肉鸡市场的好转，种苗的需求将随之增加，饲料价格会有所下降，种鸡企业的经营状况将有明显好转，全年谨慎乐观。分品种来看，中快速型黄羽肉鸡雏鸡需求将进一步上升，肉鸡出栏时间会进一步缩短，出栏体重将会增加。817肉鸡与黄羽肉鸡在品种发展上呈一定程度的融合趋势，尤其是在817肉鸡配套上，母本利用黄羽肉鸡品系和高产蛋鸡杂交，生长速度和出栏体重明显提高，已经逐渐在市场推开。此外，随着黄羽肉鸡向规模化、管理精细化发展，市场对雏鸡的质量要求会进一步提高，条件较差的小型种鸡企业发展仍将受到限制，所以企业需做好品种转型工作。

八、会议简要总结

王济民在会议主持中就各个专题报告发表了总结性意见，并在会议最后进行了简要总结。

2022年我国肉鸡产业发展主要呈现出以下方面特征：一是产量下降。虽然目前不同统计口径对肉鸡产量下降的幅度存在差异，但2022肉鸡产量下降是共识。二是进口量下降。导致进口下降的原因主要在于国内外价差。2022年国内物价相对稳定，而国外物价，尤其是美国等国家的通货膨胀速度快，水涨船高，所有农产品价格都会上涨，这也是2022年农产品进口整体下降的重要原因。三是需求量下降。受新冠疫情影响，2022年消费低迷，从而影响了整个行业发展的景气度。四是盈利水平不理想。2022年白羽肉鸡和黄羽肉鸡养殖都有盈利，处于中等偏下水平，但比较庆幸的是2022年产业没有受到大的致命冲击。

2022年我国肉鸡产业发展亮点及风险点：2022年肉鸡产业发展最大的亮点，体现在国际禽流感疫情暴发的大背景下，国内白羽肉鸡因具有自有种源从而实现了整体平稳发展。肉鸡产业发展存在两个较为突出的风险点：一是黄羽肉鸡连续三年市场行情低迷，产量持续下滑，产能调整，尤其是种鸡产能调整已基本到位，后面黄羽肉鸡发展所要重点解决的就是转型发展问题。如何转型？快速、中速和慢速型的转型方向分别是什么？如何处理与817肉鸡等小型白羽肉鸡发展的关系？仍然需要进一步探讨。二是肉鸡养殖成本的大幅提升，影响了养殖端补栏积极性，挤压了养殖利润。2022年肉鸡产量下降的原因：一是源自需求的下降，二是源自成本的上升。玉米主要是由国内供给，基于政府对粮食供给保障的高度重视，玉米价格上涨大致已经接近顶线；但豆粕大量依靠进口，豆粕价格还存在较大的不确定性。

　　2023年我国肉鸡产业发展判断：2023年肉鸡产业发展应会好于2022年。2023年最大的变化是随着国家对新冠疫情防控政策的调整，生活、工作都将逐步恢复正常，消费将有明显起色，将推动肉鸡产业向好发展。

2022年中国肉鸡产业经济暨肉鸡生猪玉米大豆产业经济岗位联合研讨会综述

辛翔飞[1]　原　婷[2]　肖彬彬[3]　王　昆[3]
张　怡[3]　王旭贞[4]　王济民[1,5]

（1. 中国农业科学院农业经济与发展研究所；
2. 中国农业科学院研究生院；
3. 青岛农业大学经济管理学院（合作社学院）；
4. 山西省畜牧兽医学校；
5. 农业农村部食物与营养发展研究所）

　　2022年7月23日，国家肉鸡产业技术体系产业经济岗位在北京组织召开了"2022肉鸡产业经济暨肉鸡生猪玉米大豆产业经济岗位联合研讨会"。会议由国家肉鸡产业技术体系产业经济岗位科学家、农业农村部食物与营养发展研究所副所长王济民研究员主持。国家肉鸡产业技术体系首席科学家、中国农业科学院北京畜牧兽医研究所副所长文杰研究员，农业农村部畜牧兽医局副局长辛国昌，农业农村部科技教育司二级巡视员窦鹏辉，农业农村部种植业管理司粮油处处长项宇，农业农村部农业贸易促进中心副主任吕向东研究员，中国畜牧业协会副秘书长宫桂芬研究员出席会议并讲话。国家玉米产业技术体系产业经济岗位专家、中国人民大学农业与农村发展学院院长仇焕广教授，国家大豆产业技术体系产业经济岗位专家、中国农业大学经济管理学院院长司伟教授，农业农村部国际畜产品生产和贸易监测预警首席专家、农业农村部农产品市场分析预警团队猪肉首席分析师、中国农业科学院北京畜牧兽医研究所朱增勇研究员，农业农村部肉鸡产业监测预警首席专家、中国农业科学院北京畜牧兽医研究所郑麦青副研究员，中国畜牧业协会禽业分会副主任高海军和腰文颖等参加会议，同时国家肉鸡、生猪、玉米、大豆产业体系部分岗位专家、试验站站长和岗站团队成员，以及国内相关产业企业代表等100余人在线参加了此次会议。

　　与会人员对于此次会议召开方式的创新给予了高度的肯定。王济民在会议开始时介绍了这次会议的初衷是：围绕肉鸡产业经济，把生猪、玉米、大豆结合起来，四个产业技术体系产业经济岗位在一起共同研究。肉鸡、生猪、玉米和大豆密切相关，生猪和肉鸡是消耗饲料的，大豆和玉米是提供饲料的，正好形成一个配套体系。这个应该是产业技术体系所倡导的，也是产业链、产业发展实际所需要的。与会领导和专家均认为，这次会议的召开方式很有特色，除了肉鸡产业技术体系的岗位专家和试验站站长，以及相应的团队成员、企业以外，还特别邀请了生猪、大豆、玉米产业技术体系的专家，这种形式很新颖，会促成一些新的研究思路和分析成果，有利于把问题分析透彻。

　　窦鹏辉在讲话中提出了产业技术体系产业经济岗位的研究工作需要把握的几个重点：第一，要算两本账。一个要算经济账，另外一个也要学会算政治账。算政治账不仅是政府官员的事，也是经济学家的事，也是企业家的事。算政治账，是国家战略、国家安全的需要。就像2022年的形势，我们粮食不缺，吃、喝、用、穿都没有问题，但是我们仍要有危机感。现在是非常时期，百年未有之大变局再加上世纪疫情，还有各种因素叠加，各方面压力很大。第二，要攒两套数。一套数是产业数据，另外一套是市场数据。现代产业技术体系产业经济岗位专家的分析报告中有产业的数据，有市场的数据。但在产业技术体系成立之前，这些数据是断片的、是碎片化的、是不完整的、是不齐全的。自从2007年产业技术体系建立到现在15年了，肉鸡是2008年立项，2009年正式启动，经过十几年积累形成的产业数据和市场数据非常重要，这对于我们提升产业质量效益、与强者竞争、把握主动权等都是非常必要的。第三，要干两件事。一是推进技术进步，二是推动产业变革。我们产业经济岗位专家要把市场变化反馈给体系，反馈给技术专家们。技术专家做育种、做加工等方面的研究，技术路线、技术模式都要按照这个风向标来，倒逼我们的技术进步、技术革命。例如，大豆怎么办？怎么振兴？喊了多少年大豆振兴，现在单产水平依然是130千克，努努力达到150千克，与国外的180千克、200千克还是存在很大差距。要通过相关研究来倒逼技术进步，在技术进步的基础上推动产业变革，提升我国产业在国际市场的竞争力。这是我们的根本目的。

　　关于肉鸡产业发展，与会专家围绕"2022年上半年黄羽肉种鸡生产监测分析""2022年上半年白羽肉种鸡生产监测分析""2022年上半年肉鸡生产监测分析""生猪产业发展形势和展望""玉米产业发展形势和展望""大豆产业发展形势和展望""农产品贸易形势分析"等做专题报告,并结合密切关联的生猪产业和饲料粮产业,从生产、消费、贸易等多方面,对我国肉鸡产业发展的现状、存在的问题和对策进行深入了讨论,对短期及中长期我国肉鸡产业发展形势进行了研判。

一、2022年肉鸡产业发展的宏观环境

(一)畜牧业发展状况和发展使命

辛国昌在讲话中重点分析了畜牧业发展的总体状况和使命任务。

1. 我国畜牧业发展的总体状况

生猪产业。最近一两年,随着国际大环境和国内抗击新冠疫情形势的发展,整个畜牧业也出现了一些新的变化。首先从发展成效上,确实有了一些阶段性的成就。如大家比较关注的生猪生产稳定。过去我们对生猪产业调控手段非常单一,而且很滞后,效果也不明显。2021年我们在总结反思的基础上调整了产能调控方案。因为生猪生产和粮食生产比,其有"一长一短"两个特征,所谓长,就是生产周期长。母猪长到8月龄才能配种,怀孕114天,这个过程一共近12个月。仔猪出生以后至少再育肥6个月才能上市,这样总计就是18个月,即一年半的时间。目前种植业生产在北方一年也至少是一季,更不要说南方的双季稻了。因而相对粮食生产,生猪的生产周期长。还有一个短,就是产品的储存期相对短。饲料企业拍卖的陈化粮有三年的,有五年的。冷冻猪肉国外低温做得很好,有两年的保质期,我们国内的标准就是一年。原来国家发展改革委和商务部做的轮库标准是4个月。所以猪肉的储存期短。"一长一短"就决定了从市场端去影响生产端,其滞后效应特别严重。之前在2007年那一拨猪价上涨周期中,相关部委一起做了一个防止生猪价格过度波动的调控预案,收到了一定的效果,但不是特别理想。后来总结反思,认为生猪生产的这"一长一短"的特征要求必须从生产环节事先介入进行调控。后来2021年推出的就是我们牵头做的现在这一生猪产能调控方案,主要就是"两个稳定":一个是稳定能繁母猪的存栏量。能繁母猪的存栏量目标是4 100万头,底线是3 700万头。"有母就有小,有小不愁大。"母猪群稳定住了,整个生猪生产就不会出现大的问题。可能季节性波动或者受其他因素影响有时波动会比较明显,但是不会出现大的问题。再一个就是稳定规模场数量。我们在全国确定了1.2万家规模场作为生猪产能调控基地。对于进入这个基地名单的猪场,不管是环保也好,或者其他原因也好,地方如果要拆这个猪场,就得拆一

补一，即在这里拆但要到其他地方去建，其对应的产能不能损失掉。疫病会让养殖场暂停养殖，这是产量的损失，但只要猪场在那儿，产能没有损失。后面一旦疫病问题解决了，或者市场好转了，马上可以复养；如果猪场拆掉了，那则是产能的损失，就无法再恢复了。现在看效果还不错，在几次相关的会议上农业农村部有关领导对这一做法和成效都给予了充分肯定。

肉鸡产业。对于肉鸡产业来说，现在的政策比较少；但政策少，并不是说肉鸡生产不重要，不受重视。主要是肉鸡产业这些年发展得比较平稳，生产周期短，调整相对也更容易。畜牧业发展总的要求是"稳生猪、强禽业、增牛羊、兴奶业"，畜牧兽医局对肉鸡产业还是很重视的。

奶产业。2021年我国婴幼儿奶粉的国产品牌市场占有率提高到了68%，过去为大家所诟病的到国外抢奶粉的尴尬局面彻底扭转过来了，国产品牌重新获得了国内老百姓的信任。这是一个标志性的成果。

2. 畜牧业发展的使命和任务

最近把中央领导同志关于畜牧业发展的批示和要求归集了一下，主要有四个方面：

一是保供。生猪生产2019年出现了一轮产能下降波动以后，习近平总书记做了多次批示。现在按国家统计局的数据，猪肉在肉类消费中的占比约为60%。猪肉是涉及老百姓"菜篮子"最重要的内容，所以保供是第一个使命任务。

二是稳价。现在国际上通货膨胀压力很大，在国内经济下行压力比较大的情况下，稳价显得尤为重要。肉类在CPI中占比是4.4%，猪肉最低的时候也接近2%。现在国家统计局没公布权重，但是我们大概算了一下，是2.3%左右。所以如果猪肉价格涨起来，国内CPI就会受到连带的影响。

三是节粮。2022年中央1号文件明确要求稳定大豆生产。2022年全国扩种大豆2 200万亩，按亩产130千克计算，增产的大豆的量实际算下来可能没有饲料节粮的量大。2021年和2020年相比，饲料配方里豆粕含量降了两个多百分点，借此节约的豆粕折合大豆量是大豆增产的数倍。所以饲料粮豆粕减量格外受到重视。

四是促增收。促增收极为重要。现在畜牧业综合规模化率是70%。从经营主体上，全国畜禽养殖业大概有6 700万场户，规模以上的只占1.4%，绝大多数还是小场户。我们的脱贫攻坚任务刚完成，脱贫攻坚成果的巩固任务艰巨，养殖业承担着很重要的使命。有些大型养殖企业到边远贫困地区去做扶贫，它们自己规定养殖场雇工首先要雇当地人。当地人在技能和文化水平上不太适应，企业就进行大量的培训。这是养殖业的使命之一，也体现了这些大企业的担当。

所以当前畜牧业的使命和任务主要就是上述四个方面：保供、稳价、节粮、促增收。

（二）新形势下粮食安全的重要地位和粮食生产发展判断

项宇在发言中介绍了粮食生产的重要地位，并对粮食生产今后的发展进行了分析。

当前的粮食生产形势或粮食安全形势，突出的特点就是"两增"。第一是产量持续增长，第二是重视程度持续增加。我国的粮食已经连续十多年实现持续增产丰产，特别是近两年抓得特别紧，产量水平也比以前更有突破。

重视程度方面，一是党中央的高度重视，一个是社会的高度关注。粮食一直是党中央高度重视的方面，新冠疫情发生以来，重视程度又有进一步提升。另外，从社会关注的层面看，近期《新闻联播》中农业和粮食生产占的分量很大，社会舆论对粮食生产和安全也是高度关注。

粮食增产途径方面，主要有两个：一个是面积，一个是单产。

关于耕地面积，应该说增长潜力不大。因为第三次国土普查显示耕地面积减了很多，在耕地的约束下，粮食播种面积没有太大的增长空间。西北地区的后备耕地资源，如果在水资源能够保障或者说能够增加新的水资源的情况下，还有开发的空间，但是制约因素很多。关于耕地质量，虽然我们在提升耕地质量方面采取了很多措施，包括东北黑土地保护、轮作等，但实际上我们对耕地开发利用的强度仍然很大。因此，耕地质量想恢复甚至提高的话，难度较大。总之，耕地面积的数量增长有限，质量提升也有难度，或者说能够保住目前的水平也要付出很大的努力。还有一个更重要的问题就是耕地的用途。我国有限的耕地要满足各个方面的用途，包括粮食，包括经济作物，还包括饲草，要都满足需求的话，难度很大。近两年，习近平总书记对耕地保护有过多次批示。其中，关注的一个重点就是非农化、非粮化问题，这是未来制约整个粮食发展的重要因素。耕地是粮食发展的基础。现在耕地用途管控实际上有许多矛盾，非农化是一个层面的问题，非粮化是另外一个层面的问题。非农化，比如建设用地，现在初步统计每年要新增500万亩建设用地，也就意味着减少相应的耕地资源或其他的土地资源，这是因为经济发展和城镇化发展是重要的国家战略，也是刚需。还有一个就是乱占耕地的问题，如大棚房等。国家农田管理相关的法律法规并没有规定耕地必须种粮，但是从现在粮食安全形势或者从国家的需要上看应该是主要种粮，所以这还是有一些矛盾的。特别是在 2021 年宣布全面脱贫攻坚实现之前，为了打赢脱贫攻坚战，很多地方，特别是西南地区，为了提高农民的收益，将低效益的玉米等粮食作物改种高效益的经济作物。从国家粮食安全的重要地位来讲，应该按照习近平总书记的要求，耕地主要用于种粮。习近平总书记也有明确的要求，要有序稳妥，不能一刀切。所以如何保障粮食生产，如何巩固拓展脱贫攻坚成果，如何保证农民收入，还有大文章要做。现在农业农村部也专门成立了耕地用途管控机构，下一步还要加大工作力度，保证粮食播种面积。

关于粮食单产，提升的潜力还是比较大的，我国未来的粮食增产还是要靠单产的提高。特别是跟畜禽相关的、饲料用途比较多的大豆和玉米。玉米方面，我国现在玉米的单产是 419 千克/亩，美国是 750 千克/亩，美国高的时候达到 800 千克/亩，我们与美国单产水平相差大概 300 千克/亩以上。大豆方面，我国现在大豆单产是 130 千克/亩，美国是 200 千克/亩，巴西可能更高一些。从这两种作物来说，单产增加的潜力还是比较大的，未来我国粮食总产量增加的空间还是有的。按现在 6.5 亿亩玉米的播种面积，如果亩产能提高 10 千克，那么总产量就能提高 65 万吨。未来我国粮食产量的增加主要靠单产，这是一个长远的途径。

此外，近两年，国家和社会对粮食生产的高度关注，完全是由大环境而引发的，并不是因为我国粮食安全形势很差，或者粮食生产不足。我国的粮食供给的形势到底怎么样？不同的视角有不同的判断。从消费角度来说，最重要的指标判断就是按照联合国粮农组织关于粮食安全的定义，即每一个公民在任何时候、任何地点，都能够买得起、买得到所需要的食物，这就是粮食安全的概念。按这个概念来判断的话，我国是完全能达到这个目标的。所以说我们的粮食安全、粮食生产供给各方面都没有任何问题。现在中央高度关注粮食生产，要求把粮食安全体系打得牢一些，并不是说粮食生产供给出现了很大的缺口。尽可能把粮食安全系数打得高一些，就是说我们要尽可能地多生产一些粮食，多储一些粮，要没有后患。所以大家要正确理解，我们抓粮食生产并不是因为粮食短缺。2021 年玉米进口增发了 2 000 万吨的配额，进口了超过 2 835 万吨，这应该是创历史新高的进口量。按此计算，玉米自给率是 90% 左右，降的比较厉害。有舆论炒作说我国的玉米缺了，或者说粮食缺了。实际上，粮食扩大进口这并不是反映了供求形势，它是反映了中央的一个要求，就是我们要尽可能地把安全系数打得高一些，有节奏、有选择地适当增加进口。在国际玉米价格比较低的时候多进口一些，来补充国内的库存。

二、2022 年上半年肉种鸡生产监测

（一）白羽肉种鸡生产形势

腰文颖在"2022 年上半年白羽肉种鸡生产监测分析"报告中分析了2022 年上半年我国祖代肉种鸡、父母代肉种鸡、商品代雏鸡生产情况。总体来看（图 1），2022 年上半年祖代白羽种鸡更新量较上年同比下降22.54％，换羽大量增加，祖代种鸡更新加强制换羽量较上年同比减少5.78％；祖代种鸡总存栏量和后备种鸡存栏量分别较上年同比增加 4.45％和 11.74％；父母代种鸡"去产能"明显，其雏鸡供应量、总存栏量和在产存栏量分别同比下降 9.36％、4.35％和 8.07％；商品代雏鸡供应量较上年同比减少 12.04％。

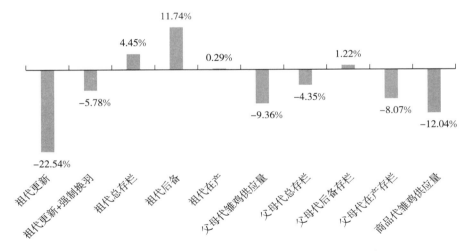

图 1　2022 年上半年白羽肉鸡产业链主要数据同比变动（累计/平均）

1. 白羽祖代种鸡

祖代种鸡更新。2022 年 1—6 月，全国白羽祖代种鸡更新数量累计 46.85万套（表 1）。按照来源看，美国 23.94 万套，占比 51.10％；新西兰 2.40 万套，占比 5.12％；自繁 20.51 万套，占比 43.78％。由于美国禽流感暴发，自2022 年 5 月以来我国已中断引进美国种源，所以目前统计的美国与新西兰更新数量是 2022 年 1—4 月的累计量，6 月更新祖代为国内自繁祖代种鸡数量，且 2022 年上半年祖代换羽数量增加。

表 1　全国祖代白羽肉种鸡更新数量

单位：万套

引种时间	2021 年		2022 年	
	本月	年度累计	本月	年度累计
1 月	9.34	9.34	13.06	13.06
2 月	15.76	25.10	3.68	16.14
3 月	8.77	33.87	13.55	29.69
4 月	11.32	45.19	13.19	42.88
5 月	7.93	53.12	0.00	42.88
6 月	7.36	60.48	3.97	46.85
7 月	3.65	64.13	—	—
8 月	5.20	69.33	—	—
9 月	18.67	88.00	—	—
10 月	16.71	104.71	—	—
11 月	9.81	114.52	—	—
12 月	10.10	124.62	—	—

注：白羽祖代肉种鸡更新数量包括引种和自繁两类。

祖代种鸡换羽。2022 年 1—6 月，祖代换羽数量为 16.7 万套（表 2），超过了上年全年总量。由于新冠疫情反弹，国际航班受阻，祖代种鸡引进受到影响，2022 年上半年祖代种鸡换羽数量明显增加。

表 2　全国祖代白羽肉种鸡强制换羽数量

单位：万套

转入后备时间	2021 年		2022 年	
	本月	年度累计	本月	年度累计
1 月	2.07	2.07	0.00	0.00
2 月	0.00	2.07	3.50	3.50
3 月	2.20	4.27	2.29	5.79
4 月	0.00	4.27	2.97	8.76
5 月	2.70	6.97	3.13	11.89
6 月	0.00	6.97	4.81	16.70
7 月	1.90	8.87	—	—
8 月	3.38	12.25	—	—
9 月	0.00	12.25	—	—
10 月	0.00	12.25	—	—
11 月	0.86	13.11	—	—
12 月	1.84	14.95	—	—

祖代种鸡存栏。2022 年上半年全国祖代白羽种鸡存栏量处于近五年高位水平，1—6 月全国祖代白羽种鸡平均存栏 174.87 万套，较上年同比增加 4.45%；其中，后备祖代种鸡存栏 65.33 万套，较上年同比增加 11.74%，在产祖代种鸡存栏 109.42 万套，较上年同比增加 0.29%。2022 年上半年由于引种不畅，祖代种鸡存栏呈现下降趋势，但总体仍处于增长趋势。2022 年 6 月，全国祖代白羽种鸡存栏 176.56 万套，较上年同比增加 4.57%；其中，后备祖代种鸡存栏 62.54 万套，较上年同比增加 4.76%，在产祖代种鸡存栏 114.02 万套，较上年同比增加 4.46%。总体来看，2022 年上半年全国祖代白羽种鸡存栏量仍处高位，高于上年同期水平，预计未来两年产业链下游雏苗供应充足。此外，受全球新冠疫情影响，从美国、新西兰祖代引种不畅，挤压后备祖代存栏量，强制换羽数量大幅度增加，并在客观上加快了去产能步伐。

祖代种鸡产能利用。2019 年祖代白羽种鸡年产能为 60.14（即 1 套祖代种鸡一年提供父母代雏鸡 60.14 套），2020 年为 57.56，2021 年为 56.24（图 2）。上述数据显示，相同祖代存栏，实际供应的父母代雏鸡数量最大可相差 25%，这一方面说明产业具有韧性，另一方面在一定程度上反映出实际供应的父母代雏鸡数量主要是由社会需要量决定的。2022 上半年祖代种鸡产能是 26.11，2022 年上半年饲养相同数量的祖代其实际供应的父母代雏鸡数量比 2019—2021 年的上半年同期减少约 8%。预计 2022 年全年产能处于非洲猪瘟疫情以来的低位，即回归到非洲猪瘟疫情以前的对祖代种鸡的利用水平。

图 2　全国祖代白羽肉种鸡产能

父母代雏鸡生产及销售。2022 年 1—6 月，父母代雏鸡累计供应 2 857.32

万套，较上年同比下降 9.36%。从价格和成本比较来看，父母代雏鸡平均价格为 22.88 元/套，成本 21.58 元/套，基本处于保本状态，收益逐渐由盈利转为亏损。2022 年 6 月，父母代雏鸡供应 562.15 万套，价格 20.46 元/套，成本 22.20 元/套，已经处于亏损状态。2019—2022 年全国祖代种鸡存栏与父母代雏鸡价格基本呈现反向变动关系，父母代雏鸡产量随祖代种鸡存栏量的增加而增加，而父母代雏鸡产量的增加又会引起价格的反向变动。2018 年以来全国祖代白羽肉鸡养殖效益基本处于盈利状态。

2. 白羽父母代种鸡

父母代种鸡存栏。在产业链上游产能增加的推动下，2021 年父母代白羽种鸡存栏处于历史最高水平，较上年同比增加 7.14%，后备和在产种鸡存栏分别较上年同比增加 3.48% 和 9.83%。2022 年上半年父母代白羽种鸡呈下降趋势，1—6 月全国父母代白羽种鸡平均存栏 6 715.74 万套，较上年同比减少4.35%；后备父母代种鸡存栏 2 848.37 万套，较上年同比增加 1.22%；在产父母代种鸡存栏 3 867.37 万套，较上年同比减少 8.07%。2022 年上半年，尤其是第一季度，父母代种鸡出现较为严重的产能过剩，商品代雏鸡价格低迷，种鸡企业亏损严重，种鸡存栏被迫向下调整。2022 年 6 月，全国父母代种鸡存栏 6 975.55 万套，较上年同比减少 6.43%；后备父母代种鸡存栏 2 936.29万套，较上年同比增加 3.29%；在产父母代种鸡存栏 4 039.26 万套，较上年同比减少 12.42%。

商品代雏鸡生产及销售。2022 年 1—6 月，全国商品代雏鸡累计供应30.01 亿只，较上年同比下降 12.04%。虽然 2022 年上半年父母代雏鸡供应减少，导致种鸡规模较上年缩减，但总体来看种鸡存栏仍处高位，预计 2022 年下半年种鸡存栏将维持"去产能"态势。2022 年在产父母代种鸡存栏规模虽比上年少，但仍高于非洲猪瘟疫情暴发前水平。从 2019—2021 年来看，每年都比上一年多养约 300 万套在产的种鸡，以至于目前在产父母代种鸡存栏规模过高，比 2018 年多 30%。

商品代雏鸡及鸡肉价格。2022 年上半年商品代雏鸡供应减少，雏鸡价格下降，平均价格 1.81 元/只，低于生产成本 2.60 元/只（表 3），反映出全社会需求量减少，延伸至下游鸡肉需求也减少。这其中有国内供应收紧的因素，也有进口受阻的因素。2022 年 1—5 月，虽然冻鸡肉及杂碎进口金额 14.52 亿美元，较上年同比增加 15.58%，但进口量 55 万吨，较上年同比减少 6.69%。2022 年 1—6 月，雏鸡、毛鸡和鸡肉价格较上年同比分别下降 51.73%、1.35% 和 2.10%，三者变动方向一致。2022 年上半年雏鸡价格基本与 2017 年发生禽流感时的价格趋势一致。此外，从鸡猪比价来看，自 2020 年以来猪肉价格起伏较大，鸡肉大量填补了国内肉类缺口，特别是"非洲猪瘟"疫情暴发后 817 肉鸡、黄羽肉鸡增长迅速，而白羽肉鸡增长相对较慢。随着生猪产能调整、能繁母猪存栏持续去化，猪肉价格逐渐回升，提振鸡肉价格上涨，但白羽肉鸡产业链较长，相比黄羽肉鸡、817 肉鸡，白羽肉鸡回应市场速度偏慢，产能调整滞后，近三年价格一直不温不火，父母代种鸡直到 2022 年开始才呈现减少趋势，预计 2022 年下半年价格会有小幅上涨。

表3 商品代白羽雏鸡、毛鸡和鸡肉价格

时间	雏鸡价格 （元/只）	毛鸡价格 （元/千克）	鸡肉价格 （元/千克）
2021 年上半年	3.75	8.86	10.49
2022 年上半年	1.81	8.74	10.27

（二）黄羽肉种鸡生产形势

高海军在"2022 年上半年黄羽肉种鸡生产监测分析"报告中分析了黄羽肉种鸡生产情况以及行业当前面临的主要困难。总体来看，2022 年上半年黄羽种鸡总体规模有所减少，但供给能力依然充足，预计下半年还有增长空间，但增幅有限。

1. 黄羽祖代种鸡

不同类型祖代种鸡占比。从 2016—2022 年结构变动来看，2022 年上半年快速型祖代黄羽种鸡占比 27.22%，较 2016 年的 33.48%减少 4 个百分点左右，继续维持萎缩态势；中速型黄羽祖代种鸡占比 27.04%，较 2016 年的 26.49%增长不到 1 个百分点，变动不大；慢速型黄羽祖代种鸡占比 45.74%，较 2016 年的 40.04%增长了 6 个百分点左右，呈现出逐渐扩大的趋势。根据企业调研信息，中速型与慢速型黄羽肉鸡分类界限越来越模糊，中速型产品由于质量上乘可以充当慢速型替代品，部分企业的中速型产品逐渐向高端方向靠拢，所以慢速型扩大的一部分份额由中速型提供。未来快速型、中速型黄羽肉鸡占比会逐渐减少，慢速型黄羽肉鸡占比逐渐扩大。

祖代种鸡存栏。2022 年 1—6 月，全国在产祖代黄羽种鸡平均存栏量 148.08 万套，较上年同比减少 3.05%，处于近几年低位，但供应仍充裕（图3）。根据往年存栏水平与市场变化，中国畜牧业协会判断 140 万套为市场供应基准线。目前的水平已经接近 140 万套，表明种鸡整体规模相对降到低位，需要引起重视。2022 年上半年祖代种鸡存栏量与往年类似，保持了季节性持续增加的变化规律，相应变动均与上年接近，供给能力充足有余。

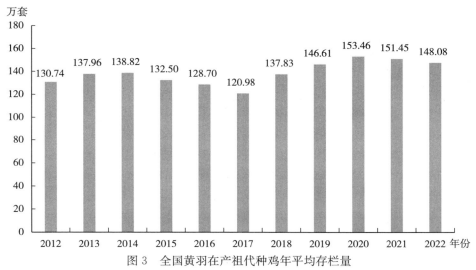

图 3　全国黄羽在产祖代种鸡年平均存栏量

注：2022 年数据为 2022 年上半年数据。

父母代雏鸡供应。2022 年 1—6 月，中国畜牧业协会监测企业父母代雏鸡供应量较上年同比增加 5.42%，其中外销量占比（销售量包括外销量和自用量）29.7%，近三年走势稳定（2021 年为 30%，2020 年为 29%），但与 2018 年（35%）、2019 年（32%）相比减少 5% 左右，一定程度上也反映出市场的需求有所下降。

2. 黄羽父母代种鸡

父母代种鸡存栏。2022 年上半年全国在产黄羽父母代种鸡存栏量为 3 946.83 万套，较上年同比减少 5.62%，处于近四年较低水平。分阶段来看，2018—2019 年市场行情大热，父母代种鸡的存栏量持续增进；2020—2021 年行情低迷，存栏量持续递减；进入 2022 年保持了震荡调整，一开始先减少，后几个月开始增加，到 4 月已经降到了近三年的低位水平。随着市场回暖，行业普遍预期向好，预计 2022 年下半年父母代种鸡存栏量有上涨趋势，不会低于 4 月水平。

商品代雏鸡销售量。2022 年 1—6 月，监测企业商品代雏鸡销售量为 8.49 亿只，较上年同比大幅减少 11.06%。2022 年上半年商品代雏鸡销量月度走势与往年基本一致，但从 4 月开始，雏鸡销售量就远低于近三年平均水平，并且下半年差距还会逐渐扩大，反映出雏鸡市场处于相对比较低迷的状态。市场低迷主要是由于新冠疫情导致交通运输受限，市场流通比较困难。

商品代雏鸡价格。2022 年上半年，商品代雏鸡销售价格各月波动较大，平均为 1.98 元/只，较上年同比下降 1.70%，基本属于行业正常水平，但由于成本上涨（2018 年 1.64 元/只，2019 年 1.68 元/只，2020 年 1.83 元/只，2021 年 1.91 元/只，2022 年 1.98 元/只），导致雏鸡无法盈利，按照目前行业形势判断，盈亏基本平衡。从不同类型的商品代雏鸡来看，各类型商品代雏鸡效益都较差。相对而言，快速型雏鸡效益最差（表 4），中速和慢速型雏鸡略有盈利（表 5 和表 6），阶段性差异变化并不显著，随着市场回暖，各类型雏鸡收益会趋向一致，向盈亏平衡方向转化。

表 4　快速型商品代雏鸡收益情况

时间	销售量（万只）	价格（元/只）	效益（元/只）
2021 年上半年	22 671.20	1.83	−0.25
2022 年上半年	20 615.32	1.91	−0.15
同比变动	−9.07%	3.92%	—

表 5　中速型商品代雏鸡收益情况

时间	销售量（万套）	价格（元/只）	效益（元/只）
2021 年上半年	32 807.37	1.91	0.16
2022 年上半年	26 838.37	1.83	0.04
同比变动	−18.19%	−4.51%	—

表 6　慢速型商品代雏鸡收益情况

时间	销售量（万套）	价格（元/只）	效益（元/只）
2021 年上半年	39 996.38	2.18	0.24
2022 年上半年	37 468.59	2.12	0.10
同比变动	−6.32%	−2.72%	—

黄羽种鸡产能。2022 年上半年黄羽种鸡利用率与上年同期相当，略有下降，主要是最近三个月商品代雏鸡量有比较大的减幅。根据现有种鸡规模，并结合实际监测的种鸡产能预计，行业在未来一年内依然有足够能力向社会提供

50亿只以上的商品代雏鸡。

商品代毛鸡价格。2022年上半年毛鸡销售均价为15.96元/千克，较上年同比上涨4.05%，呈现先降后升的趋势。现阶段毛鸡销售均价虽然好于上年同期水平，但由于成本上涨迅速，价格处于微利状态。2018年、2019年、2020年和2021年毛鸡成本分别为12.72元/千克、13.47元/千克、13.94元/千克和14.75元/千克。从2018年毛鸡成本的12.72元/千克到2022年毛鸡成本的15.68元/千克，相当于每千克毛鸡成本每年涨1元左右。从不同类型黄羽肉鸡的阶段性差异来看（表7），效益有所不同，其中快速型、中速型毛鸡处于亏损状态，分别为－0.14元/只、－0.29元/只，仅慢速型毛鸡效益处于盈利状态，为1.14元/只，因此整个黄羽肉鸡的盈利更多依靠慢速型拉动。

表7　2022年上半年黄羽商品代毛鸡效益

类型	价格（元/千克）	成本（元/千克）	效益（元/只）
快速型	11.58	11.65	－0.14
中速型	14.06	14.21	－0.29
慢速型	18.76	18.16	1.14

黄羽肉鸡产量。2017年黄羽肉鸡出栏数量为36.9亿只，鸡肉产量为531万吨；2018年黄羽肉鸡出栏数量39.6亿只，鸡肉产量571万吨；2019年黄羽肉鸡出栏数量为45.6亿只，鸡肉产量为693万吨；2020年黄羽肉鸡出栏量为44.3亿只，鸡肉产量为674万吨；2021年黄羽肉鸡出栏量为40.4亿只，鸡肉产量为639万吨；2022年上半年黄羽肉鸡的出栏量是18.2亿只，鸡肉产量是288万吨，仅比上年略有减少（表8）。

表8　全国黄羽肉鸡产量

年份	出栏数量（亿只）	鸡肉产量（万吨）
2017	36.9	531
2018	39.6	571
2019	45.6	693
2020	44.3	674
2021	40.4	639
2022（上半年）	18.2	288

注：全净膛率按照81%计算。2022年上半年按照黄羽肉鸡平均出栏体重为1.95千克/只出栏率95%进行测算。

3. 行业当前的主要困难

当前肉鸡行业面临的困难主要在于新冠疫情影响、成本上涨和转型压力三个方面。

新冠疫情。受新冠疫情反复影响，一些地区道路封锁，交通运输受阻，肉鸡行业流通环节存在严重阻碍。产业链上游无法获取生产资料的供应、产业链下游消费市场低迷，销路不畅，进一步阻碍肉鸡行业发展。

成本上涨。成本是反映肉鸡行业效益水平的重要因素。2022 年上半年受俄乌冲突影响，玉米、豆粕等肉鸡饲料粮原料价格持续上涨且涨幅较大，肉鸡养殖成本水涨船高，大部分企业处于亏损状态，且部分企业因面临养殖成本压力，被迫退出肉鸡市场。

转型压力。其一，"禁活"政策普及速度。近几年国内"禁活"政策普及力度加大。一方面，新冠疫情限制了活禽交易空间。根据行业媒体统计数据，2014—2019 年，全国"禁活"的普及城市从 12 个增加到 63 个；2020—2021年，新冠疫情暴发又加速了"禁活"政策的普及速度，全国"禁活"的普及城市数量翻倍，在 2021 年达到了 138 个。另一方面，活禽交易取消倒逼企业转型升级。2021 年 5 月和 8 月广东和广西作为黄羽肉鸡两个主产省份分别发布了《爱国卫生条例》，明确强调未来将逐步取消农贸市场的活禽交易。政策导向下，广西大部分企业增添屠宰线，在突破转型上迈出了坚实的一步。其二，消费者对转型产品接受度。当前活禽交易的消费份额远远高于冰鲜鸡和其他类型的屠宰产品，但冰鲜鸡产品的接受度却在逐年提升，尤其是在各个省市的主城区。由于"禁活"政策实施力度较大，主城区冰鲜鸡冷产品适应消费的能力增强，但短期内边远城区的活禽交易还是主流。此外，新冠疫情防控促进了网络平台配送的发展，间接加速了活禽交易场所的减少，客观上给屠宰型产品的消费提供了一定助力。其三，同类型肉鸡产品之间的竞争。肉鸡品种可以分为黄羽肉鸡、白羽肉鸡、小白鸡（包括 817 肉鸡、沃德 168、沃德 158 以及益生909）。根据数据统计监测，白羽肉鸡和 817 肉鸡存栏量逐年增加，但黄羽肉鸡近两年出现递减趋势，而且出栏量占全部肉鸡总出栏量的比重也在下降，从2018 年的 40％左右下降到 2021 年的 29.73％，并且这种规模压缩趋势尚未停止。未来在黄羽肉鸡建立起新的竞争优势、迈入新的发展阶段之前还要经历重重考验。其四，转型浪潮中的企业表现。黄羽肉鸡转型已经历多年，但难度非常大，需要投入大量资金和时间成本，因此只有大企业才有能力进行相应的市场研发和市场开拓，这给中小企业转型带来压力。此外，近年来行业内取得了许多卓有成效的工作成果，例如屠宰型产品找到了行业市场定位，其中慢速型黄羽肉鸡屠宰产品已经问世，未来企业的工作重心可能会往消费宣传以及品牌保障方面转移。

三、2022 年上半年商品代肉鸡生产监测

郑麦青在"2022 年肉鸡生产监测分析"报告中对我国肉鸡生产总体形势、白羽和黄羽肉鸡生产形势进行了分析，并对未来发展进行了预判。

（一）肉鸡生产概况

1. 肉鸡产能总体形势

2022 年上半年全国肉鸡累计出栏 46.9 亿只，较上年同比减少 9.8%，肉产量较上年同比减少 10.9%，肉鸡存栏量较上年同比减少 12.2%（表 9 和表 10）。2022 年 1—6 月，累计肉鸡出栏指数为 107.5，较上年同比减少 9.8%；累计肉产量指数为 110.5，较上年同比减少 10.9%。2022 年 6 月，肉鸡出栏指数为 114.2，环比增加 12.9%，较上年同比减少 12.0%；肉产量指数为 116.5，环比增加 9.7%，较上年同比减少 12.4%；肉鸡存栏量指数为 106.2，较上年同比减少 12.2%。

表 9 2022 上半年全国肉鸡出栏量

单位：亿只

时间	合计	白羽肉鸡	黄羽肉鸡
2022 年 1—6 月累计	46.9	28.8	18.1
2021 年 1—6 月累计	51.9	31.6	20.3
2022 年 6 月	8.3	5.1	3.2
2021 年 6 月	9.4	5.8	3.7

表 10 2022 上半年全国肉鸡产量

单位：万吨

时间	合计	白羽肉鸡	黄羽肉鸡
2022 年 1—6 月累计	783.1	554.4	228.8
2021 年 1—6 月累计	878.8	621.0	257.8
2022 年 6 月	137.6	99.2	38.4
2021 年 6 月	157.0	111.2	45.9

分品种来看，黄羽肉鸡与白羽肉鸡相比，出栏量与肉产量均有明显下降。2022 年上半年白羽肉鸡累计出栏指数为 120.7，较上年同比减少 9.2%，估计累计出栏 28.8 亿只；6 月出栏 5.1 亿只，环比增加 9.5%，较上年同比减少 11.1%；6 月存栏量 7.5 亿只，环比增加 5.8%，较上年同比减少 13.5%。2022 年上半年，白羽肉鸡累计肉产量指数为 121.2，较上年同比减少 10.7%，估计累计肉产量 554.4 万吨；6 月肉产量 99.2 万吨，环比增加 8.3%，较上年同比减少 10.7%。2022 年上半年黄羽肉鸡累计出栏指数为 91.5，较上年同比减少 10.7%，估计累计出栏 18.1 亿只；6 月出栏 3.2 亿只，环比增加 19.0%，较上年同比减少 13.4%；6 月存栏量 9.1 亿只，环比增加 1.3%，较上年同比减少 11.0%。2022 年上半年，黄羽肉鸡累计肉产量指数 91.0，较上年同比减少 11.3%；估计累计肉产量 228.8 万吨；6 月肉产量 38.4 万吨，环比增加 13.5%，较上年同比减少 16.3%。

2022 年末出栏肉鸡预计约达 95.6 亿只，较上年同比下降 10.2%；鸡肉产量为 1 600.7 万吨，较上年同比下降 11.8%（表 11 和表 12）。基于全年产量预估数据，预计 2022 年下半年总体肉鸡形势稳中向好，三季度产量会有明显好转。从总体来看，当前白羽肉鸡产量高于历史同期水平，2022 年上半年白羽肉鸡生产量占全年比例的 49%，根据往年数据，每年上半年的同期生产值基本保持在 46%～50% 的区间，预计下半年白羽肉鸡生产量小幅上涨，约占全年总产量的 51%。而黄羽肉鸡自 2019 年开始，经历了连续三年的减量，根据近三年产量占比，预计下半年黄羽肉鸡生产量将延续下降趋势。

表 11　2022 年全国肉鸡出栏量评估

单位：亿只，%

阶段	白羽肉鸡			黄羽肉鸡			合计		
	2021 年	2022 年	同比	2021 年	2022 年	同比	2021 年	2022 年	同比
一季度	14.8	14.2	−4.1	10.0	9.0	−10.4	24.8	23.2	−6.7
二季度	16.9	14.6	−13.5	10.0	9.1	−11.0	27.1	23.7	−12.6
三季度	17.6	15.2	−13.4	10.4	9.1	−12.3	28.0	24.3	−13.0
四季度	16.7	15.2	−9.1	9.8	9.1	−6.4	26.5	24.4	−8.1
上半年	31.6	28.8	−9.1	20.3	18.1	−10.7	51.9	46.9	−9.8
下半年	34.3	30.4	−11.3	20.2	18.3	−9.4	54.5	48.7	−10.6
全年	66.0	59.2	−10.3	40.4	36.4	−10.1	106.4	95.6	−10.2

注：同比数据为 2022 年较 2021 年同期变动幅度。

表 12 2022 年全国肉鸡产量评估

单位：万吨，%

阶段	白羽肉鸡			黄羽肉鸡			合计		
	2021 年	2022 年	同比	2021 年	2022 年	同比	2021 年	2022 年	同比
一季度	290.0	272.0	−6.2	128.8	113.6	−11.8	418.8	385.6	−7.9
二季度	331.0	282.3	−14.7	129.0	115.2	−10.7	460.0	397.5	−13.6
三季度	352.7	294.8	−16.4	131.3	114.0	−13.1	484.0	408.9	−15.5
四季度	327.8	294.5	−10.2	123.9	114.3	−7.7	451.7	408.8	−9.5
上半年	621.0	554.4	−10.7	257.8	228.8	−11.3	878.8	783.1	−10.9
下半年	680.6	589.3	−13.4	255.1	228.3	−10.5	935.7	817.6	−12.6
全年	1 301.6	1 143.6	−12.1	512.9	457.1	−10.9	1 814.5	1 600.7	−11.8

注：同比数据为 2022 年较 2021 年同期变动幅度。

2. 行业发展总体趋势

2022 年上半年国内肉鸡整体行业形势变化明显，一方面鸡肉进口减少、出口增加，1—6 月我国鸡肉进口量 55.18 万吨，较上年同比下降 6.8%，出口量 21.36 万吨，较上年同比上涨 27.4%。另一方面品种结构偏向更低生产成本，小型白羽肉鸡抢占黄羽肉鸡的市场，快速型黄羽肉鸡抢占中速型黄羽肉鸡市场，中速型黄羽肉鸡抢占慢速型黄羽肉鸡市场。活禽销售逐渐远离城镇，向乡镇转移，屠宰销售占比越来越大。根据 2021 年企业调研年报分析，全国黄羽肉鸡库存中冰鲜产品占 15%，活禽占 85%。从地域视角看，珠江三角洲活禽销售开始实行从养殖户到活禽批发市场分散屠宰模式，即活禽批发后经由分销商就近屠宰，最终以白条肉的形式进入农贸市场。

（二）白羽肉鸡生产形势

1. 白羽肉鸡产能

2022 年上半年，白羽肉鸡毛鸡出栏量在 4 月底至 5 月底呈不断减少趋势，6 月环比增长 9.5%，较上年同比减少 11.1%。上市企业的表现与监测趋势相反，上半年上市公司鸡肉销售量较上年同比增加 9.4%，连续三年增加，占全国产量比重为 7.85%，6 月出栏量环比减少 6.5%，较上年同比增加 19.8%。据统计，2022 年上半年屠宰场开工负荷 65%，较上年同比增加 2%；库容率为 57%，较上年同比下降 6%。2022 年上半年全国白羽肉鸡产能见表 13。

表 13 2022 年上半年全国白羽肉鸡产能情况

单位：万套，亿只

时间	祖代			父母代			商品代	
	存栏	累计补栏	在产存栏	存栏	累计补栏	在产存栏	存栏	累计补栏
2022 年 6 月	176.6	46.9	114.0	6 975.5	2 857.3	4 039.3	7.5	30.0
2021 年 6 月	168.9	60.5	109.2	7 454.8	3 152.4	4 611.9	8.7	34.1

2022 年上半年白羽祖代种鸡存栏高于年均线 1.3%，父母代存栏低于年均线 0.4%，祖代存栏年均线基本波动向上，父母代存栏实际上已经贴近稳定线，出现平稳向下的趋势。2022 年上半年，祖代更新周期到近期达到 91 周，超过正常标准的使用周期 64 周，面临雏鸡质量下降的风险，目前单位规模月度提供 4.4 套父母代雏鸡，单位规模供种能力较前期的峰值下降了 11%，总体上父母代雏鸡的销售量较上年同比减少了 9.4%。父母代更新周期到近期约 60 周，少于标准周期 4 周，在产存栏较峰值减少了 12%，目前单位规模月度提供 13.2 只商品代雏鸡，单位规模供种能力较前期的峰值减少了 4.4%，月度销售量恢复到 5 亿只以上。上半年商品代雏鸡销售量总计 30 亿只，比上年同期减少了 12%。其中，上市公司商品代雏鸡销售反而增加了 17%，占全国总量的 14.3%。5—6 月全国在产父母代种鸡存栏量增加，但 6 月的雏鸡供应量却有微幅下降，主要原因是养殖户为回避高温出栏，而季节性减少补栏。由于引进的祖代种鸡质量下降，近期父母代种鸡出现较为显著的质量问题，具体表现为产蛋率减少 10%，死淘率较正常值增加 1 倍，同时马立克氏病、肝破裂和腿病等发生率显著增加。种鸡质量问题同样也造成商品代雏鸡质量下降。5 月和 6 月上半个月父母代种鸡淘汰率增加，近半个月种鸡和雏鸡质量问题有所缓和。

2. 白羽肉鸡市场收益

2022 年上半年白羽肉鸡市场消费需求有所增加，终端产品价格上涨。鸡肉市场方面，交投仍呈弱势，价格上涨缓慢，表现终端消费仍显疲软。但生产端鸡肉供应量已有所增加，屠宰开工率略有上升，产品库存仍处于低位，商品代毛鸡价格上涨，反映出消费需求已经有所增加。

商品代毛鸡交易方面，毛鸡市场价格从 3 月下旬到 4 月中旬呈持续上涨走势，4 月 20 日至 5 月 20 日横向波动，5 月 20 日之后涨势再起，至 6 月中旬后开始回落，全月均价环比上涨 5.3%（表 14）。养殖成本虽有增加，但生产收益仍有增加。然而，由于雏鸡质量不佳，部分商品肉鸡性能下降明显，养殖收益存在较大差异。

商品代雏鸡交易方面，雏鸡价格从 2022 年 4 月底至 6 月中旬呈横盘走势，6 月中下旬快速下降至每只 1 元左右，至 7 月上旬开始回升。这一波价格的震荡属于季节性波动，是养殖户为了回避在 7 月底至 8 月中这段高温期间出栏，受此影响，全月雏鸡均价下跌 12.3%。

表 14　白羽肉鸡各生产环节产品价格

月度	父母代雏 （元/套）	商品代雏 （元/只）	出栏毛鸡 （元/千克）	鸡肉 （元/千克）
2021 年 6 月	68.71	2.63	8.50	10.50
2021 年 7 月	65.98	1.76	8.04	10.09
2021 年 8 月	48.78	2.84	8.38	10.13
2021 年 9 月	41.21	2.36	7.66	9.88
2021 年 10 月	37.52	1.09	7.28	9.37
2021 年 11 月	38.82	1.57	7.82	9.64
2021 年 12 月	37.80	1.32	8.11	9.75
2022 年 1 月	33.98	1.13	8.14	9.81
2022 年 2 月	29.86	1.32	7.84	9.91
2022 年 3 月	21.15	1.06	8.01	9.85
2022 年 4 月	16.48	2.45	9.07	10.42
2022 年 5 月	15.39	2.62	9.25	10.63
2022 年 6 月	20.46	2.30	9.74	11.01

表 15　白羽肉鸡全产业链收益

月度	全产业链月度收益 （元/只出栏肉鸡）	全产业链年度累均收益 （元/只出栏肉鸡）
2021 年 6 月	0.99	2.61
2021 年 7 月	0.17	2.21
2021 年 8 月	2.45	2.24
2021 年 9 月	0.34	2.05
2021 年 10 月	−2.72	1.53
2021 年 11 月	0.27	1.36
2021 年 12 月	−1.00	1.16
2022 年 1 月	−1.47	−1.47
2022 年 2 月	−0.16	−0.83
2022 年 3 月	−2.01	−1.19
2022 年 4 月	1.49	−0.52
2022 年 5 月	0.81	−0.25
2022 年 6 月	0.49	−0.12

2022 年上半年白羽肉鸡产业链整体处于亏损，其中祖代和商品代生产有盈利，但仍处于低收益区（表 15）。2022 年上半年，白羽肉鸡全产业链年度平均收益为－0.12 元/只，较上年同比减少 2.71 元/只。2022 年 6 月白羽肉鸡全产业链收益为 0.49 元/只，较上年同比减少 0.50 元/只，环比减少 0.32 元/只；上半年盈亏月数比为 3∶3。2022 年 6 月商品白羽肉鸡养殖环节盈利 2.99 元/只，生产监测户的亏损面为 9.0％；上半年盈亏月数比为 4∶2。2022 年 6 月白羽父母代种鸡环节亏损 4.73 元/套；上半年盈亏月数比为 0∶6。此外 2022 年 6 月祖代环节亏损 8.58 元/套，屠宰环节亏损 0.90 元/千克（表 16）。

表 16　白羽肉鸡产业链各环节利润

时间	祖代利润 [元/(套·月)]	父母代利润 [元/(套·月)]	商品鸡利润 （元/只）	屠宰利润 （元/千克）
2021 年 6 月	261.68	－1.26	－0.14	0.29
2022 年 6 月	－8.58	－4.73	2.99	－0.90
2022 上半年平均	6.04	－10.07	1.35	－0.29

3. 白羽肉鸡下半年预期形势

2022 年白羽肉鸡全年产量预减 5％～8％；预计下半年市场行情好转，全年有望盈利。从生产周转规律看，7 月毛鸡出栏量、鸡肉供应量与 6 月基本相当，而雏鸡供应量会有较多增长；从消费情况看，7 月学校暑假，将进入旅游和烧烤旺季，有利于鸡肉消费量增长，预计 7—8 月消费需求有所增长；从生产端各环节盈利看，商品肉鸡生产有盈利，但其他生产环节亏损，全产业链收益缩窄持续低位；从行业情绪看，生产者对后市有预期，资金上也有压力，仍会采取谨慎增产、平稳补栏、观望为主的态度和经营策略，但随着产业形势的进一步明朗，下半年生产量将会增加。综合判断，2022 年三季度形势为"产量缓慢增加，价格震荡上行"的走势，下半年产业形势好于上半年，全年有望盈利。

（三）黄羽肉鸡生产形势

1. 黄羽肉鸡产能

全国黄羽肉鸡出栏量连续三年减少，而上市公司出栏量连续四年增加。2022 年上半年上市公司出栏量较上年同比增加 2.6％，占全国产量比重为 36％。从产能来说，黄羽肉鸡与白羽肉鸡情况基本一致。2022 年上半年黄羽祖代种鸡存栏高于年均线 3.6％，父母代种鸡存栏低于年均线 0.2％，商品代雏鸡销量 19.2 亿只，指数为 89.1。2022 年上半年父母代黄羽种鸡累计供应 8.1 亿只商品代雏鸡，低于常规值 14%。父母代存栏量较高峰期下降 10%，每套鸡的供种能力降低了 14%，父母代的月度供种量降幅达到 20%。2022 年 6 月，商品代黄羽肉鸡出栏 3.2 亿只，低位稳定。

在产父母代种鸡存栏在下降 20 个月后逐渐企稳，保持在 3 950 万套左右，较高峰值减少 450 万套（约 10%），且慢速型趋势性减少，快速型较为平稳。商品代雏鸡销量 19.2 亿只，较上年同比减少 11.4%（表 17）；单位规模父母代供种量较上年同比降低 6%。种鸡生产近期呈现微幅上升趋势，补栏数量稳定，估计下半年继续呈小步增加的走势。

表 17　2022 上半年全国黄羽肉鸡产能

单位：万套，亿只

时间	祖代			父母代			商品代	
	存栏	累计补栏	在产存栏	存栏	累计补栏	在产存栏	存栏	累计补栏
2022 年 6 月	221.6	—	154.9	6 730.7	3 313.7	3 914.0	9.1	19.2
2021 年 6 月	228.2	—	159.6	6 879.9	3 241.1	4 125.0	10.2	21.7

2. 黄羽肉鸡市场收益

2022 年上半年终端产品价格上涨，均价为历史同期最高（表 18 和表 19）。

商品代毛鸡价格处于历史高位，快速型和中速型高于历史同期，市场表现为"量价齐升"。2022 年 6 月各地毛鸡价格普遍上升，全月涨幅约为 6%，涨幅超过上月，较上年同比涨幅为 22%。上市企业毛鸡销售价格上升 8.6%，较上年同比上升 32.6%；走势与监测数据一致，涨幅大于监测数据，实际价格低于监测数据。

表 18　黄羽肉鸡各生产环节产品价格和产业链收益

月度	父母代雏 （元/套）	商品代雏 （元/只）	出栏毛鸡 （元/千克）	白条鸡 （元/只）
2021 年 6 月	11.94	1.76	13.54	21.34
2021 年 7 月	12.32	1.64	12.91	21.18
2021 年 8 月	10.07	1.67	13.65	21.39
2021 年 9 月	10.38	1.82	14.75	21.47
2021 年 10 月	10.25	1.64	15.27	21.38
2021 年 11 月	10.06	1.73	16.42	21.89

（续）

月度	父母代雏 （元/套）	商品代雏 （元/只）	出栏毛鸡 （元/千克）	白条鸡 （元/只）
2021 年 12 月	10.67	1.83	16.91	22.01
2022 年 1 月	10.34	1.98	16.60	22.60
2022 年 2 月	9.67	2.03	16.81	22.98
2022 年 3 月	8.83	1.89	15.32	22.66
2022 年 4 月	8.86	1.82	14.87	22.67
2022 年 5 月	8.84	1.99	15.56	22.92
2022 年 6 月	8.86	2.19	16.57	23.18

商品代雏鸡季节性上涨，价格仍处低位。虽然毛鸡价格持续回升，养殖户补栏积极性也在增加，拉动了雏鸡价格的上涨，但是因为生产成本的上涨，养殖量还是低于往年。总体来看，上半年父母代养殖环节收支基本平衡。

一体化企业盈利处于中等水平，二季度盈利有所收窄，商品养殖收益颇丰，父母代环节盈亏平衡。在经历了 2020 年的亏损冬季后，2021 年与 2022 年相对来说有所盈利，到 2022 年上半年收益率基本上恢复到正常的历史年度水平，由于市场回暖，下半年头部企业可能扩张产能，2022 年全年的产量预减 6%～10%，下半年产业形势会好转，全年保持盈利。

表 19 黄羽肉鸡全产业链收益

月度	全产业链月度收益 （元/只出栏肉鸡）	全产业链年度平均收益 （元/只出栏肉鸡）
2021 年 6 月	2.20	5.13
2021 年 7 月	−0.29	4.33
2021 年 8 月	1.58	3.97
2021 年 9 月	3.71	3.94
2021 年 10 月	5.54	4.10
2021 年 11 月	6.61	4.32
2021 年 12 月	7.90	4.60
2022 年 1 月	8.00	8.00
2022 年 2 月	7.35	7.68
2022 年 3 月	3.55	6.29
2022 年 4 月	3.83	5.63
2022 年 5 月	4.42	5.41
2022 年 6 月	6.02	5.52

3. 黄羽肉鸡下半年预期形势

2022 年下半年产量预减约 6%～10%，产业形势好转，全年有望盈利。从种鸡周转规律和存栏水平看，存栏量位于中等偏低水平，雏鸡产销量为历史同期低点。从商品养殖场补栏情况看，6 月的补栏量保持同比大幅减少趋势，并已低于 2018 年平均水平约 11%，且价格和销售率均依旧偏低。从生产规律看，7 月出栏量依旧位于低位，同时监测信息和上市公司数据均呈现出栏体重降低，估计市场需求有所恢复。从生产端各环节盈利看（表 20），6 月父母代生产已有盈利；商品养殖收益继续增加，在扣除养殖户的基本收益（约 3 元/只）后，生产企业已有较好收益。从消费市场看，往年 5 月开始消费转好，但 5—8 月仍属于消费平淡季，价格多呈横向震荡。综合来看，下半年黄羽肉鸡行情会好于上半年，产量增加，生产收益较好。

表 20　黄羽肉鸡月度利润情况

月度	祖代利润 ［元/(套·月)］	父母代利润 ［元/(套·月)］	商品鸡利润 （元/只）
2021 年 6 月	28.75	−1.16	2.21
2022 年 5 月	16.83	−0.04	4.33
2022 年 6 月	15.20	1.82	5.72

四、生猪产业发展形势和展望

朱增勇在"生猪产业发展形势和展望"报告中分析了 2022 年上半年生猪产业和市场形势、非洲猪瘟以来产业、市场趋势及特点、未来产业以及市场发展判断。

（一）上半年生猪产业和市场形势

1. 生猪生产

能繁母猪产能。2022 年 6 月，国内能繁母猪存栏 4 277 万头，较上年高峰期 4 564 万头累计下降不到 10%。当前能繁母猪调减速度较温和，特别是猪价反弹后，从 4 月开始后备母猪存栏增加以及肥猪转母猪行动，结束了连续 10 个月的能繁母猪产能调减。整体来看，能繁母猪的产能能够保证 7 亿头生猪出栏量。

生猪存栏。2021年末生猪存栏处于非洲猪瘟以来的最高位，约为4.49亿头。2022年3月约达4.2亿头，较上年同比增加1.6%；6月为4.3亿头，较上年同比下降1.9%。纵观整个上半年猪肉供给端，供给方式主要有两部分：一部分是商品出栏，上半年整体猪肉供给量非常充裕；另一部分是商转冻以及进口冻品的库存，相对来讲2022年低于上年同期水平，所以6月中下旬整体供需形势的边际效应带动了短期猪价的快速反弹。预计7月整体猪价会维持当前高位水平，未来两年也会出现震荡，后期再上涨的空间有限。

生猪出栏。2022年上半年猪肉产量较上年同比增加8.2%（图4），生猪出栏节奏较上年同期有所减缓。从各月生猪出栏来看，2021年5月、6月能繁母猪高位运行，整个生猪出栏面临阶段性供给过剩的局面，2022年3月、4月是屠宰高峰期，直到4月中下旬开始生猪日屠宰量才逐渐下降，4月中下旬后日屠宰量与周屠宰量均低于4月上旬，并且高峰期同比增幅也逐渐下降，到6月同比增幅降至10%以内，整体供给逐渐回落，供给过剩的状态开始趋缓（图5）。特别是6月中下旬猪价反弹、资本炒作以及市场情绪，叠加供给面本身相应的调整影响，短期带动了猪价快速反弹。从供需形势来看，当前猪价与供需基本面并不匹配，后期猪价受消费因素影响保持稳定，同时等压栏大猪出栏以后，猪价还可能面临短期的回调。

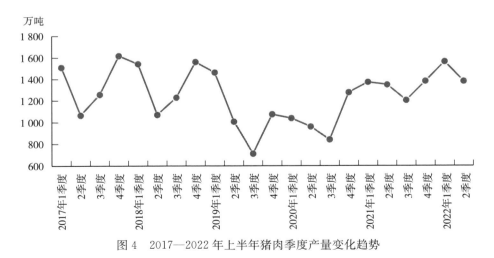

图4 2017—2022年上半年猪肉季度产量变化趋势

2. 猪肉贸易

2022年1—6月，国内猪肉进口80万吨，与1—5月相比，较上年同比降幅收窄了1%。进口量下降主要有两方面原因：一是受国内上半年供给过剩影

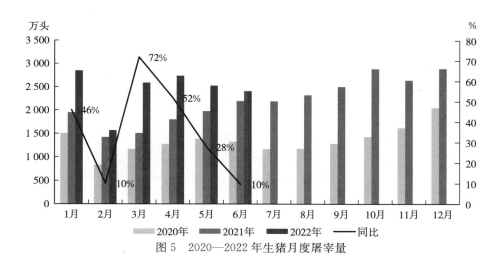

图 5　2020—2022 年生猪月度屠宰量

响，从 2021 年 6 月以来猪价持续低迷，猪肉的进口开始明显下降。二是受北美、欧洲上半年猪价上涨拉动的影响。2—5 月欧洲猪价累计上涨的幅度超过了 50%，国内外的猪肉价格差明显缩窄，同时叠加新冠疫情对全球供给链的影响，导致 2022 年上半年整个猪肉进口明显下降。从 2021 年 9 月开始，无论是进口量还是进口价格都处于非洲猪瘟疫情以来的低位水平。此外，从全球市场来看，国内畜产品市场相对比较稳定主要得益于保供政策的有效实施。随着欧美市场从消费旺季逐渐进入淡季，预计 9 月以后国内外价差逐渐增大，10月后猪肉月进口量有所增加，但是前三季度月均进口量都会低于 15 万吨。

2022 年 1—5 月鲜冷冻猪肉（包括肥猪肉）进口累计 68.2 万吨，较上年同比下降 65.2%；从西班牙、巴西、丹麦、美国和加拿大进口数量分别较上年同比下降 69.9%、36.3%、57.7%、66.7% 和 78.4%。

3. 生猪价格

供给面收缩导致 2022 年上半年出现了两拨猪价反弹高峰，一次在 4 月中下旬，第二次在 6 月中下旬。两拨的反弹力度以 6 月中下旬为最高，特别是当前的猪价已经上涨到 22.5 元/千克以上。此外，能繁母猪增加对猪价冲击力度不大，根据上年能繁母猪产能对猪价的影响来看，2022 年的猪价低点应该出现在 4 月，但是从 3 月开始连续 13 轮总计 52.8 万吨的冻肉收储工作，对猪价起到了明显的支撑作用。

2022 年上半年猪价短期快速反弹引发国内学者对猪价反弹与反转的争议。根据以往的周期猪价走势判断，猪价新一轮上涨周期在初期很少出现上涨情况，往往会先经过一轮小周期过渡，才会迎来较大周期性的上涨。所以短期内猪价快速反弹更多还是市场因素在供需形势改善的情况下叠加的一种现象，而不是市场供需形势的真实反映。同时结合当前国内整个猪肉消费市场情况分析，7月、8月属于消费淡季，短期内猪肉供给有保障，后期猪价稳中有降是大势所趋。预计2022年全年猪价最高点会出现在7月、8月，四季度猪价超越当前水平难度较大。

对比不同省份的猪价，可以分析出整个国内市场猪价反弹的基础存在差异。前期供给政策改变源自变化的供给形势，但到6月中下旬，尤其是东北地区猪价反弹，更多反映出养殖户较高的后市预期。由于2021年6月以来持续亏损导致压栏、肥转母现象增加，东北地区猪价涨幅在6月中下旬一度超过大部分地区。另外像广东、海南等地，由于地方政策原因，猪价涨动较为明显。就全国来看，当前广东与海南猪价处于较高水平。

2022年上半年猪肉生产形势变化较大，整个生产形势的因素除猪价外，还有生产成本与相应养殖效益的变化。2020年以来玉米价格涨幅较大，2021年和2022年豆粕价格涨幅较大，饲料原料价格上涨直接带动养殖成本上涨。据农业农村部监测数据，截至7月第1周，玉米和豆粕价格分别为3.02元/千克和4.41元/千克，玉米价格较上年同期小幅上涨1.0%，豆粕价格则大幅上涨18.2%，育肥猪配合饲料价格3.88元/千克，较上年同比涨7.2%，分别较2022年第1周累计上涨5.0%、16.1%和6.0%，较2021年第1周上涨12.3%、23.9%和13.1%，较2020年第1周累计上涨44.5%、35.3%和26.4%。根据以往研究，一般情况下如果养殖效益出现3个月以上的亏损或者盈利的话，就会导致整个存栏增加或者减少。2020年以来，玉米和豆粕的价格轮番上涨，这种涨幅在一定程度上拉大了猪价反弹的幅度。

从整个行业平均成本来看，受整个饲料成本以及防疫成本、人工成本持续增加等因素的影响，当前整个行业的平均成本达17元/千克左右。值得注意的是，非洲猪瘟疫情以来，多个产业资本进入，各地出现较大的投资热潮，也出现了很多规模不经济情况。例如龙头企业中粮已经实现了规模经济，但是相当一部分企业目前还处于规模不经济的状态，所以产业后续还面临降本增效的难题。

2022年上半年随着猪价的回落，从中长期来看，整个出栏活重将持续增加；但是从短期来看，新冠疫情以及猪价波动幅度对于出栏活重都会有明显影响。2022年1—3月，出栏活重整体处于下降的趋势，但是从4月开始，随着猪价的反弹，出栏活重又增加到130千克以上，特别是当前二次育肥以及压栏正热，带动三季度整个出栏活重处于高位（图6）。需要注意的是，三季度并不是大猪的消费高峰期，所以后期如果大猪出栏，很可能会带动猪价回调。

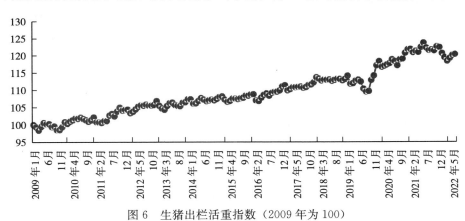

图 6　生猪出栏活重指数（2009 年为 100）

（二）非洲猪瘟疫情以来产业和市场趋势

对以往生猪周期变化的回顾表明，产业发展与整个宏观经济发展息息相关，同时，每轮周期都发生了成本构成以及成本绝对水平的变动。从"十三五"开始，无论是从外部经济环境还是产业内部影响因素来看，都发生了明显变化，特别是环境保护、重大动物疫病、经济增速放缓等，都成为影响产业发展的重要内外部因素。

经历非洲猪瘟疫情后，整个产业既面临着复产的问题，又面临着提质增效的问题。

1. 基于供需角度

当前 5 500 万吨的供应量，基本就能满足猪肉的消费需求。同时从外部供给来看，预计"十四五"期间外部猪肉供给将会维持在 200 万吨左右的水平。2022 年的自给率肯定回升到 95％以上，将有效保障"十四五"时期猪肉的供给数量安全（表 21）。

表 21　2010—2021 年猪肉供需形势

单位：万吨，千克/人

年份	产量	进口量	出口量	净进口量	表观消费量	自给率	人均消费量
1995	3 648.37	0.09	15.36	−15.28	3 633.09	100.42％	30.00
1996	3 158.00	0.17	12.93	−12.77	3 145.23	100.41％	25.70

（续）

年份	产量	进口量	出口量	净进口量	表观消费量	自给率	人均消费量
1997	3 596.30	0.28	10.34	−10.06	3 586.24	100.28%	29.01
1998	3 883.70	1.58	10.50	−8.92	3 874.78	100.23%	31.06
1999	4 005.60	5.84	5.37	0.47	4 006.07	99.99%	31.85
2000	3 966.00	13.61	5.28	8.34	3 974.34	99.79%	31.36
2001	4 051.70	9.43	10.32	−0.89	4 050.81	100.02%	31.74
2002	4 123.10	14.49	16.19	−1.70	4 121.40	100.04%	32.08
2003	4 238.60	14.91	21.35	−6.43	4 232.17	100.15%	32.75
2004	4 341.00	7.06	29.13	−22.07	4 318.93	100.51%	33.23
2005	4 555.30	3.10	25.05	−21.95	4 533.35	100.48%	34.67
2006	4 650.34	2.38	26.89	−24.50	4 625.84	100.53%	35.19
2007	4 307.85	8.58	13.36	−4.78	4 303.07	100.11%	32.57
2008	4 682.02	37.33	8.22	29.11	4 711.13	99.38%	35.47
2009	4 932.85	13.50	8.74	4.76	4 937.61	99.90%	37.00
2010	5 138.44	20.13	11.01	9.12	5 147.56	99.82%	38.39
2011	5 131.65	46.77	8.07	38.70	5 170.35	99.25%	38.32
2012	5 443.55	52.22	6.62	45.60	5 489.15	99.17%	40.38
2013	5 618.60	58.35	7.34	51.01	5 669.61	99.10%	41.47
2014	5 820.80	56.42	9.15	47.27	5 868.07	99.19%	42.63
2015	5 645.41	77.75	7.15	70.60	5 716.01	98.76%	41.32
2016	5 425.49	162.02	4.85	157.17	5 582.66	97.18%	40.10
2017	5 451.80	121.68	5.13	116.55	5 568.35	97.91%	39.77
2018	5 403.74	119.28	4.18	115.11	5 518.85	97.91%	39.27
2019	4 255.31	210.77	2.66	208.11	4 463.42	95.34%	31.65
2020	4 113.33	439.13	1.06	438.07	4 551.40	90.38%	32.24
2021	5 296.00	370.90	1.80	369.10	5 665.10	93.48%	40.10

2. 基于需求角度

2014 年我国猪肉消费总量与人均消费总量达到高位以后，整体肉类消费结构发生较大变化，特别是禽肉和牛肉人均消费量和总供给量逐渐增加，预计后期猪肉超过 2014 年 42 千克/人高点的可能性较小，总体会保持在 40

千克/人左右（表21）。

从历史趋势来看，猪肉产量高速增长的阶段，基本都是宏观经济以及人均收入高速增长的阶段。在人均 GDP 达到 1 万美元以上以后，肉类消费会向白肉以及牛羊肉的消费倾斜，会向奶制品的消费转变。此外，影响需求最主要的因素是人口，后期总体人口增速将明显放缓，老龄人口增加、青少年人口比重提升都导致消费方式和结构更新，对禽肉和牛羊肉消费增加。总体而言，后期猪肉消费增长有限，整体呈现稳中略降的状态。

尽管猪肉相比玉米、大米、小麦等农产品需求弹性较小，但是当猪肉价格波动较大时，也避免不了其需求弹性增大的问题（表22）。特别是非洲猪瘟疫情以及新冠疫情对猪价以及居民收入都有一定程度的影响，呈现出中期消费稳定、短期具有弹性、城镇居民总体趋降、农村居民消费基本饱和的特点。所以，近两年来消费者对猪价的敏感性提升。很明显的例子是 2021 年 6 月底、7月初以及 10 月上旬，猪肉价格跌到每千克 20 元以后，就短期刺激了猪肉的消费需求。

表22　城乡居民猪肉消费价格及价格敏感度

单位：元/千克

年份	城镇居民猪肉消费价格	农村居民猪肉消费价格	总体猪肉消费价格	城镇居民需求弹性（%）	农村居民需求弹性（%）	总体弹性（%）
2014	20.79	19.20	20.04	−23.0	−9.4	−17
2015	20.74	19.45	20.14	−2.4	13.6	5
2016	20.43	18.68	19.62	−7.9	−20.6	−13
2017	20.62	19.49	20.11	−7.9	−34.9	−20
2018	22.74	22.96	22.83	−80.9	−140.7	−107
2019	20.31	20.23	20.28	−21.3	−23.7	−22
2020	19.00	17.10	18.20	−11.6	−27.8	−18

3. 基于生产角度

饲料原料价格不断上涨，同时新冠疫情和非洲猪瘟疫情都带动了劳动力成本提升，特别是带动整个产业由半机械化向自动化、智能化方向发展。所以未来的劳动力结构，包括经营主体的整体素质，对整个产业发展的质量塑造至关重要。

近两年饲料价格高位压力凸显，同时产业资本包括产业的纵向和横向整合，都带动了整个行业门槛的提升。特别是"十三五"时期，生猪产业向规模化、现代化方向发展，叠加猪价波动因素的影响，导致一批散户和小户退出市场，但是不排除部分中小户迎难而上实现转型升级。此外，2007 年以来，动物疫病的发生导致整个防疫成本持续增加，同时新冠疫情还会对部分区域和部分主体的生产形成一定程度的影响（图 7）。

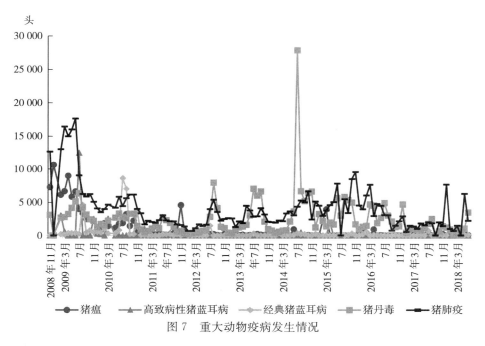

图 7　重大动物疫病发生情况

　　根据不同生猪出栏规模出栏占比，可以看出中等规模和龙头企业发展速度较快，年出栏 500 头生猪的养殖户接近 18 万户，但出栏比重达到 57%，户数比重不足 1%。中等规模户发展速度最快，年出栏 1 000～2 999 头生猪的养殖户 2007 年出栏比重增速最高，2020 年较 2007 年提升 7.8 个百分点，其次为 10 000～49 999 头和年出栏 50 000 头以上的养殖户，分别提升 7.6 个百分点和 6.6 个百分点。总体来看，目前我国生猪规模化水平相当于美国 20 世纪 80 年代前后的水平，适度规模家庭农场养殖模式更适合我国资源条件。

　　未来整个产业结构需要结合不同地区的自然禀赋条件进行研判，发达地区更适合走高度规模化的道路，但是对于一些土地、劳动力以及水资源丰富的地区，适度规模发展、种养结合以及减少环境的压力才是出路。未来 1 000～3 000 头出栏水平的养殖户，是适度规模化发展的绝对主体。其中，年出栏

100～500头的小型养殖户，又是将来转型升级的重点主体。另外，非洲猪瘟疫情以来，行业集中度提升，从2021年生猪存栏以及能繁母猪存栏的全国占比（表23）可以看出，前20家龙头企业已经上升到接近25%。所以在合理调控养殖企业的同时，还必须汲取美国纵向高度整合对市场影响的教训，提早采取措施防范行业龙头企业对局部市场和局部时间的垄断。

表23　主要生猪企业产能情况

单位：万头

序号	企业名称	生猪存栏	能繁母猪存栏	生猪出栏
1	牧原食品股份有限公司	3 536.0	283.0	4 026.3
2	江西正邦科技股份有限公司	500.0	100.0	1 492.7
3	温氏食品集团股份有限公司	786.9	104.4	1 204.8
4	双胞胎（集团）股份有限公司	423.0	32.1	1 106.0
5	新希望六和股份有限公司	880.0	105.0	997.8
6	正大集团	161.4	19.6	615.0
7	北京大北农科技集团股份有限公司	227.6	17.6	430.8
8	天邦食品股份有限公司	200.0	42.0	428.0
9	广西扬翔农牧有限责任公司	194.0	19.6	380.0
10	四川德康农牧食品集团股份有限公司	326.0	26.8	372.0
11	中粮肉食投资有限公司	255.0	26.0	344.0
12	福建傲农生物科技集团股份有限公司	179.3	27.0	324.6
13	山西新大象养殖股份有限公司	140.0	14.0	259.0
14	广东海大集团股份有限公司	173.1	8.0	197.0
15	佳和农牧股份有限公司	100.0	10.0	178.0
16	天康生物股份有限公司	122.8	12.1	160.3
17	唐人神集团股份有限公司	45.2	8.2	150.2
18	桂林力源粮油食品集团有限公司	80.0	7.5	152.0
19	广西农垦永新畜牧集团有限公司	95.0	10.0	130.0
20	禾丰食品股份有限公司	42.4	3.0	130.0
	合计	8 467.7	875.9	13 078.5

4. 基于价格角度

从周期角度来看（表 24 和表 25），上一轮猪周期已经在 2022 年 3 月结束，4 月开启新一轮猪周期。新旧周期快速更迭主要有两点原因：一是 2021 年的 5 月、6 月能繁母猪处于高位，所以 2022 年 3 月、4 月处于周期供给阶段性过剩的明显高点，同时 7 月能繁母猪产能开始调减，预计后期的猪价不会低于 3 月、4 月的水平。二是新冠疫情对于消费和经济的影响，同时饲料成本仍然高企。新一轮周期受市场规律对整体生猪产能的影响显著，内外部环境的变化无疑加速了猪周期的更新速度。此外，前几轮周期影响因素更加复杂，2022 年的市场也是有史以来调控力度最高，调控频次最多的一次，从 2022 年 3 月开始到现在已完成连续 13 次的收储（表 26），所以猪价的反弹跟收储有明显的关系。按照收储价格折算成活猪的算法，已经从 13.3 元/千克，上升到 17～18 元/千克。后期市场预期向好，收储工作可以告一段落。

表 24　2002 年以来各周期仔猪、生猪和猪肉价格振幅

单位：元/千克

项目	2002.06—2006.05	2006.06—2009.06	2009.07—2014.04	2014.05—2018.05	2018.06—2022.3
仔猪					
平均值	11.26	20.41	24.67	32.91	56.7
最高值	15.75	38.23	37.15	52.39	108.6
最低值	6.98	6.84	14.39	19.21	22.00
振幅	78%	154%	92%	101%	153%
生猪					
平均值	7.72	11.90	14.19	15.59	22.72
最高值	9.59	16.87	19.68	20.45	37.15
最低值	5.75	6.08	9.53	10.57	11.32
振幅	50%	90.7%	71.5%	63.4%	114%
猪肉					
平均值	12.75	19.04	22.83	25.53	36.27
最高值	15.21	26.08	30.35	31.29	58.89
最低值	9.86	10.58	16.04	19.52	19.83
振幅	42%	81.4%	62.7%	46.1%	108%

表 25　猪周期波动情况

波动年份	波动因素
2004	1.（生产）2003 年"非典"期间宰杀母猪、补栏停滞 2.（消费）2004 年禽流感疫情刺激猪肉替代消费增加 3.（成本）玉米和饲料价格上涨
2007	1.（生产）2006 年高致病性猪蓝耳病疫情 2.（成本）玉米和饲料价格上涨
2011	1.（生产）2011 年初雨雪冰冻灾害导致母猪流产、仔猪腹泻等疫病流行 2.（成本）玉米和饲料价格上涨
2016	1.（消费）经济增速放缓导致消费下降 2.（生产）部分地区环保禁养导致规模发展困难
2019	1.（生产）2018 年非洲猪瘟疫情 2.（生产）大范围环保禁养导致生产恢复困难 3.（消费）新冠疫情下 2021 年猪肉消费季节性提振不明显 4.（成本）2020 年以来玉米和饲料价格上涨 5.（贸易）冻品进口量大、库存高
2022	1.（消费）新冠疫情影响消费和经济 2.（成本）玉米和豆粕价格上涨 3.（贸易）猪肉进口明显下降

表 26　2022 年上半年市场调控政策

单位：万吨，元/千克

序号	日期	收储量 （万吨）	成交价格 （元/吨）	成交量 （万吨）	成交率	折算活猪 （元/千克）
1	3 月 3 日	1.94	19 135	1.94	100%	13.26
	3 月 4 日	2.06	19 135	2.06	100%	13.26
2	3 月 10 日	3.8	21 870	2.2	58%	15.23
3	4 月 2 日	1.18	19 464	1.18	100%	13.49
	4 月 3 日	2.82	21 000	0.85	30%	14.60
4	4 月 14 日	4	21 800	0.27	7%	15.18
5	4 月 22 日	4	21 950	0	0	15.28
6	4 月 29 日	4	22 910	0.18	0	15.98

（续）

序号	日期	收储量（万吨）	成交价格（元/吨）	成交量（万吨）	成交率	折算活猪（元/千克）
7	5 月 13 日	4	24 090	0.45	11%	16.82
8	5 月 20 日	4	24 380	0.03	0.8%	17.03
9	5 月 26 日	0.5	23 700	0.5	100%	16.54
	5 月 27 日	3.5	24 710	0.24	6.9%	17.27
10	6 月 2 日	4	24 950	0.09	2.3%	17.44
11	6 月 10 日	4	25 160	0.15	3.8%	17.60
12	6 月 17 日	4	25 040	0	0	17.51
13	6 月 24 日	4	—	—	—	—
合计		51.8	—	9.99	—	—

（三）未来产业和市场发展展望

1. 产业和市场短期形势

根据 2022 年上半年整体的产业特点和市场行情，预计全年生猪出栏较上年同比增幅为 3%～4%。如果对全年的猪肉价格进行预算，上半年同比跌幅为 30%～40%，下半年同比涨幅应该为 20% 左右，预计全年猪肉价格同比下降 15% 左右，对 CPI 下拉作用明显。

从产能角度来看，由于当前猪价水平企稳，养殖收益可观，部分地区甚至达到了 800 元/头以上。预计后期能繁母猪总体产能增加，2023 年小幅微利。

从成本角度来看，近两年成本高位运行，但是从三季度开始外购仔猪的成本将会改变上半年低于自繁自养仔猪成本的现象，所以在下半年，尤其是四季度还要注意外购仔猪成本防控风险。

根据测算结果，2022 年第三季度猪肉供给水平低于上年同期，四季度基本平衡，预计下半年整体猪价水平向好，但是四季度的猪价应该会低于当前的价格水平。

2. 产业和市场中长期形势

从整体市场形势来看，6 月市场形势远超预期，利于 2023 年总体供给稳定。同时，预计 2023 年猪肉进口进一步增加，全年猪价较平稳。

从周期来看，未来年度生猪出栏 7 亿头左右，增长空间有限，而禽肉和牛肉将会继续替代一部分猪肉需求，预计猪肉在整个肉类的消费占比为 55%～

60%，同时，"十四五"时期，重点发展产业质量的举措也会提振猪价。此外，新冠疫情对 2022 年第四季度、2024 年猪价波动空间以及季节性反弹空间会有一定程度的影响。综合来看，新一轮周期和前几轮周期相比会更加稳定。

五、玉米产业发展形势和展望

仇焕广在"玉米产业发展形势和展望"报告中分析了我国玉米产业发展状况，讨论了当前玉米产业发展面临的困难与挑战，以及玉米产业未来政策走向与建议。

（一）我国玉米产业近期发展状况

1. 玉米产业发展形势

播种面积。我国玉米播种面积从 1978 年的 2 000 万公顷增长到 2015 年的 4 500 万公顷，创历史最高水平（图 8）。2015—2020 年，由于政策调整以及粮改饲等措施的实施，玉米种植面积下降了 373 万公顷，所以到 2021 年玉米种植面积减少至 4 200 万公顷左右。由于大豆播种面积增加，预计 2022 年玉米种植面积为 4 252 万公顷，同比下降 80 万公顷，降幅为 1.8%。

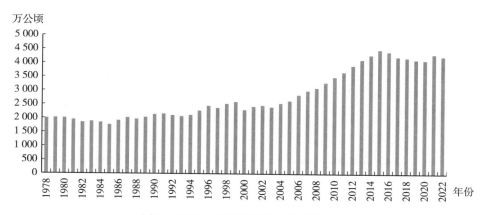

图 8 1978—2022 年我国玉米播种面积

产量。全国玉米总产量从 1978 年的 0.56 亿吨增长到 2021 年 2.73 亿吨（图 9）。单产从 1978 年的 2.8 亿吨/公顷，增长到 2021 年的 6.4 亿吨/公顷，年平均增幅 1.6%（图 10）。虽然 2022 年播种面积减少，但由于单产每年增加 1.4% 左右，预计 2022 年玉米产量 2.73 亿吨，与上年基本持平。从三大粮食作物来看，2002 年前后玉米种植面积超过小麦，2007 年超过水稻，成为我国第一大播种面积作物。玉米产量在 2010 年超过水稻，成为第一大粮食作物。

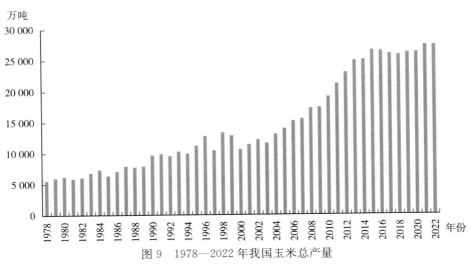

图 9　1978—2022 年我国玉米总产量

注：2022 年数据为预测值。

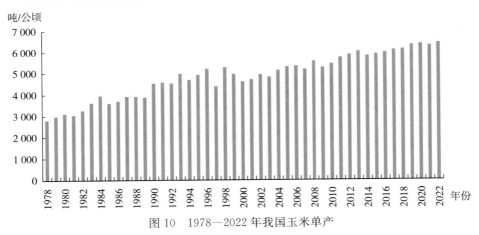

图 10　1978—2022 年我国玉米单产

注：2022 年数据为预测值。

地区分布。从玉米分布地区来看，密集种植区域主要分布在东北—西南区域，但近几年新疆玉米种植面积有渐起之势，其他地区变化不大，基本与往年面积持平。

需求结构。从玉米需求来看，2021 年玉米消费量接近 2.9 亿吨，饲料需求接近 1.9 亿吨，加工等其他需求 0.8 亿吨，消费需求 0.2 亿吨（图 11）。

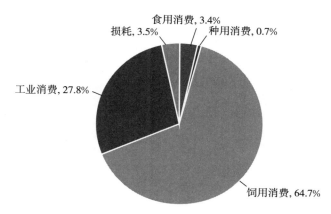

图 11　2021 年我国玉米消费结构

2. 玉米生产政策调控

从我国玉米调控政策脉络来看，2004 年以前玉米产量增长稳定，需求增长较慢，库存积压较大，鼓励出口；2004—2008 年，玉米持续增产，需求快速增长（生物能源发展），价格持续上涨，国家取消出口补贴，玉米出口大幅度下降；2008—2015 年，为了促进玉米生产，实行玉米临时收储政策，限制玉米深加工发展，导致玉米价格持续上涨，后期出现产量增加、库存增加、价格增长；2016 年之后，临时收储政策取消，粮改饲政策实施，镰刀湾地区玉米补贴取消，导致玉米面积下降。此外玉米深加工扩大，多方面因素导致玉米库存消耗殆尽。此外国家增加大豆种植补贴（表 27 和表 28），增加粮豆轮作补贴（试点 3 000 万亩，150 元/亩）；2022 年开始大力推广玉米大豆带状复合种植，保证大豆和植物油的自给率稳定，这是 2022 年玉米面积下降 80 万公顷的重要原因。

表 27　生产者补贴标准

单位：元/亩

年份	黑龙江		吉林		辽宁		内蒙古	
	玉米	大豆	玉米	大豆	玉米	大豆	玉米	大豆
2016	153.9	118.6	81.5～209	162	105～240	112	100～166	45.3
2018	25	320	80～113	350～580	83～125	145～190	70～100	200～250
2019	30	255	86	265	76	276	100	235
2021	68	248	155	500	70～90	207～234	50～133	150～212

表 28 黑龙江大豆和玉米种植收益比较

项目	单位	大豆 2017年 自有地	大豆 2017年 租地	大豆 2018年 自有地	大豆 2018年 租地	大豆 2019年 自有地	大豆 2019年 租地	玉米 2017年 自有地	玉米 2017年 租地	玉米 2018年 自有地	玉米 2018年 租地	玉米 2019年 自有地	玉米 2019年 租地
总成本	元/亩	363	657	372	677	375	725	567	828	574	864	579	919
其中：种子	元/亩	30	30	29	29	29	29	59	59	59	59	59	59
化肥	元/亩	52	52	57	57	55	55	113	113	119	119	120	120
农药	元/亩	16	16	16	16	16	16	15	15	15	15	15	15
机械费	元/亩	100	100	98	98	100	100	136	136	137	137	138	138
人工费	元/亩	150	150	159	159	160	160	228	228	228	228	232	232
家庭用工	元/亩	110	110	108	108	108	108	190	190	192	192	192	192
雇工费用	元/亩	40	40	50	50	52	52	38	38	36	36	40	40
地租	元/亩	0	294	0	305	0	350	0	260	0	290	0	340
其他	元/亩	15	15	14	14	15	15	16	16	15	15	15	15
出售价格	元/吨	3 490	3 490	3 477	3 477	4 000	4 000	1 405	1 405	1 584	1 584	1 600	1 600
单位产量	吨/亩	0.151	0.151	0.138	0.138	0.135	0.135	0.471	0.471	0.474	0.474	0.470	0.470
卖粮收入	元/亩	527	527	479	479	540	540	661	661	751	751	752	752
补贴前种植收益①	元/亩	163	−131	107	−198	165	−185	94	−167	176	−113	173	−167
补贴前种植收益②	元/亩	273	−21	215	−90	273	−77	284	23	368	79	365	25
补贴	元/亩	173	173	320	320	255	255	133	133	25	25	30	30
补贴后种植收益①	元/亩	336	42	427	122	420	70	227	−34	201	−88	203	−137
补贴后种植收益①	元/亩	446	152	535	230	528	178	417	156	393	104	395	55

注：①扣除家庭用工折价，②不扣除家庭用工折价。

3. 玉米贸易政策调控

从我国贸易政策调控手段来看，我国玉米关税配额发放 720 万吨，其中私营企业比例达 40%。2007 年 12 月 20 日取消了玉米及其制粉 13% 的出口退税；2008 年 1 月 1 日起对玉米及制粉出口分别征收 5% 和 10% 的临时关税；2008 年 12 月 1 日起又取消了玉米和玉米制粉及淀粉的出口关税；2009 年 6 月对玉米淀粉和酒精出口实施 5% 的退税；2010 年 7 月 15 日取消包括酒精、玉米淀粉等商品在内的出口退税；2019 年对美国进口玉米额外征收 25% 的关税；2020 年 2 月《关于开展对美加征关税商品市场化采购排除工作的公告》决定开展对美加征关税商品市场化采购的排除工作，根据我国境内相关企业的申请，对符合条件、按市场化和商业化原则自美采购的进口商品，在一定期限内不再加征对美 301 措施反制关税。

4. 关于玉米产量数据的思考

分析玉米生产统计数据，有几个问题值得思考。根据国家统计局公布的玉米生产数据，我国近 5 年的玉米产量数据都保持在 2.6 亿吨左右。根据国家相关报告和信息，2016 年玉米库存数据在 2 亿～2.5 亿吨，其中 2010—2015 年新增库存 1 亿～1.5 亿吨，推算每年新增库存 2 000 万～3 000 万吨。2020 年，我国临储玉米库存基本消耗完，这意味着，2016—2020 年与 2010—2015 年相比，年均产需缺口扩大了约 7 000 万吨，这一状况需要格外重视。

但同时需要思考，近几年的玉米产量是否高估？面积下降了 5 600 万亩还是 1 亿亩？单产是否每年在提升？肉蛋奶的产量在 2016 年之前是否高估？禽肉、蛋、奶、水产品等深加工需求增长能否带动？对此可能的解释是，生产方面，产量下降 2 500 万吨；需求方面，深加工增长 2 000 万吨，替代饲料减少导致饲料玉米需求增长 2 500 万吨？从最近两年的数据看，2020—2021 年，肉类的总产量基本没有上涨。猪牛羊肉的产量总和没有上涨，奶类的产量也基本变化不大，但我国的饲料粮需求一直在增长。简单来讲，就是一方面畜产品产量没有新的突破，另一方面饲料粮需求又在增加。造成这一结果的原因是饲养效率下降了吗？上述问题需要引起关注。

（二）我国玉米产业发展面临的挑战

1. 我国玉米国际竞争力情况

我国玉米生产国际竞争力弱。从单产水平来看，我国玉米单产仅有美国的 60% 左右（图 12），平均每亩生产成本比美国高 30% 左右（图 13）。总体来看，我国每生产 1 千克的玉米，需要的成本是美国的 2.2 倍。美国的玉米出口到我国，加上 1%的关税、运输成本、增值税等通关费用，总成本还要低于国内水平。此外，国际玉米每年出口 2 亿吨，其中美国大概是 6 000 万吨，巴西、阿根廷、乌克兰等几个玉米主要出口国紧随其后。

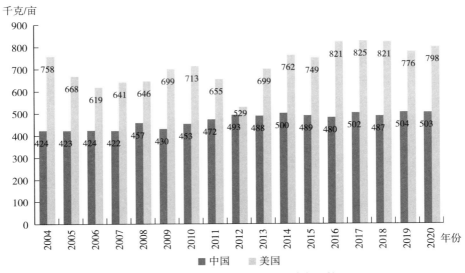

图 12　2004—2020 年中美玉米单产比较

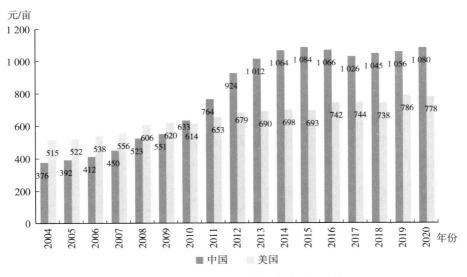

图 13　2004—2020 年中美玉米总成本比较

2. 全球玉米贸易情况

目前，国际上玉米每年出口量为 2 亿吨（图 14），主要出口国家有美国、巴西、阿根廷、乌克兰和俄罗斯等（图 15）。其中，美国玉米出口量约为 6 000 万吨。

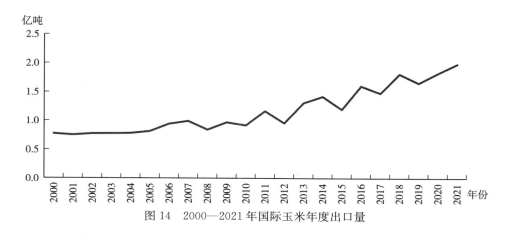

图 14 2000—2021 年国际玉米年度出口量

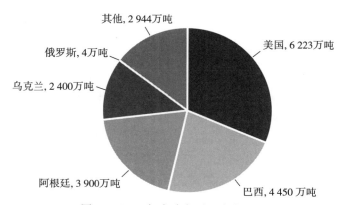

图 15 2021 年全球主要玉米出口国

从 2010 年我国成为玉米净进口国以来，进口增长态势不减，2021 年玉米进口量达到历史最高的 2 835 万吨，玉米自给率首次降到 90%（图 16）。2022 年受俄乌冲突影响，我国玉米进口收紧，预计 2022 年玉米进口总量有所下降，为 2 000 万吨左右。

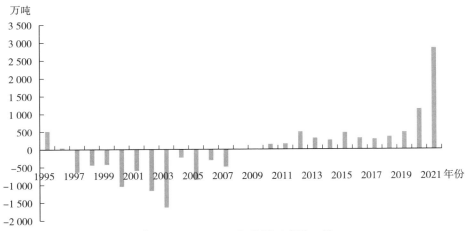

图 16　1995—2021年我国玉米进口量

3. 俄乌冲突对玉米生产与贸易的影响

对乌克兰玉米生产的影响。2022年俄乌冲突初期，据乌克兰农业部报道，乌克兰春播面积总计 1 340 万公顷，约为 2021 年 1 692 万公顷的 80%。2022 年乌克兰播种玉米 460 万公顷，约为 2021 年播种面积（547 万公顷）的 84%。考虑到单产的下降，预计玉米总产量同比下降 30% 左右。

对我国进口的影响。从出口情况来看，乌克兰在 2022 年 3 月出口大幅缩减，仅出口玉米 17.7 万吨（96% 通过铁路，3% 通过海运）。正常年份，乌克兰销往欧洲的玉米产量为 30%～50%；4 月出口有所恢复，共出口农产品 97 万吨，是 3 月农产品出口量（32 万吨）的 3 倍，其中出口玉米 60.1 万吨（72% 通过铁路，26% 通过海运）；5 月运力继续恢复，出口约 96 万吨玉米；6 月运力进一步增加，出口约 101 万吨玉米，出口量已恢复至上年同期的 60%。从目前形势来看，乌克兰新一季玉米种植面积下降，但比俄乌冲突初期的预期要高。从进口情况来看，俄乌冲突对我国玉米进口影响较大，乌克兰是我国第二大玉米进口国（表29），2021 年进口量 824 万吨，占进口总量的 29%。2022 年 3—6 月，乌克兰共出口玉米 312 万吨至欧洲，但目前无法通过海运出口玉米至我国。按照目前的运力估算，乌克兰全年出口玉米总量约为 2 400 万吨（减少 950 万吨），比正常情况出口量下降 30% 左右。

表 29 2021 年上半年我国玉米分国别进口量

单位：万吨

月度	乌克兰	美国	合计
2021 年 1 月	173.0	96.0	275.0
2021 年 2 月	91.7	96.3	193.0
2021 年 3 月	135.6	103.7	241.3
2021 年 4 月	69.5	150.5	221.0
2021 年 5 月	12.6	190.0	208.0

4. 国内外玉米价格情况

国际玉米价格从 2008 年后有三轮价格上涨周期（图 17）。一是 2008 年，后来迅速下降；二是 2012 年左右有一次较大幅度上涨；三是 2021 年下半年以后又开始大幅度上涨。三次价格上涨的幅度基本在 300 美元/吨左右。但最近国际玉米价格、大豆价格以及整体农产品价格都出现了下跌，基本跌至 2022 年年初水平，此次下跌可能与美联储加息以及美国调整货币政策有关。

图 17 2008 年以来国际玉米价格及走势

分月份来看，2022 年 1 月至 2 月中上旬，国际玉米价格持续反弹，基本维持震荡上行的趋势；2022 年 2 月 24 日 CBOT 玉米主力合约收盘价为 272 美元/吨，接近上年 5 月初的高点，随后维持在高位运行；2022 年 3 月至 6 月中旬，玉米价格继续强势反弹，并创下 2012 年以来新高，4 月均价为 308 美元/吨，环比上涨 4.8%；2022 年 6 月中旬至今，玉米价格持续大幅下降，6 月 22 日价格为 273 美元/吨，已回落至俄乌冲突前的水平；7 月 5 日下降至 2022 年最低点 228 美元/吨，近 5 个交易日（7 月 8 日—14 日）均价为 239 美元/吨。

2022 年 6 月，美国玉米到港完税价下降，仍无进口利润。按照 CBOT 价格计算，6 月美国玉米近月船期运抵我国南方港口的到岸税后均价为 3 213 元/吨，环比下跌 30 元/吨，跌幅 0.9%；较上年同比上涨 508 元/吨，涨幅 18.8%；国内南方港口玉米平均成交价格为 2 883 元/吨，国内外平均价差为 330 元/吨，进口利润为负（图 18）。但新季玉米远月报价持续下降，如果 7 月国际玉米价格继续下跌，或将出现进口利润。

图 18　2008 年以来国内外玉米价格比较

（三）未来政策走向分析与建议

未来国际价格走势判断。2022 年 6 月国际市场玉米价格大幅回落，预计后期价格难创新高。国际形势上，乌克兰粮食出口通道可能打开，叠加美国经济衰退预期，对盘面价格形成一定程度的打压。后期来看，宏观环境偏弱背景下市场悲观情绪较重，价格反弹空间预计有限，仍需关注经济衰退预期变化、黑海粮食出口兑现及美国天气。

建议扩大进口来源。由于进口的成本高和获批的转基因品种有限，我国以往从巴西进口的玉米几乎可以忽略不计。2022 年 5 月 23 日我国与巴西召开中巴高委会第六次会议，签署了《巴西玉米输华植物检疫要求议定书》（修订版），虽然达成进一步协议，但仍需理清允许进口的转基因玉米品种，才能扫清巴西玉米进口程序障碍。目前，巴西与我国就批准进口巴西部分转基因玉米进行谈判，最快要到年底才可能实现实质性的进口。因此，关于巴西玉米进口替代美国及乌克兰进口渠道的预期更多是在 2023 年。

建议深化国际合作安全。统筹利用国内国外两种资源、两个市场，深化国际合作安全。一是主动参与全球粮食治理，提高我国国际地位和农业贸易规则制定的话语权，促成更加开放公平的国际贸易秩序；二是重视国际合作（贸易合作、投资合作、技术合作），提高话语权；三是加大国际食物治理体系的参与程度，提高国际话语权。

建议藏粮于地、藏粮于技。优化粮食安全观念，弱化短期高自给率追求，强化长期能力安全。一是总体上应该更强调食物安全，从政策执行的角度以粮食安全为抓手。二是保证口粮（大米、小麦）绝对自给，但应适度放开饲料粮进口，每年进口 3 000 万～5 000 万吨玉米，有利于保障生态安全、优化国内农业的生产结构，提高农业整体效益和农民收入。三是粮食安全不宜过度强调数量安全，更应强调产能安全。

建议大力推广转基因玉米种植。提高玉米国际竞争力，缩小与美国的差距，应尽快采取转基因玉米种植。2022 年 6 月 8 日，国家农作物品种审定委员会发布通知，印发《国家级转基因玉米品种审定标准（试行）》，要求国家农作物品种审定委员会各专业委员会于印发之日起实施，并遵照执行。大力推广转基因玉米种植，也是转基因玉米产业化的关键一步，具有里程碑意义。

六、大豆产业发展形势和展望

司伟在"大豆产业发展形势与展望"报告中分析了国际大豆生产贸易形势、国内大豆生产贸易形势，并总结了全球大豆生产贸易形势。从国际大豆生产形势来看，全球大豆产量和贸易额持续增长，全球大豆生产格局稳定。三大主产国中，巴西由于种植大豆优越的自然条件加上近些年的农业开发，产量持续增加；美国技术的先进性和单产的稳定性依旧为生产保驾护航。阿根廷大豆播种面积已达到极限水平，后期增产需更多依靠育种技术和科研投入。从国内大豆市场形势来看，我国大豆生产发展缓慢，具体表现为种植面积频繁波动，单产水平与发达国家差距过大且提升较慢，大豆总产量增长缓慢，供给压力不断加大。虽然大豆进口贸易对稳定国内供给起到了至关重要的作用，但进口来源过于集中也成为保障大豆供给的潜在威胁。"十四五"以来，我国采取多种途径推进"扩油增豆"，有效保障食用大豆完全自给，逐渐减少对国际市场依赖。

（一）国际大豆生产贸易形势

1. 国际大豆生产情况

从时间趋势来看，因需求拉动，全球大豆产量呈增长态势，整体呈现供过于求的格局（图19）。2000年大豆产量为17 579万吨，2021年上升到37 256万吨，年均增速为3.83%。2000年大豆消费量为17 100万吨，2021年上涨到37 492万吨，增加了119%。虽然个别年份消费量高于产量，但1.02亿吨的库存量保障了高需求。其中，需要注意的是，受主产区天气影响，2011年与2019年大豆产量有明显下降；对应当前天气状况，需警惕高温干旱天气对大豆生产的影响。

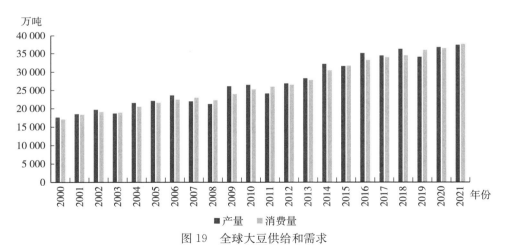

图19　全球大豆供给和需求

数据来源：美国农业部。

全球大豆生产格局稳定，主产国仍以巴西、美国、阿根廷为主（图20）。2021年巴西产量最高，占全球总产量的37.7%；美国位列第二，占比31.0%；我国产量占比5.4%。

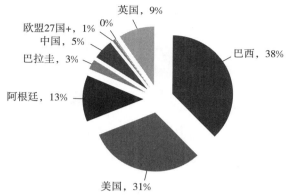

图 20　2021 年全球大豆生产格局

数据来源：美国农业部。

2. 主产国大豆生产情况

（1）巴西大豆生产情况

巴西大豆产量总体呈现上升趋势，且增长速度在世界主产国中最快。近20 年间，巴西大豆产量由 3 420 万吨上涨至 13 950 万吨，年均增速近 8％。大豆供给能力的提高源于单产的稳步提升与播种面积的持续增加。南美大豆产区的温带气候条件和丰富的降水使大豆土壤肥沃，易高产，单产提高至 3.06吨/公顷，年均增速达到 0.51％；近些年，农业开发使得种植面积增长迅速，播种面积已达 4 060 万公顷（2022 年 6 月），年均增速达到 5.80％。

巴西大豆生产经历过几次波动，如 2011 年和 2018 年巴西大豆产量受到严重干旱天气的影响，分别下降了 880 万吨和 370 万吨；2015 年由于全球大豆价格低迷和巴西国内面临经济挑战，大豆产量下降了 140 万吨。但这种波动是临时性的，总体还是呈增长趋势。2022 年 1—6 月，巴西大豆单产、播种面积和产量分别较上年同比增长－2.39％、5.65％和 7.75％，增产势头明显。南美洲的天气变化以及巴西国内及国际形势是影响巴西大豆生产的两个重要因素。

（2）美国大豆生产情况

美国大豆产量虽有上升，但是上升态势并不明显，且出现了几次大的波动。近 20 年来，美国大豆单产年均增长 1.58％，面积增长 0.93％，产量增长2.47％。虽然面积和产量上不存在优势，但是技术先进性和单产稳定性仍然是美国大豆生产最大的保障。

2019 年，受降雨天气导致的大豆播种延迟影响，美国大豆大幅度减产至9 666 万吨，较 2018 年下降了 19％，巴西借此超越美国成为世界第一大豆生产国。随着中美关系改善和种植面积的提升，2021 年美国大豆产量为 11 255

万吨，较 2020 年有所上涨，回归平均水平。2022 年 1—6 月，美国大豆单产、播种面积、产量分别较上年同比增长 5.71%、8.45% 和－6.96%。2022 年美国大豆面积将在历史上第三次超过玉米，在单产提高至 3.45 吨/公顷的优势下，预计 2022 年全年产量创新高。但美国农业部因全球大豆供给紧俏，对大豆产量及贸易量数据进一步下调。

（3）阿根廷大豆生产情况

阿根廷大豆产量在剧烈波动中缓慢增长，受南美洲干旱天气和国际国内形势的影响较大，需依靠科技提产。近 20 年间，阿根廷大豆产量年均增速仅为 2.31%，单产呈负增长态势。2021 年大豆产量为 4 400 万吨，较 2020 年的 4 620 万吨有所下降，主要是因为受到较为严重的干旱影响。阿根廷大豆播种面积年均增速为 2.33%，受制于国内有限的播种面积，阿根廷大豆在产量上与美国和巴西差距较大。阿根廷大豆产量自 2019 年起连续 3 年下降，为同期美国大豆产量的 40%，为同期巴西大豆产量的 33%。在短时间内，阿根廷无法对美巴两国在大豆领域的优势地位造成冲击。2022 年 1—6 月，阿根廷大豆单产、播种面积、产量分别较上年下降 4.87%、2.16% 和 7.10%。

从阿根廷大豆面积和土地面积的统计数据来看，大豆种植面积大约占土地面积的 64% 左右，已达到极限水平，2022 年同比播种面积已下滑。后期阿根廷要实现增产需更多依靠育种技术和科研投入。

2. 全球大豆贸易情况

全球大豆贸易量大幅上升，尤其 2001 年后增长迅猛，由 1982 年的 5 696 万吨上涨到 2021 年的 33 916 万吨，年均增速 4.68%（图 21）。2001 年我国加

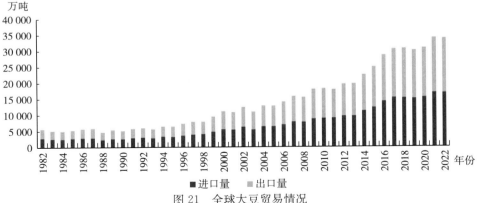

图 21　全球大豆贸易情况

数据来源：美国农业部。

注：2022 年为美国农业部预测量。

入世贸组织后，大豆贸易量迅猛增长。2018年受到中美贸易战的影响，我国大豆进口量出现下降，带动世界大豆贸易量下滑。

世界大豆贸易国进出口较为集中且稳定。2021年，世界大豆主要进口市场为中国、欧盟、阿根廷（图22），中国大豆进口比例近60%；出口来源地主要为巴西、美国、阿根廷（图23），巴西大豆出口量约占全球出口量的一半。

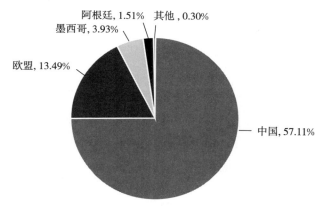

图22 2021年全球大豆进口市场分布情况

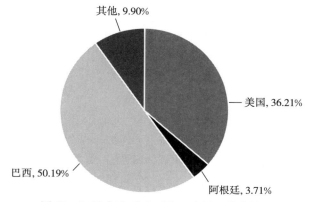

图23 2021年全球大豆出口来源地分布情况

（二）我国大豆生产贸易形势

1. 我国大豆生产情况

（1）大豆种植面积、产量、单产情况

我国大豆种植面积起伏较大，产量和单产总体呈增加态势。

我国大豆播种面积从1978年的714万公顷上升至2021年的988万公顷，

2022年受玉米冲击有所下滑，整体波动上升。2022年，通过推进大豆油料扩种，预计大豆播种面积达993.3万公顷。

我国大豆产量从1978年的756万吨增加到2020年的1 960万吨，增长了近2.6倍，但2021年下滑至1 640万吨。1978年以来，大豆生产大致可分为三个阶段：第一阶段为快速发展阶段（1978—2004年），因家庭联产承包责任制带动，大豆产量增长了2.3倍；第二阶段为高位下滑阶段（2005—2015年），因竞争作物比较利益挤压、进口大豆抑价效应、生产成本上涨等因素，大豆产量降幅达24％；第三阶段为恢复增长阶段（2016—2020年），因国家政策适度向大豆产业倾斜，大豆产量有所回升。大豆单产水平总体缓慢增长，从1978年的1.06吨/公顷上升至2021年的1.98吨/公顷，但仍不及美国的60％。

（2）大豆生产分布情况

从地理分布来看，我国形成了5个大区和7个亚区的大豆生产布局。其中黑龙江播种面积最多，产量最大，共有13个地区，77个县、市，大豆种植遍及全省。黑龙江省大豆播种面积常年在300万～400万公顷，单产基本维持在1 800千克/公顷左右。其次是内蒙古，非转基因绿色优质大豆主产区之一，总产量和播种面积位居全国第二位；2014年之后，全区大豆播种面积和产量出现较为明显的上升；2020年播种面积120万公顷，创历史新高，大豆产量为234万吨，单产维持在1 600千克/公顷左右。再次是安徽，安徽省淮北地区位于黄淮海流域夏大豆区，淮南地区位于长江流域春夏大豆区，居于全国第三位；2006年达到历史最高的97万公顷；2009年之后，安徽省大豆播种面积开始下降，由90万公顷左右降至60万公顷左右，近几年一直维持在1 500千克/公顷左右。

（3）大豆成本收益情况

我国大豆生产成本高，比较收益低。我国大豆成本不断提高，2004年起，因无补贴，大豆生产入不敷出。从亩收入来看，受大豆价格的上涨和单产水平拉动，大豆每亩收入从2000年的261元增加到2019年的492元，增长了1.8倍，但纯利润仍低于玉米。2020年受到大豆价格上涨的影响，亩收入上升至660元，但与此同时，成本也随之上涨（图24）。

土地和劳动力成本上涨推动大豆生产成本快速增加。2000—2020年，全国大豆平均每亩总成本从215元增加到720元，增加了2.3倍。其中，土地成本从43元增加到288元，在大豆总成本中的比重从20％增加到40％；人工成本从75元增加到226元，但随着机械化程度的提高，人工成本在大豆总成本中的比重从35％下降到31％，仍高于美国成本水平。

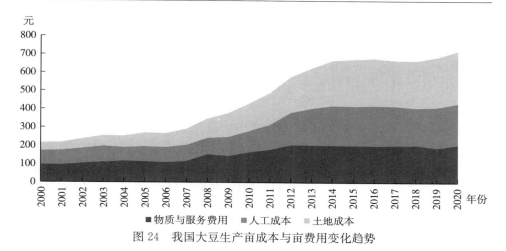

图 24　我国大豆生产亩成本与亩费用变化趋势

（4）大豆预期情况

2025 年我国大豆种植面积稳定在 1.4 亿～1.5 亿亩，单产可实现 140～145 千克/亩，大豆产量预计达到 2 320 万吨（表 30）。大豆增产主要源于两个方面，一方面是扩大面积，"十四五"期间东北地区将增加 150 万亩，主要通过粮豆轮作面积扩大实现；黄淮海地区增加 150 万亩，主要通过推行麦豆两熟轮作种植模式，将低质低效区玉米改种耐旱耐瘠薄的大豆实现；西南地区通过发展大豆玉米带状复合种植等间套作模式，挖掘大豆面积潜力 100 万亩；西北地区通过发展大豆和林果、经济作物的间作、复种，挖掘大豆面积潜力 100 万亩。另一方面是提高单产，主要依靠科技进步驱动，按近五年来我国大豆亩产年均增速计算，预计 2025 年亩产为 140 千克，若考虑大豆科技和产业的发展，同时考虑耐除草剂转基因大豆的应用，可有效防治草害，单产还可提高。按2.8% 增长率计算，预计后期大豆单产将达到 145 千克/亩。

表 30　2025 年我国大豆种植面积、单产与总量估计

产区	面积（亿亩）		单产（千克/亩）		总产量（万吨）	
	低线方案	高线方案	低线方案	高线方案	低线方案	高线方案
北方春播	0.7	0.9	140	145	980	1 305
黄淮海夏播	0.3	0.3	145	150	435	450
复合种植区	0.4	0.4	145	150	580	600
全国	1.4	1.6	140	145	1 960	2 320

资料来源：司伟，韩天富."十四五"时期我国大豆增产潜力与实现路径［J］. 农业经济问题，2021（7）：17－24.

2. 我国大豆消费情况

我国大豆消费量逐年攀升，产需缺口逐渐拉大。1990年以来，我国大豆消费迅速增长，从1990年的971万吨持续增长到2021年的11 125.7万吨，年均增长率达8％。国产大豆产量的年均增长率也仅为5％，远不及消费量的增长。

我国大豆消费主要以加工消费和食用消费为主。1992年以前，以食用消费为主，食用消费占大豆总消费的50％左右，加工消费占大豆总消费的35％左右。1992年以后，加工消费逐渐成为大豆消费的最主要形式，2020年占全国大豆总消费量的83％，食用消费和饲料消费平均分别占到10％和4％左右。

经预测，"十四五"期间我国大豆消费量增长较为稳定。近五年来，我国大豆消费量年均增长3％，若按近五年来大豆消费年均增长速度计算，预计2025年大豆总消费量为12 987万吨（表31）。

表31 我国大豆消费预测

年份	消费量（万吨）
2022	12 132
2023	12 505
2024	12 890
2025	12 987

过去十年间，我国大豆需求结构趋于稳定，大豆加工消费占比维持在83％～85％，大豆食用消费占比维持在11％～14％。随着我国居民膳食结构渐趋合理，预计2025年我国大豆消费需求仍以加工和食用消费为主，占比分别为83％和14％。

3. 我国大豆进口情况

（1）大豆进口量情况。1996年以来，我国大豆进口量增长迅速，特别是从1980年的56.5万吨增长到2021年的9 652万吨，增长了169.8倍（图25）。1996年国内养猪热和"大豆行动计划"促使大豆消费激增，在玉米争地、美国免费送种子、介入WTO争端、炒作价格等一系列因素作用下，我国大豆进口量首次超过100万吨，从此大豆进口贸易迅猛发展。2000年我国进口大豆超过1 000万吨，成为世界最大的大豆进口国，在全球大豆贸易中的地位也迅速提升。

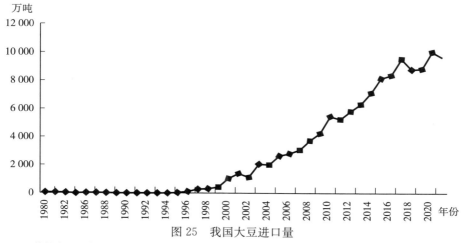

图 25　我国大豆进口量

数据来源：中国海关总署。

（2）大豆进口来源地情况。中国大豆进口来源地较为集中，主要为美国、巴西和阿根廷，从三国进口大豆合计均占中国大豆进口总量的 90％以上。2013 年起，进口来源地进口量有所变化。2013 年以前，美国在中国大豆进口中一直占主导地位，但呈现下降趋势，从 1996 年的 37％下降到 2013 年的 35％；巴西次之，在中国大豆进口中所占份额不断增加，从 1996 年的 2％增加到 2013 年的 50％；阿根廷在中国大豆进口中所占比重波动较大，从 1996 年的 5％增加到 2001 年的 35％，随后又呈下降趋势，降至 2013 年的 9％。2013 年以来，巴西超越美国成为中国最大的大豆进口国，进口占比一路上升至 2020 年的 64％；美国大豆进口占比则下降至 2020 的 25％。2022 年 1—6 月，巴西大豆对中国出口量高达 3 521.1 万吨，相较于上年同期的 3 979.9 万吨减少了 11.5％，但中国仍是巴西大豆的最大买家。

七、农产品贸易形势

吕向东在"农产品贸易形势分析"报告中，分析了 2022 年上半年我国农产品贸易形势以及俄乌冲突对农产品贸易的影响。

（一）我国农产品贸易形势

农产品贸易基本情况。2022 年上半年受俄乌冲突影响，国际农产品价格大幅上涨，严重干扰全球市场预期。从贸易额来看，农产品进出口额大幅增长，出口增速快于进口，而从贸易量来看，由于价格上涨，主要农产品进出口量却大幅下降。国际方面，巴西、美国等主要农产品出口国的进出口量都有不同程度的下降。国内方面，谷物、油籽、植物油、食糖、棉花和畜产品等大宗农产品进口量下降，水产品、蔬菜出口量与价格总体上涨，水果出口继续维持颓势。2022 年 1—6 月我国农产品进口额为 1 145 亿美元，较上年同比增长 6%；出口额为 471 亿美元，较上年同比增长 23%。总体来看，逆差缩小 3%。

谷物贸易情况。2022 年 1—6 月我国谷物进口 3 214 万吨，较上年同比下降 5.1%。其中，大米、高粱进口量分别为 358 万吨、602 万吨，分别增长 40.2%、25.7%；玉米、大麦进口量分别为 1 359 万吨、377 万吨，分别下降 2.9%、28.4%。1—6 月，谷物出口 111 万吨，下降 21%，其中大米出口 98 万吨，下降 25.5%。

油籽油料贸易情况。2022 年 1—6 月我国食用油籽进口 4 848 万吨，较上年同比下降 6.7%。其中，主要油料作物大豆进口 4 628 万吨，下降 5.4%；油菜籽、花生分别下降 48.9%、48.8%，降幅明显；小品种芝麻进口 68 万吨，下降 0.3%。植物油进口变化最大，2022 年 1—6 月食用植物油进口 211 万吨，下降 66.5%。其中，棕榈油 110 万吨，下降 62.8%；菜籽油 55 万吨，下降 63.4%；葵花油 24 万吨，下降 73.4%；豆油 13 万吨，下降 80.6%。此外，主要产品棕榈油大幅缩减，一方面是受限于国内产量，市场供应还处于库存消化期，所以进口量基本上是上年的三分之一；另一方面是由于棕榈油价格持续下跌，整个国际市场都处于观望状态，后期主要生产国印度尼西亚也需要去库存，预计下半年棕榈油进口回暖。

食糖棉花贸易情况。2022 年 1—6 月我国食糖进口 176 万吨，较上年同比下降 13.1%；棉花进口 121 万吨，较上年同比下降 26.4%。2020 年我国食糖进口 200 多万吨，2021 年进口 500 多万吨，两年进口了常规年份三年的数量，远远高于国内食糖产量水平，进口量不小。棉花受美国新疆棉禁令影响，最近几年都往东南亚转移，进出口都有不同程度的限制。

畜产品贸易情况。2022 年 1—6 月我国畜产品进口 244.3 亿美元，较上年同比下降 9.4%；出口 31.6 亿美元，较上年同比增长 12.1%；贸易逆差 212.7 亿美元，较上年同比缩小 11.9%。2022 年 1—6 月，肉类进口 345 万吨，较上年同比下降 31.1%。其中，猪肉进口 80 万吨，下降 64.2%；猪杂碎进口 52 万吨，下降 23.3%；牛肉进口 115 万吨，增加 1.7%；羊肉进口 19 万吨，下降 22.2%；禽产品进口 68 万吨，下降 1.3%。2022 年 1—6 月奶粉进口 81 万吨，较上年同比下降 10.9%。

水产品贸易情况。2022 年 1—6 月我国水产品出口 114.5 亿美元，较上年同比增长 16.1%；进口 102 亿美元，较上年同比增长 28.8%；贸易顺差 12.5 亿美元，较上年同比缩小 35.8%。以往水产品是我国进出口优势产品，但是近两年由于疫情影响，冷链检疫与断链使我国水产品贸易优势不再。

蔬菜贸易情况。2022 年 1—6 月我国蔬菜出口 81.8 亿美元，较上年同比增长 16.5%；进口 5 亿美元，较上年同比下降 22.1%；贸易顺差 76.8 亿美元，较上年同比扩大 20.4%。目前我国主要出口蔬菜产品，出口总额虽没有水产品大，但基本不进口，在出口农产品份额中发挥了主力军的作用。

水果贸易情况。2022 年 1—6 月我国水果出口 28.6 亿美元，较上年同比下降 12%；进口 95.6 亿美元，较上年同比增长 15.6%；贸易逆差 67 亿美元，较上年同比扩大 33.5%。自 2018 年以来，我国水果年均出口不到 30 亿美元，进口却将近 100 亿美元，贸易逆差高达 70 亿美元。较高的贸易逆差主要是国内庞大的热带水果需求所致，即使国内最具优势的橘子、苹果出口额也仅有 5 亿~6 亿美元，而热带水果进口额巨大，如榴莲进口 24 亿美元、樱桃进口 21.6 亿美元，一个热带水果品种进口量就已抵得上国内全部水果出口量。

（二）我国肉鸡贸易形势

1. 全球肉鸡生产贸易形势

2022 年上半年全球肉鸡生产总体较为稳定。美国农业部 2022 年 7 月发布数据显示，2022 年全球鸡肉（鸡爪除外）产量将达 1.01 亿吨。其中，美国 2 057 万吨，增长 0.9%；巴西受通货膨胀影响，国内鸡肉消费需求降低，但其鸡肉产量达 1 470 万吨，增长 1.4%；中国 1 430 万吨，下降 2.7%；欧盟受饲料价格上涨和禽流感影响，鸡肉产量 1 075 万吨，下降 0.7%。

2022 年全球鸡肉（鸡爪除外）出口量将达 1 351.3 万吨，较上年同比增长 1.4%。其中巴西出口 460 万吨，增长 8.9%；美国出口 338.3 万吨，增长 0.8%；欧盟出口 166.5 万吨，下降 9.4%。

2022 年全球鸡肉（鸡爪除外）进口量将达 1 092.7 万吨。其中日本进口 110 万吨，增长 2.1%；墨西哥进口 93 万吨，增长 1.4%；欧盟进口 72.5 万吨，增长 12.4%；中国进口 65 万吨，下降 17.6%，主要原因是国内生猪生产稳中向好，鸡肉等其他动物蛋白需求减少。

2. 2022 年上半年我国肉鸡产品贸易情况

2022 年 1—6 月，我国肉鸡产品进口 66.9 万吨、18.3 亿美元（表 32 和

表 32　2022 年上半年年肉鸡产品进出口数量及金额

项　目	进口额 （万美元）	进口额同比 （%）	进口量 （吨）	进口量同比 （%）	出口额 （万美元）	出口额同比 （%）	出口量 （吨）	出口量同比 （%）
种鸡，重量≤185 克	1 414	−38.4	24	−40.4	—	—	—	—
其他鸡，重量≤185 克	—	—	—	—	68	−32.8	56	−32.8
整只鸡，鲜或冷的	—	—	—	—	12 709	1.9	33 443	−1.0
整只鸡，冻的	517	76.9	3 319	62.4	397	−2.3	1 241	−3.9
鲜或冷的带骨鸡块	—	—	—	—	342	20.1	818	17.3
鲜或冷的其他鸡块	—	—	—	—	30	29.5	70	16.1
鲜或冷的鸡翼（不包括翼尖）	—	—	—	—	3	−10.6	7	−15.0
鲜或冷的其他鸡杂碎	—	—	—	—	24	−36.5	66	−36.7
冻的带骨鸡块	16 509	−7.7	150 232	−19.6	1 905	−17.7	10 306	−7.6
其他冻鸡块	101	−77.6	480	−79.0	11 360	59.9	54 818	58.3
冻的鸡翼（不包括翼尖）	49 594	10.6	155 085	7.4	700	109.4	2 008	185.6
冻鸡爪	109 377	46.2	324 495	12.5	19	—	59	—
其他冻鸡杂碎	4 830	−31.9	32 493	−36.8	176	95.4	1 951	183.8
冷、冻的鸡肫（即鸡胃）	542	−10.4	2 858	−12.3	—	—	—	—
鸡罐头	6	428.9	15	278.0	1 939	26.6	7 524	24.3
其他制作或保藏的鸡胸肉	2	—	4	—	17 667	37.9	48 603	33.9
其他制作或保藏的鸡腿肉	—	—	—	—	28 007	32.9	64 701	26.9
其他制作或保藏的鸡肉及食用杂碎	—	—	—	—	14 435	18.3	31 546	13.5
总计	182 891	23.4	669 004	−1.4	89 780	26.7	257 216	25.7

表33），较上年同比分别下降1.4%、增长23.4%，贸易逆差达9.3亿美元，较上年同比扩大20.3%，受经济惯性影响，短期内仍很难恢复贸易顺差。

从主要进口产品和来源地来看，冻鸡爪和冻鸡翼是最大的两类进口产品，冻鸡爪主要来自美国、巴西等，冻鸡翼主要来自巴西、泰国、俄罗斯和阿根廷等。冻鸡爪总计进口额10.9亿美元，增长46.2%；进口量32.4万吨，增长12.5%（表34）。冻鸡翼总计进口额5亿美元，增长10.6%；进口量15.5万吨，增长7.4%（表35）。

表33 2022年上半年肉鸡产品主要进口来源地

进口来源地	进口额 （亿美元）	进口额同比 （%）	进口量 （万吨）	进口额同比 （%）
合计	18.3	23.4	66.9	−1.4
巴西	7.1	15.9	29.9	5.6
美国	6.2	32.1	19.6	−15.9
俄罗斯	1.5	44.3	5.9	10.0
阿根廷	1.2	−25.4	3.5	6.8
泰国	0.9	35.7	3.2	−39.1

表34 2022上半年冻鸡爪主要进口来源地

进口来源地	进口额 （亿美元）	进口额同比 （%）	进口量 （万吨）	进口额同比 （%）
合计	10.9	46.2	32.4	12.5
美国	5.5	46.6	13.4	4.7
巴西	2.0	20.2	8.2	6.7
俄罗斯	1.1	79.0	3.8	24.5
泰国	0.6	−18.4	1.6	−39.3
阿根廷	0.6	77.1	1.6	20.1

表35 2022年上半年冻鸡翼主要进口来源地

进口来源地	进口额 （亿美元）	进口额同比 （%）	进口量 （万吨）	进口额同比 （%）
合计	5.0	10.6	15.5	7.4
巴西	3.6	18.8	10.1	17.3
泰国	4.4	−19.8	1.1	−18.2
俄罗斯	4.1	2.8	2.0	0.5
阿根廷	2.1	−18.9	1.3	−11.5
白俄罗斯	1.8	98.8	0.5	86.7

2022 年 1—6 月，我国肉鸡及主要产品出口 25.7 万吨、9 亿美元（表 32 和表 36），较上年同比分别增长 25.7%、26.7%，预计 2022 年出口将基本恢复至非洲猪瘟疫情前水平。

表 36　2022 年上半年肉鸡产品主要出口市场

国家（地区）	出口额 （亿美元）	进口额同比 （%）	出口量 （万吨）	出口量同比 （%）
合计	8.98	26.7	25.7	25.7
日本	4.24	24.4	9.9	19.4
中国香港	2.44	1.5	7.5	2.7
马来西亚	0.43	170.3	1.7	148.3
荷兰	0.39	141.9	1.1	100.7
英国	0.28	209.5	0.8	172.9

从主要出口产品和市场来看，加工鸡肉最大的出口市场是日本，总计出口额 4.2 亿美元，增长 30.3%；出口量 15.2 万吨，增长 25.8%（表 37）。鲜冷整鸡最大的出口市场是中国香港，总计出口额 1.3 亿美元，增长 1.9%；出口量 3.3 万吨，下降 1%（表 38）。

表 37　2022 年上半年出口加工鸡肉和市场

国家（地区）	出口额 （亿美元）	进口额同比 （%）	出口量 （万吨）	出口量同比 （%）
合计	6.2	30.3	15.2	25.8
日本	4.2	24.4	9.8	19.4
中国香港	0.7	5.2	1.9	5.5
荷兰	0.4	141.9	1.1	100.7
英国	0.3	209.5	0.8	172.9
菲律宾	0.1	18.4	0.5	14.1

表 38　2022 上半年出口鲜冷整鸡和市场

出口市场	出口额 （亿美元）	进口额同比 （%）	出口量 （万吨）	出口量同比 （%）
合计	1.3	1.9	3.3	−1.0
中国香港	1.1	2.4	2.9	0.5
中国澳门	0.2	−1.7	0.4	−4.5

（三）俄乌冲突对农产品贸易的影响

1. 俄乌出口现状

乌克兰和俄罗斯是世界第二大和第三大谷物出口国，也是世界重要油籽和植物油出口国（表 39）。其中，俄罗斯的粮油主要出口市场有土耳其、埃及和沙特阿拉伯等国；乌克兰的粮油主要出口市场有中国、埃及和印度尼西亚等国。2022 年 3 月，乌克兰出口玉米 110 万吨、小麦 30.9 万吨和葵花籽油 11.8 万吨，较上年同比分别下降 58％、56％ 和 69％。俄罗斯出口小麦 170 万吨，只有常年同期水平的一半。2022 年 4 月，乌克兰出口玉米 76.8 万吨、小麦 12.7 万吨、葵花籽 11 万吨、葵花籽油 15.2 万吨。2022 年 5 月，乌克兰出口玉米 95.9 万吨，较上年同比下降 57.3％；小麦 4.4 万吨，较上年同比下降 94.9％；葵花籽油 20.3 万吨，较上年同比下降 59.6％。2022 年 6 月，乌克兰出口玉米 101.4 万吨，较上年同比下降 40.6％；小麦 13.8 万吨，较上年同比下降 79.2％；大麦 2.6 万吨，较上年同比下降 64.4％；葵花籽油 26.7 万吨，较上年同比下降 18％。

表 39　俄乌主要出口粮油产品全球排名

项目	俄罗斯	乌克兰
小麦	1	5
大麦	3	2
玉米	9	4
葵花籽油	1	2

2. 乌克兰主要粮食产量和出口情况

主要粮食产量情况。2022 年乌克兰春播面积大幅减少，大约下降 30％～40％，农作物产量下降，其中小麦产量在 2021/2022 年度为 3 300.7 万吨，2022/2023 年度为 1 950 万吨，较上年度同比下降 40.9％；玉米产量 2021/2022 年度为 4 212.6 万吨，2022/2023 年度为 2 500 万吨，较上年度同比下降 40.7％；大麦产量 2021/2022 年度为 992.3 万吨，2022/2023 年度为 570 万吨，较上年度同比下降 42.6％（表 40）。

主要粮食出口情况。2021/2022 年度乌克兰小麦出口量为 1 880 万吨，2022/2023 年度出口量为 1 000 万吨，较上年度同比下降 46.8％；2021/2022 年度玉米出口量为 2 400 万吨，2022/2023 年度出口量为 900 万吨，较上年度同比下降 62.5%；2021/2022 年度大麦出口量为 580 万吨，2022/2023 年度出口量为 180 万吨，较上年度同比下降 69%（表 40）。

表 40　乌克兰主要粮食产量和出口情况

单位：万吨，%

项目	产量			出口		
	2021/2022 年度	2022/2023 年度	同比	2021/2022 年度	2022/2023 年度	同比
小麦	3 300.7	1 950.0	−40.9	1 880.0	1 000.0	−46.8
玉米	4 212.6	2 500.0	−40.7	2 400.0	900.0	−62.5
大麦	992.3	570.0	−42.6	580.0	180.0	−69.0

乌克兰 2022 年春季作物预测。乌克兰农业部预测，2022 年乌克兰农作物春播面积 1 340 万公顷，减少 350 万公顷，较上年同比降幅超 21%；葵花籽面积 480 万公顷，减少 28%。APK-Inform 预测，2022 年乌克兰谷物产量 3 890 万吨，下降 54.6%；葵花籽产量 960 万吨，下降 42%。SovEcon 预测，2022 年乌克兰小麦面积 690 万公顷，产量 2 600 万吨，产量较上年同比下降 19%；玉米面积 460 万公顷，产量 2 770 万吨，产量较上年同比下降 34%。

3. 国际农产品和农资供应链受阻

2022 年俄乌战争爆发，导致国际农产品和农资供应链严重受阻，乌克兰黑海地区敖德萨和尼古拉耶夫等主要港口遭到不同程度的毁坏或关停，而俄罗斯作为全球油品第二大出口国、化肥第一大出口国，氮、钾、磷肥出口分居全球第一、第二和第三位的地位，在俄乌战争爆发时，西方对俄采用冻结资金、禁止俄船舶入港、暂停物流企业在俄运营等制裁方式，使俄能源、农产品、农资出口受阻。

4. 多国出台贸易出口限制措施

俄乌冲突愈演愈烈，多个国家实施出口限制措施（表 41）。其中，俄罗斯限制了小麦、黑麦、大麦等重要农产品出口；乌克兰限制了小麦、燕麦、小米、荞麦、糖等农产品出口；阿根廷限制了豆油、豆粕出口；哈萨克斯坦限制了小麦、面粉出口；印度限制了食糖出口；印度尼西亚限制了棕榈油出口；匈牙利限制了谷物出口；土耳其限制了面粉、豆油、葵花籽油的出口等。

表 41 多国贸易限制农产品种类

国家	产 品
俄罗斯	小麦、黑麦、大麦、玉米、糖类、葵花籽、化肥
乌克兰	小麦、燕麦、小米、荞麦、糖、盐、牛肉、化肥
阿根廷	豆油、豆粕
哈萨克斯坦	小麦、面粉
印度	食糖
印度尼西亚	棕榈油
匈牙利	谷物
土耳其	面粉、豆油、葵花籽油

5. 我国与俄乌农产品贸易

我国与乌克兰农产品贸易情况。2022 年 1—6 月，我国进口乌克兰谷物 503.9 万吨，较上年同比下降 28.1%；进口乌克兰玉米 491.1 万吨，较上年同比下降 23.1%；进口乌克兰大麦 12.8 万吨，较上年同比下降 79.5%；进口乌克兰葵花籽油 15.9 万吨，较上年同比下降 70.9%。我国采购的乌克兰玉米和大麦已基本完成装运，俄乌冲突对我国进口供应影响有限。2022 年上半年我国自乌克兰农产品进口虽大幅下降，但随着进口多元化步伐加快，我国将寻找美国、巴西、阿根廷等更多进口替代地区。2022 年上半年我国加大阿根廷大麦和高粱进口力度，以及保加利亚、缅甸和老挝玉米进口力度。此外，我国已经与巴西签署玉米进口质检协议，允许进口符合要求的巴西玉米，预计未来玉米进口回暖。

我国与俄罗斯农产品贸易情况。俄罗斯为我国谷物第十二大进口来源地、第五大植物油进口来源地。由于俄乌冲突影响，2022 年上半年我国对俄罗斯谷物进口减少。2022 年 1—6 月，我国进口俄罗斯谷物 12.7 万吨，较上年同比下降 41.5%（表 42）。其中，大麦进口量为 1.7 万吨，较上年同比下降 65.9%；小麦进口量为 1.3 万吨，较上年同比下降 69.3%；葵花籽油进口量为 5.4 万吨，较上年同比下降 83.8%。虽然俄乌冲突导致 2022 年上半年我国对俄农产品进口下降，但总体来看对我国农产品进口供应影响不大。2021 年我国钾肥进口共计 784.6 万吨，其中自俄罗斯钾肥进口 229.9 万吨，占比 29.3%；2022 年 1—6 月我国从俄罗斯钾肥进口 115.2 万吨，短期内断供影响处于基本可控状态。

表 42　我国进口俄乌农产品数量

单位：万吨，%

类别	乌克兰			俄罗斯		
	2021 年全年	2022 年 1—6 月	2022 年 1—6 月同比	2021 年全年	2022 年 1—6 月	2022 年 1—6 月同比
谷物	1 144.7	503.9	−28.1	31.1	12.7	−41.5
玉米	823.5	491.1	−23.1	8.9	3.2	−50.1
大麦	321.4	12.8	−79.5	7.5	1.7	−65.9
小麦	—	—	—	6.1	1.3	−69.3
葵花籽油	88.7	15.9	−70.9	36.4	5.4	−83.8
钾肥	—	—	—	229.9	115.2	−10.8

注：2022 年 1—6 月同比数据为 2022 年 1—6 月较 2021 年 1—6 月同比变动幅度。

国际农产品贸易形势总结。2022 年俄乌战争爆发，使乌克兰粮食播种面积减少，农作物产量下降，国际农产品和农资供应链受阻，致使多国出台贸易限制措施，国际粮价不断上涨，粮食安全形势不断恶化，但 2022 年中国海关总署公告《俄罗斯输华小麦植物检疫要求协定书》的补充条款将利好俄罗斯与中国小麦的贸易往来。